REVISTA DE DIREITO MERCANTIL
industrial, econômico e financeiro

107

Publicação do
Instituto Brasileiro de Direito Comercial Comparado
e Biblioteca Tullio Ascarelli
do Departamento de Direito Comercial
da Faculdade de Direito da Universidade de São Paulo

Ano XXXVI (Nova Série)
julho-setembro/1997

MALHEIROS EDITORES

REVISTA DE DIREITO MERCANTIL

industrial, econômico e financeiro

Nova Série — Ano XXXVI — n. 107 — julho-stembro de 1997

REVISTA DE DIREITO MERCANTIL
publicação trimestral de
MALHEIROS EDITORES LTDA.
Rua Paes de Araújo, 29, conjunto 171
CEP: 04531-940
São Paulo, SP - Brasil - Tels. 822-9205
820-9718 - 820-5549 - Fax. 829-2495

Assinaturas e comercialização:
CATAVENTO DISTRIBUIDORA DE
LIVROS S.A.
Rua Conselheiro Ramalho, 928
CEP 01325-000
São Paulo, SP - Brasil
Tel. 289-0811 - Fax. 251-3756

Diretor Responsável: Álvaro Malheiros
Diretora: Suzana Fleury Malheiros
Supervisão Gráfica: Vânia Lúcia Amato

Composição: Editora Frase Ltda.
Impressão: Centro de Estudos
Vida e Consciência Ltda.

SUMÁRIO

DOUTRINA

GARANTIAS BANCÁRIAS 7
— Armindo Saraiva Matias

A DEFINIÇÃO DO CONTROLADOR NA LIQUIDAÇÃO EXTRAJUDICIAL E EM PROCESSOS ANÁLOGOS 34
— Arnoldo Wald

BREVES NOTAS SOBRE A POSIÇÃO DOMINANTE E SEU ABUSO 45
— Paula A. Forgioni

DOGMÁTICA JURÍDICA E LEI 8.884/94 70
— Luis Fernando Schuartz

DIREITO DOS GRUPOS DE SOCIEDADES 99
— Jorge Lobo

OS VALORES MOBILIÁRIOS NA LEI DAS S/A 123
— Marcos Paulo de Almeida Salles

A BIPARTIÇÃO DO DOMÍNIO NO DIREITO SOCIETÁRIO — PROPRIEDADE DIRETA E PROPRIEDADE INDIRETA 129
— Américo Luís Martins da Silva

CONTRATOS DE "SHOPPING CENTER" 137
— Paula Castello Miguel

ATUALIDADES

OS PROJETOS DE ALTERAÇÃO DA LEI N. 6.404/76 183
— Rachel Sztajn

O FUNDO GARANTIDOR DE CRÉDITOS CONTRA INSTITUIÇÕES FINANCEIRAS 190
— Paulo Martins de Carvalho Filho

JURISPRUDÊNCIA COMENTADA

EXECUÇÃO DE TÍTULO EXTRAJUDICIAL (DUPLICATA) CONTRA SOCIEDADE DE ECONOMIA MISTA 198
— Haroldo Malheiros Duclerc Verçosa

CONSELHO FISCAL: COMPETÊNCIA ORGÂNICA E ATIVIDADE INDIVIDUAL DE SEUS MEMBROS 205
— Domício dos Santos Neto

EXECUÇÃO ESPECÍFICA DE OBRIGAÇÕES CONVENCIONADAS EM ACORDO DE ACIONISTAS 212
— Raphael Nehin Corrêa

NOTÍCIAS DO INSTITUTO

PRÊMIO "TULLIO ASCARELLI" — 1998
— EDITAL E REGULAMENTO 237

COLABORAM NESTE NÚMERO

Américo Luís Martins da Silva

Professor de Direito da Universidade Veiga de Almeida, do Rio de Janeiro. Procurador Autárquico Federal

Armindo Saraiva Matias

Professor Associado da Universidade Autônoma de Lisboa. Advogado

Arnoldo Wald

Advogado. Professor da Universidade Estadual do Rio de Janeiro. Ex-Procurador Geral do Estado da Guanabara. Ex-Presidente da CVM

Domício dos Santos Neto

Pós-Graduando da Faculdade de Direito da USP. Advogado em São Paulo

Haroldo Malheiros Duclerc Verçosa

Mestre e Doutor em Direito pela USP. Professor de Direito Comercial nas Faculdades de Direito da USP e da UNICID. Ex-Procurador do Banco Central do Brasil. Advogado em São Paulo

Jorge Lobo

Livre-Docente em Direito Comercial pela UERJ. Procurador de Justiça (aposentado) do Estado do Rio de Janeiro. Professor de Direito Comercial da Escola da Magistratura. Presidente da Comissão Permanente de Direito Comercial do Instituto dos Advogados Brasileiros

Luis Fernando Schuartz

Mestre e Doutorando em Direito pela Universidade de Frankfurt, Alemanha

Marcos Paulo de Almeida Salles

Especialista em Direito Econômico e Financeiro e Mestre em Direito Comercial pela USP. Advogado em São Paulo

Paula A. Forgioni

Doutora em Direito Econômico e Financeiro pela Faculdade de Direito da USP. Professora de Direito Econômico da Fundação Getúlio Vargas de São Paulo. Advogada em São Paulo

Paula Castello Miguel

Bacharel em Direito pela Universidade Federal do Espírito Santo. Mestranda em Direito Comercial pela Pontifícia Universidade Católica de São Paulo. Professora da Faculdade de Direito de Vitória

Paulo Martins de Carvalho Filho

Consultor Jurídico do Unibanco. Membro da Associação Juízes para a Democracia

Rachel Sztajn

Livre-Docente e Professora Associada do Departamento de Direito Comercial da Faculdade de Direito da USP. Advogada em São Paulo

Raphael Nehin Corrêa

Pós-graduando da Faculdade de Direito da USP. Advogado em São Paulo

Doutrina

GARANTIAS BANCÁRIAS[1]

ARMINDO SARAIVA MATIAS

I. Introdução. II. Conceito de garantia: 1. Conceito de garantia do cumprimento das obrigações. 2. A noção ampla de garantia das obrigações: a garantia geral. 3. A noção restrita de garantia. 4. Garantias especiais das obrigações. 5. As garantias pessoais das obrigações. 6. Características gerais dos direitos de garantia. III. Noção de garantia bancária: 7. Sequência. Garantias bancárias activas e passivas. 8. Noção de garantia bancária passiva. IV. Tipos de garantia bancária: 9. A fiança. 10. O mandato de crédito. 11. O aval. 12. Garantia autónoma: 12.1 Origens. 12.2 As características da garantia autónoma. 12.3 Relações jurídicas e conteúdo da garantia autónoma. 12.4 Alguns tipos de garantia autónoma. 12.5 Limites à autonomia da garantia. 12.6 Relações entre o garante e o mandante. V. Figuras afins da garantia bancária autónoma: 13. Abertura de crédito documentário. 14. "Stand by letter of credit" 15. Garantia de "plafond" de crédito. 16. Seguro de crédito. VI. Garantias bancárias activas: 17. Razão de ordem e noção. 18. Garantias gerais e especiais: pessoais e reais. 19. Garantias activas e pessoais. 20. Tipologia das garantias reais: 20.1 A hipoteca. 20.2 Penhor. 20.3 Consignação de rendimentos. 20.4 Direito de retenção. 20.5 Privilégios creditórios. 20.6 Contrato-promessa com eficácia real. 20.7 Contrato de preferência com eficácia real. VII. Outros instrumentos garantísticos do crédito bancário: 21. Outros instrumentos: 21.1 Cláusula de reserva de propriedade. 21.2 Cláusula "pari passu". 21.3 Cláusula "negative pledge". 21.4 Cláusula "cross default". 21.5 Prestação de caução. 21.6 Cessão de bens aos credores. 21.7 Contrato de locação financeira. 21.8 Cartas de conforto. VIII. Acautelamento da execução das garantias: 22.1 Titulação executiva. 22.2 Garantias prestadas por sociedades comerciais. 22.3 Acções possessórias. 22.4 Direito de retenção por terceiro. 22.5 Crédito por desconto bancário. 22.6 Créditos privilegiados. 22.7 Graduação de créditos. Bibliografia.

I. INTRODUÇÃO

A prestação de garantia é uma operação de uso corrente na actividade bancária. E, como as demais operações bancárias, poderá ser operação activa ou operação passiva. Será passiva quando prestada pelo

1. O presente trabalho, com algumas actualizações, serviu de base a duas conferências: uma proferida na Fundação Engº António de Almeida, no Porto, perante a Associação Portuguesa dos Jovens Advogados, em 1986; outra proferida na Faculdade de Direito da Universidade de São Paulo, Brasil, em 1997.

banco, a pedido do seu cliente, a favor de terceiro. Será activa quando prestada pelo cliente ou por terceiro (no interese deste), a favor do banco.

No primeiro caso, o banco coloca-se numa posição potencialmente devedora, no segundo caso, o banco coloca-se numa posição potencialmente credora.

A garantia passiva é normalmente uma garantia especial e pessoal. A garantia activa também deve ser entendida como garantia especial mas pode ser pessoal ou real.

Numa primeira parte desta nossa exposição, trataremos das garantias prestadas pelos bancos, constituindo suas operações passivas, comumente designadas por "garantias bancárias".

Numa segunda parte, versaremos as garantias prestadas a favor dos bancos, por virtude do crédito concedido por estes. Estas garantias, sem prejuízo da garantia geral que lhes anda associada, são também especiais podendo ser pessoais ou reais. São sobretudo fiáveis as garantias reais.

Referir-nos-emos a figuras ou instrumentos afins das garantias bancárias activas e passivas.

II. CONCEITO DE GARANTIA

1. Conceito de garantia do cumprimento das obrigações

O termo *garantia* é, hoje, usado, nas enciclopédias da especialidade e com referência ao direito privado, para designar os chamados direitos e obrigações acessórios de garantia preordenados com vista ao cumprimento das obrigações.

Esta garantia é acessória da obrigação principal e traduz-se numa diferente relação jurídica que reforça a expectativa do credor de ver satisfeito o seu crédito; uma tal relação jurídica revestirá natureza real ou obrigacional e pode ser constituida pelo próprio devedor ou por terceiro.

A elaboração do conceito de garantia das obrigações é relativamente recente, ignorado na jurisprudência medieval e apenas desenvolvido no século XIX (com os pandectistas) ao configurar-se a categoria dos chamados contratos de garantia, formulando-se então a classificação dos direitos e obrigações de garantia e distinguindo as garantias gerais e especiais, as pessoais e as reais, as principais e as subsidiárias, as convencionais e as legais.

2. A noção ampla de garantia das obrigações: a garantia geral

Pode afirmar-se que toda a obrigação (com excepção das obrigações naturais que deverão entender-se como meras relações de facto, juridicamente relevantes)[2] é assistida de uma determinada garantia de que resulta, aliás, a juridicidade daquela obrigação.

Na verdade, o credor dispõe sempre da possibilidade de fazer condenar o devedor na prestação (acção de condenação) e ainda da possibilidade de forçar o devedor a cumprir a obrigação (acção executiva) à custa do seu património, ou seja, à custa da universalidade dos bens e direitos que se integram na esfera jurídica do devedor, no momento da execução. É, com efeito, este património que constitui a garantia geral do cumprimento das obrigações perante o credor. Mas de todos os credores, sem critério de prioridade ou excepção.

Assim, os credores ficam sujeitos a concurso face à insolvabilidade do devedor, procedendo-se a pagamento rateado, proporcional ao valor nominal de cada crédito perante o valor apurado do activo.[3]

Não estaremos, por isso mesmo, face a uma garantia em sentido restrito. Com efeito, o resultado da acção executiva sobre os bens do devedor objecto da garantia em sentido mais restrito reforça a eficácia

2. Galvão Teles, *Garantia Autónoma*, Sumário.

3. Código Civil, art. 604º.

da execução e portanto não se identificarão com aquilo que serve para a realização do efeito normal da acção executiva ou seja para realizar a expectativa da satisfação da obrigação, não obstante o incumprimento do devedor.[4]

3. *A noção restrita de garantia*

Em sentido restrito, garantia há-de significar e implicar certa preferência no pagamento ao credor. Uma tal preferência permitirá satisfazer o interesse de um credor melhor que os interesses dos demais credores, porquanto reforça o poder de agressão desse credor relativamente ao património do devedor conferindo maior intensidade ao destino e à sujeição a que, normal e genericamente, está sujeito o património do devedor.

Não se trata, pois, de sujeição genérica ou potencial como é a que existe relativamente ao património do devedor, mas de uma especial afectação e sujeição a favor não de todos, mas apenas de um credor; trata-se, por consequência, de fazer acrescer e reforçar a probabilidade de satisfação do interesse de um, porventura em desfavor dos outros credores.

Messineo afirmou, a este propósito, que "a garantia é a medida da situação de cada credor relativamente aos outros" que disponham de relações jurídicas sobre o património do devedor.

Também a garantia de terceiro reveste tais características.

Através dela, coloca-se à disposição do credor o património de um sujeito diverso do devedor principal o que tem como efeito privilegiar certo credor na medida em que os demais não beneficiam da segurança oferecida por este último património.

Maiorca[5] sustentou que só são garantias em sentido técnico jurídico as garantias reais sendo as garantias pessoais mero alargamento quantitativo de responsabilidade patrimonial.

A esta tese objecta Fragali[6] que, em tal entendimento, se prescinde do facto de que este alargamento operaria por força da assunção por parte do terceiro, não de uma coobrigação mas uma nova obrigação cuja causa, por seu lado, só pode ser a de garantir, como a fiança.

4. *Garantias especiais das obrigações*

Com vista a superar a fragilidade que possa mostrar o património do devedor, constituem-se, com frequência, garantias especiais que vão acrescer segurança à realização dos interesses do credor ou de certos credores.

Algumas podem ser oferecidas apenas por terceiro (garantias pessoais); outras podem ser dadas tanto pelo devedor como por terceiro (garantias reais).

As primeiras constituem o terceiro na obrigação de cumprir, em lugar do devedor, e têm como objecto aquela obrigação do terceiro e não certos bens, tornando, antes, executáveis todos os bens do património do garante (é a garantia geral a que se aludiu antes).

As segundas afectam um determinado bem do devedor ou de terceiro, vinculando-o de forma preferencial à satisfação do credor.

Na nossa lei, são garantias reais: a consignação de rendimentos (também designada anticrese), o penhor, a hipoteca, os privilégios creditórios e o direito de retenção.

Traduzem-se em direitos reais ao serviço de direitos de crédito e têm um significado qualitativo,[7] na medida em que conferem aos respectivos titulares uma posição de vantagem em relação a determinados bens.

4. Assim, Michele Fragali, in *Enciclopedia del Diritto*, p. 452.

5. Maiorca, *Novissimo Digesto Italiano*, IX, p. 52.

6. Fragali, *Enciclopedia del Diritto*, p. 455.

7. Galvão Teles, *Garantia Bancária Autónoma*, Sumário.

As garantias pessoais traduzem-se em direitos de crédito ao serviço de outros direitos de crédito e têm um significado quantitativo, porque multiplicam o número das pessoas e dos patrimónios responsáveis.

5. As garantias pessoais das obrigações

Podem ser diversas as garantias pessoais. De entre elas, distinguiremos a fiança, o mandato de crédito, o aval e a garantia autónoma, de que se destaca a garantia "on first demand" ou "à primeira solicitação", que adiante melhor analisaremos.

Aludiremos, também, mais adiante, a figuras jurídicas afins que também têm como finalidade a prestação de garantia, mas não são obrigações de garantia por não se acharem estruturadas como tais ou por terem outra função primária,[8] entre elas: a abertura de crédito documentário, a "stand by letter of credit", o seguro de crédito.

Tratando-se de garantias pessoais, deverá anotar-se ainda que estamos perante garantias de natureza eminentemente negocial, todas pressupondo a existência de uma outra obrigação à qual servem, como é próprio das obrigações de garantia.

6. Características gerais dos direitos de garantia

a) Em primeiro lugar, todas as garantias referidas são institutos de direito substantivo: elas existem antes da execução e independentemente dela; são inerentes à constituição do crédito e não mera situação processual.

b) As obrigações de garantia são acessórias relativamente à obrigação principal, na medida em que só são exequíveis perante o incumprimento desta, mas não são secundárias relativamente à garantia geral, na medida em que podem existir e ser executadas independentemente da existência de qualquer património do devedor.

8. Galvão Teles, *Garantia Bancária Autónoma*, Sumário, 7.

c) O acto constitutivo de garantia é de administração extraordinária ou porque coloca em causa o património do garante (caso de garantia pessoal) ou porque destina ou sujeita determinado bem à satisfação do interesse de certo credor (caso de garantia real). O que, como se afigura evidente, comporta efeitos do maior alcance.

III. NOÇÃO DE GARANTIA BANCÁRIA

7. Sequência. Garantias bancárias activas e passivas

As entidades bancárias (instituições de crédito e sociedades financeiras) desenvolvem, hoje, no exercício da sua actividade, múltiplas funções, que vão da captação de depósitos e fundos reembolsáveis junto do público e da concessão de crédito puro à prestação de serviços acessórios.

E em cada área, a actividade dos bancos exercita-se através de uma série de operações "típicas" (as propriamente creditícias) e de operações acessórias (as que consistem na prestação de serviços bancários).

As operações típicas distinguem-se em "operações passivas" isto é, aquelas em que os bancos recolhem fundos constituindo-se devedores, e em "operações activas" em que os bancos concedem crédito ou emprestam dinheiro.

Uma tal variedade de operações é levada a efeito através de instrumentos contratuais, normalmente "estandardizados" e que são de mútuo, de depósito... de garantia.

Reportando-nos a esta última espécie — a garantia — há que constatar a existência das seguintes modalidades de prestação de garantia relativamente aos bancos, na dupla função de recolha de fundos e de outorga de crédito:

a) A prestação de garantia do banco perante os seus próprios financiadores, os outros bancos ou o banco central;

b) A prestação de garantia pelos clientes ao banco, para segurança dos créditos por este efectuados;

c) A prestação de garantia pelos bancos aos seus clientes, que dela necessitam no exercício da sua actividade.

Registemos, entretanto, que as mais comummente designadas garantias bancárias, e que são, aliás, objecto da primeira parte deste nosso trabalho são as que se traduzem na prestação de garantias pelos bancos, a pedido dos seus clientes.

Trata-se daquilo a que os italianos chamam "credito di firma"[9] ou sejam as operações em que os bancos colocam a sua "firma" à disposição do cliente: é designadamente o caso da fiança bancária, do aval e até do aceite bancário.

Estas operações nem sempre geram movimentos de caixa, traduzindo-se, a maior parte das vezes, em simples abonação.

Na prestação destas garantias, poderão os bancos, por sua vez, exigir contra-garantias; exigirão sempre (é o seu negócio) o pagamento de uma comissão para além das despesas a que houver lugar.

Aqui chegados, vemos delimitado o nosso primeiro campo de análise.

Vamos, então, debruçar-nos sobre os diversos tipos de garantia que os bancos prestam aos seus clientes.

E como a actividade dos bancos é de natureza financeira e creditícia, gerindo fundos e concedendo crédito, não há, nem teórica nem praticamente, lugar à prestação de garantias reais, do mesmo modo que não há lugar, em princípio, à garantia de prestação de facto.[10]

Estamos, pois, no exclusivo âmbito das garantias especiais e pessoais das obrigações.

9. *Dizionario di Banca e di Borsa*, Giuffré editore, p. 465.

10. Dizemos em princípio porque, em alguns paises, (como nos USA), alguns bancos assumem a responsabilidade da prestação de facto (por exemplo da execução de obra).

8. Noção de garantia bancária passiva

Diríamos, assim, que as garantias bancárias são operações praticadas pelos bancos mediante as quais aqueles se constituem na obrigação de pagamento ao credor de dívida vencida ou da indemnização a que haja lugar pelo incumprimento do devedor, o garantido.

É então, altura de analisarmos, cada uma de per si, as diversas modalidades de garantia. Tanto vale por dizer que vamos relembrar o regime, assinalando as diferenças, de e entre cada um dos mais significativos tipos de garantia pessoal das obrigações.

IV. TIPOS DE GARANTIA BANCÁRIA

9. A fiança

Trata-se de uma obrigação assumida por determinado sujeito (o fiador) perante o credor de outro sujeito jurídico (o devedor) em garantia do cumprimento da obrigação deste último, ainda que futura ou condicional.

Donde, o fiador assume perante o tal credor obrigação distinta da do devedor principal e só ficará efectivamente obrigado a cumprir em caso de incumprimento daquele devedor principal.

Estamos como se vê, face a uma obrigação subsidiária e acessória; é subsidiária porque só terá de ser cumprida não o sendo a obrigação principal; é acessória porque a respectiva validade depende da validade da obrigação principal, extingue-se com esta, não a pode exceder nem poderá ser mais onerosa que ela (art. 632º e art. 631º do Código Civil).[11]

11. Há excepção àquele regime de invalidade: assim, se a obrigação principal for anulada por incapacidade ou por falta ou vício da vontade do afiançado e o fiador conhecia a causa da anulabilidade ao tempo em que a fiança foi prestada, esta mantém-se, independentemente daquela invalidade.

Galvão Teles refere tratar-se, neste caso, de conversão da fiança noutra fiança de conteúdo di-

A consequência é que o fiador poderá opor ao credor, além dos meios de defesa que lhe são próprios os que competem ao afiançado ou devedor principal (art. 637º do Código Civil).

A fiança assume, normalmente, natureza contratual, mas pode o seu regime ser imposto por via legal. É, designadamente, o caso da responsabilidade do comitente perante terceiro pelos danos que o comissário causar desde que sobre este recaia também a obrigação de indemnizar (art. 500º ns. 1 e 3 do Código Civil).

O fiador poderá obrigar-se apenas ao cumprimento de parte das obrigações do devedor, ou obrigar-se em condições menos onerosa que aquele (fiança parcial ou limitada); e também pode renunciar ao benefício de excussão que a lei portuguesa confere ao fiador (art. 638º C. Civil); neste caso, o fiador cumprirá a obrigação ainda que o devedor principal não tenha sido interpelado para cumprir.

Caso a fiança seja prestada por várias pessoas (fiança plural), ainda que isoladamente, responde cada uma delas pela satisfação integral do crédito em regime de solidariedade; pode, no entanto, convencionar-se o benefício de divisão de responsabilidades (art. 649º n. 1 do Código Civil).

Se os fiadores se houverem obrigado conjuntamente, a consequência é que o fiador poderá opôr ao credor, além dos meios de defesa que lhe são próprios, os que competem ao afiançado ou devedor principal (art. 637º do Código Civil).

A fiança assume, normalmente, natureza contratual, mas pode o seu regime ser imposto por via legal: diremos então que estamos perante fiança legal. É, por exemplo, o caso da responsabilidade do comitente perante terceiro pelos danos que o comissário causar desde que sobre este recaia também a obrigação de indemnizar (art. 500º ns. 1 e 3 do Código Civil).

O fiador poderá obrigar-se apenas ao cumprimento de parte das obrigações do devedor, ou obrigar-se em condições menos onerosas que aquele (fiança parcial ou limitada); e também pode renunciar ao benefício de excussão que a lei portuguesa confere ao fiador (art. 638º C. Civil); neste caso, o fiador cumprirá a obrigação ainda que o devedor principal não tenha sido interpelado para cumprir.

Caso a fiança seja prestada por várias pessoas (fiança plural), ainda que isoladamente, responde cada uma delas pela satisfação integral do crédito em regime de solidariedade; pode, no entanto, convencionar-se o benefício de divisão de responsabilidades (art. 649º n. 1 do Código Civil).

Se os fiadores se houverem obrigado conjuntamente, é lícito a qualquer deles invocar o benefício da divisão, respondendo, cada um, proporcionalmente, pela quota do confiador que se encontre insolvente (art. 649º n. 2).

É, por fim, característica essencial da fiança que o fiador que pagou fica sub-rogado nos direitos do credor contra o devedor e, em conformidade com as regras das obrigações solidárias, contra os outros fiadores (art. 650º do Código Civil), podendo contra estes exercer o respectivo direito de regresso.

A fiança extingue-se com a extinção da obrigação principal, por renúncia do credor ou por confusão na mesma pessoa da qualidade de fiador e de devedor.

E também pode o fiador liberar-se ou exigir prestação de caução para garantia do seu direito contra o devedor, designadamente, se o credor obtiver sentença exequível contra o fiador, se os riscos se agravarem sensivelmente, se houverem decorrido cinco anos, não tendo a obrigação

verso. E dá o seguinte exemplo: A vende e entrega a B determinado imóvel, com espera do preço; C afiança a dívida do preço; B obtém a anulação da venda com fundamento em erro seu, conhecido de C; este será responsável não pela dívida do preço, que desaparece, mas — ainda como fiador — pelo não cumprimento da obrigação de restituição do imóvel a A. Estamos, na verdade, face à conversão prevista no art. 293º do Código Civil.

principal um termo (art. 648º do Código Civil).

Postos em destaque os traços característicos da fiança, terminaremos com a anotação de que a fiança bancária não sofre quaisquer desvios ao regime geral, devendo, como aquela, ser expressamente declarada pela forma exigida para a obrigação principal.

10. O mandato de crédito

O mandato de crédito constitui um sub-tipo de fiança.

Consiste no seguinte: alguém encarrega outrem de dar crédito a terceiro; o mandante assume a garantia como fiador, perante o mandatário ou encarregado, pelo crédito que este conceder.

O autor do encargo pode revogar o mandato enquanto não for concedido o crédito e pode até denunciar o mandato, a todo o tempo, tornando-se, neste caso, responsável pelos danos que haja causado (art. 629º do Código Civil).

A figura é antiquíssima e tem as suas raízes no direito romano: "mandatum de pecunia credenda".

Nem perdeu actualidade, constituindo inspiração para modernas operações cuja importância de todos é conhecida, como a abertura de crédito.[12]

Trata-se de uma operação trilateral: um fiador, um capitalista (na nossa análise, é o banco que dá crédito) e um terceiro, o beneficiário do crédito.

Uma parte, desejosa de estabelecer com outra uma relação comercial de que lhe resultem proveitos, torna-se parte activa na obtenção dos capitais de que esta última necessita, encarregando o capitalista do financiamento e assumindo ele, mandante, a responsabilidade.

O fiador actua aqui, não como parte passiva ou acessória, mas activa, na qualidade de promotor do complexo negocial.

É evidente que o motor desta operação é alimentado pelo interesse do mandante: é a ele que principalmente interessa a obtenção do crédito a favor de terceiro. Os elementos do negócio são também três: o encargo cometido pelo mandante ao mandatário; a aceitação do encargo pelo mandatário que assim aceita conceder crédito a terceiro; e, finalmente, a assunção da qualidade de fiador de débito futuro, por parte de quem atribui o encargo.[13]

Interessante será notar que o terceiro recebe, afinal de todos: do mandante a quem não confere qualquer prestação directa e do mandatário de quem recebe o crédito.

Mas, no fundo, existe, como fizemos notar, principalmente, um interesse do mandante.

Por outro lado, relevaremos também que este negócio é meramente preparatório de um financiamento, conduzindo ou concretizando-se em múltiplas e imaginativas fórmulas negociais de que pode constituir exemplo a letra de favor.

Pode, assim, o mandato de crédito revestir-se de grande importância, não em sua pureza lógico-jurídica, mas pela variedade dos negócios e operações que inspira.

11. O aval

O aval distingue-se muito claramente da fiança.

Antes de mais, porque ele há-de constar e é específico dos títulos cambiários e assim, é regulado pela lei uniforme sobre letras e livranças (arts. 30º a 32º e 37º) e pela lei uniforme sobre cheques (arts. 25º a 27º).

Por outro lado, a obrigação do avalista não é acessória como a do fiador, isto é, a

12. Ernesto Simonetto, *Novissimo Digesto Italiano*, X, 150.

13. Assim, Ernesto Simonetto, *Novissimo Digesto Italiano*, X, 154.

validade do aval não depende da validade substancial da obrigação do avalizado. Assim, o avalista está sujeito à obrigação de agar a letra ainda que a obrigação do avalizado seja nula ou anulada por vício essencial.

A única oposição que o avalista poderá fazer será com base em vício de forma.

Donde que também se atribua à obrigação do avalista carácter autónomo.

Shermi, citado por Massimo De Marco, estabelece assim a diferença entre o aval e a fiança: "a segunda liga-se ao crédito causal sem qualquer outra qualificação; o primeiro (aval) liga-se ao crédito causal isolado da complexa relação causal e mobilizado através da sua incorporação no documento cambiário, isto é, qualificado pela lei de circulação cambiária.

A existência da obrigação garantida constitui o pressuposto necessário de fiança, mas não do aval."

O avalista é devedor solidário pelo que pode o credor accionar o avalizado ou o avalista sem que este último possa oporlhe o benefício da excussão; por outro lado, tratando-se de negócio abstracto pode o detentor do título desencadear contra o avalista acção cambiária sem que tenha de referir-se à relação substancial ou subjacente.

Acontece, por vezes, uma situação anómala: não há interesse em que o avalista apareça como tal; nesse caso, ele próprio intervém na letra, obrigando-se como aceitante ou endossante. É a típica letra de favor que mais não traduz que um aval encoberto ou mascarado ("Fidussio Palliata").

Trata-se, evidentemente, de uma garantia concedida através de *consubscrição cambiária*.[14]

Uma outra modalidade de garantia cambiária poderá ser prestada da seguinte forma: A aceita uma letra que entrega a B; para garantia do pagamento respectivo, C não avaliza aquele mencionado título mas entrega a B uma letra por si aceite, de igual montante, para garantia do pagamento a A.

Em todos os casos que acabamos de assinalar, o aval é uma típica garantia cambiária. E os bancos utilizá-la-ão dentro das regras gerais sem qualquer especificidade.

Não há, pois, que confundir um outro conceito de aval hoje muito em voga, entre nós: o aval do Estado que poderá ser prestado, designadamente, através de institutos públicos.

Basicamente regulado pela Lei 1/73, de 2 de Janeiro, o aval do Estado terá como finalidade proporcionar o financiamento de empreendimentos ou projectos de interesse para a economia nacional.

A garantia é prestada através de declaração e os créditos avalizados conferem ao Estado privilégio creditório mobiliário geral, nos termos dos arts. 735º n. 2 e 747º n. 1, alínea *a*), do Código Civil.[15]

Este aval é, no entanto, destinado à obtenção de financiamentos internos ou externos; logo, os beneficiários directos do aval são exactamente os bancos pelo que não se trata, em caso algum, de garantia bancária tal como a definimos. Por essa razão, nos ficamos por aqui, a seu respeito.

12. Garantia autónoma

A prática comercial e a vida jurídica, em geral vêm exigindo cada vez com mais frequência e nos mais diversificados actos e momentos a prestação de caução.

Em tais circunstâncias e, designadamente, se ela for imposta por tribunal, pode a caução ser prestada por meio de qualquer garantia, real ou pessoal (art. 624º n. 1 do Código Civil).

14. Assim, Joaquim Garrigues, *Contratos Bancários*, p. 248.

15. Veja-se, a propósito, o Despacho Normativo n. 231/78, de 15 de Setembro, relativo à prestação de avales a favor de Pequenas e Médias Empresas.

Em todo o caso, a regra é de que a caução imposta ou autorizada por lei deve ser prestada por meio de depósito de dinheiro, títulos de crédito, pedras ou metais preciosos, ou por penhor, hipoteca ou fiança bancária (art. 623º n. 1 do Código Civil).

A garantia assim prestada deixa o credor em situação cómoda mas coloca, muitas vezes, o devedor em situação gravosa.

É que o depósito implica a imobilização de valores por vezes incompatível com a dinâmica da vida comercial e os custos dessas imobilizações.

Daí, os esforços imaginativos dos agentes económicos por encontrarem soluções igualmente seguras e válidas que não comportem tamanhos inconvenientes.

Foi da evolução dessas fórmulas que resultaram alguns (engenhosos) tipos de garantias bancárias autónomas.

As exigências de caução ou garantia são conhecidas nos mais diversos domínios da vida comercial: reveste-se de enorme interesse a caução exigida às empresas para importação de bens; nos contratos de empreitada, é usual que o dono da obra exija caução de boa execução e assim igualmente nos mais diversos contratos internacionais.

Ora, quer o volume dos negócios quer a falta de conhecimento recíproco das partes envolvidas não podem, obviamente, dispensar a existência de garantias prestadas por entidades idóneas.

E também é certo que as garantias clássicas que referimos como a fiança e o aval se não adaptam a este tipo de contrato: a fiança sobretudo pela subsidiariedade e acessoriedade que lhe são características; o aval pela rigidez da legislação cambiária não compatível com a dinâmica comercial.

A garantia autónoma que poderá revestir diversos tipos tem sido a fórmula ensaiada com resultados surpreendentes sobretudo no que toca à rapidez com que os negócios alcançam concretização.

Vamos então tentar caracterizar a garantia autónoma, tipificando-a, depois.

12.1 Origens

Já dissemos que o carácter acessório da fiança (traduzido na possibilidade de discutir a relação jurídica subjacente) tem levado os agentes económicos a rejeitá-la.

E não é raro, assim, por exemplo, encontrar fórmulas de contratos de garantia em que o credor faça incluir cláusulas como estas:

"O fiador pagará imediatamente ao credor, a pedido deste, mesmo contra a vontade do devedor quanto for devido por capital, juros e despesas acessórias", ou ainda:

"A fiança manter-se-á válida ainda que a obrigação principal seja declarada inválida."

Do mesmo modo, são cada vez mais frequentes as seguintes cláusulas insertas em documentos de garantia prestada por bancos, sobretudo em contratos internacionais:

"Fica entendido que pagaremos a V. Exas. dentro do limite de escudos..., a importância que nos indicarem como devida por fulano, não obstante a oposição dele ou a existência de controvérsia sobre a exigibilidade do vosso crédito, mediante a simples apresentação do vosso pedido por escrito." Ou ainda:

"O fiador declara que, em caso de invalidade da obrigação principal, a presente fiança se manterá firme e válida."

Perante cláusulas deste teor, nascidas da prática, teve a doutrina e tiveram os tribunais que proceder a formulações teóricas.

É que, com elas, a fiança perde o que tem de essencial e consequentemente, não é fiança. Ou então, haveria que reconhecer que o carácter acessório não lhe é essencial.

As posições sobre esta questão foram diversas como nos dá conta Giuseppe Portale.[16]

16. Giuseppe Portale, *Le Operazioni Bancarie*, p. 1.046; e ainda, mesmo autor, *Le Operazioni Bancarie Internazionali*, Milano, 1989.

Assim, a título, de exemplo, gerou-se uma corrente entre os autores italianos, no sentido de que a derrogação da acessoriedade da fiança era legal quando se tratasse de anulabilidade, mas já não nos casos de nulidade.

Diziam tais autores (de que se distinguem Fragali e Campobasso), que aquelas cláusulas não tinham "a força, a eficácia de perturbar a causa do negócio da fiança, porquanto, embora de forma diversa e com outras regras, prosseguem o mesmo fim de garantia pessoal que a fiança pretende atingir".

O argumento, convenhamos, não é forte.

A teorização desta matéria distinguindo a garantia autónoma da fiança remonta a Stammler, há já quase um século: distinguia aquele autor os contratos de garantia em duas categorias: de um lado, os contratos de garantia, acessórios de uma obrigação principal; de outro, os contratos de garantia que encontravam fundamento na autonomia da vontade e prescindiam daquela relação com qualquer outra relação jurídica, gerando para o promitente uma obrigação totalmente autónoma.

E foi esta doutrina, assim simplificada, que teve acolhimento no BGB (Código Civil Alemão), § 766, e permitiu um grande desenvolvimento sobretudo na Alemanha, da figura da "Garantievertrag", como excelente instrumento de desenvolvimento do comércio internacional.

E isto, desde logo, porque, como é evidente, o credor (estrangeiro) não tem, com ela, que recear as hipóteses de invalidade do negócio, porventura regido segundo lei que desconhece.

Mas não era tudo; a prática foi introduzindo uma nova cláusula que superasse o problema que ainda restava das delongas necessárias ao apuramento da correcção do pedido de pagamento por parte do credor: foi a cláusula "on first demand", "a prima richiesta", "à la première demande", "à primeira solicitação".

A garantia autónoma com uma tal cláusula passa a dispensar qualquer discussão sobre os fundamentos e pressupostos da obrigação de garantia e obriga o garante a cumprir imediatamente, mediante o simples pedido do credor: atingiu-se assim (quase) a perfeição da garantia por depósito, ou por crédito documentário irrevogável.

Pelos seus atractivos foi o contrato de garantia autónoma objecto de desenvolvimento por parte da Câmara de Comércio Internacional[17] e pela própria CEE[18] por força do art. 100º do Tratado.

12.2 As características da garantia autónoma

Antes de mais, há que constatar o carácter contratual da garantia autónoma, o que nem é difícil, sendo evidente que ele tem de ser aceite.

É certo que não se tratará de contrato sinalagmático, mas também não há que falar em mero negócio jurídico unilateral, como já tem sido aventado.

Por outro lado, discute-se se a garantia autónoma reveste, carácter abstracto ou causal.[19] Ora bem, abstracto é o negócio

17. Do que resultou a elaboração das Regras Uniformes para as Garantias Bancárias, adoptadas em 20 de Junho de 1978, pelo Conselho da Câmara de Comércio Internacional, nas quais, porém, não era incluida a garantia "on first demand" com o argumento da "necessité de justifier toute demande de realisation de garantie, de moraliser la pratique des garanties".

18. Sobre a matéria foi redigido um projecto de Directiva tendo por base um relatório do Instituto Max Planck.

19. Giuseppe Portale, *Nuovi Sviluppi del contratto autonomo di garanzia*, Banca Borsa, XXXVIII, 171, chama a atenção para a equivocidade do termo *causa* e acaba por lembrar que nenhum sistema causalista ousou impedir o contrato autónomo de garantia ainda que reconhecendo-lhe abstracção. Por seu lado, opina que "para tornar causal o contrato basta que nele se declare a função da garantia e que pelas partes seja feita referência a uma relação jurídica subjacente que sirva para justificar a obrigação do garante".

jurídico que pode ter por base qualquer causa sendo válido independentemente daquela; causal é o negócio que tem por base uma única causa e só a esta servirá

Em tais termos, o contrato de garantia autónoma é causal porquanto a sua causa é única — a prestação de garantia que se encontra vertida no próprio contrato.

Como diz Galvão Teles,[20] saber se a garantia vale ou não e se subsiste ou não, apesar da invalidade ou extinção do contrato base, é problema que nada tem que ver com a causalidade ou abstracção da primeira, mas sim com a sua autonomia ou acessoriedade em relação ao segundo.

Deixamos, deste modo, afastada a complicada questão que se discute sobre o carácter concreto ou abstracto da garantia autónoma e da sua admissão face ao art. 458º do Código Civil Português de que os autores extraem a proibição do negócio abstracto.

A garantia bancária de que tratamos é causal e é autónoma; é causal porque vinculada à prestação de garantia; é autónoma porque é independente do contrato base.

A fiança é causal mas não é autónoma, é acessória; é causal porque também vinculada à prestação de garantia; é acessória porque subordinada à validade da obrigação principal.

A obrigação resultante da garantia autónoma é, de outro lado, uma obrigação pecuniária.

Certo é que a garantia poderá reportar-se directamente a prestação pecuniária ou a mera prestação de facto; só que, neste último caso, o garante fica adstrito apenas ao pagamento de indemnização por incumprimento e não ao cumprimento em espécie.

12.3 Relações jurídicas e conteúdo da garantia autónoma

Decompondo o contrato de garantia autónoma obtemos os seguintes actos jurídicos: o contrato-base; o contrato pelo qual o banco se obriga, mediante certa remuneração a fornecer a garantia; o contrato de garantia propriamente dito.

Assim: A, dono da obra, contrata uma empreitada com B (contrato base); B, empreiteiro dá ordem ao Banco C para que emita uma garantia "on first demand" a favor do A, para boa execução; o banco C emite a garantia que entrega ao A e que este aceita.

Daqui resultam os seguintes corolários:

— O beneficiário A só pode exigir de C, em conformidade com o título de garantia que detiver.

— O garante está adstrito ao pagamento nos exactos termos do título que emitiu.

— Se o beneficiário A reclamar o pagamento em conformidade com o título, o garante terá de pagar imediatamente, sem delongas ou discussões sobre a validade da obrigação.

— O garante só poderá recusar o pagamento perante manifesta ilicitude, má fé ou alteração anormal do contrato base, evidenciadas por prova documental.

— A emissão de garantia autónoma "on first demand" coloca nas mãos do beneficiário a escolha da oportunidade da respectiva execução.

— Com o pagamento, o garante C constitui-se credor do mandante B podendo exercer direito de regresso.

12.4 Alguns tipos de garantia autónoma

São os seguintes os tipos de garantia autónoma que mais frequentemente vêm sendo utilizados em contratos internacionais:

— *Bid bonds* são garantias exigidas aos concorrentes de determinada empreitada: o garante assume a responsabilidade resultante do facto de o concorrente não vir a assinar o respectivo contrato ou a garantia da boa execução dele;

20. Galvão Teles, *Garantia Bancária Autónoma*, p. 31.

— *Performance bonds* são garantias exigidas ao contraente para bom cumprimento de uma prestação: o garante assume a responsabilidade do cumprimento pontual das prestações estipuladas (poderão traduzir cumprimento em espécie ou apenas indemnização e neste caso orçam, normalmente, 10% do valor da obra);[21]

— *Repayment guarantees* são garantias de devolução de pagamentos antecipados que não deverão manter-se por incumprimento do contrato;

— *Maintenance bonds* são garantias de manutenção, por certo período de tempo, dos trabalhos e obras levados a efeito.

12.5 Limites à autonomia da garantia

Schinnerer-Avancini definem o contrato autónomo de garantia bancária como "um contrato obrigatório unilateral que, de regra, serve para garantir a prestação de um terceiro a favor de um credor beneficiário de maneira a assegurar a este último que receberá, em qualquer caso, a prestação ou a quantia, em dinheiro, contratualmente estabelecido e isto não apenas na hipótese de incumprimento pelo terceiro, mas também no caso em que a obrigação principal não chegue sequer a existir ou se torne impossível".

Mas, claro que o valor desta regra de autonomia não é absoluto.

Ela encontra um primeiro limite na hipótese de ilicitude da causa do contrato principal (entre nós) por força das disposições dos arts. 280º n. 2 e 294º do Código Civil.

Um segundo limite ocorre quando a nulidade ou a caducidade do contrato resultam de sentença transitada em julgado; neste caso, a execução da garantia é tida como fraudulenta e, consequentemente, paralizável com a "exceptio doli".[22]

21. Vide citação deste nosso trabalho, em Acórdão do Supremo Tribunal de Justiça, B.M.J. 401, 478.

22. Assim, Vasseur, *Garantie Independente*, p. 123 e Giuseppe Portale, *Nuovi Sviluppi*, p. 182.

Queremos dizer que o segundo limite acaba por ser a boa fé, podendo sempre o garante excepcionar o dolo, a má fé ou o abuso de direito no recurso à garantia por parte do beneficiário dela, com respeito, aliás, pela regra de que a "fraus omnia corrumpit".

As excepções de ilicitude e de dolo são comumente aceites para a recusa do pagamento.

Não assim a excepção com base em alteração do contrato base.

Entendemos, no entanto, com Francesco Benatti,[23] que se o programa se alterou substancialmente, aumentando, em muito, e manifestamente, o risco coberto pelo contrato de garantia, o garante poderá recusar a prestação ao beneficiário.

O reverso da medalha também existe: é que a recusa do pagamento por alegação de ilicitude, fraude ou alteração do contrato base pode comprometer o nome e a imagem do banco garante.

12.6 Relações entre o garante e o mandante

Está fora de dúvida o direito de regresso do garante que pagou sobre o seu mandante. Mas há questões por resolver: por exemplo, deverá o garante, antes de pagar, dar conhecimento ao mandante do pedido que lhe foi dirigido pelo beneficiário?

Entendemos que o princípio de boa fé impõe que deve ser dado conhecimento até porque o mandante pode dispôr de elementos que permitam opôr as excepções de que falámos.

E assim, com base nesses mesmos princípios, poderá o mandante opôr-se, mais tarde, na acção de regresso instaurada pelo mandante, com fundamento em que o mandato não foi cumprido de boa fé, com seu exclusivo prejuízo.

23. Francesco Benatti, *Il Contratto Autonomo di Garanzia*, p. 183.

V. FIGURAS AFINS DA GARANTIA BANCÁRIA AUTÓNOMA

Deixámos anotado que existem figuras jurídicas que também têm por finalidade a prestação de garantia mas não são, primariamente, contratos de garantia.

É, designadamente, assim, no que concerne à abertura de crédito documentário, à utilização da "stand by letter of credit" e ao contrato de seguro de crédito.

13. Abertura de crédito documentário

O crédito documentário nasceu de uma certa desconfiança existente entre comerciantes que se não conhecem.

Por outro lado, é cada vez menos prático e possível entregar a mercadoria contra pagamento.

E bem se compreende que o vendedor tenha relutância em entregar mercadoria sem receber, do mesmo passo que o comprador a sentirá em pagar sem receber o que comprou.

Para além disso, o comércio internacional deu lugar à emissão de documentos variados: facturas, títulos de transporte, apólices de seguro, documentos aduaneiros, certificados de origem.

Ora, é apenas contra entrega destes documentos que, ao fim e ao cabo, significam a liberação da mercadoria, que o comprador quererá pagar: de sua parte, o vendedor também não estará disposto a entregar os documentos sem garantia de que receberá o preço.

É aqui que os bancos têm uma intermediação indispensável: pela confiança que merecem a ambas as partes vão ser os depositários dos documentos e também serão eles que vão proceder ao pagamento das mercadorias, restabelecendo, deste modo, a confiança negocial.

Assim, e quanto ao vendedor (exportador): obterá do banco (do país do comprador e por intermédio deste) uma declaração em como lhe será pago o preço das mercadorias, logo que receba os documentos indispensáveis à entrega dos mesmos ao comprador.

Dizemos, então, que aquele banco *abre um crédito documentário ao vendedor.*

O crédito assim aberto pode, no entanto, ser *revogável ou irrevogável.*

No primeiro caso, o vendedor fica apenas a saber que o banco está na disposição de cumprir o mandato de pagamento que lhe foi conferido pelo comprador podendo, porém, este mandato ser-lhe retirado.

No segundo caso, o único que, afinal, interessa ao vendedor, o banco compromete-se de forma autónoma, a pagar o que for devido, ainda que o comprador revogue as suas ordens.

O exportador pode, então, proceder ao fabrico e expedição, descansado e certo de que receberá o valor dos bens vendidos, qualquer que venha a ser a posição do comprador.

Também aqui, deve dizer-se que o desenvolvimento da prática do crédito documentário se estabeleceu sob os auspícios da Câmara do Comércio Internacional, com o estabelecimento de *regras e usos uniformes relativos ao crédito documentário.*

Não sendo estas regras imperativas, certo é que os bancos de todo o mundo estão aderindo à respectiva aplicação.

E qual a natureza jurídica deste crédito documentário?

Como, certamente, se reparou, a designação é equívoca.

De facto, não existe, em princípio, qualquer crédito: o que o banco emite é um documento de *garantia de pagamento* e a indicação do modo como este se fará mas não há saída de fundos.

Trata-se, pois, de uma *técnica de garantia* e do *pagamento* na terminologia de

Rodiére e Rives-Lange, citados por Vasseur.[24]

A complexa e inovadora estrutura do crédito documentário deu origem a numerosas teorias sobre a sua natureza jurídica: desde a teoria da fiança à da cessão de crédito, à do contrato a favor de terceiro.

Fernando Olavo,[25] a nosso ver, bem, explica que o mandato sem representação se ajusta à figura do crédito documentário.

O mecanismo do crédito documentário desenvolve-se em quatro fases: a primeira consiste no negócio entre vendedor e comprador; na segunda, o comprador dá ordens ao seu banco para que abra o crédito documentário e o banco emite a carta de crédito comercial a favor do vendedor; na terceira, o vendedor entregará ao banco os documentos necessários para a entrega da mercadoria ao comprador e o banco efectuará o pagamento; na quarta fase, o banco que pagou procederá à liquidação do crédito documentário face ao comprador-importador (regresso).

Será de salientar que a natureza revogável ou irrevogável do crédito documentário fará parte do contrato a estabelecer entre o comprador (mandante) e o seu banco, do mesmo passo que se recorda que se tornou habitual que os bancos notifiquem o beneficiário através de outro banco (correspondente) sediado no país daquele. E este último mandatário poderá desempenhar várias missões: apenas notificar, pagar ou receber letra de câmbio sacada pelo vendedor, confirmar o carácter irrevogável do crédito aberto. Isto é, o banco do país do vendedor pode assumir a mesma posição do banco que abriu o crédito, reforçando, deste modo, as garantias do vendedor.[26]

Este (o vendedor) disporá, então, de dois direitos directos autónomos e paralelos: um contra o banco que emitiu o crédito documentário e outro contra o banco que o notificou e confirmou: um banco sediado no estrangeiro e o outro no seu próprio país.

Quanto ao controle e verificação de documentos pelo banco que abriu o crédito documentário relevaremos que:

— O banco não tem que verificar a conformidade dos documentos com as mercadorias;

— O banco não pode exigir outros documentos para além dos previstos na carta de abertura de crédito;

— O banco não assume qualquer responsabilidade quanto à autenticidade e à falsidade dos documentos excepto se a irregularidade for manifesta (art. 9º das Regras e Usos Uniformes);

— Mas o banco deve controlar a conformidade dos documentos apresentados com os indicados na carta de abertura de crédito.

Não entraremos, aqui, em pormenores do regime de crédito documentário.

Mas achamos oportuno salientar algumas diferenças entre a garantia autónoma automática e a abertura do crédito documentário porque são muitas as suas semelhanças:

— Em primeiro lugar, a abertura do crédito documentário assenta num contrato de compra e venda, não sendo necessário que tal aconteça no caso da garantia autónoma automática.

— Em segundo lugar, a incumbência do banco é de proceder a um pagamento, contra entrega de documentos e não propriamente, garantir o pagamento pelo devedor.

— O banco do comprador efectua o pagamento, por mandato do comprador, logo que os documentos cheguem às suas mãos; o banco que prestou garantia autónoma pagará em nome próprio, como garante, quando lhe for exigido.

24. Vasseur, *Droit et Economie Bancaires*, II/594.

25. Fernando Olavo, *Abertura de crédito documentário*.

26. Vasseur, obra citada, 603.

— O crédito documentário é transferível (art. 46º das regras e usos uniformes) podendo o beneficiário, no caso, prevalecer-se do crédito para garantir-se junto dos seus fornecedores: e se a transferência (ou cessão) for total o primeiro beneficiário desaparece de cena, ficando apenas o segundo beneficiário; se for parcial, acabam por ser dois os beneficiários.[27]

14. *"Stand by letter of credit"*

Poderemos desde já afirmar que a "stand by letter of credit" é apenas uma modalidade de crédito documentário.

Trata-se, com efeito, de uma carta de garantia expressa na forma e segundo as modalidades daquela abertura de crédito, tendo conhecido grande desenvolvimento sobretudo nos Estados Unidos da América.

Acaba por ser uma carta de garantia em que o emitente se obriga perante o beneficiário:

— A reembolsar o que for prestado ou antecipado ao ordenante;

— A cumprir qualquer obrigação assumida pelo ordenante;

— A efectuar o pagamento em caso de incumprimento por parte do ordenante na execução de qualquer obrigação assumida por este.

Distingue-se a "stand by letter of credit" de uma simples garantia: a carta de crédito é um contrato que estabelece por si só todas as condições definindo direitos e obrigações das partes. Qualquer litígio sobre tais direitos e obrigações terá que encontrar solução no texto da carta e não em qualquer outro contrato ou relação jurídica.

A garantia acaba por ser um contrato que se reporta a um outro (o contrato principal) ou relação jurídica, de tal modo que a discussão sobre os direitos e obrigações das partes terá que ter em conta os direitos e obrigações das partes do contrato principal ou subjacente.

Já vimos que isso é assim, mesmo na garantia autónoma automática, podendo, designadamente, invocar-se a ilicitude ou má fé do contrato subjacente.

De outro lado, é o art. 8º das Normas e Usos Uniformes Relativos aos Créditos Documentários que precisa este aspecto: "Nas operações de créditos documentários as partes interessadas deverão basear-se sobre os documentos, independentemente das mercadorias". Tal é o regime da "stand by letter of credit": o banco que a emite deverá ater-se às condições nela contidas para não se envolver nas discussões entre o seu cliente e o beneficiário; do mesmo modo, deverá proceder o beneficiário quando pretender que o banco cumpra a obrigação assumida.

Quanto às modalidades e aplicações da "stand by letter of credit" podemos constatar as mesmas da garantia "on first demand": ("bid bonds", "perfomance bonds", advance payment bonds) e ainda a prestação de garantias por facilidades de crédito concedidas ao ordenante ou a filiais suas por bancos ou outras entidades financeiras.[28]

Esta última modalidade resolve o problema da garantia de abertura de linhas de crédito a favor do ordenante ou sua subsidiária, geralmente no estrangeiro, cobrindo todas as responsabilidades acordadas; tornar-se-á operante face à apresentação de declaração de incumprimento, total ou parcial, por parte do banco financiador.

Nascida e desenvolvida nos USA, esta modalidade de crédito documentário vem assumindo enorme importância no mundo dos negócios internacionais, sobretudo no médio oriente.

15. *Garantia de "plafond" de crédito*

Imagine-se uma empresa, com sede em Portugal e filial no estrangeiro.

27. Franco Paturi, "Il Credito Documentario Trasferibile", in *Gazzetta Valutaria*, 1984, p. 468.

28. Federico Visentini, "Stand By Letter of Credit", *Gazzeta Valutaria*, 1984, p. 384.

Pretende-se através desta filial levar a efeito investimentos no país em que se situa ou proceder a exportações do nosso país para aquele.

Para tal, necessita aquela filial de financiamento de bancos locais.

Não tendo capacidade nem imagem suficiente para o efeito, pode utilizar-se o seguinte processo: a casa mãe obtém junto do banco português uma garantia de "plafond" de crédito estrangeiro que este coloca à disposição da filial.

Trata-se de pura garantia de "plafond" de crédito prestada por banco nacional a banco estrangeiro, e que terá como efeito a promoção das exportações portuguesas ou de investimentos nacionais no estrangeiro à custa de financiamentos locais sem qualquer fluxo de dinheiro nacional ou encargos especiais.

A natureza jurídica da garantia assim prestada dependerá dos seus próprios termos: poderá tratar-se de simples fiança[29] de garantia autónoma automática de mandato de crédito,[30] ou de "stand by letter of credit".

16. Seguro de crédito

O seguro de crédito é, na definição de Jean Bastin,[31] "um sistema de seguro que permite aos credores, mediante o pagamento de um prémio cobrirem-se contra o não pagamento de créditos devidos por pessoas (previamente identificados) em situação de falta de pagamento".

Há três pessoas (em sentido amplo) no contrato de seguro de crédito: um credor, um devedor e um terceiro (o segurador) que garante o primeiro contra o incumprimento do segundo.

É, de resto, o credor quem exige a cobertura do seu crédito.

Bem claras são as diferenças entre o contrato de seguro e o contrato de garantia: a primeira diferença é a de que, no contrato de seguro, em contrapartida do risco transferido há lugar ao pagamento de um prémio; em segundo lugar, o objecto do contrato de seguro é assumir aquele risco, muito para além da obrigação de pagar no vencimento, se o devedor não pagar e em lugar dele; a terceira diferença consiste em o contrato de seguro de crédito ser celebrado por companhias seguradoras[32] e não por bancos.

É, aliás, a este propósito, muito expressiva a afirmação de Charles Weil: "A preocupação de um banco é evitar os riscos; assumi-los é o objectivo de uma companhia de seguros".

Porque listámos, então, o seguro de crédito entre as figuras afins da garantia bancária?

Por um lado, porque o seguro de crédito também desempenha uma função de garantia de pagamento a favor do credor; por outro lado, porque esta actividade seguradora se situa muito próximo da actividade bancária, sobretudo daquela que se traduz na prestação de garantias, das assim chamadas garantias bancárias.

VI. GARANTIAS BANCÁRIAS ACTIVAS

17. Razão de ordem e noção

Vimos, até agora, os vários tipos de garantia que os bancos prestam aos seus clientes.

29. Parece tratar-se de fiança para Luigi Merlo, "La Garanzia Bancaria", *Gazzetta Valutaria*, 1984, p. 677.

30. Não estamos, evidentemente, perante a "lettre de patronage", ou "comfort letter" a qual consiste no seguinte: uma sociedade participante envia uma carta a determinado banco, manifestando-lhe que conhece os negócios entre esse banco e certa sociedade por si participada; e que tomará as devidas providências para que a participada cumpra as obrigações que assumir.

31. Jean Bastin, *O Seguro de Crédito no Mundo Contemporâneo*, p. 51.

32. A contratação de seguros de crédito é, em Portugal, uma das principais atribuições da COSEC -Companhia de Seguros de Créditos.

E pudemos chegar à conclusão de que qualquer daqueles instrumentos se reconduz a garantia pessoal na medida em que, pelo cumprimento de uma obrigação, passa a responder o património do banco garante, por acréscimo ao património do devedor.

A prestação de garantia, por seu lado, não gera imediato movimento de caixa nem tão pouco constitui o garante como devedor; torna-o, antes, potencialmente devedor o que ocorrerá, se e quando o devedor não cumpra.

Não há, por outro lado, qualquer afectação específica de bens do garante. Os bancos não prestam, por isso, garantias reais.

Trataremos, agora, de analisar a prestação de garantias a favor do banco.

E o que constatamos é, praticamente, o inverso.

Os bancos preferem a prestação de garantias reais. O pagamento pelo devedor fica, assim, garantido pela especial afectação, de coisas determinadas.

Em caso de incumprimento pelo devedor e na falta de património deste, respondem aqueles bens, do próprio devedor ou de terceiros, especialmente afectos a este fim.

O banco, em caso de incumprimento do devedor, vê a garantia do seu crédito ampliada, através de um direito real.

E poderemos designar esta operação como "garantia bancária"?

Não é habitual. Mas também não é incorrecto.

Costumam designar-se por operações bancárias todas aquelas práticas em que as instituições bancárias intervenham, no âmbito do seu objecto.

Serão passivas as que colocam o banco em situação devedora (por exemplo, o depósito); serão activas as que colocam o Banco em posição credora (por exemplo, o mútuo).

Deste ponto de vista, a prestação de garantia pelo Banco é operação passiva; a garantia do crédito concedido pelo Banco é operação activa.

Na primeira, o Banco coloca-se em posição de ter de pagar; na segunda, o banco fica na situação de eventual credor.

A garantia bancária passiva acompanha, pois, sempre, uma operação bancária activa.

18. Garantias gerais e especiais: pessoais e reais

Já inicialmente nos referimos à garantia geral do cumprimento das obrigações, traduzida na possibilidade de forçar o devedor a cumprir a obrigação à custa do seu património.

Parece evidente que, em todo caso, qualquer operação activa do Banco fica assistida por esta garantia geral, mas não é dela que nos ocuparemos aqui.

Interessam-nos, apenas, as garantias especiais: pessoais e reais, porque só estas, no fundo, traduzem especial afectação patrimonial ao cumprimento de certa obrigação.

19. Garantias activas e pessoais

Na prestação da garantia do crédito bancário não está excluída a prestação de garantias pessoais.

Já dissemos, todavia, o bastante sobre esta modalidade de garantias que pode traduzir-se em fiança, aval, mandato de crédito e garantia autónoma.

Em qualquer dos casos, é um novo património que vem acrescer ao património do devedor.

E, na verdade, não se vê razão para que não possa o credor bancário prevalecer-se de qualquer das referidas garantias.

A experiência demonstra, aliás, que assim sucede.

É normal o banco exigir aval pessoal dos sócios, em operações de financiamento às empresas organizadas sob a forma de sociedade; é frequente fazer depender a concessão de empréstimo da dação de aval ao subscritor da respectiva livrança; é perfeitamente compreensível que um banco conceda crédito por mandato (e consequentemente sob fiança) de terceiro; finalmente, casos haverá em que a instituição bancária exija, para a disponibilização de fundos ou a assunção de quaisquer outras responsabilidades, a prestação de garantias autónomas.

Nada, pois, de especial, a anotar neste campo, na perspectiva jurídica.

Já sob o ponto de vista económico se reconhecerá, sem dificuldade, que a garantia vale o que valer o património e a honorabilidade do garante.

20. Tipologia das garantias reais

É altura de passarmos em revista as garantias de natureza real ao serviço do crédito bancário e como a ele se ajustam.

Recordando que os direitos reais têm como características essenciais, o seu carácter absoluto, traduzido na oponibilidade do direito a todos os sujeitos jurídicos ("erga omnes"); a sequela, manifestada pela possibilidade do credor de perseguir a coisa objecto, em qualquer circunstância, logo se vê que se revelam do maior interesse, neste tipo de actividade creditícia.

Vamos fazer-lhes breves referências.

20.1 A hipoteca

É porventura, o direito real de garantia a que os bancos mais recorrem.

Incide, como se sabe, sobre as coisas imóveis, e, ainda, sobre as móveis equiparadas àquelas para efeito de registo.[33]

A hipoteca pode ser voluntária, legal e judicial.

A primeira pode ser constituída por contrato ou negócio jurídico unilateral, sempre por escritura pública, com sujeição a registo predial, sob pena de ineficácia,[34] mesmo "inter partes".

O registo é, aliás, também determinante da prevalência dos direitos reais.

Na verdade, embora os direitos reais se constituam por mero efeito da vontade das partes, segundo o princípio da consensualidade (art. 408º do C.C.) é o registo que determina a respectiva prevalência sobre os outros direitos reais.

De outro lado, a hipoteca oferece, ainda, a vantagem de garantir o crédito e seus acessórios, incluindo juros até três anos.

E se a hipoteca legal não se mostra relevante para o efeito (ela resulta exclusivamente da lei, em casos específicos) já a hipoteca judicial pode ser importante instrumento de salvaguarda do crédito.

Com efeito, a sentença que condenar o devedor à realização de uma prestação em dinheiro ou noutra coisa fungível, é título bastante para o registo de hipoteca sobre quaisquer bens do devedor, mesmo que não haja transitado em julgado (arts. 710º do C.C.).

Bem se vê, então, que o registo da hipoteca sobre bens do devedor, neste caso, pode ser decisivo para a salvaguarda do património indispensável ao pagamento da dívida.

É por isso, aconselhável, obtida sentença de condenação em processo declarativo, proceder, de imediato, ao registo de hipoteca em bens do devedor.

A hipoteca, recorde-se, só pode ter como objecto coisa certa e determinada, não sendo admissivel hipoteca sobre o conjunto de bens ou sobre todo o património do devedor (hipoteca genérica).

33. Como são os automóveis, as aeronaves e os navios.

34. São também susceptíveis de hipoteca os bens móveis integrantes do estabelecimento industrial quando haja hipoteca desta. C.L.J. 1992, tomo I.

20.2 Penhor

O penhor é um direito real que tem por objecto coisas ou direitos não susceptíveis de hipoteca.

O penhor de coisa constitui-se pela entrega desta ou por documento que confira a exclusiva disponibilidade dela ao credor ou a terceiro. No primeiro caso, há desapossamento, no segundo caso, não.

O credor pignoratício não é possuidor em nome próprio. É possuidor em nome de outrem, mas pode socorrer-se das acções possessórias para defender a posse, mesmo contra o próprio dono da coisa empenhada.

E pode também exigir a substituição ou o reforço do penhor ou o cumprimento imediato da obrigação, se a coisa empenhada perecer (art. 670º C.C.):

No caso do penhor sem desapossamento, a coisa empenhada continua na posse do dono que é, então, considerado possuidor em nome alheio, para efeitos de não a poder alienar ou destruir. Esta situação torna-se comum, quando a entrega do bem empenhado é impossível, difícil ou especialmente onerosa para o devedor. É o caso do penhor mercantil[35] sobre máquinas e equipamentos.

É, também, o caso do penhor constituído a favor de entidades bancárias.[36]

Esta garantia apresenta várias vantagens: por um lado, propicia ao dono continuar a usar a coisa e dela tirar proveito; por outro lado, garante o pagamento ao credor sob pena de ilícito penal praticado pelo devedor ou por terceiro, fiel depositário, em caso de destruição do bem empenhado.

Naturalmente, o penhor sem desapossamento implica algum risco: há, no seu regime, uma descaracterização do direito real e a criminalização do incumprimento.

Tanto no caso do penhor com entrega da coisa como no caso do penhor sem desapossamento, o crédito deve ser satisfeito pela venda que pode ser judicial ou extrajudicial, se as partes assim o tiverem convencionado.

Não é, por isso, lícito ao credor pignoratício apropriar-se da coisa, sendo aliás nulo o pacto comissório, como sucede, de resto, com os demais direitos reais de garantia. O devedor e credor não podem convencionar que este fará sua a coisa dada em garantia, em caso de incumprimento (art. 694º C.C.).

A coisa empenhada pode, aliás, ser objecto de penhora em acção executiva movida por terceiro contra o mesmo devedor. Só que prevalece o direito do credor pignoratício de ser pago, prioritariamente.

Anote-se, finalmente, que podendo o penhor ter por objecto direitos, é imenso o seu campo de aplicação e incidência. Com a vantagem de os eventuais fiéis depositários oferecerem confiança acrescida (como será o caso do penhor sobre depósitos ou créditos bancários).

20.3 Consignação de rendimentos

O pagamento do crédito concedido e respectivos juros pode ser garantido pela consignação de rendimentos de certos bens imóveis ou móveis sujeitos a registo.

Tem, apenas, por limite o prazo de 15 anos, mas, até lá, poderá ser convencionada até ao integral pagamento da dívida.

Pode ser judicial ou voluntária.

O acto de constituição está sujeito a registo e à forma exigida para que este possa ser efectuado.

O campo de incidência pode ser vasto e interessante.

Parece, por exemplo, possível, a consignação de rendimentos de quotas sociais.

É certamente, admissível a consignação de rendimentos de títulos de crédito nominativos, devendo, neste caso, ser a

35. Art. 397º do Código Comercial.

36. D.L. n. 29.833, de 17.8.39 e D.L. n. 32.032, de 25.5.42.

consignação averbada no próprio título, nos termos da legislação respectiva (art. 640º C.C.).

Poderá, ainda, haver consignação de rendimentos de quaisquer títulos, mesmo escriturais, desde que a consignação se mostre susceptível de registo, como parece ser o caso.

O interesse da garantia é evidente, na medida em que não carece de execução. Os rendimentos serão colocados à disposição do credor sem necessidade de recurso a processo judicial, eventualmente, até, sem intervenção do devedor.

20.4 Direito de retenção

Não parece de grande alcance o recurso a esta garantia real por parte das instituições bancárias.

Em todo o caso, observemos que goza de direito de retenção o mandatário, sobre as coisas que lhe tiverem sido entregues para execução do mandato, pelo crédito resultante da sua actividade; o gestor de negócios, sobre as coisas que tenha em seu poder, para execução da gestão, pelo crédito proveniente desta; o depositário, sobre as coisas que lhe tiverem sido entregues em consequência dos respectivos contratos, pelos créditos deles resultantes (art. 755º C.C.).

O direito de retenção traduz-se na faculdade conferida ao devedor (da prestação da entrega de certa coisa) de não cumprir essa prestação (não a entregando), enquanto não for satisfeito o seu crédito por despesas feitas por causa dela ou de danos por ela causados (art. 754º C.C.).

O titular do direito goza das regalias do credor pignoratício, tratando-se de coisa móvel e poderá executá-la, tratando-se de coisa imóvel.

Havendo mandato conferido à instituição bancária, ou tendo sido por ela praticada gestão de negócios ou tendo sido celebrado contrato de depósito, é óbvio que pode aquela instituição prevalecer-se do direito de retenção.

Mas apenas, observa-se bem, relativamente aos créditos emergentes de cada um dos contratos e por força do objecto de cada um deles.

Não pode, por exemplo, o banco[37] reter um depósito em numerário porque o cliente é devedor ao banco em virtude de mútuo celebrado.

O direito de retenção prevalece sobre a hipoteca e o penhor (art. 759º C.C.). Deste modo, quando invocável, constitui garantia de elevado potencial.

20.5 Privilégios creditórios

Os privilégios creditórios traduzem-se na faculdade que a lei confere a certos credores de serem pagos com preferência a outros, tendo em atenção a especial natureza do seu crédito (art. 733º do C.C.).

A garantia, assim prestada, que é real e independente do registo, abrange o capital e os juros relativos aos últimos dois anos, se devidos.

Os privilégios creditórios podem ser mobiliários e imobiliários. Os mobiliários são gerais quando abrangem todo o património do devedor e especiais quando incidem sobre bens determinados. Os imobiliários são sempre especiais porque incidem sobre bens determinados.

Não há, em princípio, privilégios creditórios conferidos a Bancos.[38]

Mas já pode mostrar-se avisado tomá-los em conta, dada a redução que podem

37. E sempre seria necessário fazer-se, aqui, a discussão sobre a natureza jurídica do depósito bancário que consideramos contrato atípico.

38. Segundo o D.L. n. 125/90, de 16 de abril, alterado pelo D.L. n. 17/95, de 27 de janeiro, os titulares de obrigações hipotecárias gozam de privilégio creditório especial sobre os créditos hipotecários afectos à respectiva emissão, para reembolso do capital e recebimento de juros. A hipoteca que garante créditos hipotecários prevalece sobre quaisquer privilégios creditórios.

ocasionar nas garantias adquiridas, uma vez que são graduados antes da hipoteca, do direito de retenção e da consignação de rendimentos, independentemente do momento da constituição daqueles. Adiante, e a propósito do acautelamento da execução da garantia, referiremos este aspecto.

20.6 Contrato-promessa com eficácia real

O banco credor pode socorrer-se deste instrumento, que constitui, afinal, um direito real de aquisição, exigindo ao devedor, ao conceder-lhe o crédito, a celebração de contrato promessa de constituição dc garantia real, ou mesmo de alienação, termos dos artigos 410º e 413º, salvaguardadas as exigências de forma,[39] e efectuado o registo, o promitente fica vinculado, perante o credor, ao cumprimento da promessa, com eficácia real, aliás perfeitamente compatível com a execução específica (art. 830º do C.C.).

Assim, a titularidade do direito prometido poderá vir a ser obtida de pré-adquirente, através de execução da promessa.

O devedor promitente ver-se-á, desse modo, na impossibilidade de alienar o bem ou de o dar em garantia, posteriormente ao registo da promessa.

Mais: tratando-se de uma promessa com eficácia real, nada impede que o promitente seja um terceiro. Neste caso, o direito real de aquisição de um direito (de garantia ou de propriedade) funciona como um verdadeiro direito real de garantia. O bem (ou o valor do bem) que estiver em causa virá acrescer ao património do devedor.

20.7 Contrato de preferência com eficácia real

O autor de um financiamento pode ter interesse em dispôr do direito de adquirir certo bem, com preferência sobre outros adquirentes.

Pensemos no caso de um banco que financia certa construção. Não lhe sendo possível ou não lhe interessando obter a constituição de hipoteca, o credor logra celebrar com o devedor um pacto, nos termos do qual, este último se obriga a dar preferência ao credor, em caso de aliena ção onerosa de certo bem (da construção financiada, por exemplo).

A preferência é susceptível de produzir efeitos reais nos exactos termos que referimos para a promessa (quando haja convenção expressa, seja respeitada a forma e efectuado o registo).[40]

Tratando-se, embora, também aqui, de um direito real de aquisição, certo é que, deste modo, o devedor fica obrigado a comunicar ao credor não só que pretende proceder à alienação, mas também as condições desta, sendo a falta de comunicação oponível a terceiros adquirentes.

Nestas circunstâncias, o credor assegura, em primeiro lugar, que vai tomar conhecimento prévio da alienação do bem do devedor, podendo, então, desencadear eventuais mecanismos preventivos; em segundo lugar, pode ter interesse na aquisição do bem, assim minorando o eventual incumprimento pelo devedor; em terceiro lugar, o credor tentará a compensação[41] do seu crédito com o valor do preço a pagar.

39. A eficácia real depende da convenção expressa e inscrição no registo. A convenção deve tomar a forma de escritura pública ou quando tal não seja a forma exigida para o contrato prometido, deve constar de documento particular, com reconhecimento de assinatura.

40. Art. 414º e ss. do Código Civil.

41. Art. 847º e ss. do Código Civil cuja discussão não parece oportuna, aqui.

VII. OUTROS INSTRUMENTOS GARANTÍSTICOS DO CRÉDITO BANCÁRIO

21. Outros instrumentos

Percorremos, até aqui, o conjunto das garantias pessoais e reais de que o credor pode socorrer-se.

Verificamos, todavia, que a prática corrente, quer pelo custo dos actos implicados, quer pela relutância sempre denotada pelos devedores, se encarrega de inviabilizar o recurso a muitos deles, mormente às garantias reais.

O credor tem de recorrer, por isso, imaginativamente, sustentado, aliás, no princípio da autonomia da vontade (consagrado no art. 405º C.C.) a outros instrumentos de garantia.

Normalmente, fá-lo através de cláusulas insertas nos próprios contratos de financiamento, mas pode também socorrer-se de instrumentos autónomos.

Em comum, e na generalidade, existe o facto de tais instrumentos revestirem natureza meramente obrigacional e não real.

Aumentam, por isso, a probalidade de recuperação do crédito, mas não são absolutamente determinantes dessa recuperação nem a asseguram.

Caracterizemos alguns desses instrumentos:

21.1 Cláusula de reserva de propriedade

Não é comum que seja a instituição bancária a tomar o lugar de vendedora. A cláusula de reserva de propriedade não se apresenta, por isso, grandemente relevante em termos de garantia do crédito bancário, não obstante desempenhe importante papel garantístico, sempre que de alienação se trate.

Excepcionando o princípio da eficácia real por mero efeito do contrato (art. 408º C.C.), a cláusula de reserva de propriedade (art. 409º C.C.), permite ao alienante assegurar o cumprimento, por parte do adquirente, sob pena de não lhe transmitir o direito de propriedade, sendo ainda oponível a terceiro, quando registada. Trata-se de uma alienação sob condição suspensiva. O evento futuro de que depende a transferência da propriedade será, em regra, o cumprimento total ou parcial das obrigações da outra parte.[42]

Este instrumento contratual poderá, ainda assim, ser adoptado pelas instituições financeiras que incluam no seu objecto a alienação de bens e deverá ser tido em conta na valoração dos bens patrimoniais do devedor, aquando do financiamento, por os mesmos poderem estar sujeitos a esta condição.

21.2 Cláusula "pari passu"

O credor tem interesse em constituir e manter privilégio para o seu crédito ou, quando menos, em manter a igualdade perante os demais credores. Por isso mesmo, a constituição de credores privilegiados conduz, normalmente, ao defraudamento das expectativas dos credores comuns. Para o evitar, poderá o credor condicionar a concessão de crédito à declaração do devedor de que inexistem créditos privilegiados sobre o seu património.

Naturalmente, uma tal declaração, introduzida no contrato de financiamento, produzirá os efeitos de qualquer outra declaração negocial, podendo conduzir à sua invalidade, ao vencimento imediato das obrigações dele emergentes, ou ter, até, outra qualquer valoração porventura mesmo no foro criminal.

21.3 Cláusula "negative pledge"

Enquanto com a cláusula "pari passu", visa assegurar-se que o crédito está, à par-

42. Assim, Inocêncio Galvão Teles, *Obrigações*, 3ª ed., p. 61.

tida, em igualdade de condições com outros eventuais créditos, existentes sobre o património do devedor, através da cláusula "negative pledge" obtém-se o compromisso de que não serão constituídas garantias especiais, para o futuro, que privilegiem novos créditos ou créditos novados.

O incumprimento do acordado poderá conduzir, se convencionado, e nos termos gerais, ao imediato vencimento da dívida, ou a outras consequências contratualmente previstas ou legalmente impostas.

21.4 Cláusula "cross default"

Por esta cláusula, é expressamente convencionado o vencimento da dívida perante a constituição de qualquer garantia especial ou a verificação de qualquer pagamento privilegiado pelo devedor, sendo o cumprimento exigível antecipadamente.

Se a proibição de pagamento privilegiado incluir empresas agrupadas, a sanção do vencimento imediato da dívida, com perda do benefício do prazo, tornar-se-á ainda mais eficaz, na medida em que sujeita as relações de grupo à mesma disciplina dos créditos de terceiros.

21.5 Prestação de caução

A caução constitui uma garantia especial das obrigações (art. 623º C.C.). Será garantia real ou pessoal, conforme seja prestada através de penhor, hipoteca, registo de títulos, de dinheiro, pedras ou metais preciosos, no primeiro caso; ou através de fiança, no segundo caso.

Por isso a não listámos nem entre as garantias reais, nem entre as garantias pessoais.

Veja-se a hipótese de o banco pretender financiar um seu cliente que, por seu lado, mantém em depósito, nesse banco, certa importância.

Por via de contrato, pode o devedor caucionar o empréstimo com o seu depósito que se tornará, assim, indisponível até ao cumprimento da obrigação.

Mas o empréstimo pode também ser caucionado por outras formas, designadamente através de seguro, tomado pelo devedor em benefício do credor. Neste caso, o seguro denominar-se-á seguro caução.

21.6 Cessão de bens aos credores

Por acordo entre credores e devedor pode estabelecer-se que certos bens móveis ou imóveis sejam cedidos aos credores para satisfação dos seus créditos (art. 831º do C.C.).

Sendo a cessão de bens imóveis registável e oponível a terceiros poderá, nesta medida, tornar-se uma verdadeira garantia real. Não é, porém, oponível aos credores anteriores à cessão (art. 833º C.C.).

Trata-se, por outro lado, de uma cessão "pro solvendo" na medida em que o devedor só se libera após e na proporção da satisfação do crédito.[43]

21.7 Contrato de locação financeira

A locação financeira é o contrato através do qual o devedor adquire um bem, a pedido do locatário, dando-o em uso a este, mediante o pagamento de uma renda. Constitui pressuposto da locação financeira a existência de opção de compra, pelo locatário, no final do contrato, mediante pagamento do valor residual.[44]

43. Distingue-se da alienação fiduciária prevista no art. 66º da Lei do Mercado de Capitais brasileira, Lei n. 4.728, de 14 de agosto de 1965, pelo seguinte: em primeiro lugar, a alienação fiduciária é limitada a bens móveis; em segundo lugar, a cessão de bens aos credores visa, em princípio, o pagamento, enquanto com a alienação fiduciária se pretende retomar a propriedade do bem.

44. D.L. n. 72/95, de 15 de abril e D.L. n. 298/92, de 31 de dezembro.

Para o contrato de locação financeira, D.L. n. 149/95, de 24 de junho.

Trata-se, no fundo, de um financiamento para compra de bens, mediante reserva de propriedade dos mesmos, até integral pagamento.

A locação financeira é, por isso mesmo, apenas permitida a instituições de crédito que adoptem o tipo de bancos ou sociedades de locação financeira.

Do mesmo passo que se mostra interessante para o locatário pelo não desembolso inicial e pela relevação das rendas como custo fiscal, a locação financeira apresenta-se, ainda, como excelente instrumento garantístico para o locador. É que o incumprimento do contrato pelo locatário não tange o direito de propriedade do locador, permitindo-lhe, para além das acções de defesa da propriedade, o recurso às acções possessórias.[45]

21.8 Cartas de conforto

A carta de conforto consiste numa declaração escrita e enviada a um banco por uma sociedade, normalmente conhecida deste, fazendo-lhe saber que poderá conceder financiamento e apoio a uma terceira sociedade a qual se encontra, de algum modo, ligada à primeira.

Trata-se, fundamentalmente, de uma abonação, através da comunicação, feita pela confortante, de que conhece as actividades e a situação patrimonial da financiada, o que constituirá garantia de cumprimento por esta.[46]

As sociedades envolvidas encontram-se, quase sempre, em relação de grupo.

No que respeita à força jurídica, pode entender-se que é variável.[47]

Em nosso entender, tudo depende do texto da carta e do modo como o confortante se exprime e compromete. Uma coisa será certa: a partir do momento em que se considere ser o conforto tão forte que se traduza em obrigação de cumprimento pelo patrocinante, caso o devedor não pague, estamos em face da fiança, não estamos já perante carta de conforto.

Deste modo e porque a temos como instrumento juridicamente relevante, não lhe conferimos o virtualismo da garantia, mas aceitamos que pode gerar responsabilidade perante o banco financiador, havendo prejuízo deste por causa dessa declaração.

Como é natural, e aliás sucede com as declarações contratuais, as manifestações de conforto darão lugar a indemnização desde que se verifique o prejuízo, o ilícito e o nexo de causalidade entre este e aquele.

VIII. ACAUTELAMENTO DA EXECUÇÃO DAS GARANTIAS

22.1 Titulação executiva

A primeira cautela a tomar para a boa execução da garantia há-de consistir numa correcta titulação do crédito concedido. Por um lado, para salvaguarda do próprio contrato subjacente. Por outro lado, para viabilização da acção executiva.

Para a validade do contrato de mútuo de valor superior a duzentos mil escudos exige-se a celebração de escritura pública. Se o valor for inferior àquele e superior a cinquenta mil escudos, é suficiente documento particular assinado pelo mutuário (art. 1143 C.C.).

Ao mútuo bancário aplica-se, porém, o art. 396º do C.Comercial e o D.L. n. 32.765 de 29 de Abril de 1943, podendo ser celebrados por mero escrito particular.

45. Interessantes problemas se suscitam a este propósito os quais mais que com a dogmática do contrato, têm a ver com o moroso funcionamento do sistema judiciário.

46. São designadas cartas de conforto, "comfort letters" ou "lettres de patronage".

47. Menezes Cordeiro, *Das Cartas de Conforto*, defende a existência de três modalidades: a carta de conforto fraca, média e forte. Não vemos vantagem na classificação.

Acresce que, nos termos do art. 46º alínea *c*), do Código do Processo Civil, constitui título executivo o documento particular assinado pelo devedor que importe o reconhecimento de obrigação pecuniária. Estará, assim, em qualquer dos casos referidos, salvaguardada a exequibilidade do título.

De outro lado, é habitual a entrega de livranças em branco com acordo de preenchimento pelo credor com o montante do capital e juros, em dívida, em certo momento.

Preenchida a livrança, pode o credor socorrer-se da acção cambiária contra o subscritor e avalistas.

Ora, parece de boa técnica que a livrança ou outro título de crédito em branco sejam acompanhados do respectivo contrato de mútuo a fim de evitar-se a discussão da relação subjacente, no âmbito das relações imediatas. Já tal discussão não será possível no âmbito das relações mediatas, dada a característica de abstracção do título cambiário.[48]

22.2. Garantias prestadas por sociedades comerciais

As garantias pessoais e reais prestadas por sociedades comerciais a favor de outras sociedades são consideradas contrárias ao objecto social e por isso inválidas, salvo se existir justificado interesse próprio da sociedade garante.[49]

É, por isso, indispensável justificar o interesse do garante ou substituir a garantia, quando a situação referida se verifique.

48. Já vimos o mesmo crédito ser judicialmente executado, em simultâneo, por dois títulos diferentes (escritura pública e livrança). É, a nosso ver, manifestamente abusivo, podendo tal comportamento do credor gerar prejuízos ao devedor que, em nosso entendimento, poderão ter de ser ressarcidos. No mínimo, suportará o credor as custas da acção que vier a tornar-se inútil.

49. São anuláveis nos termos da alínea *c* do art. 58º do Código das Sociedades Comerciais.

22.3 Acções possessórias

A lei confere ao possuidor a faculdade de defender a sua posse contra a ameaça, a perturbação e o esbulho. Se a ofensa da posse provier de ordem judicial poderá o possuidor opôr-se por embargos de terceiro (art. 1285º do Código de Processo Civil).

Mostra-se, assim, avisado sopesar, ao receber a prestação de garantias, pessoais ou reais, a situação dos bens do devedor no que concerne à respectiva posse.

Designadamente, poderá ter de convencionar-se a obrigação do devedor ou do garante de não transmitir a sua posse a terceiro.

De contrário, pode tornar-se bem difícil, senão mesmo impossível, a execução da garantia.

22.4 Direito de retenção por terceiro

O que acaba de dizer-se quanto à posse deve dizer-se quanto à possibilidade de retenção por terceiro.

Já vimos que através do exercício do direito de retenção pode o devedor não entregar acerta coisa, até que lhe seja pago o montante do crédito emergente de despesas efectuadas com a mesma.

Por exemplo, dispõe o art. 755º alínea *f* do Código Civil que goza do direito de retenção o beneficiário da promessa de transmissão ou constituição de direito real que obteve a tradição da coisa a que se refere o contrato prometido, pelo crédito resultante do não cumprimento imputável à outra parte, nos termos do art. 442º.

Veja-se o seguinte exemplo.

Um banco financia a construção de um prédio que o construtor (e devedor) promete vender a terceiro, celebrando contrato promessa de compra e venda, com tradição. O terreno e a construção haviam sido dados em garantia ao banco credor, mediante hipoteca.

Todavia, ao executar a garantia hipotecária, o terceiro opõe ao exequente o seu direito de retenção, exigindo, antes da entrega e consequente venda judicial, que lhe seja pago o dobro do sinal, ou o valor actual da coisa (art. 442º C.C.).

O banco não conseguirá, então, executar a sua garantia, se previamente não pagar ao titular do direito de retenção a importância de que é credor.

22.5 Crédito por desconto bancário

O crédito por desconto bancário tem por base títulos de operações comerciais correspondentes à venda de bens ou prestação de serviços.

O crédito é concedido ao portador dos títulos, mediante entrega destes ao credor. Esta entrega constitui uma "datio pro solvendo" que garantirá ao credor pagar-se, se tal for possível, na data do respectivo vencimento.

Tratando-se de títulos cambiários, pode o portador mover a respectiva acção contra qualquer dos intervenientes.

Todavia, para evitar as demoras da acção e a eventual impossibilidade de êxito, parece aconselhável que o credor se muna de instrumento contratual que lhe permita, no termo do prazo, debitar a conta do devedor, eventualmente aberta no banco.

Nesse caso, devolver-lhe-á os títulos para que ele próprio proceda à cobrança.

O papel comercial, suporte do desconto, desempenhará, entretanto, uma função garantística que não deve confundir-se com a simples titulação de dívida, uma vez que perante o descontante respondem os patrimónios do descontário e de todos os intervenientes cambiários.

22.6 Créditos privilegiados

Tome-se para exemplo a concessão de um crédito a uma sociedade.

O crédito pode mesmo estar garantido por hipoteca sobre imóvel da sociedade (ou sobre estabelecimento industrial).

Em caso de falência, porém, havendo privilégios creditórios, pode o património ficar exaurido e a garantia tornar-se ineficaz.

A situação é, aliás, frequente, atendendo aos privilégios emergentes de dívidas de impostos, segurança social e créditos de salários.

As políticas de protecção de créditos conduzem, aliás, frequentemente, a efeitos perversos. Assim, por exemplo, a protecção do trabalhador, através de privilégios concedidos aos créditos da segurança social, pode conduzir a restrições drásticas ao financiamento à empresa, por sua vez indispensável à manutenção de postos de trabalho.

Na verdade, aquando da concessão de crédito, ainda que garantido, tem de contar-se com os riscos daqueles privilégios o que diminui a margem da concessão.

22.7 Graduação de créditos

Do que acabámos de referir resulta ser da maior importância antever a graduação de créditos, quando haja concurso de credores. E não apenas no que respeita a créditos privilegiados.

Na verdade, prevalecendo uns créditos sobre outros, ainda que previamente constituídos, torna-se indispensável, aquando da outorga do crédito, prever a respectiva graduação, em concurso, desde logo se definindo o lugar que lhe caberá.

Recorda-se que o crédito privilegiado é pago antes de qualquer outro, ainda que assistido de garantia real, previamente registada (art. 733º do C.C.), sem prejuízo de os próprios créditos privilegiados serem graduados, entre si, nos termos dos artigos 747º e 748º do Código Civil, conforme sejam mobiliários ou imobiliários.

O direito de retenção prevalece sobre a hipoteca, ainda que esta tenha sido registada anteriormente (n. 2 do art. 759º do C.C.).

A prevalência dos demais direitos reais é determinada, como já se referiu, pela anterioridade do registo.

Bibliografia

Andrea Giardina — "Conflitti di Leggi", *in Tema di Garanzie Bancarie.*

Balossini — *Norme ed usi uniformi relativi ai crediti documentari,* Milano, 1973.

Canaris — *Bankvertragsrecht,* Berlim-New York, 1981.

Cordeiro, António Menezes — *Das Cartas de Conforto no Direito Bancário,* 1993.

Dolmetta — "Fedeiussioni chiuse e legge sulla trasparenza", *Banca Borsa,* II, 1993.

Enrico Gabrielli — "I negozi costitutivi di garanzie reali", *Banca Borsa,* II, 1996.

Federico Briolini — "Fedeiussioni omnibus non esaurite e legge sulla trasparenza bancaria", *Banca Borsa,* V, 1996.

Federico Visentini — *Stand by Letter of Credit.*

Fernando Olavo — *Abertura de Crédito Documentário.*

Francesco Benatti — "Contratto Autonomo di Garanzia", in *Banca Borsa e Titoli di Credito,* 1983.

Franco Paturi — "Il Credito Documentario Trasferibile", in *Gazetta Valutaria.*

Giacomo Molle — *Manuale di Diritto Bancario.*

Giuseppe Portale — *Le Operazioni Bancarie,* Milano, 1978.

——— *Le garanzie bancarie internazionali,* Giuffrè, Milano, 1989.

Graf Von Westphaln — *Die Bankgarantie in Internationalem Handelsverkehr.*

Inocência Galvão Teles — *Garantia Bancária Autónoma,* 1988.

J. C. Moitinho de Almeida — *O Conceito de Seguro no Direito Português e Comparado.*

Jean Bastin — *O Seguro de Crédito no Mundo Contemporâneo,* COSEC, 1983.

Joaquim Garrigues — *Contratos Bancários.*

José Gabriel Pinto Coelho — *Operações de Banca.*

José Simões Patrício — *Preliminares sobre a Garantia "on first demand".*

J. P. Wattitiez — *Le Cautionnement Bancaire.*

Luigi Merlo — "La Garanzia Bancaria", in *Gazzetta Valutaria.*

Mário Júlio Almeida Costa e Pinto Monteiro — *Garantias Bancárias. O Contrato de Garantia à Primeira Solicitação,* 1986.

Massimo de Marco — *La Fideussione Bancaria.*

Michel Vasseur — *Droit et Economie Bancaires.*

——— *Garantie independante.*

Niccolo Sacanitro — *Le Fideiussioni Bancarie.*

Philippe Simler — *Cautionnement Bancaire et Garanties Autonomes.*

Pontiroli — *Le garanzie autonome ed il rischio del creditore. Un contributo alla lettura del sistema,* Padova, 1992.

Rives-Lange et Contamine-Raynaud — *Droit bancaire,* Précis Dalloz, 1986.

Rodiére et Rives Lange, *Droit Bancaire,* Paris, 1973.

Scinerer-Avancini — *Bankvertrage,* Viena, 1978.

Segni, "La 'lettre de patronage' come garanzia personale impropria", *Riv. Dir. Civ.,* 1975.

A DEFINIÇÃO DO CONTROLADOR NA LIQUIDAÇÃO EXTRAJUDICIAL E EM PROCESSOS ANÁLOGOS

ARNOLDO WALD

1. As dificuldades financeiras que atingiram bancos particulares e públicos, nos últimos anos, e que foram agravadas pelos efeitos indiretos do Plano Real e da conseqüente redução substancial da inflação, ensejaram, para o Ministério Público, a função de caracterizar adequadamente o controlador das instituições financeiras, para que pudesse ser responsabilizado.

2. O problema, que já apresenta dificuldades, no caso das instituições privadas, se torna mais complexo quando, nas entidades públicas do sistema financeiro, o verdadeiro controlador é o Estado.

3. Em recente processo, em curso na Justiça paulista, foi suscitada pelo Ministério Público Estadual a tese de acordo com a qual deveria ser considerado, como controlador, nos casos de aplicação do Regime de Administração Especial Temporária (RAET), aos quais se aplica, no que couber, a Lei n. 6.024/74, não o próprio Estado, mas as autoridades que o representam, ou seja o Governador e, eventualmente, o Secretário da Fazenda.

4. É em torno dessa questão que apresentamos algumas reflexões que nos parecem oportunas, a fim de não confundir a justa punição, que deve incidir sobre os administradores e diretores culpados pela insolvência da instituição financeira, com uma sanção objetiva que viria a recair sobre autoridades estaduais, cuja responsabilidade se fundamenta, não no direito bancário, mas na Constituição e na legislação administrativa.

A. O conceito de controle acionário

5. A figura do acionista controlador passou a ser encarada com maior realce a partir das transformações de natureza societária, nascidas com a chamada revolução industrial, que provocou o aparecimento da sociedade anônima de grande porte, no seio da qual se agrupavam duas espécies de participantes: o *empreendedor*, ou empresário, com o poder de comando dos negócios sociais, e o *investidor* especulador que agrega o seu capital à sociedade, com vistas ao seu retorno, em lucros.

6. Torna-se, pois, necessário fazer a distinção entre o acionista controlador, os acionistas minoritários (com direito de voto mas sem exercício do controle) e os acionistas sem direito de voto, também qualificados pela doutrina como "acionistas rendeiros"[1]

7. Afigurava-se, no âmbito doutrinário e legal, a dificuldade de qualificar esse poder de controle empresarial, perfeitamente distinto da participação social e da direção da sociedade, de tal modo que diversas doutrinas foram construídas na tentativa de delinear a natureza jurídica do controle da sociedade.

8. Para Berle e Means, o controle se caracteriza como bem social ou empresa-

1. Arnoldo Wald, "Considerações sobre a Aquisição e Alienação de Controle Societário: o Estudo da Jurisprudência", in *Revista Forense*, v. 321, pp. 3-12.

rial, daí porque o seu valor pertenceria à companhia e não aos seus acionistas.[2]

9. Guido Rossi diferencia o controle sobre a empresa do controle sobre a sociedade, ficando a cargo dos acionistas a deliberação de escolha dos administradores da sociedade, aos quais competiria exercer o controle empresarial, assemelhando, assim, a noção de controle ao poder de direção e administração.[3]

10. Na sua obra clássica, Claude Champaud tratou da noção de controle como um poder sobre bens alheios, decorrente da administração dos bens empresariais, considerando o controle como sendo um poder de dominação da sociedade, e exercendo-se por intermédio dos mecanismos das instituições societárias, com o fim de dirigir a atividade econômica da empresa.[4]

11. Analisando os aspectos jurídicos da macroempresa, a doutrina considera que o modelo democrático do parlamentarismo revelou-se, no caso da sociedade anônima, uma "piedosa ficção". Com efeito, ao crescente absenteísmo dos acionistas, particularmente dos minoritários, adicionou-se a transferência de poderes da assembléia geral para a diretoria, hoje o verdadeiro fulcro do poder na grande empresa, dado o crescente processo de especialização das funções executivas.[5]

12. Na disciplina das sociedades por ações, a figura do acionista controlador está definida no art. 116 da Lei n. 6.404:

"Art. 116. Entende-se por acionista controlador a pessoa, natural ou jurídica, ou o grupo de pessoas vinculadas por acordo de voto, ou sob controle comum, que:

a) *é titular de direitos de sócio* que lhe assegurem, de modo permanente, a maioria dos votos nas deliberações da assembléia geral e o poder de eleger a maioria dos administradores da companhia; e

b) usa efetivamente seu poder para dirigir as atividades sociais e orientar o funcionamento dos órgãos da companhia" (grifamos).

13. O critério adotado perquire a forma interna de manifestação do controle, decorrente da titularidade dos direitos políticos de sócio, aliado ou não a determinados expedientes legais, de tal forma que o seu titular participe de maneira decisiva na formação da vontade social.

14. A fórmula legal abrange as três principais modalidades de exercício do controle interno: controle totalitário, controle majoritário e controle minoritário.

15. A ordem classificatória supra-aludida advém da tradicional sistematização procedida por Berle e Means, levando em conta o grau de divórcio entre a propriedade e o controle, tema central de sua tese.

16. A legislação brasileira também contempla, no já aludido preceito societário, o controle exercido em conjunto, na referência a um "grupo de pessoas vinculadas por acordo de voto, ou sob controle comum", bastante freqüente nas sociedades abertas e fechadas, e ainda nas chamadas *joint ventures*, objeto de reconhecimento expresso do legislador pátrio, no vigente diploma legal das sociedades por ações.

17. Cabe distinguir, ainda, o controle interno direto do indireto, conforme esteja sendo exercido via participação direta do seu titular ou através de outras pessoas jurídicas.

18. A Lei das Sociedade por Ações refere-se claramente às modalidades direta e indireta do controle nos artigos 243, § 2º e 236, parágrafo único:

2. Adolf A. Berle Jr. e Gardiner C. Means, *The Modern Corporation and Private Property*, traduzido para a língua portuguesa por Olavo Miranda, Ed. Ipanema Ltda., RJ, 1957.

3. Guido Rossi, *Persona Giuridica, Proprietà e Rischio d'Impresa*, Milão, 1967, pp. 115 e ss.

4. Claude Champaud, *Le Pouvoir de Concentrations de la Société par Actions*, Librairie Sirey, Paris, 1962, p. 105.

5. Fábio Konder Comparato, *Aspectos Jurídicos da Macro Empresa*, Ed. RT, 1970, pp. 13 e ss.

"Art. 243 (...)

§ 2º Considera-se controlada a sociedade na qual a controladora, *diretamente ou através de outras controladas* é titular de direitos de sócio que lhe assegurem, de modo permanente, preponderância nas deliberações sociais e o poder de eleger a maioria dos administradores" (grifamos).

"Art. 236. (...)

Parágrafo único. Sempre que pessoa jurídica de direito público adquirir, por desapropriação, o controle de companhia em funcionamento, os acionistas terão direito de pedir, dentro de 60 (sessenta) dias da publicação da primeira ata da assembléia geral, realizada após a aquisição do controle, o reembolso das suas ações, salvo se a companhia já se achava *sob o controle, direto* ou *indireto*, de outra pessoa jurídica de direito público, ou no caso de concessionária de serviço público" (grifos nossos).

19. Ainda na lei societária, a doutrina observa, no âmbito dos grupos econômicos, dois níveis de controle: o primeiro é o do controle da sociedade controlada pela controladora e o segundo é o do controle da sociedade dominante, que pode pertencer tanto a pessoas físicas quanto jurídicas. Os artigos 265, § 1º e 269, VII, tratam respectivamente dos dois níveis de controle da seguinte forma:

"Art. 265. (...)

"§ 1º. A sociedade controladora, ou de comando ou do grupo, deve ser brasileira e *exercer, direta* ou *indiretamente*, e de modo permanente, *o controle das sociedades filiadas*, como titular de direitos de sócio ou acionista, ou mediante acordo com outros sócios ou acionistas."

"Art. 269. O grupo de sociedades será constituído por convenção aprovada pelas sociedades que o componham, a qual deverá conter.

"(...)

VII — a declaração da nacionalidade do controle do grupo; (...)" (grifamos).

20. Destaque-se do contexto a regra inscrita no parágrafo único do art. 269, que tem por efeito levantar o véu da personalidade jurídica, para desvendar a nacionalidade dos titulares do controle da sociedade controladora do grupo, esclarecendo, em função deste elemento, quando o grupo de sociedades será considerado sob controle brasileiro, nos seguintes termos:

"Art. 269. (...)

Parágrafo único. Para os efeitos do n. VII, o grupo de sociedades *considera-se sob controle brasileiro* se a sua sociedade de comando está sob o controle de:

a) pessoas naturais residentes e domiciliadas no Brasil;

b) pessoas jurídicas de direito público interno, ou

c) sociedade ou sociedades brasileiras que, *direta* ou *indiretamente*, estejam sob controle das pessoas referidas nas alíneas *a* e *b*" (grifamos).

21. No bojo da disciplina do "Regime de Administração Especial Temporária", a referência ao controlador da instituição financeira abarca tanto o controle exercido por pessoa física quanto o exercido por pessoa jurídica, tanto o controle direto quanto o indireto, ou seja, o que se exerce através de outra sociedade.

22. Dispõem o art. 15 e seus parágrafos do Decreto-lei n. 2.321/87:

"Art. 15. Decretado o regime de administração especial temporária, *respondem solidariamente com os ex-administradores da instituição, pelas obrigações por esta assumidas, as pessoas naturais ou jurídicas que com ela mantenham vínculo de controle*, independentemente da apuração de dolo ou culpa.

"§ 1º. Há vínculo de controle quando, alternativa ou cumulativamente, a instituição e as pessoas jurídicas mencionadas neste artigo estão sob controle comum; quando sejam, entre si controladoras ou controladas, ou quando qualquer delas diretamente ou através de sociedades por ela

controladas é titular de direitos de sócio que lhe assegurem, de modo permanente, preponderância nas deliberações sociais e o poder de eleger a maioria dos administradores da instituição.

"§ 2º. A responsabilidade solidária decorrente do vínculo de controle se circunscreve ao montante do passivo a descoberto da instituição, apurado em balanço que terá por data base o dia da decretação do regime de que trata este Decreto-lei" (grifos nossos).

23. Posteriormente, a Exposição de Motivos da Medida Provisória n. 1.182, de 17.11.95, do Ministro da Fazenda Pedro Malan ao Presidente da República, afirmou que dentre os bens "do acionista controlador" alcançados pela indisponibilidade, constituem exceção os bens dos *Estados* controladores de instituições financeiras que não serão alcançados, porque definidos por lei como inalienáveis ou impenhoráveis, numa evidente demonstração de que o legislador (da medida provisória) *não confunde o "Estado — acionista controlador" com "os agentes políticos que o representavam num determinado momento"* e não submete os bancos estaduais ao regime jurídico ditado para as instituições financeiras controladas por capitais privados, no tocante à responsabilidade do controlador.[6]

24. Na ação civil pública, que move contra os administradores e controladores do Banespa, o próprio Ministério Público Estadual (de São Paulo) *reconhece essa situação quando afirma* que:

"Entretanto, não se pode esquecer que o *acionista controlador, conceituado como sendo aquele que*, direta ou indiretamente, *é titular de direitos de sócio* que lhe assegurem, de modo permanente, preponderância nas deliberações sociais e o poder de eleger a maioria dos administradores (...)".[7]

6. Hoje, a matéria é objeto da Medida Provisória n. 1.470, de 7.6.96, e das suas eventuais prorrogações.

7. Nota 160 a fls. 63 da inicial, referindo-se ao art. 116 da Lei 6.404/76.

25. Observa-se da redação dos dispositivos normativos acima referidos que a política legislativa foi a de fortalecer as garantias patrimoniais da execução das obrigações assumidas pela instituição financeira, estabelecendo responsabilidade solidária entre ex-administradores e controladores (pessoas físicas ou jurídicas), pelo montante do passivo a descoberto, apurado no balanço levantado quando da decretação do regime especial de administração temporária.

26. Para tanto, utilizou-se o Decreto-lei n. 2.321 dos conceitos previstos na disciplina das sociedades por ações — Lei n. 6.404/76 — de acionista controlador e de sociedade controladora, que devem ser transpostos pelo aplicador da norma especial, de forma harmônica, guardando a devida correlação com a disposição geral da lei societária, numa interpretação sistemática do direito, que se impõe, no caso, como critério de hermenêutica jurídica.

27. Deixando de lado, por ora, a questão relativa à responsabilidade solidária, cabe perquirir, no caso de instituição financeira controlada por pessoa jurídica de direito público, quem estaria na posição de acionista controlador, para os efeitos de responsabilização civil, no contexto do art. 15 do decreto-lei regulador do Regime de Administração Especial Temporária (RAET).

28. Sabe-se que o Estado, atuando como empresário, pode exercer determinada atividade econômica, através de sociedade de economia mista integrante da Administração indireta, criada por lei com uma finalidade de interesse público, própria e específica, ou, simplesmente, pode participar de outras sociedades, com vínculo de controle ou de coligação.

29. No caso do pedido de arresto, requerido na Justiça paulista, o acionista controlador do Banco do Estado de São Paulo S.A.-Banespa, sociedade de economia mista estadual, é evidentemente o Estado de São Paulo.

30. O conceito legal da sociedade de economia mista já é encontrado no Decreto-lei federal n. 200, de 25.2.1967, com a redação que lhe deu o Decreto-lei n. 900, de 29.9.1969, que assim a define:

"entidade dotada de personalidade jurídica de direito privado, criada por lei para a exploração de atividade econômica, sob a forma de sociedade anônima, *cujas ações com direito de voto pertençam, em sua maioria, à União* ou da entidade da administração indireta" (grifamos).

31. Por sua vez, a legislação estadual paulista incorporou o conceito da lei federal, não havendo dúvida quanto ao controle da sociedade de economia mista, que é exercido pelo Estado e não pelos seus representantes.

32. Por sua vez, o art. 238 da Lei n. 6.404 esclarece que:

"Art. 238. *A pessoa jurídica que controla a companhia de economia mista tem os deveres e responsabilidades do acionista controlador* (art. 116 e 117), mas poderá orientar as atividades da companhia de modo a atender ao interesse público que justificou a sua criação" (grifos nossos).

33. Na qualidade de Chefe do Poder Executivo, o Governador do Estado é o representante e mandatário do acionista controlador, na forma da Constituição Estadual, mas com ele não se confunde. Da mesma forma que se afirma que a pessoa física do Governador não pode ser responsabilizada pessoalmente pelos débitos do Estado, é inadmissível considerá-la acionista controladora das sociedades de economia mista, sendo incabível, portanto, a sua responsabilização pelos prejuízos causados à instituição financeira que ostenta essa condição, com base na legislação bancária e societária.

34. Com efeito, o art. 47 da Constituição do Estado de São Paulo atribui ao Governador competência para "indicar diretores de sociedade de economia mista e empresas públicas". Essa atribuição não o transforma, contudo, em acionista controlador da companhia, já que *não é, pessoalmente, detentor dos direitos de sócio da sociedade de economia mista*, que pertencem ao Estado de São Paulo. O Governador do Estado é tão-somente seu representante legal, enquanto servidor publico do mais alto escalão da Administração Direta, mas não o seu substituto processual, nem devedor solidário com a instituição financeira.

35. Também o Secretário da Fazenda, sendo pessoa estranha ao corpo acionário e à diretoria e administração da sociedade, não pode juridicamente assumir a qualificação jurídica de acionista controlador da companhia, pois as ações de comando da sociedade não lhe pertencem.

36. A transposição do papel de acionista controlador à pessoa física do executivo, que o representa, a partir da aplicação da teoria da desconsideração da pessoa jurídica, ou sob qualquer outro fundamento, não encontra nenhum respaldo jurídico.

37. A alegação da petição inicial da ação civil pública, de acordo com a qual o Governador e os Secretários da Fazenda teriam um "domínio pessoal sobre o banco" em virtude dos cargos por eles ocupados não encontra fundamento nem na lei, nem na prática administrativa. De qualquer modo, a exegese da Lei n. 6.024/74 e do Decreto-lei n. 2.321/87, pela sua própria natureza e pelas limitações patrimoniais que ambos impõem, deve ser restrita, não se admitindo interpretações extensivas e, muito menos, analógicas. O simples poder de indicar os diretores, por si só, não basta para caracterizar o exercício do controle, especialmente quando tal indicação é feita em nome e por conta do Estado.

38. Acresce que a inicial do arresto considera que, na forma da lei, pode ser responsabilizada "qualquer pessoa física ou jurídica que *mantenha vínculo de controle* com a sociedade bancária em regime especial de intervenção" (grifos nossos).

39. Ora, o que falta para justificar o pedido do Ministério Público é justamente a prova da existência do vínculo de controle entre as pessoas físicas que exercem as suas funções no Estado (Governador e Secretário) e a sociedade de economia mista, cujas ações pertencem à pessoa jurídica de direito público, e não ao Chefe do Executivo Estadual e aos seus auxiliares mais próximos, aos quais se atribui unicamente a função de traçar a política geral do Estado. A gestão do banco, sociedade anônima, é exclusivamente da responsabilidade dos seus administradores e do seu controlador (o Estado), conforme se verifica pela Lei n. 6.404 e pelas disposições constitucionais aplicáveis ao caso.

40. Aliás, a responsabilidade do Estado pelo passivo da companhia de economia mista, no caso, independe do disposto no Decreto-lei n. 2.321/87 e na Lei n. 6.024/74 e está consagrada na própria lei societária, pois o art. 242, da Lei n. 6.404, determina, na sua parte final, após ter excluído a possibilidade de ser decretada a falência da sociedade, que:

"... *a pessoa jurídica que a controla* (a sociedade de economia mista) *responde, subsidiariamente, pelas suas obrigações*" (grifamos).

41. Conclui-se, assim, que inexiste fundamento legal para que, em qualquer interpretação construtiva mas coerente, sejam equiparados o Governador e os Secretários de Estado ao controlador, pois tal entendimento contraria a letra e o espírito da lei, assim como a sistemática legal vigente na matéria, constituindo uma verdadeira heresia jurídica.

42. Veremos, em seguida, que também não se justifica tal equiparação em virtude da aplicação, ao caso, da teoria da desconsideração.

B. *Da inaplicabilidade da teoria da desconsideração da personalidadejurídica*

43. É verdade que, em determinados casos, especialmente quando ocorrem fraudes, a sociedade anônima está sendo equiparada à sociedade em comandita por ações, com fundamento na doutrina da penetração, da transparência ou da desconsideração da pessoa jurídica (*disregard doctrine*) importada do direito anglo-saxão. De acordo com a mencionada teoria, em algumas hipóteses, é preciso "levantar o véu" que encobre a realidade e, afastando o biombo que constitui a estrutura jurídica da empresa, procurar aqueles que realmente a comandam, ou a utilizam, para responsabilizá-los pessoalmente quando se servem da empresa como meio de afastar a sua responsabilidade pessoal.

44. A doutrina da transparência tem sido estudada em nosso país na obra clássica de Lamartine Correa de Oliveira,[8] assim como por Rubens Requião, em excelente artigo intitulado "Abuso de direito e fraude através da personalidade jurídica (*Disregard Doctrine*)" e republicado na sua conhecida obra *Aspectos Modernos de Direito Comercial*,[9] e por Fábio Konder Comparato, na sua tese de concurso, para a cátedra, na Faculdade de Direito da USP, no qual tivemos o prazer de examiná-lo.[10]

45. No direito estrangeiro, Rolf Serick teve o ensejo de salientar que a doutrina da desconsideração se aplica quando *"a estrutura formal da pessoa jurídica é utilizada de maneira abusiva"*[11] (grifamos).

46. Por sua vez, o ilustre jurista português Ferrer Correia afirma que:

"A desconsideração se impõe quando a separação entre sociedade e sócio seja invocada para legitimar soluções que sejam

8. J. M. Lamartine Correa de Oliveira, *A Dupla Crise da Pessoa Jurídica*, São Paulo, Saraiva, 1979.

9. Rubens Requião, artigo publicado na *Revista dos Tribunais*, v. 410, p. 12 e *Aspectos Modernos de Direito Comercial*, v. I, Saraiva, 1977, p. 67.

10. Fábio Konder Comparato, *O Poder de Controle na Sociedade Anônima*, São Paulo, 1975, p. 349.

11. Rolf Serick, *Aparencia e Realidad en las Sociedades Mercantiles: el Abuso de Derecho por Medio de la Persona Jurídica*, tradução espanhola, Barcelos, Ed. Ariel, 1958, pp. 241-242.

contrárias quer ao fim da disposição concreta da lei, quer a uma vontade contratual expressa ou tácita, quer ainda aos princípios gerais da boa-fé, do abuso de direito e de fraude".[12]

47. Para a doutrina norte-americana, o privilégio de utilizar a personalidade da sociedade jurídica cessa quando utilizado para que os seus sócios possam furtar-se ao cumprimento de contratos, ou ainda para justificar o erro, proteger a fraude ou defender o crime.[13]

48. É evidente que, no caso concreto, jamais houve confusão patrimonial entre os bens do *Banespa* e os do Governador e dos Secretários da Fazenda, que, inclusive, não têm competência para praticar qualquer ato de disposição ou de oneração, direta ou indireta, dos haveres do banco. Não houve, no particular, descumprimento das obrigações do banco nem interferência no seu patrimônio por parte das autoridades governamentais. Assim sendo, não há como pretender aplicar a teoria da desconsideração da personalidade jurídica do Estado, para justificar o arresto dos bens das pessoas físicas do ex-Governador e dos ex-Secretários da Fazenda.

49. Na realidade, em virtude do arresto e da ação ordinária, o Ministério Público paulista pretende substituir-se ao Estado, para cobrar dos seus mandatários e funcionários alegados prejuízos, que decorreram do não pagamento oportuno das dívidas do Estado ao banco.[14] E essa cobrança no caso se fundamenta na legislação referente à liquidação extrajudicial das instituições financeiras, que só se aplica aos banqueiros e bancários e não deve incidir sobre os funcionários públicos. E muito menos ainda se explica a sua incidência quando os alegados débitos incobráveis são dívidas do Estado, cuja solvência é presumida de fato e de direito, inclusive pela regulamentação bancária.

50. Deve, ainda, ser ponderado que a *disregard doctrine* atinge não os diretores, mas sim o acionista controlador, que os franceses chamam *maître de l'affaire* e os americanos denominam *active shareholder*. Donde se conclui que a teoria da desconsideração ou da transparência não deve ser aplicada ao diretor assalariado ou empregado, que não participa do controle acionário e é, na realidade, um executivo, um profissional, a serviço da empresa. Do mesmo modo, a teoria da desconsideração não se deve aplicar à autoridade pública que se limita a fixar a política financeira do Estado e não participa da gestão do banco estadual.

51. Como já salientado, no caso específico das sociedades de economia mista, também não encontra o menor respaldo o levantamento do véu da personalidade jurídica para tentar responsabilizar a pessoa física, que representa a entidade de direito público, controladora da sociedade. Na hipótese, responsável é o Estado, sem prejuízo da ação regressiva, que somente lhe cabe nos casos de dolo ou culpa do funcionário, nos termos da Constituição e da legislação administrativa própria.

52. Acresce, finalmente, que a *disregard doctrine*, mesmo quando recai sobre o acionista controlador, pressupõe sempre que tenha ocorrido a utilização fraudulenta da companhia, pelos seus controladores, como se deduz da legislação inglesa e da jurisprudência norte-americana. Assim, na Inglaterra, essa responsabilidade pessoal só surge nos casos de dolo e de negligência e imprudência graves na conduta dos negócios (*reckless trading*).[15]

12. Antonio de Arruda Ferrer Correia, *Sociedades Fictícias e Unipessoais*, Coimbra, Livraria Atlantida, 1942, p. 198.

13. William Meade Fletcher, *Cyclopedia of the law of Private Corporation*, Chicago, Callaghan & Company editor, v. I, § 41, p. 166.

14. É o que afirma em recente entrevista o Governador Mário Covas: "o fato é que o único problema do Banespa é a dívida de cerca de R$ 17,5 bilhões que o Governo do Estado tem junto ao Banco" (*Gazeta Mercantil*, 7 a 9.6.96).

15. V. André Tunc, *Le Droit Anglais des Sociétes Anonymes*, Paris, Dalloz, 1971, n. 45, p. 46.

53. Aliás, a lei inglesa só admite a propositura de ação contra o administrador (*officer*) nos casos de culpa grave (*misfeasance* e *breach of trust*), e tão-somente para que sejam ressarcidos os danos causados à sociedade pelos atos, por ele, contra ela praticados, e a doutrina reconhece que a jurisprudência britânica tem sido ainda mais tímida do que o legislador na aplicação da teoria da desconsideração.[16]

54. Nos Estados Unidos, do mesmo modo, a doutrina da transparência tem sido aplicada com reservas e tão-somente nos casos de evidente intuito fraudulento, quando a sociedade é utilizada como simples instrumento (*mere instrumentality*) ou *alter ego* ou agente do acionista controlador. Em tais hipóteses de confusão do patrimônio da sociedade com o dos acionistas e de indução de terceiro em erro, a jurisprudência dos Estados Unidos tem admitido excepcionalmente levantar o véu para responsabilizar pessoalmente os acionistas controladores.[17]

55. Quanto aos perigos da incidência generalizada da teoria da desconsideração, Rubens Requião assinalou, oportunamente, que:

"Há, pois, necessidade de se atentar com muita agudeza para a gravidade da decisão que pretender desconsiderar a personalidade jurídica. *Que nos sirva de exemplo, oportuno e edificante, a cautela dos juízes norte-americanos na aplicação da disregard doctrine tantas vezes ressaltada em seus julgados, de que tem ela aplicação nos casos efetivamente excepcionais.*

É preciso, para a invocação exata e adequada da doutrina, repelir a idéia preconcebida dos que estão imbuídos do fetichismo da intocabilidade da pessoa jurídica, que não pode ser equiparada tão insolitamente à pessoa humana no desfrute dos direitos incontestáveis da personalidade; mas *também não devemos imaginar que a penetração do véu da personalidade jurídica e a desconsideração da jurídica se tornem instrumento dócil nas mãos inábeis dos que, levados ao exagero, acabassem por destruir o instituto da pessoa jurídica*, construído através dos séculos pelo talento dos juristas dos povos civilizados, em cuja galeria sempre há de ser iluminada a imagem genial de Teixeira de Freitas, que, no século passado, precedendo a muitos, fixou em nosso direito a doutrina da personalidade jurídica"[18] (grifamos).

56. Na realidade, quer se aplique ou não a teoria da desconsideração, ela só pode atingir o controlador definido pelo artigo 116 da lei societária, jamais os seus representantes legais ou estatutários, pessoas físicas que não são acionistas. A condição de titular das ações — que asseguram preponderância nas deliberações sociais — é, pois, premissa inafastável para que se possa aplicar a teoria da desconsideração.

57. Assim, no campo da aplicação da lei bancária e, em particular, da incidência do Decreto-lei n. 2.321/87, é evidente que o *Governador do Estado não é controlador da sociedade de economia mista*, do mesmo modo que o Presidente da *holding* ou sociedade dominante — quando não é o seu principal acionista — não pode ser considerado controlador, em nome pessoal, da empresa subsidiária.

58. Quanto ao Secretário de Estado da Fazenda, ao qual também foi imputada responsabilidade, na qualidade de acionista controlador, cabe ressaltar que nenhuma representatividade tem este no Banespa, nem na relação societária do Estado de São Paulo com o banco. Enquanto auxiliar direto e

16. L. C. B. Gower, *Principles of Modern Corporation*, 4ª ed., Londres, Stevens & Sons, 1979, p. 133.

17. V. o comentário intitulado "Should Shareholders be Personnaly Liable for the Torts of Theirs Corporations", in *Yale Law Journal*, v. 76, n. 6, maio de 1967, pp. 1.190-1.192, e ainda Harry G. Henn e John R. Alexander, *Laws of Corporations*, 3ª ed., St. Paul, West Publishing Co., 1983, pp. 344 a 352.

18. Rubens Requião, *Aspectos Modernos de Direito Comercial*, Editora Saraiva, 1º v., 2ª ed., p. 84.

da confiança do Governador, é responsável, nos termos do art. 52 da Constituição Estadual, pelos atos que praticar ou referendar no exercício do cargo. Trata-se, aqui, sem nenhuma dúvida, de eventual caso de responsabilidade civil subjetiva do agente da Administração Pública, que só pode ser perquirida em ação própria intentada pelo Estado na qual aplicar-se-á o direito administrativo, como será exposto no tópico seguinte.

59. Assim, admitida a possibilidade de responsabilização solidária do acionista controlador do Banespa — o Estado de São Paulo — estar-se-ia no campo da responsabilidade civil do Estado, que deve respeitar o regime instituído no § 6º do art. 37 da Constituição Federal, o que significa afirmar que *os agentes públicos respondem* apenas *regressivamente* por indenização suportada pela Administração Pública, *desde que comprovada a sua culpa ou dolo* na ocorrência dos eventos danosos causadores da responsabilização do Estado.

C. Do regime jurídico da responsabilidade civil do Estado e do agente da Administração Pública

60. Até o fim do Estado Novo e a volta do país ao regime constitucional, havia divergências sobre o alcance do preceito contido no art. 15 do Código Civil, cujo sistema se baseava na culpa. Com a Constituição de 1946 (art. 194), ficou clara a responsabilidade civil objetiva das pessoas jurídicas de direito público, baseada na teoria do risco administrativo. Trata-se de princípio que permaneceu nas posteriores Constituições de 1967, com a Emenda de 1969 (art. 107), e de 1988 (art. 37, § 6º), sem prejuízo da responsabilidade pessoal do funcionário, baseada no dolo ou na culpa.

61. Salienta a melhor doutrina que a idéia de responsabilidade do Estado é uma conseqüência lógica da noção do Estado de Direito, pressupondo a submissão do Poder Público à ordem jurídica constituída. Daí porque "a responsabilidade do Estado governa-se por princípios próprios, compatíveis com a peculiaridade de sua posição jurídica, e, por isso mesmo, é mais extensa que a responsabilidade que pode calhar às pessoas privadas".[19]

62. Para o Professor José Cretella Júnior, o Estado deve ser responsabilizado, havendo dano e nexo causal, desde que provada a relação entre o prejuízo e a pessoa jurídica de direito público, fonte da descompensação ocorrida.[20]

63. Não obstante, a responsabilidade objetiva da Administração Pública não decorre apenas do risco, que se dá, por exemplo, nas atividades perigosas e nocivas, mas também pode ser suscitada a partir de atividades em que não se tenha revelado qualquer culpa do serviço.

64. Trata-se de conseqüência da chamada teoria da igualdade dos encargos inspirada na doutrina francesa. Assim, para Léon Duguit, como a atividade do Estado se exerce no interesse de toda a coletividade, os ônus que dela resultam não devem pesar mais fortemente sobre uns e menos sobre outros. Se da intervenção do Estado resulta prejuízo para alguns, a coletividade deve repará-lo, exista ou não culpa por parte dos agentes públicos. É que o Estado, de um certo modo, é o segurador daquilo que se denomina, freqüentemente, de risco social, ou seja do risco resultante da atividade social e econômica traduzida pela intervenção estatal.[21]

65. Cumpre aduzir, sobre o tratamento jurisprudencial da matéria, que para os efeitos de atribuição da responsabilidade civil do Estado, não se faz distinção entre os atos dos prepostos e os de funcionários

19. Celso Antônio Bandeira de Mello, *Ato Administrativo e Direito dos Administrados*, São Paulo, Ed. RT, 1981, p. 125.

20. José Cretella Júnior, *O Estado e a Obrigação de Indenizar*, São Paulo, Ed. Saraiva, 1980, p. 105.

21. Léon Duguit, *Las transformaciones del Derecho Público*, 2ª ed., tradução espanhola, Madri, pp. 306 e ss.

superiores, como ilustram os julgados abaixo transcritos:

"Para efeito da responsabilidade civil do Estado não há distinguir entre atos de funcionários superiores e atos de simples prepostos, uns e outros representantes seus na esfera de suas atribuições peculiares."[22]

"Responde o Município, objetivamente, pelos atos culposos de seus prepostos, que o obrigam, inclusive, à reparação dos danos causados a terceiros."[23]

"As pessoas jurídicas de Direito Público responderão pelos danos que seus funcionários causarem a terceiros, porém sob a condição subordinativa de que seus agentes pratiquem o ato lesivo no exercício da função, ou seja, *na qualidade de funcionário*."[24]

"Se o funcionário público causa danos a outrem, com violação de direito, cabe à Fazenda do Estado reparar a lesão patrimonial, na esfera da responsabilidade civil, regida pelo princípio da responsabilidade objetiva, que independe da prova de culpa."[25]

66. A doutrina também é pacífica em reconhecer a responsabilidade objetiva do Estado, defendida, há longos anos, por Amaro Cavalcanti, Francisco Campos, Aguiar Dias, Hely Lopes Meirelles e Caio Tácito.[26]

67. Por outro lado, como esclarece Weida Zancaner Brunini, com base na Constituição Federal, a teoria subjetiva permanece, ainda, nas relações entre o Estado e o funcionário. Nessa relação, o direito de regresso do Estado contra o funcionário condiciona-se à culpabilidade desse último.[27]

68. Saliente-se, nesse passo, conforme unanimemente admitido na doutrina, que a responsabilidade objetiva não pode alcançar o funcionário público, que só responde civilmente na medida em que praticou o ato culposo ou doloso que causou o prejuízo.

69. Transpondo o preceito constitucional e a lição da jurisprudência e da doutrina para o problema da responsabilidade do controlador, tem-se que os antigos Governadores do Estado de São Paulo e Secretários da Fazenda não podem ter declarada a indisponibilidade do seu patrimônio pessoal, na forma do regime jurídico instituído para as situações de intervenção, liquidação extrajudicial e do regime de administração especial temporária (RAET), com base na responsabilidade objetiva assumida pelo Estado de São Paulo, na qualidade de acionista controlador do Banespa.

70. Somente após ter sido chamado o Estado de São Paulo a arcar com os prejuízos do *Banespa*, poderá, em tese, agindo, regressivamente, contra os respectivos administradores, responsabilizá-los pelas indenizações correspondentes aos atos que individual e pessoalmente tenham praticado, culposa ou dolosamente, em relação ao patrimônio do banco, nos limites em que nele praticaram atos de administração, gestão ou disposição.

71. O que não é possível é aplicar a legislação bancária às pessoas que nenhuma função exerceram no sistema bancário, não tendo sido, em tempo algum, controladores, administradores ou empregados da instituição financeira. Tratando-se de direito especial, com área própria de aplicação, não é concebível aplicá-lo fora da esfera na qual o legislador entendeu que devia ter a sua incidência, especialmente quando as suas disposições têm caráter especial e até

22. TJSP — 2ª C. — Ap — Rel. Mário Guimarães — j. 12.2.40 — *RT* 124/634.

23. TJPR — 1ª C. — Ap. — Rel. Des. Nunes do Nascimento — j. 14.6.83 — *RT* 579/164.

24. TJPR — 2ª C. — Ap. — Rel. Des. Abrahão Miguel — j. 31.8.83 — *RT* 581/166.

25. TJSP — 5ª C. — Ap. — Rel. Des. Márcio Bonilha — j. 4.10.84 — *RT* 601/107.

26. Arnoldo Wald, "Os Fundamentos da Responsabilidade Civil do Estado", in *Revista de Informação Legislativa*, v. 117, pp. 19 a 22.

27. Weida Zancaner Brunini, *Da Responsabilidade Extracontratual da Administração Pública*, Ed. RT, S. Paulo, 1981, p. 32.

singular, em relação ao resto do sistema jurídico vigente.

72. O direito bancário se aplica aos bancos, seus controladores, administradores e prepostos. Ao Governador e aos Secretários, que não participaram, nem podiam participar, nem do controle, nem da gestão do banco, aplica-se o sistema de responsabilidade consagrado, para autoridades e funcionários públicos, pelo direito constitucional e administrativo que, em relação a eles, só admite a responsabilidade regressiva, que só pode ser baseada na culpa ou no dolo devidamente comprovados, sem qualquer presunção de sua ocorrência.

73. Conclui-se, assim, que as autoridades administrativas alheias aos bancos não podem ser qualificadas como controladores, aplicando-se-lhes necessariamente as normas de direito público.

74. Não se admite, outrossim, a superposição ou a simbiose, total ou parcial, das normas de direito bancário e de direito constitucional e administrativo para o fim de consagrar uma responsabilidade administrativa individual ou coletiva desvinculada da culpa ou do dolo.

75. Por outro lado e finalmente, a indisponibilidade dos bens do controlador à qual se referem o Decreto n. 2.321 e as recentes Medidas Provisórias não se aplica aos bancos estaduais do país:

a) o controlador sendo o Estado, os seus bens são indisponíveis e impenhoráveis;

b) os representantes legais do Estado (Governadores) e seus auxiliares não podem sofrer as sanções de direito bancário — indisponibilidade e arresto — na qualidade de controladores.

76. Assim sendo, no momento em que se cogita de reformar a lei bancária, parece oportuno reexaminar a legislação específica aplicável aos bancos estaduais insolventes para que o direito bancário não mais colida com o direito constitucional vigente.

77. Enquanto mantidos os atuais textos legais, cabe ao intérprete dar-lhes um sentido compatível com a sistemática jurídica vigente e conforme à Constituição.

Doutrina

BREVES NOTAS SOBRE A POSIÇÃO DOMINANTE E SEU ABUSO

PAULA A. FORGIONI

CONSIDERAÇÕES INICIAIS SOBRE POSIÇÃO DOMINANTE: Poder econômico, posição dominante e "potestas" — A óbvia e inegável identidade; Vantagem competitiva e posição dominante: uso e abuso do poder econômico; Inciso I do art. 20 da Lei n. 8.884, de 1994: Tutela da livre concorrência e da livre iniciativa; Incisos II e IV: Domínio de mercado e abuso de posição dominante — Ainda a tutela da livre concorrência e da livre iniciativa — O AGENTE ECONÔMICO DETENTOR DE POSIÇÃO DOMINANTE. DETERMINAÇÃO DA EXISTÊNCIA DA POSIÇÃO DOMINANTE: 1. "Market Share x Market Power"; 2. Concorrência potencial e barreiras à entrada de novos agentes econômicos; 3. Comportamento/dependência dos consumidores; 4. Potência econômica da empresa; 5. Estrutura avançada da empresa; 6. Vantagens tecnológicas; 7. Grau de crescimento do setor; 8. Aspecto temporal — A necessária conjugação dos indicativos; Da estrutura do mercado ao comportamento da empresa. POSIÇÃO DOMINANTE DERIVADA DE VANTAGEM COMPETITIVA: A ATENÇÃO DAS AUTORIDADES ANTITRUSTE. ABUSO DE POSIÇÃO DOMINANTE. PRÁTICAS TÍPICAS

"In the absence of a book of rules, how can we decide whether the fight is fair or foul?" *(Fritz Machlup).*

CONSIDERAÇÕES INICIAIS SOBRE POSIÇÃO DOMINANTE

Poder econômico, posição dominante e "potestas" — A óbvia e inegável identidade

Quando se faz referência à "posição monopolista" pode-se pensar em termos da existência de apenas um agente econômico em determinado mercado. Não obstante, é bastante comum, tanto na doutrina jurídica quanto na econômica, que a expressão "posição monopolista" venha utilizada para referir aquela do agente econômico que não é o único a atuar no mercado relevante.[1]

1. Cf. Fritz Machlup, *The political economy of monopoly*, cit., pp. 82-83. Talvez a confusão entre as expressões "posição monopolista" e "monopólio" tenha origem na tradução do termo *monopoly* para as línguas latinas. Como assinala Thomas E. Kauper, *monopoly* é comparável à expressão "posição dominante" e não, necessariamente, a monopólio ("Article 86, excessive prices, and refusals to deal", *Antitrust Law Journal*, cit., p. 443). Monopólio, como nos lembra Modesto Carvalhosa, origina-se de duas palavras gregas: "'monos' só; 'polein' vender; *donde vender só*" (*Poder econômico — a fenomenologia — seu disciplinamento jurídico*, cit., p. 30). Esse mesmo

Parte-se, então, do pressuposto que mesmo um agente econômico que não seja o único a atuar no mercado pode deter *poder econômico* tal (ou seja, *razoável*) que lhe permita atuar de forma *independente* e com *indiferença* à existência ou comportamento dos outros agentes. Em virtude da ausência de um ambiente concorrencial, o agente econômico titular de "razoável" poder não sofre maiores pressões de competidores.[2] Neste caso, a posição dos pequenos agentes será sempre de *sujeição* ao comportamento da outra empresa. Note-se que não é necessária a completa ausência de concorrência no mercado para que se verifique a posição dominante: basta que a concorrência não seja de tal grau que influencie, de forma significativa, o comportamento do "monopolista".[3]

A empresa que se encontra em posição dominante tende a adotar o comportamento típico de um monopolista, aumentando preços, não prezando a qualidade de seu produto ou serviço e ainda impondo a outros agentes econômicos práticas que não adotariam, caso houvesse concorrência naquele mercado.[4] Basta a influência, o poder de determinar as regras do jogo de forma unilateral,[5] independente e autônoma, neutralizando as forças normais que regeriam o mercado.

Sob o prisma jurídico, a afirmação dos economistas de que a posição dominante se identifica pelo poder de impor preços muito acima de seu custo marginal deve ser entendida no sentido de que a *independência* e *indiferença* do agente econômico podem manifestar-se pela possibilidade de imposição de preços acima daqueles derivados da competição.[6-7]

autor faz, então, a distinção entre monopólio no sentido estrito (vender só) e monopólio em sentido lato, que significa "uma posição de força dos vendedores em relação aos seus compradores, ou vice-versa, em um determinado mercado" (p. 31).

2. A respeito, Frignani & Waelbroeck: "Se un'impresa è capace di esercitare sul mercato un'influenza preponderante, ciò significa che essa può agire senza dover tener conto delle reazioni dei concorrenti, mentre questi ultimi devono tener conto delle sue: essa è dunque sottratta ad una concorrenza effettiva. Nelle due ipotesi, fattore decisivo è l'assenza di pressione concorrenziale, e conseguentemente la concorrenza non gioca il suo ruolo di regolatrice del mercato" (*Disciplina della concorrenza nella CEE*, cit., p. 100). Entre nós, dizia Modesto Carvalhosa, em 1967: "Caracteriza-se, assim, o poder econômico pela capacidade de opção econômica independente, naquilo em que essa capacidade decisória não se restringe às leis concorrenciais do mercado. Titular do poder econômico, portanto, é a empresa que pode tomar decisões econômicas apesar ou além das leis concorrenciais do mercado" (*Poder econômico — a fenomenologia — seu disciplinamento jurídico*, cit., p. 2).

3. Foi por essa razão que a Corte de Justiça Européia já afirmou, no caso *United Brands*, que: "Non è necessario che un'impresa abbia eliminato ogni possibilità di concorrenza per essere in posizione dominante". Mas, se por um lado, posição dominante não implica monopólio, de outro, o monopólio pressupõe a posição dominante (cf. Frignani, "Abuso di posizione dominante", AAVV, *Diritto antitrust italiano*, cit., pp. 350-351).

4. Em um mercado em que haja concorrência dizem os economistas que o preço praticado deverá ser bastante próximo ao do seu custo marginal. O preço muito acima desse valor caracterizaria a existência de mercado concentrado e de *market power* do agente econômico que pratica tal preço: "Market power is the ability to raise price by reducing output. Today we measure market power as the ratio of the profit-maximizing price for a seller's output to the seller's marginal cost at that rate of output. A seller whose marginal cost of producing a widget is $1,00, but who can maximize its profits by selling the widget at $1,02 has a small amount of market power. A seller whose marginal cost is $1,00 but whose profit-maximizing price is $1,75 has a great deal of market power" (Sullivan & Hovenkamp, *Antitrust law policy and procedure*, cit., p. 589). O preço praticado é também função da elasticidade do produto. Assim, quanto maior seu grau de intercambiabilidade, menores as possibilidades de controle de preço por um agente econômico, pois maior o número de produtores do mesmo bem e maior a possibilidade de escolha do consumidor.

5. Diferencia-se, então, como advertem Frignani & Waelbroeck (*Disciplina della concorrenza nella CEE*, cit., p. 107), o "monopólio" do "oligopólio": neste, temos mais de um agente econômico atuando no mercado, cujos comportamentos influenciam-se mutuamente, enquanto no caso do monopólio apenas um agente determina as regras do jogo do mercado.

6. E. Thomas Sullivan & Jeffrey L. Harrison, comentando a definição da Suprema Corte americana sobre *market power*, no sentido de que constitui

Valentine Korah anota que o comportamento do monopolista é caracterizado, também, por uma *ausência de riscos*, ou seja, o detentor de posição dominante pode dar-se à adoção de uma estratégia de mercado que, se não coroada de sucesso, não traz ao agente prejuízos de monta, como ocorreria em um mercado competitivo.[8] Ora, se houver um "erro estratégico" do monopolista, não haverá agentes econômicos que dele poderão aproveitar-se, penalizando o engano cometido.

No campo do direito da concorrência, o *poder econômico* próprio ao agente em posição dominante, para fins de um trabalho jurídico, deverá ser tomado como *potestas*,[9] ou seja, nas palavras de Passarelli, como "una supremazia del volere del titolare, grazie alla quale lo stesso può da solo realizzare il suo interesse: a questa supremazia, che può chiamarsi potestà, fa riscontro dall'altro lato del rapporto non un obbligo, ma una mera soggezione, poichè il soggetto è veramente passivo, subisce le conseguenze della potestà".[10-11] E outra forma não há de encarar o poder econômico que embasa a posição dominante.

Colocadas essas premissas, a regulamentação do exercício da posição dominante e do poder econômico, que lhe é pressuposto, mostra-se de uma simplicidade bastante eloqüente. *O poder econômico implica sujeição (seja dos concorrentes, seja de agentes econômicos atuantes em outros mercados, seja dos consumidores) àquele que o detém. Ao revés, implica independência, absoluta liberdade de agir sem considerar a existência ou o comportamento de outros sujeitos.*

Explica-se, assim, a definição da Suprema Corte norte-americana sobre o poder de mercado: "the power to control prices or exclude competition".[12]

Ou mesmo a definição da Corte de Justiça européia: "concerne una posizione di

"the power to control prices or exclude competition" afirmam: "The logical interpretation of the Court's language is that market power is a measure of a firm's ability to raise prices above competitive levels, without incurring a loss in sales that more than outweights the benefits of the higher price" (*Understanding antitrust and its economic implications*, cit., p. 214).

7. Para uma análise econômica da determinação de *market power* mediante a utilização do *Lerner Index*, cf. Edward Thomas Sullivan & Jeffrey L. Harrison, *Understanding antitrust and its economic implications*, cit., pp. 214 e ss. Cf. também Hovenkamp, *Federal antitrust policy*, cit., pp. 80 e ss.

8. Valentine Korah, "Concept of a dominant position within the meaning of article 86", *Common Market Law Review*, v. 17, n. 3, ago. 1980, pp. 395-396.

9. Por óbvio, não estamos sustentando que o poder econômico confere a seu titular um direito potestativo, o que seria mesmo uma incongruência jurídica, pois o poder econômico é um fato (ainda que regulamentado pelo direito) e não um direito atribuído pelo ordenamento jurídico (para corroborar nossa posição basta uma vista d'olhos no elenco de típicos direitos potestativos, notando-se, de início, a patente diferença. Consulte-se, então, Carlos Alberto da Mota Pinto, *Teoria geral do direito civil*, Coimbra, Coimbra Editora, 1986, pp. 175-176, e também Pontes de Miranda, *Tratado de direito privado*, cit., v. 5, p. 241). Ao invés, o que há de comum entre o direito potestativo e o poder econômico é a *potestà* (que inclui, como vimos, a capacidade de atuação de um comportamento indiferente e independente) e a posição de sujeição que lhe é correlata. Sobre direitos potestativos, cf. ainda Fábio Konder Comparato, *O poder de controle na sociedade anônima*, Rio de Janeiro, Forense, 1983, pp. 101 e ss.; Francesco Santoro-Passarelli, *Dottrine generali del diritto civile*, 5ª ed., Napoli, Jovene, 1957, pp. 56 e ss.; A. von Tuhr, *Tratado de las obligaciones*, Madrid, Reus, 1934, t. 1, pp. 14 e ss.; e Karl Larenz, *Derecho civil*, cit., pp. 281 e ss.

10. Francesco Santoro-Passarelli, *Dottrine generali del diritto civile*, p. 55.

11. Luigi Capogrossi Colognesi, de forma ampla, assim coloca a *potestas*: "Potestas appartiene ad un gruppo di termini derivati da *potis* che esprimono, in varie sfumature e con diverse qualificazioni, l'idea del "potere" nella sua forma più immediata. Esso è il termine più generale per indicare il comando, la supremazia di um soggetto su altri sia nel campo del diritto privato (...) che in quello del diritto pubblico (...)" ("Potestas", *Nuovissimo Digesto Italiano*, p. 508).

12. *United States v. E. I. Du Pont de Nemours & Co.* — 351 U.S. 377 (1956), transcrito por Fox & Sullivan, *Cases and materials on antitrust*, cit., p. 130.

potenza economica detenuta da un'impresa, che conferisce alla stessa il potere di ostacolare il mantenimento di una concorrenza effetiva sul mercato di cui trattasi, fornendole la possibilità di comportamenti indipendenti in misura apprezzabile rispetto ai propri concorrenti, ai clienti, nonché ai consumatori e senza per questo subire conseguenze pregiudizievoli".[13]

Entre nós, já se manifestou o CADE: "O domínio de mercado deve ser entendido como um poder de agir. No aspecto ativo esse poder confere à empresa dominante a capacidade de influir sobre as outras empresas do mercado; no aspecto passivo, a empresa dominante não se deixa influenciar pelo comportamento das demais participantes do mercado. Dominar é, pois, poder adotar um comportamento independente das concorrentes, tornando-se apta para controlar o preço, a produção ou a distribuição de bens ou serviços de uma parte significativa do mercado, excluindo, assim, a concorrência".[14]

Em conclusão: a posição dominante é decorrência e, ao mesmo tempo, se identifica com o poder detido, pelo agente, no mercado, que lhe assegura a possibilidade de atuar um comportamento independente e indiferente em relação a outros agentes, impermeável às leis de mercado.

As teorias econômicas, ao discorrer sobre o comportamento dos agentes que atuam em condições monopolísticas, nada mais fazem senão analisar essa indiferença e independência e as formas mediante as quais se manifestam.

Note-se que a repressão ao abuso do poder econômico é fenômeno que permeia todo o antitruste, na medida em que é também o fundamento da regulamentação dos acordos e das concentrações entre agentes econômicos. Estes são reprimidos em virtude de sua capacidade de reprodução de condições monopolísticas.

Vantagem competitiva e posição dominante: uso e abuso do poder econômico

Já se disse há muito que, no Brasil, não se pune a posição dominante em si.[15] Efetivamente, nos termos do art. 20, § 1º, da Lei n. 8.884, de 1994, a posição dominante resultante de processo natural fundado na maior eficiência de agente econômico em relação a seus competidores não caracteriza o ilícito previsto no inc. II do *caput* do mesmo dispositivo.[16] Consagra-se assim,

13. A referência é de Frignani & Waelbroeck a duas sentenças da Corte de Justiça européia: caso *United Brands* (Banana Chiquita) e *Hoffmann-La Roche* (vitaminas) (*Disciplina della concorrenza nella CEE*, cit., p. 101).

14. Voto da Conselheira Relatora Neide Terezinha Malard, no Processo Administrativo n. 31, j. 6.10.93 (*Fiat x Transauto*), *Revista do Ibrac*, v. 2, n. 1, fev. 1995, p. 84.

15. Ou seja, apenas o abuso (e não o uso) da posição dominante é vedado. Outra interpretação seria inconstitucional, tendo em vista o disposto no art. 170 da Constituição da República. Ainda comentando os dispositivos da Constituição Federal de 1967, com a redação dada pela Emenda de 1969, esclarece Miguel Reale: "Dessarte, todo abuso de poder econômico redunda, no mais das vezes, em *desvio de poder econômico*, pois o poder econômico, em si mesmo, não é ilícito, enquanto instrumento normal ou natural de produção e circulação de riquezas numa sociedade, como a nossa, regida por normas constitucionais que consagram a 'liberdade de iniciativa', a 'função social da propriedade' a 'harmonia e solidariedade entre as categorias sociais de produção' e a 'expansão das oportunidades de emprego'" ("Abuso do poder econômico e garantias individuais", in José Inácio Gonzaga Franceschini e José Luiz Vicente de Azevedo Franceschini, *Poder econômico: exercício e abuso*, cit., p. 521). A doutrina é uníssona a esse respeito. Vale, apenas a título de complementação, a transcrição de parte do voto da Conselheira Relatora Neide Terezinha Malard, no caso *Fiat x Transauto*: "Diga-se, porém, que o princípio da livre concorrência não conduz à antijuridicidade do poder econômico. O sistema adotado pelo texto constitucional não é o da *per se condemnationen*, mas o da regra da razão, o que vale dizer que o poder econômico só pode ser reprimido quando orientado à dominação do mercado ou quando atua de forma lesiva à concorrência" (*Revista do Ibrac*, v. 2, n. 1, p. 82).

16. A *contrario sensu*, há de se considerar ilícita a concorrência oferecida por agente econômico que não conquistou seu poder de mercado com base

como não poderia deixar de ser, a *vantagem competitiva* (*competitive advantage*) do agente econômico: se há maior eficiência, nada se deve punir.[17]

Lembremo-nos, no entanto, que a concorrência, ainda que lícita, prejudica alguns agentes econômicos. Qual é, então, o limite que indica a licitude do prejuízo causado? Até que ponto deve ser suportado o exercício das vantagens decorrentes da superioridade do agente econômico? Como diferenciar a concorrência vigorosa da prática abusiva? Ou, como diz Machlup: "In the absence of a book of rules, how can we decide whether the fight is fair or foul?"[18]

Vale sempre recordar o caso *School Masters*.[19] A discussão nele encerrada não deveria chamar nossa atenção apenas pela ingenuidade dos argumentos dos autores da demanda, mas sim pelo divisor de águas que constituiu. Com simplicidade, os julgadores, há muito, perceberam que *a concorrência prejudica e que os danos a serem suportados por alguns agentes econômicos podem ser lícitos ou ilícitos*.

Na cidadela inglesa de Gloucester, existia apenas uma escola, que impunha aos estudantes os preços que bem entendia (ainda que não excessivos). Ocorre que, aproximadamente no ano de 1408, outra escola veio a ali se estabelecer, praticando preços inferiores. Os dirigentes da primeira, inconformados, foram às barras do tribunal, propondo uma ação com o escopo de serem ressarcidos pelos danos sofridos.

Decidiu-se que, muito embora efetivamente houvesse o prejuízo, havia sido causado por uma atitude perfeitamente lícita da segunda escola. Se esta tinha condições de oferecer preços mais baixos pelo serviço, sua "vantagem competitiva" (como a chamaríamos hoje) não haveria de ser punida ou reprimida.

Atualmente, se de uma parte é quase intuitivo que a vantagem competitiva, lícita que é, deve ser incentivada mediante a aplicação das normas de tutela do livre mercado e da livre concorrência,[20] de outra não se têm apropriados critérios gerais para determinar, na prática, a separação entre a

em uma vantagem competitiva. É o que ocorre nos casos em que um concorrente oferece preço inferior ao de mercado porque deixou de pagar os impostos e contribuições devidos.

17. Os autores de língua inglesa costumam utilizar a expressão *anticompetitive advantage* para os casos em que o agente econômico conquista (ou tenta consquistar) parcela de mercado utilizando-se de um meio "fraudulento", porque não embasado apenas na sua superioridade. Por exemplo, a prática da *Microsoft* de divulgar falsos pré-lançamentos de produtos, bem como de criar, propositadamente, incompatibilidades entre os produtos que fabrica e aqueles de concorrentes teriam dado origem a *anticompetitive advantages*, ou vantagens não competitivas (cf. "United States v. Microsoft Corporation Civ. N. 94-1564 (SS) (D.D.C.); Response of the United States to Public Comments Concerning the Proposed Final Judgment and Notice of Hearing", *Federal Registrer*, v. 59, n. 221, 17.11.94, p. 426).

18. *The political economy of monopoly*, cit., p. 102. Josserand, em sua clássica obra *De l'esprit des droits*, já havia perguntado: "Mais à quelles conditions en sera-t-il ainsi? Où découvrir le critérium permettant de distinguer l'acte permis de l'acte défendu, la concurrence licite de la concurrence indue? Comment concevoir el établir les limites quíl convient d'apporter à la liberté commerciale?" (p. 233). Dabin, por sua vez: "dónde descubrir la línea de demarcación entre el uso y el abuso? ("El derecho subjetivo", Madrid, *Revista de Derecho Privado*, 1955, p. 352). Mario Siracusa se coloca praticamente as mesmas questões referidas por Machlup, Josserand e Dabin ("La nozione di abuso di posizione dominante", AAVV, *Diritto antitrust italiano*, cit., p. 358).

19. 11 Hen. IV, f. 47, pl. 21 (1410), transcrito por Fox & Sullivan, *Cases and materials on antitrust*, cit., pp. 18-19.

20. Mas nem sempre essa vantagem competitiva é vista como devendo ser tutelada e não combatida pela aplicação das normas antitruste, principalmente quando confunde-se com o problema do protecionismo à empresa nacional. Entre nós há uma certa tradição nesse sentido: (i) a nível interno, não é incomum que o empresariado bata às portas da autoridade antitruste para representar contra aquilo que nada mais é senão sua própria ineficiência. Com efeito, na maioria dos casos levados à apreciação da SDE ou do CADE, verifica-se que nada há de contrário à livre concorrência na conduta do agente representado, sendo o motivo das queixas justamente sua vantagem competitiva; (ii) no que tange à questão internacional, a vantagem competitiva do agente econômico estrangeiro é, muitas vezes, neutralizada pela política governamental, de forma a proteger a indústria nacional.

concorrência lícita, cujos prejuízos causados a terceiros baseiam-se em uma vantagem competitiva, e a concorrência predatória.[21]

Alguns economistas, buscando uma resposta às questões que efetuamos, apontam o critério de diferenciação na "eficiência econômica": a eliminação de empresas menos eficientes serviria ao propósito da lei antitruste.[22] Coloca-se, assim, um dos pontos centrais do pensamento da Escola de Chicago.

Outra forma de explicar a licitude (ou ilicitude) dos efeitos decorrentes do uso (ou abuso) da posição dominante decorreria da aplicação do *princípio geral* que condena, em nosso ordenamento jurídico, o *abuso do direito*.[23] Nesse sentido, a utilização do poder econômico (e do direito à liberdade econômica) apresentaria restrições se fosse efetuada de forma não adequada, "reprovável ou reprovada, ilegítima ou tida como tal",[24] rompendo o "equilíbrio dos interesses em conflito ou do desvio da finalidade do direito, da sua destinação social e econômica".[25] Isso seria válido não apenas para os casos de abuso de posição dominante, mas também para acordos entre empresas e concentração (na medida em que são vedados pela aptidão de reprodução de condições monopolísticas).

No caso do abuso do poder econômico, o direito de que se abusa é a liberdade econômica, liberdade de iniciativa, liberdade de concorrência etc. (ou seja, todos os direitos que assistem ao agente econômico no Estado liberal). Em princípio, nada há de ilícito com a utilização do poder econômico, sendo mesmo a expressão e exercício desses direitos a que nos referimos. No momento em que há abuso do poder econômico, há abuso do direito à liberdade econômica, liberdade de iniciativa, liberdade de concorrência[26] etc. O sujeito passa a fazer um uso "anormal",[27] "reprovável", "ilegítimo", "imoral"[28] desses seus direitos.

A utilização do princípio da condenação do *abuso do direito*, ainda que não traga conclusões seguras sobre a licitude ou ilicitude do ato do agente econômico (nem poderia fazê-lo, considerando-se o caráter elástico das normas antitruste), situaria a questão no campo da *teoria geral do direito*.

Não obstante — é indispensável que se esclareça — a mais autorizada doutrina, tanto brasileira quanto estrangeira (inclusive de países com tradição romanística), ao tratar das normas antitruste, não se pre-

21. A respeito, diz Machlup: "Thus, if a struggle between competitors ends with the complete elimination of one of them, it is difficult to establish whether he succumbed to superior efficiency or to an expensive assault with intent to kill" (*The political economy of monopoly*, cit., p. 101).

22. "We have seen that the basic 'merits' of competition lie in its contribution to economic efficiency (optimum allocation of productive resources) and dispersion of power. Competition resulting in the elimination of firms because they are less efficient serves one of the functions assigned to it" (Machlup, *The political economy of monopoly*, cit., p. 102).

23. Não vêm a talho maiores digressões sobre as discussões travadas entre os teóricos da doutrina do abuso do direito (ou abuso de direito, como preferem alguns). Sobre essa questão, e para um resumo das principais correntes de pensamento, remetemos à dissertação de Paulo de Araújo Campos, *Abuso do direito*, apresentada como exigência para obtenção de título de mestre na área de Direito Civil da Faculdade de Direito da Universidade de São Paulo, em dezembro de 1982, e também à obra de Fernando Augusto Cunha de Sá, *Abuso do direito*, Lisboa, 1973.

24. Mario Rotondi, *L'abuso di diritto*, Padova, Cedam, 1979, p. 17.

25. Markovitch, citado por Philadelpho Azevedo em parecer publicado na *RT* 129:36. Nas clássicas palavras de Jorge Americano "o abuso desnatura o direito e faz com que o deixe de ser" (Parecer publicado na *RT* 129:59).

26. Nesse sentido, Giulio Levi, *L'abuso del diritto*, Milano, Giuffrè, 1993, p. 105.

27. Saleilles, *Étude sur la théorie générale de l'obligation*, 3ª ed., Paris, Librairie Génerale, 1925, p. 375. Cf., também, já sobre o sistema brasileiro, Plinio Barreto, em Parecer publicado na *RT* 129: 24.

28. Cf. Jean Dabin, *El derecho subjetivo*, cit., p. 366.

ocupa em situá-las em um contexto de "abuso de direito" ou "abuso de poder".[29]

Algumas críticas poderiam, assim, ser lançadas no que respeita à utilização da doutrina do "abuso de direito" para situar o "abuso do poder econômico". Primeiramente, o *poder econômico não é um direito, mas sim um fato*, uma situação (fática) que proporciona ao agente econômico *indiferença* e *independência* em relação aos outros agentes, às leis de mercado. Assim, o "abuso do poder econômico" não trataria do abuso de um direito, mas sim do abuso de um "fato", de uma posição (e não de um poder derivado de um direito, assegurado pelo ordenamento jurídico).[30]

Em outras palavras, quando se diz que há o abuso do direito de propriedade, identifica-se o mal uso de um direito que é atribuído ao sujeito pelo ordenamento jurídico (o direito de propriedade). Ao invés, quando falamos de "abuso do poder econômico", não há um direito a que possamos nos referir[31] e que atribua ao agente o "poder econômico" ou sua situação de *independência* e *indiferença*.[32] No máximo, o poder econômico deriva da utilização de uma liberdade econômica (*v.g.*, liberdade de concorrência), mas não é por esta instituído.

Ademais, a doutrina do "abuso de direito" vem impregnada de um inegável ranço privatístico.[33] Por exemplo, Pontes de Miranda afirma que: "O estudo do abuso do direito é a pesquisa dos encontros, dos ferimentos, que os direitos se fazem".[34] Ora, não toca ao direito antitruste a disciplina do respeito mútuo às esferas de direitos dos sujeitos, mas sim a regulamentação do *mercado*. Não interessam os concorrentes, mas sim a concorrência.

Note-se que o próprio Josserand, em seu livro *De l'esprit des droits et de leur relativité*, ao comentar as restrições à liberdade de comércio e de concorrência, não cogita de qualquer norma de repressão ao abuso do poder econômico, mas sim da concorrência desleal e seus atos de contrafação e violação de marcas. Em outras palavras, vê a regulamentação da concorrência como disciplina da relação entre agentes econômicos privados, para tutela de seus interesses: deve-se evitar o abuso de direito de um, para que o outro não seja prejudicado.[35]

29. Quando se fala em "abuso de poder", por óbvio, está se tratando de abuso do poder que é conferido por um direito. Assim, por exemplo, o abuso do poder de controle da sociedade anônima pressupõe o poder que é atribuído ao acionista controlador, conforme os termos da Lei n. 6.404, de 1976 (Lei das Sociedades por Ações). A doutrina especializada geralmente se refere à expressão "abuso de poder" como sendo correlata a um poder-dever funcional (abuso de autoridade) (cf., a esse respeito, P. Grippo, "Abuso di autorità o di potere", in *Enciclopedia Giuridica Italiana*, v. 1, parte 1, Milano, Vallardi, pp. 92 e ss.; José Luiz Sales, "Abuso de poder", in *Repertório Enciclopédico do Direito Brasileiro*, v. 1, Rio de Janeiro, Borsói, 1947, pp. 356 e ss.; Fernando Dias Palos, "Abuso de autoridad o poder", in *Nueva Enciclopedia Jurídica*, Barcelona, Seix, 1950, t. 2, pp. 121 e ss.).

30. Nesse sentido, Giulio Levi: "Tuttavia è stato detto anche che, parlando sempre di abuso di posizione dominante, si faccia in realtà riferimento ad una situazione di fatto, più che di diritto" (*L'abuso del diritto*, cit., p. 113).

31. O mesmo se diga em relação à posição dominante: trata-se de um fato e não de um direito.

32. Autoriza-se, então, o seguinte paralelo: diz-se que uma pessoa é mais forte fisicamente que outra. Ora, essa superioridade física não é um direito, mas sim um fato. O mesmo se dá com empresa titular de poder econômico: não se trata de um direito seu, mas sim de mero fato.

33. Que, no entender de Vicente Ráo, decorre do seu não-entendimento como um "princípio geral de direito".

34. *Tratado de direito privado*, v. 53, cit., p. 68.

35. Ao invés, a teoria do "abuso de direito" encontra guarida no art. 29 da Lei Antitruste, que trata das ações que os agentes econômicos podem propor contra infratores da ordem econômica, com o escopo de ressarcimento de eventuais prejuízos sofridos: "Os prejudicados, por si ou pelos legitimados do art. 82 da Lei n. 8.078, de 11 de setembro de 1990, poderão ingressar em juízo para, em defesa de seus interesses individuais ou individuais homogêneos, obter a cessação de práticas que constituam infração da ordem econômica, bem como o recebimento de indenização por perdas e danos sofridos, independentemente do processo administrativo, que não será suspenso em virtude do ajuizamento de

Adicione-se, ainda o fato que, indubitavelmente, a idéia de repressão ao abuso de direito traz à mente a regulamentação própria ao Estado liberal, que intervém para neutralizar os efeitos autodestrutíveis que advêm do mercado. Nesse sentido são as palavras de Josserand: "(...) les intérêts de la collectivité devaient fatalement refouler les prérogatives de l'individu. Tout comme une proprieté foncière illimitée, une concurrence sans bornes est socialement et pratiquement irréalisable: un droit absolu serait voué à la destruction; il se dévorerait lui-même, par ses propres excés; comme les autres libertés, la liberté du commerce veut être réglementée, sagement aménagée; il est des actes de concurrence que la conscience sociale réprouve, que l'intérêt général ne saurait tolérer et qui doivent donc, sous une forme ou sous une autre, engager la responsabilité de ceux que les accomplissent".[36]

Mas, modernamente, como já ressaltamos inúmeras vezes, o antitruste já não pode ser visto apenas sob esse ângulo de "correção de efeitos autodestrutíveis", de sorte que a adoção da teoria do abuso de direito pode mostrar-se bastante perigosa, sob o aspecto dogmático, porque sugere senão uma visão ultrapassada, ao menos parcial, do antitruste.

O antídoto contra essa distorcida visão é, seguindo o conselho de Vicente Ráo,[37] considerar a repressão ao abuso de direito como um *princípio*, que embasa todo o nosso ordenamento jurídico, e não se refere, exclusivamente, à proteção de esferas de direitos e interesses privados. Sob esse prisma, a repressão ao abuso do poder econômico pode também ser entendida como a coibição ao abuso dos direitos de liberdade econômica, visando à implementação de uma política pública. Por óbvio, nesta hipótese, resta o problema de delimitar-se o que seria "uso" do "abuso" do poder econômico, questão de difícil — senão impossível — solução por fórmula geral. Repise-se, todavia, que não poderá haver abuso do poder econômico sem prejuízo para a concorrência. Essa é a conclusão que decorre de uma interpretação sistemática dos termos do art. 20 da Lei n. 8.884, de 1994.

Inciso I do art. 20 da Lei n. 8.884, de 1994 — Tutela da livre concorrência e da livre iniciativa

O interesse tutelado pelo inc. I do art. 20 da Lei n. 8.884, já está expresso de for-

ação". Tem, assim, plena aplicação o art. 160 do Código Civil, nos casos de concessão de autorização para atos restritivos da concorrência, nos termos do art. 54 da Lei n. 8.884, de 1994. Nessas hipóteses, a autorização da prática faz com que o agente econômico, ainda que cause prejuízos a terceiros, esteja "no exercício regular de um direito reconhecido". Da mesma forma, no art. 18 da Lei n. 8.884/94, a doutrina do "abuso de direito" se faz presente e é relacionada à pessoa jurídica "responsável por infração da ordem econômica". Autoriza-se a desconsideração de sua personalidade quando a prática implicar "abuso de direito" no âmbito da sociedade.

36. *De l'esprit des droits et de leur relativité*, cit., p. 232.

37. É Vicente Ráo que entende, entre nós, ser a repressão ao abuso de direito um princípio de nosso ordenamento: "Também se diz, comumente, que o conceito de abuso do direito, nas legislações ocidentais, tem apenas um sentido moral, alcançando, tão só, as relações de indivíduo e a sociedade; mas, semelhante alegação importa desconhecimento da real natureza desse conceito, ou seja, de sua natureza de *princípio* que, como tal, tanto se dirige à aplicação do direito comum nas relações entre pessoas, quanto à elaboração das leis, econômicas ou não, tendentes a realizar a harmonia social" (*O direito e a vida dos direitos*, 3ª ed., RT, 1991, v. 1, p. 149). Mais recentemente, Tércio Sampaio Ferraz Júnior, ao iniciar breve ensaio denominado "Da abusividade do poder econômico" parte do princípio que "Todo abuso é censurável. Quando parte de pessoa física ou jurídica que detém poder, isto é, que se acha em condições de criar para outros situações de dependência, torna-se uma ofensa ao direito que configura e garante o poder". Por fim, repisando que o poder econômico não é abusivo em si, conclui que "para efeitos de repressão do abuso, a lei deve presumir que o poder econômico que vise à dominação de mercado, à eliminação da concorrência e aumento arbitrário de lucros é abusivo". Podemos, então, concluir, em simples palavras, que, na opinião do Prof. Tércio, o poder econômico é abusivo quando sua utilização implica a incidência do art. 20 da Lei n. 8.884, de 1994 (*Revista de direito econômico* 21: 23).

ma bastante clara: *a livre concorrência ou a livre iniciativa*. Ou seja, aos agentes é assegurada liberdade de desenvolvimento de uma atividade econômica, e, para garantir a manutenção do sistema e das regras do jogo, colocam-se limites à atuação desses mesmos agentes, disciplinando seu comportamento no mercado. *A disciplina da concorrência, então, coloca-se como correlata à livre iniciativa*.[38]

Consagra-se, assim, no texto do art. 20 a tutela da livre iniciativa e da livre concorrência, conforme o mandamento do art. 170 da Constituição Federal. Aliás, é curiosa a referência do texto constitucional à livre concorrência *e* à livre iniciativa, pois esta, como assinala Grau, é a liberdade de comércio e indústria *e* a liberdade de concorrência.[39] Em outras palavras, a liberdade de iniciativa implica a liberdade de concorrência e vice-versa. Daí concordarmos com a observação no sentido de que não seria necessária a consagração do princípio da livre concorrência, bastando aquele da livre iniciativa.[40]

A liberdade de iniciativa a que fazem referência o texto constitucional e a própria lei antitruste não conflita, obviamente, com a necessidade da atuação estatal, para garantir a manutenção do sistema, conduzindo-o de forma a impedir as crises.[41] Aliás, permitimo-nos dizer, a complementa.

Não se pode negar que a partir do momento em que o Estado passa a ser "intervencionista" (e, aqui, não vai qualquer carga ideológica) há uma modificação no próprio princípio da livre iniciativa que, há muito, deixou de ser correlato a uma política de *laissez faire*. A atuação do Estado sobre a economia, cada vez mais, não é tida como indesejável pelo sistema jurídico que, ao contrário, a institui e regulamenta.[42]

38. Como já expusemos quando analisamos o segundo período de evolução das normas de tutela da concorrência.

39. Ainda Eros Roberto Grau coloca os "inúmeros sentidos" que "podem ser divisados no princípio, em sua dupla face, ou seja, enquanto liberdade de comércio e indústria e enquanto liberdade de concorrência", equacionando-os da seguinte forma: a) liberdade de comércio e indústria (não-ingerência do Estado no domínio econômico): a.1) faculdade de criar e explorar uma atividade econômica a título privado — liberdade pública; a.2) não-sujeição a qualquer restrição estatal senão em virtude de lei — liberdade pública; b) liberdade de concorrência: b.1) faculdade de conquistar a clientela, desde que não através de concorrência desleal — liberdade privada; b.2) proibição de formas de atuação que deteriam a concorrência — liberdade privada; b.3) neutralidade do Estado diante do fenômeno concorrencial, em igualdade de condições dos concorrentes — liberdade pública (cf. *A ordem econômica na Constituição de 1988*, cit., p. 224). Josserand vislumbra três aspectos da liberdade de comércio que se concretizam no dogma da livre concorrência: (i) liberdade de estabelecimento; (ii) liberdade de fabricação; e (iii) liberdade de circulação de mercadorias, em conformidade com as leis econômicas, principalmente a lei da oferta e da procura (*De l'esprit des droits et de leur relativité; théorie dite de l'abus des droits*, 12ª ed., Paris, Dalloz, 1939, pp. 231-232).

40. *A ordem econômica na Constituição de 1988*, cit., p. 230.

41. Ademais "embora seja assim, força é reconhecermos, de uma parte, que a livre concorrência é elevada à condição de princípio da ordem econômica, na Constituição de 1988, mitigadamente, não como liberdade anárquica, porém social" (Eros Roberto Grau, *A ordem econômica na Constituição de 1988*, cit., p. 232).

42. A respeito, Tullio Ascarelli: "D'altra parte questa azione importa il superamento del liberalismo dell'economia classica che assumeva che il funzionamento della libera concorrenza avrebbe automaticamente importato il raggiungimento di determinate finalità, tendendo a negare l'influenza della struttura istituzionale e concependo il sistema economico come necessariamente determinato, così come, nello stesso periodo, il sistema giuridico veniva a sua volta concepito come un dato meramente logico, astratto dalla storia. Questa teorizzazione riposava su una premessa implicita di piena elasticità e automatismo del mercato e di grande mobilità dei suoi fattori e sulla generalizzazione di quella produzione con costi marginali crescenti che si osserva in agricoltura, laddove proprio lo sviluppo dell'industria ha messo in evidenza la frequenza di premesse diverse e spesso opposte. Essa si riportava, in via definitiva, a una concezione della storia come già naturalisticamente determinata, anzichè come frutto della umana volontà e perciò appunto avvicina l'equilibrio economico a un equilibrio meccanico che non sarebbe potuto essere che naturalisticamente determinato, anzichè ravvisare nella storia un'opera umana ed allora cogliere d'altra parte il significato

É bastante natural, entretanto, que quando nos referimos à "livre iniciativa", tenhamos em mente o conceito tradicional de liberdade (sensibilidade e acessibilidade a alternativas de conduta e de resultado[43]) e pensemos no agente econômico atuando no mercado, com o mínimo de "repressão" estatal. Mas — insistimos — essa visão da livre iniciativa (ou da livre concorrência e mesmo da autonomia privada) não exclui outra que lhe é complementar, de que essa mesma livre iniciativa, para que continue existindo, deve ser não apenas regulamentada, mas também conduzida pela autoridade governamental.[44]

Assim, no princípio da livre iniciativa (e da livre concorrência) abriga-se, também, a atuação estatal no sentido de (i) disciplinar comportamentos que resultariam em prejuízos à concorrência e (ii) disciplinar a atuação dos agentes econômicos, de forma a implementar uma política pública.[45]

Em conclusão, quando a autoridade antitruste autoriza ou coíbe um determinado comportamento do agente econômico, está justamente atuando o princípio da livre iniciativa e da livre concorrência, tal qual modernamente concebidos.[46]

storicamente condizionato delle stesse forme economiche. Il passaggio a un pubblico intervento nell'economia si collega così con una diversa visione della storia, e col superamento della premessa giusnaturalista propria dell'economia liberale del secolo passato" (*Teoria della concorrenza e dei beni immateriali*, cit., p. 16).

43. Eros Roberto Grau, *A ordem econômica na Constituição de 1988*, cit., p. 222.

44. Por essa razão, afirma F. C. de San Tiago Dantas: "As leis *anti-trust* exprimem a concepção de que a liberdade econômica não é um princípio absoluto, em nome do qual se possam admitir os próprios pactos que excluem tal liberdade, mas é um regime social e econômico a defender mesmo contra a liberdade individual, se esta o ameaçar" (*Prôblemas de direito positivo*, Rio de Janeiro, Forense, 1953, p. 21).

45. Não é incomum que se aponte, na doutrina, o princípio da livre iniciativa como contraposto à intervenção estatal. Nesse sentido, David J. Gerber, comentando os sistemas europeus de tutela da concorrência: "They tend, for example, to view competition law as a hybrid form of law, displaying features of public as well as private law and liberalism as well as intervencionism" ("The origins of european competition law in fin-de-siècle Austria", *The American Journal of Legal History*, v. 36, n. 4, october 1992, p. 405).

46. Sabina Borgogni resolve a questão com muita propriedade: "(...) In dottrina si distinguono solitamente due diverse accezioni del concetto di libera concorrenza: a) libera concorrenza come libertà di iniziativa economica, ossia come diritto individuale e personale ad agire nel mercato e ad intraprendere qualunque attività imprenditoriale si desideri realizzare; b) libera concorrenza come situazione di mercato, cioè come principio regolatore di un sistema economico che, in quanto ad esso ispirato, si caratterizza proprio per il fatto di garantire l'accesso libero di qualunque soggetto a qualsivoglia mercato e di impedire a chiunque di dettare le regole di contrattazione in via esclusiva. Anche se sembra un paradosso, le due realtà non sono necessariamente l'una il pressuposto dell'altra; anzi, perchè si realizzi nel mercato una situazione di libera concorrenza occorre talvolta che sia limitata la stessa libertà di iniziativa economica dei singoli, la quale, infatti, non solo si esaurirebbe nella libertà di intraprendere una qualunque attività imprenditoriale ma implicherebbe, di per sé stessa, anche la facoltà di ricercare nel mercato una posizione di privilegio e quindi di stringere accordi ed alleanze che permettano di aggirare il meccanismo della concorrenza. All'intervento genericamente diretto alla tutela della libera concorrenza possono corrispondere quindi in realtà due diversi obbiettivi : 1) la salvaguardia del diritto privato d'impresa, per cui gli accordi e le intese industriali o comunque tutte le operazioni volte a limitare la concorrenza vengono in considerazione nell'ordinamento giuridico solo per la limitazione che essi comportano alla libertà di iniziativa economica (come danno per il singolo, quindi); 2) la difesa di un preciso interesse della collettività che trova, in genere, nella effettiva competizione tra i diversi soggetti economici anche la garanzia delle migliori e più convenienti condizioni di contrattazione, per cui, diversamente, le stesse intese ed i medesimi accordi o operazioni vengono invece in considerazione per gli effetti che essi producono nei confronti del mercato e dei consumatori (ossia come danno per la società)" ("Normativa antitrust e regolazione del mercato", AAVV, *Diritto Pubblico dell'Economia*, org. Mauro Giusti, Padova, Cedam, 1994, p. 334). Entre nós, Washington Peluso Albino de Souza anuncia que as teses da liberdade e da propriedade, próprias ao regime liberal, com o tempo e a experiência jurídica dos povos "passaram a receber, naturalmente, as suas novas conceituações sob a forma de cerceamentos

Feitos esses esclarecimentos, podemos dizer que na tutela da livre iniciativa (e, portanto, da livre concorrência), encontra-se um dos principais parâmetros da nossa lei antitruste e a pauta de sua interpretação. Dessa forma, os acordos entre empresas são vedados na medida em que configuram um entrave à livre iniciativa ou à livre concorrência. Ou seja, é no prejuízo à livre concorrência e à livre iniciativa que se encontra o caráter ilícito de qualquer prática concertada. Da mesma maneira, qualquer ato praticado por um agente econômico, individualmente, ainda que não seja detentor de posição dominante no mercado, poderá ser considerado ilícito se, de algum modo, prejudicar a livre concorrência ou a livre iniciativa[47] em prática dissociada de sua vantagem competitiva. O mesmo ocorre em relação à tentativa de monopólio e ao abuso de posição dominante, como passamos a demonstrar.

Incisos II e IV — Domínio de mercado e abuso de posição dominante — Ainda a tutela da livre concorrência e da livre iniciativa

Os incisos II e IV referem-se, respectivamente, ao domínio de mercado e ao abuso da posição dominante. Uma vez que o texto normativo prevê a ilicitude do ato contrário à ordem econômica, ainda que os fins visados não sejam alcançados, inclusive na redação do art. 20 a prática que *possa* ter por objeto ou por efeito a dominação do mercado, ou seja, propiciar a detenção de *poder econômico* suficiente para assegurar o comportamento *independente* e *indiferente* em relação aos demais agentes.[48]

Por óbvio, a busca do monopólio (*attempt to monopolize*) e a posição monopolística são potencialmente prejudiciais à livre concorrência, uma vez que, em geral, implicam processo que passará pelo aniquilamento dos competidores.

Retornamos, então, ao problema que muito já foi referido: a concorrência, é cediço, prejudica os concorrentes, mas esses prejuízos podem ser licitamente causados, desde que resultantes "de processo natural fundado na maior eficiência do agente econômico em relação a seus competidores". Ou seja, desde que uma empresa seja mais capacitada que seu concorrente, poderá licitamente buscar a posição dominante no mercado, vindo até a dominá-lo, inclusive com a eliminação de seus competidores.[49]

Mas, também nesse ponto, precisamos fixar algumas pautas de interpretação. Se, entre nós, a posição dominante não é vedada em si, como coloca o § 1º do art. 20, por óbvio, nem todo o ato praticado por uma empresa em posição dominante será considerado ilícito pela lei antitruste. Entretanto, a linha que separa o *abuso* de posição dominante de seu *exercício normal* é muito tênue, e não há notícias na lei de seu traço, podendo ser vivificada somente se considerados os *efeitos anticoncorrenciais* da prática analisada.

O parâmetro que devemos colocar, então, toca ao ditame constitucional da proteção à livre iniciativa e à livre concorrência. Todo abuso de posição dominante implica restrição à livre iniciativa e à livre

sucessivos" ("Do econômico nas constituições vigentes", s. l., *Revista Brasileira de Estudos Políticos*, 1961, p. 110).

47. Por essa razão, fala-se em "conseqüências prejudiciais para o mercado" que devem advir da prática analisada, para que a mesma possa subsumir-se à lei antitruste: "(...) o bem juridicamente protegido é a liberdade de iniciativa, a livre concorrência, o mercado. Atua o Estado como mandatário de toda a sociedade, na tarefa de restaurar a ordem jurídica atingida pela prática econômica abusiva" (Carlos Eduardo Vieira de Carvalho, "Apuração de práticas restritivas à concorrência", *Revista do Ibrac*, v. 1, n. 4, p. 18).

48. A definição de *poder econômico* vem analisada em capítulo específico deste trabalho.

49. Como bem salienta a doutrina, nada há de mais natural senão a busca do domínio de mercado, uma vez que o objetivo do agente econômico, geralmente, é o seu crescimento no setor da economia em que atua.

concorrência,[50] salvo o caso de aumento arbitrário de lucros. Em resumo: só podemos dizer que um agente econômico abusou da posição dominante que detinha se prejudicou a livre concorrência ou a livre iniciativa ou aumentou arbitrariamente seus lucros. Caso contrário, trata-se de um ato que não há de ser sancionado pela lei antitruste. Outra exegese nos conduzirá à absurda possibilidade de condenação, *per se*, de todo e qualquer ato praticado por empresa em posição dominante, conforme o livre entendimento da autoridade antitruste.

De outra parte, como é óbvio, nem toda restrição à concorrência implica em domínio ilícito de mercado, pois pode ser derivada de uma *vantagem competitiva*, nos termos do § 1º do art. 20. Também, o ato da empresa em posição dominante, restritivo da concorrência, poderá não configurar abuso, por decorrer de um exercício normal da posição dominante.

Em resumo: *nem toda a restrição à livre concorrência ou à livre iniciativa é domínio de mercado ou abuso de posição dominante mas não há domínio de mercado ou abuso de posição dominante sem restrição à livre concorrência ou à livre iniciativa, salvo o caso de aumento arbitrário de lucros.*[51]

Para esclarecer a questão, tomemos o seguinte exemplo: uma empresa detentora de posição dominante decide por rescindir o contrato com alguns de seus fornecedores, a estes causando elevados prejuízos. Se essa prática for efetivamente prejudicial à livre concorrência ou à livre iniciativa, haverá de ser considerada ilícita, nos termos do inc. I do art. 20 da Lei n. 8.884, de 1994. De outra parte, caso não prejudique a livre concorrência ou a livre iniciativa, não se deve falar, no nosso exemplo, em abuso de posição dominante, pois não se pode conceber o exercício abusivo da posição dominante que não prejudique a livre concorrência ou a livre iniciativa. Em ocorrendo tal hipótese, seguramente não estaremos diante de um abuso de poder econômico, mas sim de uma prática de mercado que poderá até ser sancionada, mas não pelo direito antitruste.[52]

Nessa linha de raciocínio, considerando-se os incisos I e IV do art. 20 da Lei n. 8.884, para caracterizar a ilicitude de uma prática, não há a necessidade de se comprovar a posição dominante do agente econômico. Com efeito, o monopólio e o abuso de posição dominante são vedados apenas na medida em que consubstanciam prática prejudicial à livre concorrência e à livre iniciativa (prejudiciais ao mercado e, portanto, subsumíveis, desde logo, ao inc. I do art. 20 da Lei Antitruste).[53]

Foi o que acabou por ser decidido pelo CADE no já referido caso Fiat v. Transauto. Do que se pode concluir do voto proferido pela Conselheira Relatora, a argumentação da Transauto foi no sentido de que a Fiat detinha posição dominante e havia dela abusado, rompendo a continuidade de relacionamento comercial. Note-se, entretanto, que se o alegado fosse verdade, a prática da Fiat deveria ser reprimida não porque esta detinha posição dominante naquele mercado relevante, mas porque gerou

50. Nesse sentido, já se manifestou o CADE, no Processo Administrativo n. 23/91, em que era representada a empresa Xerox do Brasil Ltda.: "(...) se verifica abuso da posição dominante quando o agente dela se utiliza para restringir a concorrência que ainda resta no mercado".

51. O que poderá ocorrer, por exemplo, em caso de vendas casadas nas quais o agente econômico que impõe a vinculação seja o único a atuar no mercado, ou ainda na prática de preços não eqüitativos. Nesses casos, como teremos a oportunidade de ressaltar, a preocupação é com o interesse do consumidor, prejuízos que lhe são impostos e diminuição de suas possibilidades de escolha.

52. Essa tendência, como assinala Hovenkamp, vem sendo sentida na posição dos tribunais norte-americanos: "Courts generally agree that if conduct is rational (that is, profit-maximizing) only on the premisse that it will destroy competition, then it should be condemned" (*Federal antitrust policy*, cit., p. 248).

53. Não obstante, no Brasil, tende-se a insistir na necessidade da comprovação da posição dominante para caracterização do ilícito. Sobre essa questão tratamos no capítulo referente ao sistema da lei antitruste brasileira.

efeitos anticompetitivos. Tanto é que um dos argumentos mais contundentes, utilizado pela Conselheira Relatora, afastando a incidência do texto normativo, foi no sentido de que a concorrência no setor de transporte de veículos novos havia aumentado após a rescisão do contrato pela Fiat, pois que outros agentes econômicos, antes ligados à Transauto, passaram a atuar como autônomos no mercado relevante. Se havia fomento à concorrência (e, portanto, inexistia prejuízo ao mercado), a questão não era da competência do CADE, mas sim da justiça comum.

O AGENTE ECONÔMICO DETENTOR DE POSIÇÃO DOMINANTE

O art. 20, em seu § 2º, estabelece que "ocorre posição dominante quando uma empresa ou grupo de empresas controla parcela substancial de mercado relevante, como fornecedor, intermediário, adquirente ou financiador de um produto, serviço ou tecnologia a ele relativa".

Decorre, então, do próprio texto normativo, que a posição dominante não será necessariamente detida por uma única empresa, pois a situação de independência e indiferença em relação aos demais agentes econômicos poderá ser desfrutada ou decorrer da existência de um grupo de empresas.

Note-se que a expressão "grupo de empresas" é utilizada, no texto legal, em sua acepção mais ampla, referindo-se tanto aos grupos de direito constituídos sob a égide da Lei das Sociedades por Ações quanto ao grupo de fato (os conhecidos grupos empresarias). *O que é relevante, para efeitos da caracterização da posição dominante, é que uma empresa pode deter um poder econômico, em virtude de sua inserção em um grupo empresarial, muito maior do que lhe seria próprio*.

Pensemos em uma pequena sociedade, com atividades desenvolvidas no setor de distribuição de gás, e sede no estado de Alagoas. Suponhamos que esse mercado relevante seja extremamente competitivo e nele atuem empresas detentoras de parcelas de mercado quase equivalentes. Uma dessas distribuidoras, subsidiária de importante empresa paulista, inicia autêntica guerra de preços, eliminando as outras concorrentes. Podemos afirmar que a empresa que praticou os preços predatórios não detinha posição dominante? Não, se considerarmos, como manda a lei, o grupo de empresas à qual pertence e a *potência econômica* do grupo.[54] Consagra-se, assim, o conceito europeu da *unic economic entity* que tende a considerar sociedades coligadas como um único agente econômico, para fins de caracterização da posição dominante.

Note-se que os grupos de fato incluem não apenas aqueles constituídos por empresas controladora e controladas, mas também refere-se às aglutinações derivadas da comunhão de interesses contratual, ainda que não formalizada. Também neste caso, é o poder de que é titular a empresa ou o grupo de empresas que conta, ainda que este decorra de uma avença.[55]

54. Vide n. 4, *infra*.

55. A Comissão européia já se manifestou no sentido de que empresas ligadas por força contratual detinham a posição dominante no mercado, uma vez que: (i) apresentavam-se como uma só entidade, de forma que sua individualidade não aparecia aos olhos do público; (ii) suas decisões econômicas revelavam um elevado grau de interdependência em matéria de preços e de condições de venda, relacionamento com a clientela e estratégias comerciais; (iii) no que tange à produção, haviam estabelecido entre si vínculos estruturais mediante a troca de mercadorias (Aldo Frignani, "Abuso di posizione dominante", AAVV, *Diritto antitrust italiano*, cit., p. 315). Ademais, no caso *Vetro Piano*, segundo nos contam Aldo Frignani & Cristoforo Osti, a Corte de Justiça determinou que "non si può escludere che più imprese siano unite da tali vincoli economici che, per tale motivo, esse detengono insieme una posizione dominante rispetto agli altri operatori sullo stesso mercato" ("20 mesi di legge antitrust italiana", *Diritto del Commercio Internazionale*, cit., p. 357). Ainda Aldo Frignani, coloca que: "Si può convenire che non sussistono obiezioni di principio all'applicazione dell'art. 86 ad una situazione simile. Certo le parti non costituiscono una unità economica; esse rimangono indipendenti e sono in grado di riacquisire la loro

Assim, todas as vezes que um acordo entre agentes econômicos tem por conseqüência proporcionar aos partícipes uma condição de *independência* de comportamento (ainda que coletivo) e em relação a outros agentes econômicos, podemos falar em existência de posição dominante.

DETERMINAÇÃO DA EXISTÊNCIA DE POSIÇÃO DOMINANTE

O processo de determinação da existência de posição dominante de uma empresa deve partir da consideração de que *a diferença entre um mercado concentrado e um mercado competitivo é questão apenas de grau.*[56] Não há métodos de interpretação jurídicos ou fórmulas matemáticas que possam levar a uma conclusão segura sobre a existência de posição dominante em um determinado mercado, não obstante a tentativa dos economistas nesse sentido. *A posição dominante é um fato, não fácil de se constatar.*

Tanto do ponto de vista da teoria econômica quanto da jurídica, o primeiro passo para a determinação da existência de posição dominante, como vimos, é a delimitação do mercado relevante de que estamos tratando, para posteriormente analisarmos sua estrutura.[57] Passada a primeira etapa, por si só plena de percalços hermenêuticos, as dificuldades permanecem.[58]

Dentro da complexa realidade do mercado relevante em que atua a empresa cujo comportamento se analisa, há alguns aspectos que podem e devem ser considerados. Tratamos, como é fácil perceber, com várias faces de uma mesma realidade, buscando

intera libertà di azione in caso di scioglimento dell'intesa. È indubitabile tuttavia che, nella misura in cui esse sopprimono o limitano la loro concorrenza reciproca, rafforzando la loro indipendenza di comportamento nei confronti dei terzi. Se la posizione così acquisita le mette al riparo da ogni concorrenza effettiva, non c'è alcuna ragione di non applicare loro l'art. 86, almeno nella misura in cui il comportamento loro rimproverato non si identifica con quello attraverso il quale esse hanno eliminato la reciproca concorrenza" ("Abuso di posizione dominante", AAVV, *Diritto antitrust italiano*, cit., p. 316). Essa, entretanto, não é a opinião de Enrico Raffaelli: "... il comportamento vietato può essere realizzato anche da più imprese. Da ciò consegue un problema di coordinamento tra l'art. 86 e l'art. 85, che pone il divieto di accordi tra imprese e di pratiche concordate pregiudizievoli della concorrenza (...) La questione è controversa. Si può comunque affermare che quando i comportamenti vietati sono posti in essere da più imprese troverà applicazione l'art. 85 nel caso in cui tali comportamenti siano il risultato di accordi o pratiche concordate, mentre si applicherà l'art. 86 quando il gruppo di imprese in considerazione è contraddistinto da una società dominante che impone la sua volontà alle altre, e ciò in assenza di particolari legami tra queste imprese" ("Cronache Comunitarie — Il divieto di abuso di posizione dominante nel diritto comunitario", *Il Foro Italiano*, p. 78).

56. "There is no sharp division between monopoly and competition: market power is a matter of degree" (Valentine Korah, "Concept of a dominant position within the meaning of article 86", *Common Market Law Review*, cit., p. 396). No mesmo sentido, René Joliet, *Monopolization and abuse of dominant position*, Liège, Martinus Nijhoff, 1970, cit., p. 76.

57. Partindo da necessária vinculação entre posição dominante e poder de atuar um certo comportamento de indiferença e independência em relação aos demais agentes econômicos, estamos admitindo que a determinação da posição dominante é decorrência da estrutura do mercado relevante: o número e o poder econômico de cada uma das empresas atuantes, o grau de diferenciação dos produtos e as barreiras à entrada daquele mercado são todos fatores a serem analisados e que nos revelarão algo sobre a estrutura do mercado que estamos analisando (cf. René Joliet, *Monopolization and abuse of dominant position*, cit., p. 92).

58. Denozza faz interessante observação a respeito da determinação da existência de uma posição dominante: "L'accertamento dell'esistenza di una posizione dominante sembra porre il giudicante di fronte alla necessità di confrontare una situazione reale (quella in cui l'agente impone concretamente un prezzo o una certa condizione contratuale) con una situazione ipotetica (quella che si avrebbe se il mercato fosse concorrenziale) per verificare se in questa ipotetica situazione quel reale comportamento sarebbe ugualmente possibile. Si procede allora ad un accertamento necessariamente indiziario: vengono accertati dei fatti, considerati indizi dell'esistenza di una posizione dominante (fatti, cioè, in assenza dei quali — si suppone — l'impresa non potrebbe tenere certi comportamenti senza essere punita dall'azione dei concorrenti)" (*Antitrust*, cit., p. 47).

delimitar os contornos da estrutura do mercado relevante. Não se poderá considerá-las, pois, individualmente, fora do contexto maior em que se inserem, sob pena de chegar-se a resultado completamente distorcido.

1. *"Market share x Market power"*

Há uma aproximação quase intuitiva da parcela de mercado detida pelo agente econômico e o poder dela derivado. Presume-se que, quando um agente econômico detém parcela substancial do mercado (*market share*), ele possui poder econômico tal que lhe permite atuação independente e indiferente, ou, na terminologia norte-americana, possui *market power*.[59] Ao revés, a participação diminuta da empresa faz presumir que esta não é capaz de afetar o mercado com seu comportamento.

Assim, é comum que a análise sobre a estrutura do mercado relevante seja baseada no critério da parcela de mercado, sendo esse método o mais utilizado pelas cortes e autoridades antitruste,[60] na medida em que constitui um forte indício sobre a existência, ou não, de posição dominante.[61]

No caso brasileiro, a lei antitruste considera que, em princípio, o poder econômico de uma empresa pode ser determinado pela parcela do mercado relevante que controla. É o que se deduz do § 3º do art. 20 da Lei n. 8.884/94.

Entretanto, nem sempre o elevado percentual de mercado detido pela empresa significa existência de posição dominante,[62] assim como sua diminuta participação pode

59. Nas palavras de Hovenkamp, "Market power is the ability of a firm to increase its profits by reducing output and charging more than a competitive price for its product (...) More appropriately, market power is the power to raise prices above competitive levels without losing so many sales that the price increase is unprofitable" (*Federal antitrust policy*, cit., p. 79).

60. Cf. Sullivan & Hovenkamp, *Antitrust law, policy and procedure*, cit., p. 590. Também analisando a jurisprudência dos tribunais americanos, E. Thomas Sullivan & J. Harrison afirmam que "the analysis of power frequently involves two questions. First, what is the relevant market for ascertaining the defendant's market share? Second, what does market share indicate about market power, especially when actual share is not high?" (*Understanding antitrust and its economic implications*, cit., p. 220). René Joliet, por sua vez, assinala: "All judicial searches for monopoly power start with the primary fact of the relative size" (*Monopolization and abuse of dominant position*, cit., p. 92). Sobre a utilização da quota de mercado como critério para determinação da posição dominante, na Itália, v. Aldo Frignani & Cristoforo Osti, "20 mesi di legge antitrust italiana", *Diritto del Commercio Internazionale*, cit., p. 355. Alguns autores, muito embora afirmem que a questão do poder de mercado deve ser analisada caso a caso, identificam as parcelas de mercado que foram tomadas pelos tribunais como um indicativo da existência de posição dominante, buscando uma regra geral que se possa deduzir (cf. René Joliet, *Monopolization and abuse of dominant position*, cit., p. 93, e Aldo Frignani, "Abuso di posizione dominante", AAVV, *Diritto antitrust italiano*, cit., pp. 338-339). Não obstante, os percentuais, como decorre do pensamento desses próprios doutrinadores, não constituem qualquer tipo de gabarito para a determinação da posição dominante, mas apenas um indicativo.

61. Nas palavras da Corte de Justiça européia (*United Brands v. Commissione delle Comunità Europee (causa 27/76), Racc.* 1978, p. 207): "Furthermore although the importance of the market shares may vary from one market to another the view may legitimately be taken that very large shares are in themselves, and save in exceptional circumstances, evidence of the existence of a dominant position. An undertaking which has a very large market share and holds it for some time, by means of the volume of production and the scale of the supply which it stands for — without those having much smaller market shares being able to meet rapidly the demand from those who would like to break away from the undertaking which has the largest market share — is by virtue of that share in position of strength which makes it an unavoidable trading partner and which, already because of this secures for it, at the very least during relatively long periods, that freedom of action which is the special feature of a dominant position".

62. "But large market share is not the evil that the Sherman Act condemns. The evil of monopoly is not the fact that the monopolist has a large percentage of a certain market. The evil is that, perhaps because it has a large percentage, it is able to charge more than a competitive price for the monopolized product" (Sullivan & Hovenkamp, *Antitrust law, policy and procedure*, cit., p. 589).

não significar ausência de poder. Primeiramente, o percentual de participação no mercado só adquire algum valor, para fins de verificação da existência de posição dominante, se comparado àquele dos concorrentes.[63] Nesse sentido, a própria referência, no texto de nossa lei, à parcela "substancial" do mercado relevante, feita no § 2º do art. 20, traz consigo a idéia de relatividade, ou seja, de comparação dos percentuais detidos pelos agentes econômicos que atuam no mercado.

Ademais, é fato que a posição dominante deriva não da parcela de mercado de que o agente é titular, mas sim do poder econômico que detém e que lhe permite *independência* e *indiferença* em relação ao comportamento de outros agentes. Não basta, pois, a determinação da parcela de mercado detida pelo agente econômico para se mensurar seu poder, ou seja, sua *market power*, porque, ainda que titular de parcela não substancial do mercado, pode ter a capacidade, por exemplo, de impor preços,[64] detendo poder econômico que lhe assegura a posição dominante.

Esse problema é disciplinado pela lei antitruste brasileira. Com efeito, a conjugação dos §§ 2º e 3º do art. 20 da Lei n. 8.884, de 1994, diz ser *presumida* a existência de posição dominante nos casos em que a parcela do mercado relevante detida pelo agente é da ordem de 20%. Assim, não obstante esses dispositivos demonstrem que nossa lei optou pelo critério da *market share*, ao mesmo tempo é acolhido o critério da *market power*. A presunção de que trata o § 2º do art. 20 é, pois, *iuris tantum*.

Em resumo, no Brasil, comprovado que o agente econômico detém e abusa de poder que lhe garante a posição dominante, ainda que não detenha 20% do mercado, seu comportamento poderá vir a ser sancionado.

Existe, portanto, a necessidade da convergência de várias outras evidências, além da parcela de mercado detida pelo agente econômico, para constatar se o poder por ele detido é apto a lhe assegurar a posição dominante. Nossa lei é bastante aberta a todos esses fatores, fornecendo instrumentos para aplicação de teorias econômicas atualmente em voga.

2. *Concorrência potencial e barreiras à entrada de novos agentes econômicos*

A ausência de concorrência potencial em mercados concentrados é vista como um dos maiores indicadores da posição dominante:[65] se a empresa encontra-se livre de pressões concorrenciais, atuais e potenciais, sua independência mostra-se em grau máximo, viabilizando a atuação potestativa.[66]

De outra parte, muitas vezes, embora detentor de parcela substancial do mercado relevante, o agente econômico está impossibilitado de atuar comportamento típico do monopolista, aumentando demasiadamente seus lucros, em virtude da concor-

63. No caso *Hoffmann-LaRoche v. EC Commission [1979] ECR 461*, para a determinação da posição dominante da empresa, a Corte de Justiça considerou a relação entre sua participação no mercado e aquela dos maiores concorrentes.

64. A questão foi bastante discutida no caso *Dimmitt Agri Indus. v. CPC Int'l*, 679 F2d 516 (5th Cir. 1982), referida por Sullivan & Hovenkamp, *Antitrust law, policy and procedure*, cit., p. 608.

65. Assume particular relevância para a concessão de autorização pelo CADE, nos termos do art. 54 da Lei Antitruste, a concorrência potencial presente no setor. Cf., a esse respeito, os incisos XXV e seguintes do art. 10 da Resolução n. 1 do CADE, de 7 de junho de 1995. Essa posição é bastante coerente com a linha técnica que vem sendo adotada pelo CADE, que, na determinação da *market power* do agente econômico, avalia inicialmente as "barreiras ao ingresso de novas empresas" (cf., à guisa de exemplo, Processo Administrativo n. 32, instaurado de ofício pela Secretaria Nacional de Direito Econômico, no qual foram indiciadas Valer Alimentação e Serviços Ltda. e Associação Catarinense de Supermercados-ACATS. *Revista do Ibrac*, v. 2, n. 2, pp. 1-18).

66. Sobre os efeitos da concorrência potencial, cf. Shumpeter *Capitalismo, socialismo e democrazia*, 5ª ed. italiana, Etaslibri, Milano, 1994, p. 80.

rência potencial existente ou da capacidade ociosa dos demais agentes econômicos que atuam no mercado relevante, pois:

(i) se não houver significativas barreiras à entrada,[67-68] os agentes econômicos que estão afastados do mercado (*in the wings*[69]) podem nele entrar, determinando, assim, o restabelecimento da concorrência; ou

(ii) os demais agentes econômicos atuantes no mesmo mercado podem não estar produzindo de acordo com sua capacidade máxima, porque o preço praticado não compensaria o aumento da produção. Assim, quando o agente econômico detentor de parcela substancial do mercado elevar os preços ali praticados, os demais aumentarão sua produção, incrementando, de conseqüência, o grau de concorrência.

Nesse sentido, também a atuação dos *agentes econômicos estrangeiros* representa uma concorrência potencial, se há a possibilidade de seu ingresso no mesmo mercado interno (ou seja, com preços competitivos).[70] A concorrência potencial poderá ser, de uma certa forma, "percebida" pelo agente nacional, que a considerará quando da determinação de sua estratégia no mercado. Em outras palavras, o agente econômico nacional terá seu poder de mercado mitigado (ou seja, menor grau de "independência" e "indiferença"), pois sempre levará em consideração a existência (possibilidade de entrada) e/ou o comportamento do agente estrangeiro. Podemos dizer, então, que a possibilidade de futura entrada, em alguns casos, desempenha o papel de uma força competitiva atual (*perceived potential entry*).[71]

67. Podemos considerar, a exemplo da Comissão e da Corte de Justiça européia, que qualquer custo a ser suportado pelos agentes econômicos para viabilizar sua entrada no mercado deve ser considerado como barreira à entrada (cf. Frignani, "Abuso di posizione dominante", AAVV, *Diritto antitrust italiano*, cit., p. 341). Fábio Nusdeo explica que as barreiras de entrada são "um obstáculo ao acesso de novas unidades produtoras em virtude da posição de privilégio que conferem às já atuantes num dado mercado" ("Abuso do poder econômico", in *Enciclopédia Saraiva do Direito*, cit., p. 125).

68. Nada impede que as barreiras à entrada sejam colocadas pelos próprios agentes, com a utilização de sua potência econômica. Por exemplo (i) o agente econômico pode utilizar-se do governo para eliminar a concorrência ou levantar barreiras à entrada, obtendo proteção ao seu setor de atividade: "The practices by which men in certain occupations, businessmen in certain industries, attempt to influence government to intervene in their behalf and protect them from 'newcomers' competition may, from some points of view, be regarded as 'monopolistic business practices"' (Machlup, *The political economy of monopoly*, cit., p. 118). É o caso típico da atuação dos agentes econômicos que pressionam o aumento das tarifas alfandegárias praticadas para os produtos similares estrangeiros, alegadamente com o escopo de proteção da indústria nacional. Da mesma forma (ii) constantes guerras de preços (ou ameaças de guerras todas as vezes que existe o perigo da entrada de um novo concorrente no mercado), ou (iii) barreiras dificultando a chegada do concorrente às fontes de mercadorias e serviços, indispensáveis à sua atividade econômica, podem servir para manter fora do mercado os concorrentes potenciais (Machlup, *The political economy of monopoly*, cit., p. 122 e ainda Frignani, "Abuso di posizione dominante", AAVV, *Diritto antitrust italiano*, cit., p. 342). Fábio Nusdeo aponta como uma das barreiras de entrada que se podem verificar em um mercado a "diferenciação de produtos". Assim, a criação de uma infungibilidade do bem com a determinação de um mercado relevante material distinto dos "competidores" levaria a uma posição privilegiada naquele mercado segmentado ("Abuso do poder econômico", in *Enciclopédia Saraiva do Direito*, cit., p. 125).

69. Essa expressão da língua inglesa é de uma felicidade singular na explicação do fenômeno da concorrência potencial. Diz-se que os agentes econômicos que se encontram à margem do mercado relevante, não havendo barreiras à entrada, estão com as asas armadas (*in the wings*, portanto), prontos a alçar vôo em direção àquele setor de atividade.

70. Note-se que a imposição de elevadas taxas de importação poderá eliminar a concorrência entre o agente econômico estrangeiro e aquele nacional por lhes situar em mercados relevantes materiais completamente diversos, apartados em virtude do distinto público consumidor. Assim, suponhamos que sabonetes estrangeiros sejam comercializados internamente a um preço dez vezes superior ao produto nacional. Por óbvio, não haverá concorrência (ou esta será desprezível) entre os dois produtos que integrarão diversos mercados relevantes materiais.

71. Cf. Areeda & Kaplow, *Antitrust Analysis*, cit., pp. 881 e ss.

Parece evidente que, de certa maneira, a concorrência potencial parte de princípios colocados pelo liberalismo econômico, tratando de modelo de concorrência bastante perfeito em que há a mobilidade dos agentes devido à inexistência de barreiras à entrada.[72] A questão assume, assim, particular relevância para a Escola de Chicago: sempre dentro do pensamento de que não é necessário um controle da concorrência nos casos em que o mercado é competitivo, esses economistas sustentam que, em não havendo barreiras à entrada de novos agentes econômicos no mercado (ou seja, em se tratando de *contestable markets*[73]), não há por que exercer o controle do comportamento das empresas que ali atuam. Esse controle seria exercido pelo próprio mercado.

Entretanto, ainda que haja uma certa mobilidade dos fatores de produção, para que os agentes econômicos que oferecem uma concorrência potencial ao monopolista entrem no mercado, é necessário um espaço de tempo.[74] Portanto, em determinadas situações, os efeitos danosos do comportamento da empresa que abusou de seu poder podem ser desde logo sentidos e não ser compensados, posteriormente, pela entrada dos novos agentes.

Deve, pois, ser vista com uma certa reserva a premissa de que a existência de concorrência potencial fará com que não seja adotado o comportamento abusivo. Ora, se por um lado é bem verdade que o agente econômico, ao aumentar seu preço de forma excessiva, atrairá para seu mercado outros agentes, tornando atual a concorrência potencial, de outra parte a demora na correção da distorção poderá trazer conseqüências danosas para o mercado (e, como contrapartida, vantagens para o agente econômico que abusa de sua posição), que não podem e não devem ser desprezadas. Para justificar esse entendimento, valemo-nos, mais uma vez, da arguta observação de Denozza,[75] em livro escrito no auge da contestação à Escola de Chicago: "La tesi secondo cui ogni potere monopolistico è destinato ad essere scardinato dall'ingresso di nuove imprese, è senza dubbio esatta nel senso che in una visione epocale del mondo tutto è destinato a mutare (anche l'Impero Romano alla lunga cadde). Trarre da essa argomenti contro un

72. Muito se discute sobre se as economias de escala constituiriam uma barreira à entrada de novos concorrentes. Valentine Korah expõe o "elegante" pensamento de Bade Fuller, demonstrando justamente que economias de escala não são barreiras, mas sim as poucas possibilidades de lucros: "If the market is expanding and can already absorb the production of some 10 plants of the minimum efficient scale, the market will soon be able to absorb the output of a new plant. If it can take only one, and is expanding but slowly, a prospective new entrant would realise that once his plant came in stream, there would be substantial idle capacity, and the owners of the two plants might compete in price until they were only covering their variable costs, allowing nothing for the capital costs. Such an investment is unlikely to be profitable. It is the probable lack of profits, rather than the size of the investment, that is the entry barrier" ("Concept of a dominant position within the meaning of article 86", *Common Market Law Review*, cit., p. 407).

73. Um mercado é dito *contestable* (contestável) se a entrada ou saída dos agentes econômicos é sempre possível, sendo que para tanto não devem enfrentar elevados custos. Daí podermos dizer que, nesse tipo de mercado: a) não existem vínculos administrativos que limitem ou impeçam a entrada ou saída naquele setor da economia; b) as condições de oferta e demanda são as mesmas para os concorrentes atuais e potenciais; c) os investimentos efetuados naquele setor podem ser utilizados para fins alternativos e existe um mercado secundário de bens de capital em que seu valor pode ser inteiramente recuperado (cf. Matteo Caroli, *La regolamentazione dei regimi concorrenziali*, cit., p. 33). Por essas razões, ensina Roger Van den Bergh, "le imprese che operano in mercati contendibili sono soggette alla 'toccata e fuga' di rivali occasionali" ("Introduzione — L'analisi economica del diritto della concorrenza", AAVV, *Diritto antitrust italiano*, cit., p. 42).

74. Ou seja, a entrada no mercado é um elemento diverso da existência de barreiras pois, como explica Caroli: "Anche senza alcun ostacolo strutturale all'entrata, è comunque necessario un certo intervallo temporale per stabilire ed organizzare la capacità produttiva nel nuovo settore e per attivare i canali di distribuzione nel mercato" (*La regolamentazione dei regimi concorrenziali*, cit., p. 36).

75. *Antitrust*, cit., pp. 64-65.

intervento giudiziale che impedisca la formazione, o acceleri la dissoluzione, di posizioni di potere monopolistico sarebbe come trarre argomenti contro la repressione dell'omicidio dalla costatazione dell'ineluttabile mortalità di tutti gli esseri umani".

Caso típico de total ausência de concorrência potencial é o das patentes, em que ao titular do direito é assegurado o monopólio.[76] Mas, da mesma forma que qualquer outro caso de posição dominante, o agente econômico não poderá dela abusar, por exemplo, açambarcando direitos de propriedade industrial.[77-78-79]

Vale, também, referir a questão da substituição do produto, considerando-se sua oferta. Se há a possibilidade de outros fabricantes, procedendo a pequenas modificações no seu produto, entrarem no mercado do agente econômico considerado, essa concorrência há de ser entendida como "percebida" e, conseqüentemente, considerada para fins de delimitação do mercado relevante.

Em conclusão, podemos dizer que a existência de barreiras à entrada de novos competidores permite ao agente econômico valer-se de sua posição dominante, aumentando seus lucros de forma excessiva (ou anormal, como quer Korah), sem com isso atrair outras empresas para o mercado.[80]

3. Comportamento/dependência dos consumidores

Muitas vezes, o agente econômico, ainda que sujeito a um certo grau de con-

76. Vem de há muito a tradição, originada no antigo direito inglês, de que o monopólio derivado da concessão de patentes é perfeitamente lícito, desde que a autoridade que o atribuiu tenha poderes para tanto. Não obstante, atualmente podemos identificar na jurisprudência estrangeira uma tendência de constante vigilância sobre os detentores de patentes: ao mesmo tempo em que são entendidas como lícitas, não é tolerado qualquer abuso do direito de monopólio legalmente assegurado. Segundo Machlup, as patentes podem (i) em um primeiro momento, constituir um instrumento de colusão, (ii) prestar-se como um instrumento de dominação, utilizado por aquele que detém o monopólio legal e, por fim, (iii) ser utilizadas como uma barreira à entrada de novos competidores no mercado (*The political economy of monopoly*, cit., p. 119). Vale ainda ressaltar que o detentor de uma patente não será titular, necessariamente, de posição dominante no mercado, uma vez que seu produto poderá ser intercambiável com outro que satisfaça as mesmas necessidades do consumidor. Nesse caso, havendo concorrência suficiente para determinar a dependência do comportamento do titular da patente, não há que se falar em posição dominante.

77. Sobre esse abuso de posição dominante, entre nós tipificado no art. 21, inc. XVI, da Lei n. 8.884, de 1994, José Inácio G. Franceschini ressalta que "o não-uso de uma patente pode constituir abuso do poder econômico, máxime quando, por exemplo, uma empresa detentora de grande poder de mercado, passe a adquirir patentes de seus concorrentes de forma a, por via oblíqua, pelos privilégios inerentes às patentes, alcançar *status* monopolístico" ("Os contratos de tecnologia como forma de abuso do poder econômico", in José Inácio Gonzaga Franceschini e José Luiz Vicente de Azevedo Franceschini, *Poder econômico: exercício e abuso*, cit., p. 615).

78. Noticia-se que Agamemnon Magalhães, pioneiro do antitruste no Brasil, quando Ministro do Trabalho do governo de Getúlio Vargas, fez cancelar o registro de uma patente em virtude de seu uso abusivo (Moniz Bandeira, *Cartéis e desnacionalização*, cit., p. 8, nota 17, e Paulo Germano Magalhães em entrevista à *Revista do CADE*, n. 4, p. 13). A respeito, o próprio Agamemnon, ao sustentar perante a Câmara dos Deputados, em 1961, a nocividade do poder econômico, relata esse e outro episódio, relacionado ao *mal uso das patentes* (cf. Suplemento "A" ao *DCN*, n. 123, p. 4, 4ª coluna). Ressalte-se, todavia, que, embora Agamemnon estivesse se voltando contra o "abuso do poder econômico", as patentes tiveram seus registros cancelados, como relata o próprio deputado, não por "abuso de poder econômico", mas por "irregularidades verificadas na concessão das mesmas".

79. A Corte de Apelação de Milão, no ano de 1992, considerou que o direito do autor, ou de quem possuía os direitos de exploração da obra, não poderia ser limitado pela lei antitruste quando se tratasse da defesa do monopólio assegurado (cf. acórdão de 5.2.92, publicado na *Giurisprudenza Commerciale*, n. 19.3, maio/jun. 1992, 2ª parte, p. 437, e comentários de Simonetta Vezzoso, "Questioni in tema di monopoli legali fra il diritto antitrust e il diritto di autore", *Giurisprudenza Commerciale*, maio/jun., 1992, 2ª parte, pp. 444-449).

80. Cf. Korah, "Concept of a dominant position within the meaning of article 86", *Common Market Law Review*, cit., p. 396.

corrência, detém a posição dominante em virtude da dependência que os consumidores mantêm do produto ou serviço oferecido.

Verifica-se, então, um baixo grau de *elasticidade cruzada* (*cross elasticity*) do produto, sendo bastante reduzida a intercambiabilidade com semelhantes, ainda que satisfaçam necessidades idênticas do consumidor. Este, por algum motivo, despreza outro produto que lhe traria igual utilidade e continua a preferir aquele de que habitualmente se utiliza.

É o que ocorre, por exemplo, com muitas marcas de produto e seus "fiéis" consumidores. Não se trata, necessariamente, de considerar *a priori* os produtos identificados por cada marca como um mercado relevante distinto. Entretanto, pode ocorrer que a marca dê origem a uma falta de elasticidade cruzada do produto com seus similares, de forma a assegurar a seu titular uma situação de *independência* e *indiferença*, típica da posição monopolística.[81]

4. Potência econômica da empresa

A posição de independência e indiferença do agente econômico pode derivar de sua própria potência econômica (*deep pocket*),[82] ou da potência econômica do grupo a que pertence. É o caso dos grandes conglomerados, com disponibilidade interna de recursos ou facilidade de captação de receitas financeiras ou até de empresas que, atuando em vários mercados relevantes, aproveitam o suporte econômico de uma atividade para impulsionar a outra.[83]

Da mesma forma, a eventual capacidade ociosa do agente econômico pode significar um poder de mercado bastante elevado, por lhe possibilitar a resposta imediata a aumentos de procura, mais celeremente e incidindo em menores gastos que a concorrência. Em ocorrendo tal hipótese, a empresa impede a entrada de novos agentes econômicos no mercado ou o aumento da participação de seus concorrentes.

5. Estrutura avançada da empresa

O controle de várias, senão de todas, as fases do processo de produção ou distribuição de um produto é apto a proporcionar ao agente poder econômico tal que lhe assegure a posição dominante. Com efeito, a certeza de que disporá da matéria-prima a preços competitivos (integração vertical) e de que o produto chegará aos seus consumidores (redes de distribuição) coloca a empresa em evidente situação privilegiada, que poderá configurar a posição dominante. Esse foi o entendimento da Corte de Justiça européia quando do julgamento do famoso caso *United Brands*. Concluiu-se pela existência de posição dominante dessa empresa que atuava em todas as fases do processo de produção e distribuição de bananas nos principais países europeus.

81. A questão foi tratada quando da análise do mercado relevante material.

82. Segundo Frignani: "(...) il potere finanziario merita di essere considerato nella misura in cui è suscettibile di esercitare un'incidenza sulla posizione concorrenziale dell'impresa sul mercato (specialmente quando la mette in grado di scatenare una guerra dei prezzi, sapendo che essa potrà resistere più a lungo dei suoi concorrenti, o permettendole di accrescere le sue vendite spendendo somme importanti per la pubblicità o per lo sviluppo di un elevato numero di prodotti. Tuttavia, sono le conseguenze del potere finanziario, specialmente nella misura in cui contribuiscono a rafforzare le barriere all'entrata, piuttosto che il potere finanziario in se stesso, che costituiscono il criterio pertinente" ("Abuso di posizione dominante", AAVV, *Diritto antitrust italiano*, cit., p. 344).

83. A concorrência assim oferecida e o domínio de mercado dela derivado não seriam lícitos: "This stronger firm finances its competitive campaign out of its capital (or out of its earnings from other activities); it succeeds not because it is more efficient in producing the goods and services with which it competes, but merely because it commands overwhelming financial strenght. This is the kind of competition that is called oppressive or predatory and injurious to the public interest" (Machlup, *The political economy of monopoly*, cit., p. 102).

6) Vantagens tecnológicas

A vantagem competitiva, derivada do domínio da tecnologia a que as outras empresas, por qualquer razão, não têm acesso, pode colocar um agente econômico em posição de completa independência e indiferença em relação ao comportamento dos demais.

É recente e bastante profícuo o exame da questão que envolveu a *Microsoft*, nos Estados Unidos. Não há dúvidas que, principalmente após o lançamento do *Microsoft Windows*, essa empresa domina o mercado, sendo que sua atuação condiciona o comportamento dos demais agentes econômicos. A vantagem competitiva de que dispõe — trata-se de um relativo consenso — não deriva de qualquer ato ou prática desleal, mas sim do desenvolvimento de uma tecnologia de ponta.

No caso, muito se comentou, à época, que a atuação das autoridades antitruste norte-americanas parecia procurar punir não o eventual abuso da posição dominante, mas sim esta em si mesma considerada, impedindo a empresa — porque detinha considerável poder econômico — de adquirir outra.[84]

7) Grau de crescimento do setor

René Joliet[85] assinala que o grau de crescimento do setor pode consistir num fator de relativização da parcela de mercado detida pelo agente econômico: em mercados em expansão, a empresa dominante deve ter a capacidade de continuar seu crescimento, sob pena de ceder a seus competidores parcela de mercado. A expansão do mercado é, portanto, um fator de enfraquecimento do poder econômico do agente e não pode deixar de ser considerado.

84. Cf. *O Estado de São Paulo*, 1.5.95, p. G-2; edição de 12.6.95, p. G-6.

85. *Monopolization and abuse of dominant position*, cit., p. 96.

8) Aspecto temporal

Ainda que uma empresa detenha um elevado percentual de mercado, não é dito que, necessariamente, será titular de posição dominante. Isso porque, considerando-se a concorrência sob seu aspecto dinâmico, a superioridade da parcela que detém pode ser absolutamente esporádica, de forma a não assegurar qualquer independência de comportamento.

Julgando prática relacionada com a distribuição de filmes cinematográficos, a Comissão Européia considerou que as profundas variações anuais entre as parcelas detidas pelas várias empresas não decorriam de modificações em seu poder econômico, ou mesmo na estrutura do mercado. Ao contrário, a elevada parcela de mercado detida, em um determinado ano, significava apenas que o agente econômico comercializou, naquele período, filmes que atraíram maior público aos cinemas.[86]

A necessária conjugação dos indicativos

A análise de todos esses fatores pode resultar em indicativos da existência de posição dominante em um mercado relevante. Não se há, entretanto, de tomá-los individualmente como decisivos. Ao contrário, a análise da jurisprudência comparada nos mostra que a conclusão sobre a existência de posição dominante deriva da consideração de vários desses indicativos e, principalmente, de sua conjugação.

Torna-se, mais uma vez, evidente a elasticidade da aplicação da lei antitruste, a partir do momento em que a própria determinação da existência de posição dominante é um processo que requer valorações altamente subjetivas e a conjugação de variáveis, a serem efetuadas pelo intérprete.

86. O exemplo é de Frignani, "Abuso di posizione dominante", AAVV, *Diritto antitrust italiano*, cit., p. 340.

Há um exemplo bastante claro: no já referido caso *Banana Chiquita*, a Comissão das então Comunidades Européias considerou vários fatores para determinar que a empresa *United Brands* era detentora de posição dominante, tais como (i) a estrutura econômica avançada da empresa, (ii) o grau de dependência dos consumidores, pois alguns extratos da população (crianças e idosos) teriam exclusivamente na banana uma fonte de determinados nutrientes. Assim, o mercado relevante da banana distinguia-se daquele de outras frutas frescas.

Uma vista d'olhos na decisão nos faz pensar se todos esses argumentos não foram lançados apenas para racionalizar e justificar uma decisão que já havia sido previamente tomada pela Comissão: a condenação da *United Brands* porque o comportamento atuado, vindo de uma empresa "forte", não poderia ser tolerado.

Da estrutura do mercado ao comportamento da empresa

Como se pode facilmente perceber, todos os elementos a que nos referimos acima têm por escopo a delimitação dos contornos da estrutura do mercado relevante para determinar a existência de posição dominante. Mas há a tendência de se considerar como indício do abuso de posição dominante o próprio comportamento da empresa. O raciocínio efetuado é bastante simples: *se a empresa praticou ato que consubstancia típico abuso de posição dominante é porque tinha poder suficiente para fazê-lo*.[87] A Corte de Justiça européia já se manifestou nesse sentido: "dove si manifestano gli effetti dell'abuso è irrilevante per determinare il mercato da prendere in considerazione per costatare una posizione dominante".[88]

Desta forma, são os meios de ação de que dispõe o agente econômico e a faculdade que lhe assiste de exercitar uma influência considerável sobre o mercado que caracterizariam a posição dominante.[89] Ou, nos termos do *memorandum* de 1º de dezembro de 1965, da Comissão Européia: "Il dominio del mercato non può essere unicamente definito partendo dalla quota di mercato che detiene un'impresa o da altri elementi quantitativi di una determinata struttura del mercato. Si tratta innanzitutto di un potere economico, cioè la facoltà di esercitare sul funzionamento del mercato un'influenza notevole e in linea di principio prevedibile per l'impresa dominante. Questa facoltà economica di un'impresa dominante influisce sul comportamento e sulle decisioni di altre imprese, a prescindere dal fatto che sia o meno utilizzata in un senso determinato. Un'impresa che può, quando lo desidera, soppiantare le altre imprese concorrenti sul mercato può già disporre di una posizione dominante e determinare in modo decisivo

87. A respeito, são cruciais as palavras de Areeda & Kaplow: "Imperfections in market definition coupled with the uncertain connections between the market shares we see and the market power we hope to infer might lead us to reexamine economic performance or conduct as direct indicators of a firm's power to charge supracompetitive prices" (*Antitrust analysis*, cit., p. 581). No mesmo sentido, Aldo Frignani ("Abuso di posizione dominante", AAVV, *Diritto antitrust italiano*, cit., pp. 336-337). Façamos, a título exemplificativo, o seguinte exercício hermenêutico: uma empresa "a", detentora de 10% do mercado relevante, impede o acesso de concorrente aos canais de distribuição. Partindo-se da pressuposição de que essa prática é considerada típico abuso de posição dominante, nada obsta considerar que, muito embora a empresa "a" detenha apenas 10% do mercado relevante em questão, seja titular de posição dominante. Ora, se produziu o efeito anticompetitivo, é porque tinha poder suficiente para tanto. Quando efetuamos esse raciocínio, partimos de uma análise estrutural do mercado (indicador objetivo) para passarmos a um indicador subjetivo, baseado no comportamento efetivamente atuado pela impresa (cf. Frignani & Waelbroeck, *Disciplina della concorrenza nella CEE*, cit., pp. 103 e ss.).

88. *Caso ICI/CSC*, 6.5.74, parcialmente transcrito por Aldo Frignani, "Abuso di posizione dominante", AAVV, *Diritto antitrust italiano*, cit., p. 322. No mesmo sentido o caso Rhône-Poulenc/SNIA (cf. Francesco Stella, "Posizione dominante collettiva e concentrazioni: il caso Rhône-Poulenc/SNIA", *Diritto del Commercio Internazionale*, 8.1:166).

89. Cf. Frignani & Waelbroeck, *Disciplina della concorrenza nella CEE*, cit., p. 104.

il comportamento delle altre imprese, anche se la propria quota di mercato è ancora relativamente debole".[90]

Ao invés, uma empresa com diminuto poder de mercado, em princípio, não seria capaz de causar prejuízo para a concorrência. Nesse sentido é o voto proferido pela Conselheira do CADE Neide Terezinha Malard no Processo Administrativo n. 32, que envolveu empresas distribuidoras de vales refeições e de mercadorias. Foi afirmado, na ocasião, que apenas os agentes com um certo poder econômico têm condições de influenciar o comportamento do mercado. Argumentou-se no sentido de que a prática adotada não poderia causar, como efetivamente não causou, qualquer dano para a concorrência, o que desautorizaria a aplicação da lei antitruste: "Segundo a teoria econômica, na estrutura concentrada, a contração ou a expansão dos negócios das empresas de grande porte influencia as condutas de suas concorrentes e a parcela de poder que detêm o mercado pode ser, eventualmente, utilizada em restrição à concorrência. Por outro lado, as empresas de pequeno porte, que atuam na parcela residual deste mercado, têm uma participação tão diminuta, envolvendo um número tão pequeno de negócios que, ao contrário de suas concorrentes de grande porte, não são capazes de afetar o mercado com o seu comportamento ou de deslocar a participação relativa de qualquer outra, ainda que possuísse essa intenção. O poder de mercado é, pois, condição necessária para que a conduta de uma empresa possa resultar em benefício ou prejuízo à concorrência".[91]

POSIÇÃO DOMINANTE DERIVADA DE VANTAGEM COMPETITIVA: A ATENÇÃO DAS AUTORIDADES ANTITRUSTE

A lei brasileira, como já dito no início deste capítulo, não condena o domínio de mercado pelo agente econômico, desde que derivado de "processo natural fundado na maior eficiência de agente econômico em relação a seus competidores",[92] ou seja, resultante de vantagem competitiva. Assim, nada há de ilícito na conduta de empresa que conquista "parcela substancial do mercado relevante" simplesmente por ser mais eficiente que seus concorrentes.

Entretanto, é fato que as autoridades antitruste mantêm uma vigilância maior sobre o comportamento das empresas que detêm posição dominante.[93] Essa postura se justifica porque é o comportamento do agente econômico "mais forte" que, com maior probabilidade, poderá afetar (e prejudicar) a concorrência. Seu ato, na medida em que ele próprio tem capacidade para determinar o ambiente concorrencial, coloca em risco, de forma mais acentuada, a segurança do mercado. Ou, como diz Hovenkamp: "In general, the more market power a firm has, the more damaging its exclusionary practices might be".[94]

Por essa razão, em outros países, algumas vezes, as condutas somente são consideradas ilícitas se praticadas por agente econômico detentor de posição dominante.[95] Entre nós, analise-se o exemplo dado

90. *Apud* Frignani, "Abuso di posizione dominante", AAVV, *Diritto antitrust italiano*, cit., p. 344.

91. *Revista do Ibrac*, v. 2, n. 2, p. 15.

92. Cf. art. 20, § 1º.

93. Miguel Reale, no ano de 1985, adverte: "Qualquer que seja o tipo ou grau de concentração empresarial ou capitalista, ainda que revista a forma de *empresas multinacionais* — as quais são, às vezes, fulminadas, indiscriminadamente, com simplismo condenável — impõe-se a *fidelidade* à lei como pressuposto de justiça social concreta. Não se deve, em suma, pressupor a culpa ou dolo do *mais forte*, como se esta fosse a condição *sine qua non* da salvaguarda do *fraco*. Nada se divorcia tanto da eminente imparcialidade da Justiça como a negação do direito que cabe ao poderoso, a pretexto de amparo ao mais débil, não obstante a debilidade de suas pretensões jurídicas" ("Abuso do poder econômico e garantias individuais", in José Inácio Gonzaga Franceschini e José Luiz Vicente de Azevedo Franceschini, *Poder econômico: exercício e abuso*, cit., p. 522).

94. Herbert Hovenkamp, *Federal antitrust policy*, cit., p. 244.

95. "Today 'monopolization' refers to a number of activities that may be illegal when performed by

recentemente pela atuação da SDE, que determinou, nos termos do art. 31 da Lei n. 8.884, de 1994, a instauração de processo administrativo contra empresas produtoras de suco de laranja, por entender que, (i) em virtude de um cartel de compra de laranja dos produtores, são detentoras de posição dominante no mercado relevante em que atuam, e (ii) teriam abusado dessa posição, ao descumprir obrigações contratuais assumidas com fornecedores. Nesse passo, pergunta-se: partindo-se do pressuposto da existência do "cartel", imaginemos que as empresas partícipes não tivessem assumido uma posição dominante (ou posição relevante no mercado): muito provavelmente seu ato seria interpretado como uma mera quebra contratual, de tudo independente do direito antitruste, porquanto não prejudicial nem à livre concorrência nem à livre iniciativa.[96]

ABUSO DE POSIÇÃO DOMINANTE. PRÁTICAS TÍPICAS

Embora seja expressamente vedado, o abuso de posição dominante não vem definido em nossa lei, sendo considerados apenas os efeitos que são (ou podem ser) produzidos sobre o mercado. A Lei n. 8.884/94 enumera alguns exemplos de comportamentos que se caracterizam como as práticas abusivas mais comuns.[97] Em termos bastante simples: não se procure na lei a resposta para qualquer indagação do tipo: "O que é abuso de posição dominante?" Encontraremos apenas alguns de seus exemplos. Sabemos, apenas, que no sistema da lei brasileira não há abuso de posição dominante sem prejuízo à concorrência, como já foi dito.

Deve-se notar que a maioria das condutas elencadas no art. 21 da Lei n. 8.884, de 1994, refere-se a práticas de abuso de posição dominante e não a acordos entre empresas. Esse tipo de sistematização de nossa lei não é inovação do atual diploma antitruste, sendo certo que desde a promulgação das primeiras leis de tutela da concorrência no Brasil já havia a preocupação preponderante de controlar o abuso da posição dominante.

Essa preferência explica-se pelo fato de que na estrutura industrial brasileira encontram-se, de há muito, alguns agentes econômicos detentores de grande poder de mercado, ou seja, a concentração de poder não é, para nós, fenômeno novo. A principal preocupação, então, sempre disse respeito à regulamentação do abuso de posições fortes de mercado, procurando-se dar

the dominant firm in a properly defined relevant market" e, mais adiante, "For example, in a competitive market a refusal to deal, a sudden price reduction, a policy of leasing and not selling a product, or of keeping research secret are absolutely consistent with competition on the merits" (Hovenkamp, Federal antitrust policy, cit., pp. 241 e 244). Mario Siragusa, por sua vez, analisando a sentença da Corte de Justiça no caso United Brands, afirma que: "...la struttura commerciale di un'impresa in posizione dominante può anche avere un effetto sulla legalità del suo sistema di prezzi sulla base dell'Articolo 86..." ("Diritto e politica della concorrenza nella CEE: prezzi discriminatori e non equi (articolo 86)", *Diritto Comunitario e degli Scambi Internazionali*, cit., p. 475). Com efeito, leva-se em consideração o prejuízo à concorrência e ao mercado que será causado pela prática, partindo-se do pressuposto de que apenas os agentes econômicos detentores de market power lograrão causar tais danos.

96. Poder-se-ia argumentar que, em termos técnicos, seria então indispensável a caracterização da posição dominante para a punição do agente, o que não é verdadeiro. Indispensável para a caracterização do ilícito é apenas a verificação do *objeto* ou *efeito anticoncorrencial*.

97. Em termos de racionalidade da conduta, o exercício abusivo de posição dominante pode servir de várias formas ao agente econômico: (i) reduzindo a participação dos concorrentes no mercado, (ii) impedindo o crescimento dos concorrentes, (iii) em mercados em expansão, impedindo o aumento da participação dos concorrentes, de forma a diminuir sua participação relativa, (iv) coagindo os concorrentes a aceitarem as sinalizações de preço do detentor de posição dominante, abandonando qualquer idéia de guerra de preços, (v) convencendo os concorrentes da irracionalidade da competição e vantagens da cooperação, (vi) enfraquecendo os concorrentes de maneira tal que sejam forçados a vender seu controle ou seus ativos, (vii) eliminando os concorrentes do mercado (cf. Machlup, *The political economy of monopoly*, cit., p. 101).

ao governo federal meios de controlar a atividade dos agentes econômicos com relevante poder econômico.

Desde a promulgação do *Sherman Act*, em 1890, muitas práticas foram condenadas pelas cortes norte-americanas, por serem típicos exercícios abusivos de posição dominante, tais como: (i) espionagem ou sabotagem; (ii) concentrações; (iii) diminuição da produção; (iv) aumento da produção; (v) discriminação de preços; (vi) recusa de contratar; (vii) integração vertical; (viii) vendas casadas; (ix) aumento dos custos a serem suportados pelos concorrentes (*price squeeze*); (x) manipulação da pesquisa e desenvolvimento tecnológico; (xi) abuso de direito de propriedade industrial; (xii) abuso do direito de demanda, mediante a propositura de ações judiciais ou medidas administrativas vexatórias contra concorrente; (xiii) preços predatórios, entre outros.[98]

Interessante notar que, entre nós, talvez pela ausência de uma tradição em matéria antitruste, algumas dessas práticas são consideradas principalmente como atos de concorrência desleal, tipificados na Lei da Propriedade Industrial. Entretanto, na medida em que esses comportamentos prejudicam não apenas o concorrente, mas também a concorrência e o mercado como um todo, poderemos identificar a incidência da norma antitruste, a exemplo da jurisprudência norte-americana.

A doutrina européia, baseada no disposto no art. 86 do Tratado CE, costuma apontar quatro manifestações típicas do abuso de posição dominante: (i) imposição de preços não eqüitativos, (ii) limitação da produção ou distribuição de produtos ou serviços, ou ainda ao desenvolvimento técnico de outros agentes econômicos; (iii) discriminação de fornecedores ou adquirentes;[99] e (iv) prática de vendas casadas.[100]

98. Cf. Hovenkamp, *Federal antitrust policy*, cit., p. 260.

99. Para um resumo da posição dos doutrinadores europeus sobre a discriminação, cf. "Monopólio, posizione dominante e discriminazione di prezzo", de Fernando Leonini, publicado na *Giurisprudenza Commerciale*, jul./ago. 1992, parte II, 19.4:607.

100. A bibliografia sobre as vendas casadas é por demais extensa. Assim, indicamos apenas alguns textos que se destacam pela clareza: Areeda & Kaplow, *Antitrust analysis*, cit., pp. 704 e ss.; Herbert Hovenkamp, *Economics and federal antitrust law*, cit., pp. 214 e ss.; Guillermo Cabanellas Jr., *Antitrust and direct regulation of international transfer of technology transactions*, cit., pp. 105 e ss.; Werter Faria, *Direito da concorrência e contrato de distribuição*, cit., pp. 93 e ss. Para uma profunda análise histórica dos *tying arrangments* nos Estados Unidos da América, v. Victor Kramer, "The Supreme Court and tying arrangements: antitrust as history", *Minnesota Law Review*, cit., pp. 1.013-1.070.

Doutrina

DOGMÁTICA JURÍDICA E LEI 8.884/94

LUIS FERNANDO SCHUARTZ

O intuito do presente artigo é polêmico. Consiste em mostrar, por meio de uma alternância estratégica e repetida entre as perspectivas dogmática e metadogmática, a natureza problemática de alguns conceitos básicos utilizados pela Doutrina referente ao Direito de Defesa da Concorrência. A adoção de um ponto de vista problematizador em relação a conceitos familiares justifica a estrutura interna do artigo, bem como a ausência de uma conclusão. Entretanto, o caráter polêmico do texto não se esgota na sua função crítica, mas inclui também a proposta de uma reconstrução alternativa dos conceitos que seja internamente consistente e compatível com um enfoque do sistema econômico que lhe dê a necessária unidade e um ponto de sustentação teórico realista.

I. Livre iniciativa

A Lei 8.884/94, de maneira análoga à hoje revogada Lei 8.158/91, regula, repressiva e preventivamente, a conduta dos agentes detentores de *poder econômico*, não o funcionamento dos mercados. Com isto não se pretende em absoluto afirmar que a norma não tenha pressuposto um determinado padrão de funcionamento dos mercados como devido; pelo contrário, foi em função mesmo de uma idealização das relações de mercado que surgiu a necessidade de se regular o fenômeno do poder. Esta idealização, que caracteriza um dos aspectos do dever-ser das relações entre os agentes, é determinada pelos princípios da livre concorrência (art. 170, IV, CF), da função social da propriedade (art. 170, III, CF), da defesa dos direitos dos consumidores (art. 170, V, CF), *bem como* pelo uso não abusivo do poder econômico (art. 173, § 4º, CF) e o respeito à livre iniciativa, fundamento da ordem econômica constitucional ao lado da valorização do trabalho humano (art. 170, *caput*, CF). A norma regula a conduta dos agentes detentores de poder econômico *em defesa* destes aspectos selecionados da ordem econômica constitucionalmente instituída (Título VII, CF).[1]

Entre os referidos aspectos, no entanto, o legislador conferiu uma posição clara de predominância ao princípio da livre concorrência, o qual funciona conseqüentemente como centro de gravidade normativo em relação aos demais valores reconhecidos explicitamente, relativizando a interpretação e aplicação destes últimos, ainda que, como se verá, tenha também as *suas* interpretação e aplicação por aqueles relativizadas.

A existência e a manutenção da livre concorrência são abstratamente associadas, para cada agente econômico que participa real ou potencialmente nos processos de troca constitutivos do mercado, a uma margem em princípio indefinida de opções *reais e economicamente relevantes* de ação criadora, tais como tornar-se agente econômi-

1. A Lei 8.884/94 não é, assim, emanação direta e exclusiva do art. 173, § 4º, da CF, como alguns intérpretes se apressaram em afirmar.

co, celebrar ou não celebrar contratos com A, B, ou C, produzir ou ofertar produtos ou serviços nestas ou naquelas quantidades, fixar preços, definir estratégias concorrenciais, unir-se com outros agentes na busca de um objetivo comum, incorporar-se a eles, desaparecer como agente econômico, etc. Esta margem em princípio indefinida de opções reais e economicamente relevantes de ação criadora é, num nível bem vago, aquilo que se entende por *livre iniciativa*.

Há, assim, uma óbvia relação entre livre concorrência e livre iniciativa, a ponto de os respectivos significados serem várias vezes confundidos. Com efeito, na medida em que a livre iniciativa é margem de ação criadora *em um mercado* ou no mercado em geral, a sua identificação com uma margem de ação *concorrencial* está a um passo. Neste primeiro nível, ambas expressões são imanadas como atributos indiferenciáveis e referíveis ao agente econômico isoladamente considerado: este "tem" livre iniciativa ou "é" um livre concorrente.

Trata-se, contudo, de um modo mais complexo de relacionamento. Ainda que no plano do uso pela dogmática dominante a liberdade de iniciativa seja referida ao agente econômico individual como uma espécie de conjunto bem delimitado e sólido de direitos abstratos reconhecidos *a priori*, ela somente ganha existência real ao nível das interações econômicas concretas, cuja dinâmica — caracterizada pela luta concorrencial visando ao alcance e manutenção de lucros "monopolísticos" — gera e intensifica assimetrias de poder, as quais, por sua vez, passam a constituir a condição estrutural para a reprodução da liberdade econômica dos agentes mais eficientes no mercado, ao mesmo tempo limitando e até eliminando a liberdade dos menos eficientes. Isto ajuda a compreender a qualificação relativa à margem de opções de ação criativa acima destacada como atributo da livre iniciativa: as ditas opções devem ser reais e economicamente relevantes, valendo como contexto o *locus* da concorrência, a saber, o mercado (também veremos que se trata não apenas de relevância *no* mercado, mas também *para* o mercado).

Se, portanto, é justificada a suposição de que há uma relação entre livre iniciativa e livre concorrência e se afirmamos que tal relação não é a de igualdade nem a de causalidade linear, a indicação precisa da sua natureza passa pela determinação bem mais concreta do significado de uma e outra expressão. Este exercício é importante por duas razões: de um lado, a dita natureza é a mesma para as relações existentes entre o princípio da livre concorrência e os demais aspectos da ordem econômica anteriormente mencionados e, de outro, o par conceitual livre iniciativa-livre concorrência define, como veremos, um dos dois pólos entre os quais oscilam ou deveriam oscilar a interpretação e a aplicação do Direito da Concorrência no espaço e no tempo.

A livre iniciativa não é — num contexto mais amplo que inclui a dogmática dominante e a sua crítica — conceito puramente negativo, ou seja, a sua eventual existência, manutenção ou supressão não são concebidas em termos de mera possibilidade lógica (inexistência de contradição) ou *jurídica* (inexistência de proibição), mas sim, adicionalmente, de existência *real* de *pelo menos* duas alternativas de ação (ou estratégias de ação) relevantes percebidas ou perceptíveis pelo agente e à disposição da sua vontade livre, isto é, não determinada por quaisquer fatores volitivos *externos*. Estas determinações positivas do conceito implicam que o agente deve ser capaz de interpretar a sua situação, já previamente contextualizada num dado mercado, identificando as alternativas que se lhe apresentam, para então poder optar livremente por uma delas. Estes são pressupostos inerentes ao próprio conceito de *ação*. Sem eles, temos, em sentido estrito, *comportamento* reativo ou adaptativo, jamais ação. Cabe antes de tudo dizer, antecipando objeções apressadas, que a identificação destes pressupostos enquanto tais é independente do quadro ideológico do liberalismo econômico, o qual, por sua vez, constitui uma absolutização imaginária da dimensão subjetiva do conceito de liberdade no plano da mais estrita e objetiva determinação econômica. A perspectiva até aqui adotada, ao contrário, move-se no âmbito de uma explicação conceitual, valendo-se do uso corrente ainda não "purificado" ideologicamente.

Localizada a distinção conceitual no critério da atividade *vs.* passividade, é possível desde logo identificar uma simetria nos pressupostos metodológicos da ortodoxia econômica neoclássica relativos à racionalidade econômica, o que parece indicar um caminho para a identificação de determinações mais concretas do conceito de livre iniciativa. Com efeito, a diferenciação entre os planos epistemológicos correspondentes às análises micro e macroeconômica está tradicionalmente associada à idéia de que, separado dos agentes econômicos privados ou estruturalmente equiparáveis, os quais *reagem* de forma basicamente similar — maximizando uma função-objetivo definida — em face de modificações nas variáveis que formam o seu contexto, existe um ente político que representa e interpreta interesses e objetivos comuns, coordenando as atividades dos particulares tendo em vista estes interesses e objetivos. A racionalidade macroeconômica de tal ente está assentada sobre o pressuposto de que o comportamento agregado daqueles agentes pode ser previsto, sendo as variáveis que representam esta totalidade constituídas pelos resultados da soma algébrica das variáveis referentes ao comportamento de cada um dos agentes individuais.[2] Isto posto, além do Estado, cujo poder político o põe em situação de criar e modificar contextos, nenhum agente econômico seria livre no sentido pleno antes indicado, mas apenas "formalmente", uma vez que todos estariam sujeitos às "leis do mercado", aceitas como dadas.

Mas o que aconteceria se o ambiente econômico capitalista fosse estruturado e o processo decisório dos agentes privados caracterizado de forma tal a falsificar este modelo de racionalidade substantiva? A "combinação entre *incerteza* no ambiente e *complexidade* no processo decisório é teoricamente explosiva para os chamados 'microfundamentos' (entre os quais se inclui o axioma da racionalidade substantiva — L.F.S.) da ciência econômica".[3] A "ruptura" da racionalidade microeconômica, como observou Celso Furtado de um outro ângulo, "ocorre quando o agente está capacitado para modificar o meio em que atua, apresentando no seu comportamento um fator volitivo criador de novo contexto. O campo do possível amplia-se e a racionalidade passa a requerer uma visão mais abrangente da realidade. Assumindo a criatividade, o agente impõe a própria vontade, consciente ou inconscientemente, àqueles que são atingidos em seus interesses pelas decisões que ele toma. *Implícito na criatividade existe, portanto, um elemento de poder*. O comportamento do agente que não exerce poder é simplesmente adaptativo: identificada a existência dos fatores aleatórios, esse comportamento pode ser previsto com relativa facilidade. A faculdade de transformar o contexto em que atua eleva o agente à posição de elemento motor do sistema econômico. A interação entre os elementos motores assume formas complexas, que escapam à capacidade descritiva das variáveis macroeconômicas".[4]

Sem deixar de ser racional — antes exigindo, para sua explicação, um modelo de racionalidade mais abrangente —, o

2. Celso Furtado, *Criatividade e Dependência na Civilização Industrial*. Rio de Janeiro, Paz e Terra, 1978, p.16.

3. Mario L. Possas, "Competitividade: fatores sistêmicos e política industrial. Implicações para o Brasil". In: Castro, A. (org.) et alii, *Estratégias Empresariais na indústria Brasileira — discutindo mudanças*. Rio de Janeiro, Forense Universitária, 1996, p. 86.

4. Celso Furtado, ob. cit., p.17 (itálicos nossos).

processo decisório dos agentes econômicos transcende, num mundo cheio de incertezas não elimináveis mediante o cálculo probabilístico, os estritos limites fixados pela norma da maximização dos lucros; mais ainda, para aqueles agentes dotados de poder econômico, estão criadas as condições de superação da passividade diante do meio, abrindo-se um leque de estratégias possíveis tanto mais amplo quanto maior o poder detido. No contexto da delimitação do conceito de livre iniciativa, o essencial é deter aqui a relação interna entre esta última e o poder econômico. Aos detentores deste, isto é, os "agentes privilegiados", cuja capacidade de iniciativa lhes permite atuar sobre o próprio contexto e impedir, ao menos provisoriamente, que outros o modifiquem contra os seus interesses, é que se deve reconhecer a liberdade num sentido real e pleno, em contraposição à liberdade meramente formal daqueles cuja única alternativa é adaptar-se a um ambiente sobre o qual a vontade dos mais fortes interfere criativamente — em maior ou menor grau — a cada instante — e é essa mesma capacidade de "impor à coletividade a visão globalizadora", de "planifica[r] setorialmente uma parte da atividade do sistema econômico" (similar ao poder político), a condição da liberdade de uns e a restrição, ou mesmo, no limite, o fim da liberdade dos outros. Em suma, o agente detentor de poder impõe sua vontade, cria, planifica e modifica parâmetros e variáveis, libertando-se parcialmente — ao mesmo tempo em que sujeita os demais — de um comportamento consistente em ajustar de modo mecânico quantidades para níveis de preços e custos de fatores dados.

Por outro lado, o sistema econômico capitalista tem como mola propulsora a luta entre os agentes visando a valorização dos respectivos ativos e a apropriação do excedente (lucros), luta que produz ganhadores e perdedores, expulsando do mercado os menos eficientes; a concentração de poder é aí, portanto, uma lei estrutural. Neste sentido, liberdade e planificação, criatividade e automatismo, riqueza e pobreza, igualdade e desigualdade, são apenas dois lados da mesma moeda ou, em outras palavras, dois resultados de um mesmo processo dinâmico: entre liberdade de iniciativa e poder econômico há uma relação de *dependência* recíproca.

Assim, se, por um lado, *ação* e *comportamento* estão internamente ligados, mas apontam para realidades *qualitativamente* distintas, o conceito de *livre iniciativa*, por outro, enquanto traduz capacidade (cognitiva e volitiva) e possibilidade (lógica, jurídica e real) de agir criativamente num mundo econômico cujos mercados estão repletos de "imperfeições", implica uma *escala gradativa de liberdade*, que varia no sentido do acúmulo de poder a partir do grau zero (ausência de livre iniciativa, i.e., incapacidade ou impossibilidade de *agir* no mundo econômico), passando pelos estágios intermediários até chegar ao grau máximo (controle absoluto sobre o *comportamento econômico* dos agentes que apenas reagem em face de modificações sobre o seu meio).

Cabe relativizar, pois, o valor místico que vem sendo dado ao fato de o art. 170 da CF ter atribuído à livre iniciativa, bem como à valorização do trabalho humano, o estatuto de *fundamentos* da ordem econômica, ainda que, em certo sentido, seja possível falar de uma *eficácia* "mágica" decorrente desta dupla atribuição. Para utilizar criticamente uma categoria criada por Tercio Sampaio Ferraz Jr., trata-se de uma eficácia "pragmática". Apoiados na relação de irredutibilidade epistemológica entre ser e dever-ser, o discurso dogmático dominante e a consciência podem bastar-se com a invocação ritualística de ambos fundamentos, enquanto o duro ser da realidade econômica os situa, respectivamente, num passado e futuro ideais a perder de vista. No "mundo das normas", o significado dos mencionados fundamentos consiste na institucionalização de um modelo de relações sócio-econômicas que *exclui a instrumentalização* de um homem pelo Estado ou por outro homem (ou seja, a transformação de um homem em unidade manipulável de um sistema, em objeto de vontades do mais forte ou em mera força de trabalho), seja (1) nas relações de *mercado*, enquanto exclusão da planificação centralizada e do uso da força ou ameaça ostensiva do uso da força de um agente sobre outro em vista de um fim econômico, seja (2) nas relações de *produção*, enquanto exclusão da coisificação do trabalhador, bem como estímulo à "democratização" destas relações, isto é, incentivo à participação dos trabalhadores no processo decisório das empresas e nos seus resultados econômicos.

A significação real é, como visto, bem diferente. No Brasil, onde se assistiu à passagem de uma economia exportadora de produtos primários para uma economia industrial oligopolizada sem a mediação democratizante e liberalizante do capitalismo comercial e industrial com mercados mais ou menos atomísticos, típicos do século XIX a livre iniciativa — para não falar do trabalho humano valorizado — sempre foi um privilégio. Num nível bem mais geral, ademais, a transformação de um agente em paciente ou em objeto da vontade do mais forte, baseada na força conferida pela posse de ativos escassos, não apenas é *condição* para a existência da ampla margem de liberdade de que goza o mais forte e o estímulo à acumulação em virtude da redução da incerteza, mas é também, no processo concorrencial, o principal *subproduto* decorrente do uso racional desta liberdade. Nada revela melhor a falsidade e o caráter ideológico da definição da livre iniciativa como antítese da planificação e da instrumentalização econômica baseada na força do que tal relação de reciprocidade.

Vale notar que esta definição, contudo, tem a sua parcela de "verdade" assegurada no âmbito mais restrito da práxis advocatícia e do discurso jurídico dominante. Aqui a livre iniciativa, entendida no sentido ideológico exposto, é fundamento da ordem econômica constitucional, "direito" de todos e cada um, cujo respeito é algo que se invoca perante e pela autoridade; lides são decididas por força desta abstração; e a ordem econômica deve tê-la como um de seus alicerces, ser sobre ela "construída".

Estamos aqui, aparentemente, a apenas um passo da *invisible hand* smithiana: a norma constitucional prescreve a construção de um ideal de relações econômicas baseado no reconhecimento formal, recíproco e generalizado da subjetividade em uma comunidade de proprietários, ainda que a referência à subjetividade num mundo cada vez mais habitado e dominado por imensas organizações burocráticas tenha algo de suspeito e a própria existência destas, expressa nas suas escolhas estratégicas e nos respectivos efeitos, constitua uma forte restrição à liberdade alheia. A redução do conceito às suas dimensões lógica e jurídica (no sentido da ausência de contradição e de proibição) é o que caracteriza esta concepção, acima resumida na fórmula do livre-arbítrio puramente subjetivo. O agente é livre "formalmente" e permanece sempre livre, mesmo que tenha apenas uma direção a escolher, determinada pelos interesses do mais forte.

Seja qual for a causa determinante da referida redução conceitual, o fato é que apesar de não haver necessidade lógica alguma da sua aceitação, esta continua sendo citada e reconhecida, tal como um *fait social* bem sólido, por grande parte da comunidade jurídica. Este reconhecimento, por sua vez, é responsável por curiosas conseqüências práticas e teóricas, identificáveis no discurso dos advogados que atuam na área do Direito Econômico. Acostumados durante anos a defender os seus clientes dos abusos estatais em questões ligadas à intervenção na economia, eles sem dúvida contribuíram para o estabelecimento de um superconceito de livre iniciativa, cujo conteúdo semântico deveria ser suficientemente elástico e indeterminado para servir de proteção e arma contra os atos administrativos governamentais. Não é de se admirar que, invertida a posição de ataque e defesa no contencioso antitruste, o referido conceito tenha se tornado ainda mais indeterminado, só que no sentido oposto, isto é, do total esvaziamento e da inaplicabilidade.

Com efeito, não bastassem a referência hipostasiada da liberdade o ente abstrato totalmente burocratizado e o apego ao dever-ser completamente isolado da realidade, continuou-se a identificar tal liberdade com a determinação econômica mais estrita, exatamente como no modelo liberal acima mencionado, de modo que um agente será tanto mais livre quanto mais amarrada estiver a sua conduta pelas "leis econômicas" associadas a estruturas de mercado típicas e aceitas como dadas. Que estas estruturas e, conseqüentemente, as "leis" delas derivadas, podem ser também parcialmente causadas pela existência, bem como pela conduta racional dos agentes detentores de poder econômico, é algo raramente cogitado. Aquilo que, no contexto intervencionista, aparecia ideologicamente como defesa da liberdade contra o arbítrio estatal e despertava a ilusão de que estariam *todos*, cessada a intervenção, sujeitos apenas às "leis democráticas e anônimas do mercado", apagou da consciência jurídica o problema do poder e da liberdade econômica reais, assumindo-se a livre iniciativa como *direito* individual de cada empresa, existente *a priori*, embora misteriosamente não autônomo, posto que não passível de proteção em si e por si, mas somente no caso de a sua violação estar unida a um prejuízo à livre concorrência. Esta conseqüência, na verdade, representa uma espécie de vingança do ser contra o dever-ser forjado dogmaticamente, por ter implicado, na prática, o direcionamento do interesse das autoridades exclusivamente para a violação da livre iniciativa *daqueles* agentes com poder suficiente para interferir no processo concorrencial e nos seus resultados, contendo o reconhecimento implícito de que a livre iniciativa que efetivamente conta não é para qualquer um.

A insistência (que não é de modo algum privilégio dos advogados brasileiros) num conceito jurídico formal de livre iniciativa não mais adequado às características estruturais do sistema econômico moderno, contudo, pode ser interpretada, num nível teórico mais profundo, como um sintoma externo decorrente de certos imperativos operacionais imanentes ao sistema jurídico. Sem precisar subscrever as teses da teoria dos sistemas a respeito de uma autonomia qualificada dos sistemas sociais nos termos dos modelos *input/output* ou, na versão mais moderna, da suposta "autopoiese" dos mesmos, é inegável que tais sistemas apresentam, a partir de um certo nível de diferenciação, uma "lógica" interna de funcionamento *relativamente* autônoma em face de pressões exercidas pelos demais sistemas sociais. Assim, por exemplo, é possível detectar empiricamente uma certa dose de auto-referencialidade do discurso jurídico, isto é, de ausência de referência operacional a outros sistemas sociais no seu processo de funcionamento. Isto não significa, evidentemente, ausência absoluta de contato entre os sistemas, isto é, de abertura para troca de informações com o ambiente; ao contrário, mesmo nas suas versões mais radicais, o argumento sistêmico supõe que troca de informações com o ambiente e "interferências" intersistêmicas existem de modo contínuo, insistindo "apenas" — a partir der uma radicalização e generalização das teses da epistemologia construtivista — no caráter internamente "construído" dos respectivos ambientes. Usando uma terminologia bem mais familiar e um quadro de referência teórico mais convincente, poderemos traduzir estas idéias dizendo que, do ponto de vista do funcionamento do sistema jurídico (pressupondo naturalmente a sua relativa autonomia operacional, o que é um problema empírico, e jamais analítico), a realidade econômica — e dos demais sistemas sociais — aparece "mediada", isto é, transformada internamente por uma rede de normas, conceitos e procedimentos no sentido de tornar aceitável do ponto de vista funcional a sua mobilização interna. Assim, por exemplo, é possível imaginar que a insistência no conceito tradicional de livre iniciativa, como termo de contabilização lógica com os dispositivos normativos da ordem econômica constitucional e da legislação de defesa da concorrência, seja um "imperativo" dogmático decorrente da obrigatoriedade, por parte do intérprete, de considerar certos dados institucionais como pontos de partida da análise interpretativa. Ora, se, por outro lado — para utilizar uma antiga idéia de Luhmann —, a função social da dogmática moderna é relacionar relações de aplicações do direito nas quais os dois pólos da relação se tornaram contingentes (o "ir e vir" hermenêutico do agente aplicador entre a norma geral e o caso concreto), *aumentando de forma controlada o grau de liberdade na interpretação de textos e normas*, a tese do "imperativo dogmático", ainda que verdadeira, deve ser fortemente relativizada; com efeito, e em primeiro lugar, a inserção social do sistema jurídico como um todo gera para este uma espécie de imperativo complementar ao acima mencionado, a saber, o de adaptação às pressões do ambiente. Neste sentido, é de se esperar que a necessidade de compromisso entre exigências externas e internas se reflita no tratamento dogmático de conceitos específicos, produzindo modificações que apontem, do ponto de vista da integração entre os sistemas, para um — com o perdão da expressão — "estado de equilíbrio" entre pressões externas do ambiente e necessidades internas de consistência; em segundo lugar, a relativização da tese acima mencionada decorre também do fato de que, em determinadas situações histórico-sociais e para específicos ramos do direito a própria necessidade de um pensamento dogmático como gerador de fundamentos para o processo de aplicação do direito deve ser posta em questão. Concretamente, é preciso dizer que o próprio Direito da Concorrência moderno apresenta características (em especial do ponto de vista de política jurídica e em razão da sua simbiose com a análise microeconômica aplicada) que tornam altamente problemática a suposição apriorística de que uma dogmática — entendida no sentido tradicional de produção de classificações — a ele referente tenha necessariamente que existir.

A partir deste pano de fundo teórico, é muito tentador parodiar um argumento de Teubner[5] a respeito do problema da *indeterminação do direito*, e trazê-lo à análise do processo de transformação semântico pelo qual passou e vem passando o conceito de livre iniciativa no Direito Econômico, sob a importante ressalva de que se está deixando fora dos parênteses o paradigma da autopoiese. Trata-se, com efeito, de uma solução de compromisso inter-sistêmica aclimatada às condições institucionais e culturais brasileiras, que implicam, como é sabido, não apenas uma dose maciça de permeabilidade do sistema jurídico em relação às pressões exercidas pelos sistemas econômico, político, de parentesco etc. (e, no que se refere especialmente aos advogados e Pareceristas, pelos próprios agentes econômicos concretos dotados de poder, via relações quase sempre hierarquizadas de clientela), mas também, complementarmente, as próprias vicissitudes do discurso dogmático nacional "especializado", hoje muito pouco comprometido com a consistência; lógica no uso dos termos e nas cadeias de argumentação, bem como, com a sintonia crítica em face das inovações técnicas surgidas nos centros desenvolvidos. A resultante, ou seja, um superconceito de livre iniciativa estendido de tal modo em seu sentido que passa a poder ser aplicado a tudo (e portanto a nada), pode ser então explicado, na sua irritante indeterminação, a partir da força cega destas influências externas e de um cada vez mais tímido pudor hermenêutico em relação à Constituição Federal e à lei.

A necessidade interna de conciliar o princípio da livre iniciativa com uma legis-

5. Cf. Teubner, *Rechr als autopoietisches System*, Frankfurt, 1989, pp. 123 e ss.

lação de defesa da ordem econômica que privilegia — sem contudo absolutizá-la! - a intensificação das pressões competitivas sobre os agentes econômicos que atuam em mercados normalmente concentrados, não pode ser satisfeita de maneira adequada por meio de uma estratégia conceitual que retira com uma mão as conseqüências jurídicas das determinações que concede com a outra; em outras palavras, o condicionamento da garantia de proteção jurídica para a livre iniciativa — entendida como direito formal — ao fato adicional de uma restrição à concorrência num dado mercado relevante — no sentido restritivo usualmente subentendido no jargão: "a lei não protege o concorrente, mas apenas, a concorrência" —, torna inoperante o conceito de livre iniciativa, na medida em que seu conteúdo semântico-jurídico passa a ser confundido com o do conceito de livre concorrência. Como dito acima, contudo, a relação interna que alguns autores corretamente acreditam existir entre ambos conceitos não é a de identidade, mas a de implicação recíproca. Esta, por sua vez, jamais será compreendida de forma coerente sem a adoção de uma perspectiva analítica que consiga acrescentar à dimensão jurídica da distribuição por assim dizer linear de direitos formais entre os agentes um enfoque econômico que conceda um lugar teoricamente central à dinâmica capitalista, isto é, ao modo como os agentes usam os seus direitos privados criativamente para transformar e consolidar estruturas de mercado e posições relativas de poder; como tais posições e estruturas, por sua vez, são utilizadas para assegurar a apropriabilidade continuada dos frutos do uso criativo da liberdade de alguns e, simultaneamente, a restrição continuada à utilização do potencial de criatividade inscrito como liberdade negativa no direito de outros; e, finalmente, como a regulação preventiva e repressiva do mercado pelo Estado pode contribuir para a aceleração do processo de formação e diluição de poder via estímulo ao incremento de pressões competitivas e inibição à adoção de condutas anticoncorrenciais. O círculo de conceitos se completa ao considerarmos os impactos de condutas anticoncorrenciais não apenas do ponto de vista dominante da diminuição imediata do nível de bem-estar dos consumidores via possibilidades de exercício de poder de mercado, mas também, do bloqueio artificial e não justificável normativamente da capacidade inovativa dos agentes. Assim, e de uma perspectiva conceitual mais sofisticada, a defesa da liberdade do concorrente é *sempre* relevante para a concorrência, com a sutil qualificação de que o núcleo essencial e sistematicamente decisivo do conceito está no seu caráter de *condição de possibilidade para o uso criativo de recursos econômicos privados*, formalmente reconhecida pelo Direito e garantida pelo poder estatal.

Em termos técnicos, a dogmática deveria operacionalizar esta tese por meio do recurso à figura da *rule of reason*, tal como aliás já ocorre na União Européia, na Alemanha e nos Estados Unidos. Nestes ordenamentos, não se exige sempre a prova do prejuízo direto à concorrência para se caracterizar uma dada conduta como infração, bastando que se demonstre o prejuízo à liberdade econômica do *concorrente*, bem como a ausência de *justificativa adequada* para a conduta de que resulta. É importante dizer que, nestes casos, a interpretação da expressão 'justificativa adequada" não está de modo algum atrelada logicamente à considerações relativas ao efeito incluído para a *concorrência*, mas sim, a juízos de valor peculiares ao modo como cada ordenamento — pressionado pelo entorno social que o sustenta — observa o fenômeno do poder econômico e se posiciona perante o mesmo. Neste sentido, a ampla literatura e jurisprudência disponíveis nos Estados Unidos sobre *monopolizing conducts*, à definição doutrinária e jurisprudencial do conceito de abuso de posição dominante na União Européia e ainda as hipóteses normativas previstas no § 26, II, do *Gesetz gegen Wettbewerbsbeschränkungen* alemão, são bons exemplos de que entre a mobilização da regra da razão e o argumento do "efeito líquido para a concorrência", inexiste qualquer relação de dependência lógica (ao contrário do que continuam a insistir, de maneira inacreditável, muitos dos nossos especialistas).

II. Livre concorrência

Se a inclusão da liberdade de iniciativa sob o gênero da liberdade é algo mais do que um artifício escolástico ou uma reverência automática à Constituição, é preciso identificar o denominador comum mais geral, como dito acima, numa capacidade ativa não determinada por fatores volitivos externos (independentemente da *origem* — ente público ou ente privado — destes últimos). Particularizada para a livre iniciativa tal como entendida no Direito da Concorrência, esta característica geral ganhou, no discurso dominante local, uma determinação adicional que a neutraliza como conceito autônomo: somente aquela capacidade de criar no mundo econômico que seja relevante do ponto de vista da concorrência em um mercado é que merece ser protegida juridicamente. De acordo com o exposto, a liberdade de iniciativa num sentido econômico real não deve ser entendida como oposta à planificação ou à regulação, antes *manifestando-se de fato* na capacidade de planificar setorialmente e de criar e modificar ao menos parte dos parâmetros e variáveis que, em cada mercado concreto, vão ser tratados como dados pelos agentes relativamente desprovidos de poder. Mas o conceito jurídico de livre iniciativa não está condenado a variar de modo errático ao sabor do maior ou menor grau de autonomia decisória dos agentes no fluxo incessante do processo concorrencial; ao contrário, ele espelha no plano da dogmática a liberdade negativa do agente que funciona como condição necessária — ainda que não suficiente — para o exercício socialmente aproveitável de capacidade de inovação nos mercados. Sob o pano de fundo da realidade econômica dura e impessoal, é portanto indisfarçável a nostalgia liberal que o conceito evoca naqueles que ainda acreditam nas virtudes sociais da economia de mercado. Embora possa haver alterações no modo de distribuição do poder econômico entre os vários agentes no tempo, este será sempre assimétrico, constituindo simplesmente uma característica estrutural do funcionamento dos mercados no capitalismo moderno. O poder econômico é condição de existência da livre iniciativa, ao passo que esta é condição formal de reprodução do poder econômico: a apresentação da livre iniciativa como antítese da planificação confere uma falsa aparência de simplicidade ao problema, eliminando um de seus aspectos essenciais.

O mesmo erro básico de pensamento está na base do tratamento dicotômico implícito na concepção usual da livre concorrência como antítese do monopólio. Se a detenção em algum grau de poder econômico é condição e produto da livre iniciativa, a concorrência é o mecanismo por meio do qual os excedentes gerados são apropriados e a valorização dos ativos de capital realizada, gerando ganhadores e perdedores e tendo portanto natureza conflitual; o seu objetivo e resultado — ainda que nem sempre garantido e por vezes temporário — são a intensificação das posições de poder e a criação de situações monopolísticas, e não a volta a um suposto estado de equilíbrio e a harmonia de interesses.

Nas palavras de Mário Luiz Possas, "*concorrência* é processo de criação constante, ainda que descontínuo (via inovações), de *assimetrias* competitivas entre agentes — no caso mais relevante, empresas capitalistas. As situações de 'ajustamento' ou eliminação de lucros extraordinários ou monopolistas não são ignoradas, mas postas no seu devido lugar — o de um momento 'passivo', de um processo que só pode ser compreendido na sua essência quando focalizado na sua dimensão 'ativa', de criação e ocupação de novos espaços econômicos em busca de lucros anormais e vantagens competitivas que não venham a ser completa e rapidamente diluídas (...) Numa visão como essa do processo econômico, em que a concorrência é assumida como portadora de *inovações* e geradora de *mudanças* qualitativas, até turbulentas e muitas vezes sem regularidades visíveis, nem mesmo teorizáveis, nada mais natural que o seu *locus*, o *mercado*, seja visto como instrumento não de ajuste ao equilíbrio por eliminação de diferenças (e lucros monopolistas), mas como instrumento de evolução e até de progresso técnico e material, mediante o processo *seletivo* e filtrante, via concorrência, das inovações e assimetrias que a própria concorrência engendra no âmbito das estratégias e decisões empresariais."[6]

Esta longa citação é importante não só porque contém, a nosso ver, o argumento econômico decisivo que pode dar sustentação a uma interpretação do *princípio* da livre concorrência bem mais realista do que aquela hoje dominante, mas ainda — e principalmente — por fornecer elementos para a construção de uma ponte de ligação entre a ciência econômica e o Direito também no âmbito da *aplicação* da norma aos casos concretos. Em outras palavras, trata-se, ao menos em princípio, de um conceito *juridicamente operacionalizável* de concorrência. A visão idílica do mercado atomizado em concorrência perfeita (ou nas versões neoclássicas modernas: dos mercados contestáveis sem estrutura predefinida, *locus* da harmonização dos interesses particulares em conflito, da alocação ótima de fatores e, portanto, da realização do bem de todos) cede passo, como *ideal normativo*, a um campo de forças em conflito cuja "lógica interna" pode, se submetida a intensas e constantes pressões competitivas — e munida das condições sistêmicas adequadas —, acelerar o surgimento de inovações, a geração e a difusão de progresso técnico e material.

Se é verdade, porém, que tal concepção, em razão mesmo da ambigüidade nos resultados, é muito mais realista do que a neoclássica, o fato é que esta última continua, principalmente nas suas formas mais modernas — que não mais identificam mercados "imperfeitos" com necessidade de intervenção corretiva —, encantando muita gente, e isto *justamente* por continuar insistindo num ideal irrealizável *a priori*: a sua "força" e funcionalidade estão numa promessa que a concorrência e o mercado jamais serão capazes de cumprir.

Esta última afirmação tem que ser mais bem explicada. Ainda que poucos ainda acreditem na realizabilidade dos *ideais de eficiência* associados à concorrência perfeita, a sua validade continua sendo assumida, por motivos distintos, não apenas pelo *mainstream* neoclássico, mas também pelas autoridades antitruste dos países desenvolvidos. Se, para o primeiro, o importante é ser fiel a um conceito estrito — e hoje em dia muito questionável — de ciência entendida como sistema lógico-dedutivo matematizável, o interesse das últimas recai, consciente ou inconscientemente, sobre o valor prático e ideológico das categorias microeconômicas ortodoxas.

Neste contexto, nunca é demais recordar que o Direito da Concorrência, tal como praticado civilizadamente, está situado na intersecção entre Direito e Ciência Econômica, o que, traduzido de maneira simplista, equivale a dizer que o Direito provê a forma — ou fôrma — para o conteúdo estritamente econômico. Para evitar mal-entendidos, estamos tomando por "forma" algo totalmente distinto de "estilo", de modo que não se trata de ornar as proposições econômicas com a má retórica tão típica do nosso subdesenvolvimento cultural; ao contrário, o aspecto formal tem a ver com as *regras pragmáticas do discurso jurídico*: trata-se, *grosso modo*, de regras de comportamento discursivo constitutivas de um sistema de ação específico (o Direito), que regulam (por meio da definição das "condições de sucesso" — e correspondentes tipos de insucesso — dos "lances" lingüísticos performativos dos sujeitos participan-

6. Texto citado, p. 76.

tes nas relações) a interação comunicativa entre os personagens chamados a dele participar, como autoridades ou sujeitos, as quais também *enformam seletivamente* todo e qualquer material bruto que lhes seja submetido. O conceito de forma no sentido aqui adotado é o correlato sociológico e de filosofia da linguagem da noção de autonomia relativa acima mencionada.

Aqui cabe uma distinção conceitual. Até agora tratamos do discurso jurídico como um monobloco de regras pragmáticas. Ora, do ponto de vista analítico, é mais adequado estabelecer algumas separações. Com efeito, ainda que sociologicamente façam ambos parte de um sistema social específico, deve-se separar, do ponto de vista pragmático, as comunicações *do* Direito (discurso normativo — isto é, criador de normas — das autoridades enquanto portadoras da função juridicamente institucionalizada de autoridade) das comunicações *sobre* o Direito, estas últimas diferenciando-se, por sua vez, em comunicações teóricas (discurso com pretensões de objetividade científica entre sujeitos competentes, funcionando segundo regras de constituição e circulação próprias a um sistema social específico, a Ciência), comunicações dogmáticas (no sentido acima indicado, isto é, de um conjunto de interpretações de textos e normas cuja função é aumentar o grau de liberdade controlada nos processos de relacionamento das relações de aplicação jurídica de normas contingentes a casos concretos contingentes) e comunicações "advocatícias" (discurso dos advogados e demais portadores de papéis institucionais caracterizados pela defesa legítima de interesses específicos, dentro e fora da práxis processual). Note-se que cada uma destas espécies de comunicações jurídicas está sujeita, de modo obviamente ideal típico, a regras pragmáticas distintas. Assim, por exemplo, as "condições pragmáticas de sucesso" de uma lei formal, de uma sentença judicial ou de um ato administrativo são, em princípio, diferentes das "condições de sucesso" de uma tese sobre a função social da dogmática, que por sua vez diferem das da interpretação de um jurista ou das atividades estratégicas de um advogado preocupado com a defesa de seus clientes. No que segue, estaremos interessados, salvo menção explícita em contrário, no plano analítico das comunicações *dogmáticas* (ainda que também, como se verá, nos entrecruzamentos dinâmicos entre este tipo de comunicações e os demais).

Na síntese peculiar que caracteriza o Direito da Concorrência, a existência de um quadro de referência pragmático definido de condições de êxito de "lances" performativos dos interlocutores no interior do discurso dogmático significa, entre outras coisas, que: (1) as regras do discurso científico que pairam idealmente sobre os economistas no contexto das discussões acadêmicas sobre temas ligados à regulação dos mercados, bem como as regras do discurso político que definem o papel dos economistas, a função e o peso relativo dos argumentos econômicos nas discussões e decisões de política da concorrência tomadas pelos sujeitos politicamente competentes, vão ser inteiradas num tecido sociológico complexo dominado pelas regras do discurso jurídico, *constituídas* pelo comportamento significativo dos comunicadores jurídicos na *práxis* de interpretação e aplicação do direito em cada âmbito jurídico, momento histórico e grupo social concretos (o que ajuda a compreender, por exemplo, porque, normalmente, o estudo da jurisprudência pode ser tão importante quanto um bom estudo de mercado e fortes argumentos econômicos); e, em conseqüência, (2) apenas *certos conteúdos proposicionais* localizados no interior do discurso científico dos economistas vão ser selecionados e aproveitados — sem qualquer necessidade de consistência teórica entre o material selecionado — pelos comunicadores jurídicos.

Sem pretensões de esgotar o tema, é razoável supor que o *conceito hoje dominante* de concorrência acima delineado, cada vez menos interessado em identificar aprioristicamente *estruturas de mercado* ideais, mas sim, os casos de "mau uso" do poder de mercado a partir das suas contribuições à ineficiência alocativa e produtiva, revele boas chances de vir a consolidar-se no interior do segmento dos advogados brasileiros especializados por apresentar três qualidades básicas: implicações ideológicas, políticas e práticas aceitáveis; operacionalidade; e validez reconhecida no país estrangeiro com maior tradição na área, os Estados Unidos.

Em relação às *primeiras*, trata-se da já mencionada visão idílica do mercado, *locus* do "equilíbrio" entre oferta e demanda e da realização dos interesses comuns. A partir deste pressuposto, o mercado produz por si a situação de ótimo social, sob a única ressalva de que as suas condições reais se aproximem das condições ideais estabelecidas nos modelos — atualmente limitadas à garantia da "contestabilidade". Do ponto de vista *normativo* — aceita a concentração de poder como um dado irrecusável da realidade, no mínimo por força do argumento das economias de escala —, tratava-se no início de pôr em funcionamento a pretensão de obrigar o poder econômico a anular-se enquanto tal, atuando *como se* fosse incapaz de alterar o próprio contexto e estivesse sujeito apenas à "lei (*sic*) da oferta e da procura" que lhe seria "imposta" externamente. Se era, na origem, antipática — bastante, no final do século XIX e primeira metade do XX, e bem menos, durante o predomínio da escola de Harvard nos anos 60 e 70 — às grandes empresas, tal concepção trocou radicalmente de sinal durante o neoliberalismo do governo Reagan e a época da escola de Chicago, convertendo-se mesmo, na sua versão mais radical, em reconhecimento apologético do poder econômico e do *laissez faire* oligopolista, de cuja dinâmica passou-se a esperar a realização dos mesmos ideais outrora ligados à concorrência perfeita.

A contrapartida "positiva" da falta de atrito com a realidade está no incrível dinamismo e na capacidade de adaptação da teoria neoclássica. A eficácia jurídica do conceito neoliberal consiste assim, para expressá-lo de modo paradoxal, na sua absoluta falta de eficácia real, ou seja, na sua capacidade de invocação permanente desacompanhada da realização dos objetivos econômicos esperáveis a partir da solução matemática das equações dos modelos.

Em *segundo* lugar, o atributo da *operacionalidade* está relacionado, de um lado, às implicações que acabamos de expor: a invocação do conceito de livre concorrência dá aparência de solução justa de conflito a uma *situação conflitiva estruturalmente ineliminável*, cujo resultado está muito longe de realizar o "bem de todos segundo critérios de justiça social", tal como escrito na Constituição; de outro lado, ele remonta à simplicidade do modelo, proporcionando um instrumental analítico internamente consistente, relativamente seguro e facilmente manipulável.

Finalmente, é necessário não subestimar a importância do terceiro atributo acima listado, relativo à *origem* do conceito. É sabido que um dos traços mais característicos do subdesenvolvimento cultural é o impulso à imitação, irrefletida e normalmente fora de contexto, de idéias estrangeiras, e o Direito da Concorrência não é certamente exceção. Mesmo sendo certo que o processo mais amplo de globalização econômica converteu em puro engodo muita insistência na manutenção de um suposto caráter nacional nos nossos produtos intelectuais, é também verdade que peculiaridades nacionais ainda existem, e que esquemas abstratos gerados em outros meios sociais e culturais devem passar pelo filtro da reflexão crítica antes de serem aplicados aos distintos casos particulares. No Direito da Concorrência esta reflexão necessária jamais ocorreu; ao contrário, o valor e prestígio de uma idéia parecem crescer à medida que se consegue mostrar que ela foi copiada imediatamente de um manual antitruste estrangeiro. No caso do conceito de concorrência, esta circunstância foi agravada pelo fato de o nascimento do Direito da Concorrência no Brasil no início dos anos 90 ter coincidido historicamente com a onda neoliberal, de modo que foi irresistível a tentação de recorrer ao produto final do trabalho acumulado há décadas da doutrina e jurisprudência americanas, sem refletir sobre as suas condições sociais e históricas de aplicabilidade.

Estes aspectos, contudo, não devem enganar no sentido de autorizarem a presunção de que a práxis brasileira de interpretação e aplicação do Direito da Concorrência tenha seguido, de forma sistemática e consistente, um determinado instrumental analítico conscientemente aceito. Por falta de condições institucionais, o aparato conceitual recém-chegado, reduzido a superestrutura ornamental, podia servir apenas como fachada sob a qual continuavam a vigorar os velhos padrões sociológicos, ou seja, a confiança no contato pessoal, no acaso ou na inércia administrativa para a definição dos resultados do jogo. Ao discurso jurídico, portanto, retirou-se quase completamente a função de convencer. Visualizada contra um pano de fundo real que alternava clientelismo e irrelevância, a coleção importada de termos e autores converteu-se em mero estoque de citações desencontradas. Assim, ainda que do ponto de vista da consistência e do realismo as vantagens da concepção neoschumpeteriana da concorrência sobre a neoclássica sejam evidentes, a sua recepção na práxis jurídica dependerá de fatores extrateóricos, tais como o clima ideológico geral, os interesses das autoridades e dos advogados especializados, a infra-estrutura e racionalidade da burocracia competente, o peso relativo dos lobistas, bem como o modo e a direção da evolução do Direito da Concorrência no Mercosul, nos Estados Unidos e na Europa. Apesar de importante, o estudo destes fatores não será objeto do presente texto, nem tampouco uma demonstração convincente do potencial descritivo do enfoque teórico neoschumpeteriano relativamente às condições econômicas, sociais e institucionais *brasileiras*, tarefa esta sem dúvida essencial, mas que deve ser confiada aos economistas.[7] A seguir nos limitaremos a indicar experimentalmente alguns aspectos de um conceito *jurídico* de concorrência baseado no mencionado enfoque.

Vamos nos valer novamente, para tanto, de uma passagem do texto já citado de Mario L. Possas, que ajudará, combinada com a anterior de igual autoria, a fazer a mediação entre os conceitos econômico e jurídico de concorrência: "Na perspectiva teórica neoschumpeteriana, 'concorrência' não é uma *conduta* individual ou uma atitude, que pode eventualmente ser anulada ou invertida (como parecia acontecer com os cartéis) legal ou culturalmente, mas um *processo objetivo* que tem sua força motriz (a inovação), sua meta (o lucro individual) e seu meio institucional (os mercados, as leis, o Estado) objetivamente definidos, embora sob *formas institucionais* historicamente variáveis, e que acaba por se impor mais ou menos generalizadamente, aí sim, à subjetividade, às condições particulares e às atitudes dos agentes individuais."[8]

Se a concorrência não é conduta individual nem atitude anulável ou reversível, mas sim um processo objetivo, ela tampouco pode ser objeto imediato de *direito* ou *obrigação*,[9] nem confundir-se sem mais com a liberdade do concorrente. Note-se, ademais, que o atributo da objetividade que caracteriza o processo de concorrência não

7. O essencial é se analisar o *locus* — se no Brasil ou no exterior — e o papel efetivo das inovações — vis-a-vis relações de parentesco político — na determinação das posições de domínio nos mercados, bem como a presença ou não das condições sociais e institucionais básicas para a sua difusão no interior do sistema produtivo nacional e para a sua socialização na comunidade.

8. Texto citado, p. 94.

9. Aproveitamos este momento para fazer uma autocrítica. Nos nossos textos anteriores falamos de um suposto paradoxo inerente ao Direito da Concorrência, na medida em que existiria uma "obrigação de ser livre" imposta aos agentes detentores de poder econômico. Ante o enfoque da concorrência como processo objetivo, fica claro que tal paradoxo não existe.

se refere a um suposto *telos* imanente, seja este o estado de equilíbrio e ótimo social da antiga tradição clássica ou da moderna ortodoxia neoclássica, ou, ao contrário, algum tipo de catástrofe final; do ponto de vista da sua "lógica econômica", nada haveria no dito processo que se assemelhasse a uma necessidade interna (o lucro individual, rigorosamente falando, não é meta *da* concorrência, mas *na* concorrência). Não obstante, é possível identificar, a partir da mencionada "lógica", resultados típicos, presentes em maior ou menor grau de pureza nos sistemas econômicos historicamente localizados. Dado que o processo concorrencial, na ordem constitucional brasileira, não é fim em si mesmo, mas meio para a obtenção de resultados abstratamente definidos, o aproveitamento jurídico do conceito neoschumpeteriano de concorrência supõe, de início, a identificação de pelo menos um resultado típico passível de valoração "positiva", ou seja, adequado para funcionar como ideal normativo e ponto de referência às autoridades.

A livre concorrência é, como princípio da ordem econômica constitucional, ponto de partida imposto ao raciocínio do profissional do Direito; fim dessa ordem, também imposto por vontade do constituinte, é o "bem de todos". A ligação entre ambos no pensamento é tarefa que cabe à "arte" hermenêutica. No enfoque neoclássico, esta operação é simples, na medida em que a livre concorrência produz automaticamente o "bem de todos segundo critérios de justiça social". O fato deste enfoque basear-se, velada ou reconhecidamente, em modelos abstratos fundados em condições mais ou menos restritivas e irrealistas, implica a degradação do fim da ordem econômica ao estatuto de "norma-promessa", cuja realização dependeria do grau de aproximação dos mercados reais aos mercados ideais propostos nos modelos.

Como já exposto a vantagem ou funcionalidade desta interpretação reside na eliminação ideológica dos aspectos negativos *imanentes* ao funcionamento do sistema econômico, atribuídos — principalmente — ao Estado ou à conduta ilícita de alguns agentes mal-intencionados, *ao mesmo tempo* implicando a proclamação do mercado como *locus* da justiça social e da solução harmônica de conflitos. No quadro analítico neoschumpeteriano, muito "melhor" do ponto de vista do seu valor cognitivo, abre-se espaço para que as ambigüidades venham à tona, desnudando o caráter ideológico da relação de causalidade pressuposta entre mercado e estado social justo, de modo que não será mais possível falar em "bem de todos" em sentido forte, mas apenas de forma muito enfraquecida e num contexto bem diferente, que supõe uma intensa participação *regulatória* (mas não intervencionista) do Estado na economia. A concorrência, ao lado de seu único resultado verdadeiramente "positivo" (inovações que, *se* difundidas, podem contribuir para o progresso técnico e material), gera uma série de efeitos negativos inelimináveis. Como conseqüência, o Direito da Concorrência deverá ter como objetivo o estímulo deste resultado "positivo", deixando a cargo de outros instrumentos normativos a função de prevenir, compensar e indenizar as disfuncionalidades inerentes ao funcionamento dos mercados.

Juridicamente, o princípio da livre concorrência definiria então tanto os *modos* por meio dos quais as possíveis ações tipicamente instrumentais, estratégicas e cooperativas dos agentes poderiam ser entre si coordenadas para a obtenção de resultados socialmente aproveitáveis — especificamente: progresso técnico e material — como também, complementarmente, *um estado objetivo* a partir do qual a obtenção destes resultados poderia ser idealmente inferida. A ambigüidade pode ser explicada estabelecendo-se uma distinção entre pontos de vista interno e externo.

Do ponto de vista *interno*, isto é, dos agentes participantes nas interações econômicas no mercado, a livre concorrência deve funcionar como *princípio regulador* das ações de uns em relação aos outros.

Neste sentido, a livre concorrência é entendida como *luta sem fim*, ou seja, como conjunto indefinido de estratégias inovativas utilizadas pelos agentes para a produção *e* eliminação sucessivas e perenes de assimetrias competitivas, com vistas à valorização do capital mediante a apropriação dos excedentes gerados. Sob este ângulo, o ponto decisivo é a intensificação das *pressões competitivas*, internas e externas, atuantes sobre os agentes nos mercados, o que não implica a necessidade de que *todos* os agentes atuem sempre estrategicamente uns contra os outros, admitindo-se o caso da cooperação entre os agentes A e B como meio de manutenção real ou potencial de ação estratégica contra C.

Na perspectiva *externa*, ou seja, da autoridade situada fora das relações de mercado, a análise da conduta histórica dos agentes, a observação empírica dos padrões de concorrência, da estrutura e da *performance* dos mercados, e a constatação e valoração de resultados segundo critérios cristalizados na ciência econômica são as possibilidades que se apresentam para *inferir* se os agentes estão, ou não, interagindo segundo determina o ideal da luta sem fim. Vale notar que a estrutura dos mercados é aqui apenas uma variável na análise, não a única. Neste sentido, o enfoque analítico neoschumpeteriano distingue-se daquele dominado pelo paradigma estrutura-conduta-desempenho, pois assume que o ideal normativamente postulado não passa necessariamente pela identificação de relações de causalidade linear entre estruturas de mercado típicas, condutas esperadas e desempenhos determinados, mas depende da inter-relação complexa de uma série de fatores, nos quais a estrutura é apenas um — muito importante, sem dúvida — ao lado de outros.

Também deste ponto de vista externo a preocupação fundamental reside na manutenção constante de um nível mínimo de pressões competitivas a partir do qual possam justificar-se *expectativas* quanto à produção de eficiências dinâmicas nos mercados, o que deveria levar a um relativo deslocamento no horizonte temporal e na variável-chave da análise: a salvaguarda e a criação de condições para a geração e difusão acelerada de progresso técnico — causa de melhoria na qualidade dos produtos e de reduções substanciais nos preços num horizonte mais largo de tempo — passariam a ser mais importantes do que a idolatria da "alocação ótima de recursos" e o repasse *imediato* e marginal, aos preços, de reduções nos custos.[10]

"Defender" a concorrência, logo, é estimular a capacidade inovativa dos agentes que possuem poder, manifestada nas suas decisões estratégicas de valorização do capital, com isto eliminando critérios intrínsecos de valoração de tais decisões, de modo que concorrer, para usar uma expressão de Mario L. Possas, é não ter norma que determine o *conteúdo* da própria conduta. O conceito jurídico de livre concorrência define portanto uma *finalidade* — representada num estado objetivo idealmente postulado —, ainda que não seja uma finalidade *absoluta* dentro da ordem econômica constitucional. A *livre* concorrência é o resultado da somatória dos efeitos *daquelas* condutas dos agentes detentores de poder econômico *que* contribuem para a manutenção e o incremento das pressões competitivas na economia. A lei aproveita assim o sentido "natural" da dinâmica capitalista, embora nela separando de maneira artificial — para fins de valoração e aplicação — os seus dois momentos *constitutivos*, a saber, a diminuição *e* o aumento estratégicos das pressões competitivas, de cuja inter-relação depende a realização efetiva da finalidade definida normativamente.

10. A questão temporal é, sem dúvida, um foco de atrito estrutural entre a concepção neoschumpeteriana e os "imperativos" do discurso jurídico, centrados em torno da necessidade prática de decisão de conflitos num ambiente de relativas certeza e previsibilidade. A redução, na práxis do Direito da Concorrência, do horizonte temporal ao curto prazo, é uma manifestação deste fenômeno. A exigência de certeza e previsibilidade no curto prazo obviamente não compromete a operacionalidade do enfoque, mas lhe retira "pureza" teórica.

A concorrência, como "processo contínuo de geração de assimetrias competitivas", dotado de objetividade, relativa independência com respeito às estruturas de mercado e ineliminável mediante a conduta individual dos agentes econômicos, manifesta-se sob formas ou arranjos historicamente localizados e variáveis, podendo ser caracterizados, para os fins que agora nos interessam, pelos respectivos impactos sobre os níveis de intensidade das pressões competitivas nos ditos mercados, níveis estes passíveis de redução ou aumento por meio das condutas dos agentes individuais. Estes últimos, portanto e em sentido rigoroso, não "eliminam" a concorrência, mas, por meio dos arranjos institucionais mais variados, estão constantemente buscando relaxar em graus variados a intensidade das pressões competitivas atuantes sobre os respectivos mercados e si mesmos, desacelerando o processo de geração e difusão de inovações a fim de garantir altas taxas de lucro. Daí a essencialidade, já sublinhada por Mario L. Possas no citado texto, do conceito de *pressões competitivas*, bem como do estudo técnico-econômico dos seus fatores determinantes típicos.

A "defesa" jurídica da concorrência deve dar-se, então, mediante a manutenção e, se possível, o incremento das referidas pressões, a fim de assegurar que a finalidade imputada normativamente à concorrência possa ser realizada. Esta finalidade, enquanto implica a visualização da concorrência como meio para a produção de resultados captáveis socialmente, constitui o segundo pólo (livre concorrência-defesa dos consumidores-função social do poder econômico) que, ao lado daquele definido pelo par livre iniciativa-livre concorrência, demarcam o âmbito dentro do qual a aplicação do Direito da Concorrência deveria, idealmente, mover-se.

Como antecipado, o problema que o enfoque analítico neoschumpeteriano encontrará — assim como o neoclássico está encontrando e que se aplica, no fundo, a qualquer outro — numa possível absorção pelo discurso dogmático e, principalmente, pela *prática* jurídica *no Brasil*, diz respeito a uma espécie de discrepância "estrutural" entre conceito e realidade, devida à ausência de condições institucionais de tradução efetiva do conceito na práxis de aplicação do Direito. Em outras palavras, a falta de atrito entre conceito e realidade tem se mostrado, similarmente ao que ocorre em outros ramos do Direito Brasileiro, como um dado incômodo do Direito da Concorrência, ainda que, ao nível *cognitivo e analítico*, o conceito de concorrência neoschumpeteriano possa ser concebido como antítese da proposta epistemológica neoclássica, consistente em fazer total abstração, em suas premissas, do comportamento real dos agentes nos mercados, acreditando numa feliz convergência final entre as conseqüências puramente lógicas deduzidas dos próprios axiomas e os fenômenos econômicos concretos.

Como *qualquer* conceito abstrato elevado à categoria de padrão normativo, cuja aplicação aos casos concretos dependerá da mediação interpretativa de advogados sem formação técnica em economia antitruste e de uma burocracia estatal extremamente heterogênea com respeito aos seus conhecimentos, perspectivas profissionais e intenções, também o conceito de concorrência neoschumpeteriano corre o risco de ser convertido em insumo para manipulações *ad hoc*, ao sabor das relações locais de poder e do capricho individual, ou, o que é pior, num não-conceito, isto é, uma mera fachada ornamental, de conteúdo irrelevante, para os movimentos estratégicos — estes sim decisivos — dos lobistas.

Na perspectiva *teórica* alternativa apresentada, o resultado "positivo" da concorrência, isto é, a geração e difusão do progresso técnico, não é colocado *ao lado* do equilíbrio e da harmonia de interesses, como um subproduto do processo concorrencial; ao contrário, ele é produzido justamente *porque não há* qualquer tendência ao equilíbrio e à harmonia. Entretanto, na medida em que passa a ser conceito *jurídi-*

co — e não mais instrumento teórico para descrever o comportamento dos agentes e o funcionamento dos mercados no capitalismo contemporâneo —, é importante não deixar de mencionar também a *sua necessária* dimensão ideológica. Ainda que relativizada no sentido acima apontado, a referência obrigatória da livre concorrência ao "bem de todos segundo critérios de justiça social" continua a esconder — ou minimizar — as contradições inerentes ao sistema, além das próprias ambigüidades *específicas* referentes aos efeitos do progresso técnico, hoje tão discutidas. A necessidade dogmática de ressaltar e destacar como "positivo" um determinado aspecto do fenômeno — no caso, aquele das inovações nos produtos e/ou processos produtivos selecionadas pelo mercado —, fazendo abstração dos demais, simplifica artificialmente e elimina várias dimensões do problema, que devem ser reprimidas da consciência jurídica sob pena de fortes inconsistências que comprometeriam a operacionalidade e utilidade do conceito. Se o economista crítico pode tentar abordar a totalidade do fenômeno sem complicar-se teoricamente, as regras do discurso jurídico impõem aos seus participantes pontos de partida incontornáveis, alterando a natureza das teorias e dos conceitos utilizados, que devem ser integrados sistematicamente em contextos normativos mais amplos e passam a ter, no máximo, a função de meros instrumentos voltados para a decisão de casos.

III. Poder econômico. Abuso. Infrações da ordem econômica

A livre iniciativa tem como condição básica de exercício real o poder econômico, por sua vez contribuindo para a acumulação deste poder e a restrição da liberdade dos outros agentes econômicos. A relação simultânea de dependência/exclusão entre liberdade e poder supõe, como indicado acima, um conceito de liberdade econômica não separado artificialmente das suas condições reais de manifestação no mundo econômico. No "mundo das normas", tal como concebido pela dogmática jurídica dominante, continua prevalecendo um conceito "estóico" de liberdade, caracterizado unicamente pela enumeração abstrata de atributos que vão constituir aprioristicamente a esfera de direitos privados do agente econômico considerado, de forma hipostasiada, como subjetividade livre. A função do conceito desenvolvido na seção I do presente texto é, portanto, crítica.

Isto não significa, contudo, um posicionamento externo e distante do juízo crítico com relação ao seu objeto. Posto que não há algo como um sentido jurídico "puro", é natural que os conceitos capturados pelo discurso jurídico possuam, ao lado dos aspectos selecionados pela dinâmica das relações históricas de poder, um conteúdo semântico mais amplo, latente na consciência e possível de ser reavivado uma vez presentes as condições sociais adequadas. Neste sentido, quando se fala, mesmo *dentro* de um contexto jurídico, em liberdade de iniciativa, algo da contradição moderna entre liberdade formal e liberdade real aparecerá como objeto de percepção e crítica possíveis, sendo provável que as condições de realização ainda sejam pensadas juntamente com o conceito jurídico de liberdade, e que a sua presença constitua um dos fatores sociológicos determinantes da vigência das normas que a garantem. Daí a dimensão *crítica* da assertiva: a liberdade *nos mercados* pressupõe poder e o seu exercício restringe — ou até elimina — a liberdade de outros.

Mas, como já visto, nem é preciso ir tão longe no raciocínio, uma vez que, ainda no nível dogmático dominante, vimos que à legislação de defesa da concorrência interessa a proteção da liberdade de iniciativa *daqueles* agentes dotados de poder *suficiente* para conformar ativamente a estrutura dos seus mercados de atuação e *influenciar* de modo estrategicamente relevante o comportamento dos demais agentes nesses mercados (ainda que possam ter também os seus respectivos comportamentos influenciados, em maior ou menor medida, pela conduta real e esperada dos concorrentes). Na escala quantitativa que caracteriza a distribuição de poder e *portanto* de liberdade nos mercados relevantes, o Direito da Concorrência vai selecionar dois segmentos: de um lado, aquele contendo as empresas cujo poder econômico seria, em princípio, preocupante, na medida em que poderia — de acordo com a teoria microeconômica adotada — ser usado estrategicamente de modo a diminuir substancialmente a intensidade das pressões competitivas atuantes em concreto *por meio da* restrição à liberdade de outros agentes também dotados de "poder suficiente", no sentido acima indicado; e de outro lado, aquele que integra as empresas dotadas do tal poder, cuja liberdade correspondente poderia ser restringida. A distinção dogmática superficial mas incansavelmente repetida entre a "eliminação da concorrência" e a "eliminação de concorrente" é, quando refletida ao nível destes segmentos selecionados, mero jogo de palavras que mascara a correspondência interna entre liberdade e poder, na medida em que o poder econômico, enquanto condição de liberdade, não é mero objeto de controle preventivo e repressivo, mas também, de *proteção e estímulo*.

Porém, vimos também que a dogmática jurídica não poderia prestar contas a si mesma no que toca às conseqüências relativas ao modo pelo qual dispõe dos conceitos de livre iniciativa e livre concorrência. A condição imposta dogmaticamente à proteção da livre iniciativa dos agentes converte em inoperante este mesmo conceito, de modo que a aplicação das normas de defesa da ordem econômica nos termos em que está ocorrendo efetivamente, somente é possível a partir de uma "repressão" do pensamento dogmático e da práxis processual dominantes no que se refere à forma de compatibilizar ambos conceitos de modo a garantir, no compasso ditado pelas exigências sistêmicas (isto é, do sistema econômico), a sua autonomia semântico-jurídica. Para estes fins, foi proposto em nível experimental um conceito de livre iniciativa cujo núcleo essencial para efeitos de proteção jurídica no nível de legislação concorrencial está na garantia estatal de uma condição formal indispensável para tornar possível o uso criativo de recursos econômicos por parte de seus proprietários. Seria talvez pedir demais à dogmática tradicional que tematizasse, *no nível de autoreflexão dogmática*, as implicações lógicas associadas ao fato de que, do ponto de vista da dinâmica concorrencial, a condição formal de possibilidade de criatividade no mundo econômico que seja socialmente aproveitável (via difusão do progresso técnico) gera as condições *fáticas* para que a liberdade dos outros seja restringida e, no limite, neutralizada. O conceito brevemente apresentado na primeira seção tenta, neste sentido, reaproveitar dogmaticamente conhecimentos obtidos junto à ciência econômica que, ao mesmo tempo, possibilitem alcançar consistência suficiente tanto do lado das "pressões externas" exercidas pela Economia sobre o Direito quanto do lado das "pressões internas" exercidas por valores "progressistas" incrustados na ordem econômica constitucional e — por que não? — nos princípios de um Estado Democrático de Direito referentes ao modo de distribuição do poder real na sociedade.

O efeito colateral mais relevante desta breve análise é o seguinte: uma ambigüidade muito interessante é inerente ao poder econômico: este é condição de existência de liberdade de iniciativa e de produção de eficiências dinâmicas passíveis, ao nível do ideal normativo, de aproveitamento social; mas é também, de outra parte, fator de restrição e eliminação desta mesma liberdade, diminuindo pressões competitivas e dificultando a realização do resultado "positivo" associado idealmente à concorrência. Digamos então que a separação entre aspectos "positivos" e "negativos" associados ao poder econômico é uma abstração, que supõe separáveis aspectos que são como dois lados da mesma moeda. Na perspectiva *racional* dos agentes, a meta na concorrência é a obtenção, através de inovações nos produtos e/ou processos produtivos, de posições monopolísticas que garantam a apropriação dos excedentes gerados na produção como condição de remuneração do investimento realizado e de acumulação de capital, bem como a *consolidação*, ao longo do tempo, destas posições. Isto implica um estímulo para reduzir ao máximo o nível das pressões competitivas atuantes nos respectivos mercados, uma vez que estas são responsáveis por reduções na lucratividade. Logo, a eficiência hoje pode ser causa de ineficiência no futuro e vice-versa, num processo dinâmico repleto de incertezas, embora teorizável. A sobrevivência do ideal juridicamente exigido supõe, então, uma premissa adicional construída *ad hoc*, a saber: que as pressões competitivas, continuamente relaxadas como uma conseqüência *natural* do processo competitivo, tenham as condições necessárias — ainda que não suficientes — para o seu eficaz e rápido reestabelecimento *normativamente* garantidas.[11]

O balanço refletido da mencionada ambigüidade aponta, portanto, um outro *point of no trespassing* para a dogmática jurídica: *têm que* existir critérios seguros para *justificar* a diferenciação, em lícitos e ilícitos, dos arranjos institucionais realizados pelos agentes nos mercados — enquanto manifestações do poder ou das decisões estratégicas dos seus detentores. Esta exigência constitucional e legal implica, para a linha de raciocínio que vinha sendo seguida, uma necessária adaptação, e isto por dois motivos: (1.a) nem a continuidade na produção de eficiências nos mercados concentrados mediante o *eficaz* reestabelecimento *no curto ou médio prazos* das pressões competitivas relaxadas, (1.b) nem a identificação segura de relações de causalidade entre condutas típicas e neutralização de pressões competitivas — bem como de produção possível de eficiências *futuras* —, podem ser asseguradas e suportadas teoricamente *a priori*; e (2) o modelo teórico tampouco se ajusta sem atritos à necessidade de separação abstrata entre os momentos "positivo" e "negativo" do poder como condição de possibilidade de valoração jurídica: é sempre uma única relação concreta de poder que produz, simultaneamente, resultados "positivos" e "negativos", de modo que efeitos potencialmente pró e anticompetitivos podem, dependendo da perspectiva, ser associados à *mesma* conduta.[12]

11. Pressupostas pelo Direito a geração e a difusão do progresso técnico como valores positivos associados à concorrência, caberá então às autoridades estimulá-los mediante o uso dos instrumentos previstos na legislação. É evidente, por outro lado, que tal estímulo, enquanto dependente do aumento das pressões competitivas na economia, apenas em parte poderia ser derivado da aplicação da Lei de Defesa da Concorrência. Esta seria, no máximo, apenas um dos — entre muitos — instrumentos numa política de competitividade e num sistema regulatório mais amplos. Esta circunstância cria uma certa desproporção entre expectativas normativas e resultados econômicos decorrentes da aplicação da Lei, reforçando o seu caráter ideológico. Ademais, por falta de vontade política, infra-estrutura burocrática — as quais comprometem a atuação *ex officio* — e "cultura" empresarial, a intervenção das autoridades nacionais, se comparada à totalidade dos conflitos reais e potenciais passíveis de "solução" no âmbito do contencioso antitruste administrativo e judicial, ou mesmo às estatísticas norte-americanas e européias, tem estado muito aquém do desejado, podendo-se dizer o mesmo a respeito da contribuição histórica *efetiva* da legislação para a manutenção ou incremento das pressões competitivas nos mercados; por outro lado e apesar do discurso, os agentes econômicos racionais continuam, em mercados reais já moderada ou altamente concentrados, adotando estratégias e realizando arranjos institucionais tendentes a reduzir o nível das ditas pressões, ainda que, num *primeiro* momento e em *alguns* mercados, possam ter caráter defensivo perante a concorrência externa; em um contexto como este, a citada função ideológica da Lei, que consiste numa *legitimação* do poder "eficiente" segundo os critérios legalmente estabelecidos, passa a existir também como tema de *slogan* publicitário para os demais agentes, incluindo os localizados nos setores mais retrógrados e/ou cartelizados da economia.

12. Esta regra de raciocínio é relativizada no caso das análises de atos — especialmente de concentração — com base no art. 54 da Lei 8.884/94. Aqui é possível "contrabalançar" efeitos anticompe-

Deve assim ser *postulada* a hipótese da garantia — ainda que parcial — da manutenção das pressões competitivas e da produção de eficiências dinâmicas *e estáticas* (apesar do *trade-off* real) via respeito às normas jurídicas vigentes. O caráter parcial desta garantia jurídica postulada é causa de uma cisão entre legalidade e legitimidade no que diz respeito à valoração do poder: o poder lícito é aquele que respeita as normas, cujo conteúdo se esgota — no caso das condutas abusivas — na previsão de limites *negativos* relativamente às suas manifestações concretas; o poder legítimo, por sua vez, iria mais além, *produzindo efetivamente* as eficiências desejadas.

Uma dogmática que incorporar o enfoque neoschumpeteriano deverá, portanto e como já antecipado, sacrificar parte da sua força cognitiva em benefício da funcionalidade jurídica. Foi dito acima que a força desta concepção teórica está no seu realismo, na medida em que a incerteza e a ambigüidade, atributos essenciais do seu objeto de conhecimento, são a este incorporados como pontos de partida da análise, e não escamoteados para atender imposições de método ou ideológicas. Em outras palavras, os neoschumpeterianos fazem o método seguir o objeto, ao passo que os neoclássicos fazem o inverso, definindo o objeto em função do método. Incerteza e ambigüidade, no entanto, revelam baixíssima funcionalidade quando consideradas à luz dos "imperativos essenciais" *ao discurso jurídico*, entre os quais vale aqui mencionar o raciocínio binário a partir de esquemas razoavelmente bem definidos, integrados numa totalidade artificialmente construída e aparentemente consistente ("ordenamento jurídico"), a expectativa da certeza em relação às conseqüências das decisões como pressuposto da crença na "solução justa" dos conflitos e as limitações impostas ao potencial anárquico inerente às regras formais do discurso racional e da densidade semântica dos conceitos mais carregados politicamente em função de normas procedimentais e materiais tomadas como "dogmas".[13]

Um ponto peculiarmente importante a ser levado em conta neste contexto é aquele relativo à perspectiva temporal da análise técnica preparatória das decisões, isto é, à capacidade do analista e do modelo teórico subjacente em construir racionalmente, *para o curto prazo especialmente* — ainda que a visão a médio prazo não deva ser ignorada —, um conjunto de expectativas ligadas aos elementos relevantes do caso concreto, no interior do qual as autoridades possam aplicar com segurança os esquemas decisórios predefinidos e *fundamentar* as suas decisões de modo convincente — isto é, apelando para os efeitos reais ou esperados resultantes das práticas em discussão — para as partes. Ora, um modelo econômico que se obrigar, por escrúpulo metodológico, a silenciar a respeito das expectativas a curto prazo associadas a condutas ou atos de concentração, terá poucas chances de sucesso entre autoridades sujeitas às pressões de ofício, advogados ávidos dc algoritmos simples para a formulação de juízos do tipo "aqui-e-agora" e empresas corretamente preocupadas com clareza institucional como condição para o cálculo econômico. Ainda que, ao que nos parece, a citada característica não possa ser afirmada como intrínseca ao modelo alternativo por nós discutido, é necessário ressaltar também este imperativo como fator de seleção entre paradigmas teóricos concorrentes, na medida em que o instrumental neoclássico tem se mostrado extremamente funcional neste sentido e a plasticidade do quadro teórico neoschumpeteriano pode ser confundida com indeterminação e até mesmo, com falta de cientificidade.

titivos com aquilo que se convencionou chamar de "eficiências" (resultados "positivos") para o mercado. Trata-se de relativização e não de suspensão, posto que o recurso a tais eficiências deixa de valer a partir de uma certa intensidade alcançada pelos efeitos anticompetitivos.

13. Cf. a respeito Luhmann, *Rechtssystem und Rechtsdogmatik*, Kohlhammer, 1974.

Isto posto, é possível — ao menos no curto prazo — visualizar duas estratégias para uma absorção *dogmática* do instrumental analítico neoschumpeteriano. Em *primeiro* lugar, pode-se optar por uma solução de compromisso, agregando, sem preocupações de consistência nos princípios, conceitos e modelos de análise aos já existentes no aparato neoclássico, deste modo *ampliando* o estoque de conceitos e instrumentos disponíveis aos advogados e às autoridades; em *segundo* lugar, pode-se tentar reconhecer, desde o início, as contradições profundas entre os dois enfoques, propondo um modelo alternativo, mas que aceite as restrições impostas pelo discurso jurídico acima destacadas. Ora, do ponto de vista da linha de menor resistência, parece óbvio que a primeira alternativa é a melhor. Deve-se lembrar, contudo, que o modelo neoclássico, apesar de amplamente dominante nos EUA e CEE, jamais foi incorporado *enquanto modelo* de forma consistente no Brasil. Aqui predominou um padrão discursivo que alternou citações desencontradas e um aparato doutrinário completamente antiquado, vinculado aos Direitos Civil e Comercial clássicos. Neste sentido, devemos admitir que raros foram os momentos de interpretação e aplicação técnicas do Direito da Concorrência, sendo incorreto afirmar que haveria um modelo *dominante* a orientar os advogados e autoridades (posto que não houve modelo algum).

Num ambiente como este — e sempre *supondo* que as condições institucionais vão ser criadas e estabilizadas com o tempo —, é possível até mesmo arriscar a afirmação de que o nosso atraso pode ser causa de uma "vantagem" em relação aos países desenvolvidos, na medida em que aqui não seria necessário enfrentar a enorme resistência que a concepção neoclássica, já entronizada naqueles países, oferece aos seus críticos. *Se* a aplicação da lei realmente for levada a sério e se tornar necessária a elevação do padrão de qualidade do discurso, o enfoque neoschumpeteriano poderia se apresentar como um candidato a modelo teórico dominante exclusivo. Aos advogados especialistas caberia então a tarefa de usar os insumos teóricos fornecidos pelos economistas num sentido dogmaticamente aceitável. Parece-nos, enfim, que o mais provável — sempre partindo da suposição referida — é que a primeira estratégia acima mencionada venha a prevalecer. De fato, tanto aos advogados como às autoridades um aumento quantitativo no estoque de argumentos disponíveis torna mais amplo o espaço de manobra, seja na defesa dos interesses dos clientes nos casos "difíceis", seja na criação de portas de entrada para a introdução, nas decisões, de considerações de ordem política ou mesmo ideológica — sempre no aproveitamento da vagueza e da ambigüidade dos textos legais.

Dito isto, voltemos a considerar a relação entre legalidade e legitimidade no Direito da Concorrência. A análise crítica das complexas relações existentes entre *poder econômico* e *legitimidade* é um tema à parte, que merece atenção específica e nos levaria muito longe. Alguns pontos, no entanto, devem ser ao menos referidos no presente texto.[14] Face à assimetria de poder que é condição e conseqüência dos processos concorrenciais no capitalismo contemporâneo e à magnitude dos conflitos daí decorrentes, o dever dogmático de criar aparências de "consistência" levou e continua levando alguns juristas a buscar refúgio na velha concepção da igualdade e liberdade como direitos formais, mas agora *absolutamente* separados das respectivas condi-

14. Sobre o tema, cf. o nosso "Abuso do Poder Econômico e legitimidade", *Revista de Direito Mercantil* (I)95, jul./set. 1994, pp. 57-63. É importante notar, contudo, que a perspectiva adotada no presente texto está situada num nível mais avançado de reflexão do que aquela associada ao artigo citado, o qual se move no âmbito estrito da dogmática jurídica, não incluindo portanto a necessária prestação de contas a respeito das suas próprias premissas teóricas e sobretudo ideológicas, hoje aliás muito questionáveis. Entre os economistas, cf. o texto citado de Celso Furtado, ainda que tenha sido escrito sob um pano de fundo histórico bem diferente do atual.

ções de manifestação, de modo a fazer desaparecer, por exemplo, as diferenças sócio-econômicas e as conseqüências políticas associadas à existência de uma mega e de uma microempresa, tornando o poder da primeira "juridicamente irrelevante".

Esta tática que, ao ignorar o problema da distribuição real de poder no interior da sociedade, neutraliza a questão da legitimidade e reduz a utilização dos instrumentos previstos na legislação de defesa da concorrência à proteção da "autonomia da vontade" no sentido tradicional dos Direitos Civil e Comercial, teria representado o fim da esperança de um Direito da Concorrência minimamente técnico, se não houvesse razões para crer que está sendo suplantada, ao menos nos círculos especializados, por duas outras concepções, cujo denominador comum está na visualização, ao menos potencial, de resultados positivos associados ao uso do poder econômico, justificando a sua existência como *condição necessária* à produção de certas eficiências estáticas e dinâmicas.

A primeira destas concepções mistura uma política *seletiva* de favorecimento à concentração de capital — enquanto condição de competitividade — com mecanismos regulatórios que procuram canalizar o exercício do poder econômico no sentido pretendido, defendendo de maneira ampla a utilização dos instrumentos previstos pela legislação de defesa da concorrência, mas apenas como *um* mecanismo regulatório — de controle e estímulo — ao lado de outros; a segunda concepção, que poderíamos chamar de "neoliberal" ou neoclássica moderna, defende o *laissez faire* oligopolista nos mercados, procurando dele deduzir a geração de eficiências de forma automática e concentrando o papel dos órgãos de defesa da concorrência na repressão de cartéis e monopólios, encarados como patologias externas ao funcionamento normal do sistema.

Ambas concepções, ainda que de forma bem diversa, abriram caminho para uma recolocação do problema da legitimidade do poder econômico em termos mais realistas e palatáveis à dogmática jurídica atual do que aqueles propostos pela ideologia dos defensores do *small business* nos Estados Unidos no final do século XIX e início do século XX — aclimatada no Brasil décadas mais tarde sob a fórmula pouco esclarecida do combate aos "grandes grupos multinacionais". Além disto, ambas permitem o recurso à distinção habitual entre *poder* e *uso do poder*, reservando o juízo de legitimidade ao "uso" e admitindo que o poder é, "em si", legítimo. A diferença reside no seguinte: enquanto a concepção "neoliberal" defende que o uso *normal* — isto é, visando à "maximização do lucro" — do poder oligopolista no processo concorrencial leva *necessariamente* à eficiência e ao ótimo paretiano, a outra concepção acredita que tal ótimo não existe no mundo real, e que a contribuição do poder ao aumento das eficiências estáticas e/ou dinâmicas não decorre de um seu uso supostamente "normal" — identificado com a "maximização" de alguma função-objetivo —, mas resulta de seu uso *efetivo*, voltado à criação de situações monopolísticas via inovações nos produtos e processos, e da presença de certas condições institucionais, em cuja manutenção o Estado tem papel importante, senão essencial. De acordo com esta concepção, o uso *lícito* do poder não garante o seu uso *legítimo* — embora o último implique o primeiro —, uma vez que a aplicação dos instrumentos colocados à disposição das autoridades pela lei é apenas condição necessária — mas não suficiente — para a produção, pelo poder econômico, dos resultados idealmente esperados.

A distinção entre "poder" e "uso do poder", aparentemente tão plausível, é, quando vista mais de perto, um tanto artificial e até mesmo enganadora. Ela recorda, de modo caricatural, a antiga distinção entre "potência" e "ato", e baseia-se numa separação abstrata entre, de um lado, um determinado conjunto de ativos produtivos e não produtivos e, de outro, a utilização deste conjunto em um mercado. Esta separação, por sua vez, parece ter sido emprestada ao direito de propriedade, onde ainda faz sentido falar-se em objeto do direito (por exemplo, um dado bem imóvel) e uso do direito ou do objeto do direito. Ora, o poder econômico não se confunde com um determinado conjunto de ativos, os quais são apenas condição material do poder; este, por sua vez, é sempre uma *relação social concreta de dependência e controle*, de modo que "poder" e "poder em ato" são uma e a mesma coisa: não há "poder" algum por detrás das suas manifestações concretas, uma vez que "o poder" no singular não passa de uma abstração.

A utilização desta distinção um tanto forçada abriu caminho, entretanto, para a retradução das descrições objetivas de relações sociais de poder concretas na linguagem dos direitos subjetivos, na medida em que o direito de propriedade ou de posse sobre um determinado conjunto de ativos produtivos e não produtivos pode ser usado desta ou daquela maneira. Isto teria resolvido também o problema do sentido do abuso do poder econômico, que significaria então uma espécie de uso abusivo dos direitos que integram o conteúdo da liberdade de iniciativa. Esta interpretação acaba reintroduzindo pela porta dos fundos o efeito ideológico principal da concepção "tradicionalista" acima mencionada, neutralizando a questão do poder e de sua legitimação: um direito não precisa ser legitimado, tampouco cabendo falar de um uso legítimo do poder que não se esgotasse no seu uso lícito; além disto, a relevância jurídica do poder ou inexiste ou é secundária, já que vale somente como condição de fato para que o direito — que é o mesmo para qualquer agente econômico — possa ser usado de forma abusiva.

A retradução de relações de poder em termos de direitos subjetivos — e o efeito ideológico por ela implicado — não é, contudo, nem necessária do ponto de vista jurídico nem mesmo adequada dogmaticamente. Recorde-se a interpretação segundo a qual a Lei 8.884/94 defende a concorrência através de mecanismos que visam à manutenção e ao incremento das pressões competitivas nos mercados; neste contexto, a liberdade de iniciativa dos concorrentes — e os direitos que integram o seu significado sem no entanto esgotá-lo — tem um papel instrumental. Não é a liberdade "em si" o "bem jurídico" tutelado pela lei, mas a concorrência, cuja intensidade vai depender do nível das pressões competitivas nos mercados, que por sua vez será, aí sim, parcialmente determinado pelo grau de liberdade de iniciativa dos agentes *dotados de poder*. A proteção jurídico-formal do núcleo essencial do conceito de livre iniciativa, a saber: a *potencialidade* no uso de recursos econômicos de modo criativo com respeito a produtos e processos produtivos passível de aproveitamento social via difusão, é, assim, *condição necessária* de incremento das pressões competitivas nos mercados e, a partir daí, de geração de eficiências dinâmicas. Poder, liberdade, pressões competitivas e concorrência são elos numa cadeia pressuposta pela lei que desemboca, idealmente, no bem-estar geral postulado como fim da ordem econômica constitucional. A variável-chave nesta cadeia é um certo conceito *jurídico* qualificado de poder econômico ("posição dominante"), uma vez que implica uma *situação jurídica distinta* para os agentes cujas posições de mercado possam ser sob ele subsumidas, situação esta que é caracterizada pela presença de *deveres específicos* que são correlatos da posição de domínio permitida pela CF — e promovida pela lei —, e derivados de um dever básico: a posição dominante de um agente perante outros cria para este o dever de usá-la no sentido pressuposto normativamente.

Ademais, apenas a dimensão "pública" — isto é, perante os órgãos estatais no exercício de poder normativo, fiscalizatório e repressivo — do princípio da livre iniciativa é que pode ser invocada para fundamentar um suposto "direito à concorrência", de resto normalmente reservado à pessoa do empresário, e não à empresa. Nas relações reais entre agentes econômicos no mercado, inexiste um tal direito: o "direito" de concorrer, como manifestação nos mercados da liberdade econômica, é privilégio de quem tem o *poder* necessário, ou seja, é uma função da distribuição real de forças entre as empresas e das características estruturais dos mercados.[15] Novamente, esta conclusão um tanto dramática em nada aproxima o enfoque aqui adotado das imprecisões conceituais que caracterizam o pensamento dogmático nacional dominante. Ela apenas indica que um conceito jurídico de livre iniciativa que não queira isolar-se das determinações essenciais do seu objeto de aplicação não poderá ignorar o *fato econômico* de que liberdade econômica, poder e restrição da liberdade econômica estão indissoluvelmente interligados na dinâmica concorrencial como fases de um único movimento. Entretanto, ela *também* indica que, neste processo dinâmico, posições relativas de poder estão sob constante — *supondo naturalmente um nível adequado de pressões competitivas* — ameaça e que, por vezes, transformações nas mesmas vêm acompanhadas de profundas alterações estruturais; e que é *justamente neste processo de destruição/criação de estruturas e mutação de posições de poder* que cabe identificar, como um subproduto, o *valor* que justifica a regulação estatal do mercado e cuja *condição institucional de possibilidade* está na garantia jurídica da *possibilidade* de que recursos econômicos sejam usados de forma *criativa*. Esta garantia jurídica, aqui definida como núcleo essencial de um conceito juridicamente autônomo de livre iniciativa, resolve de um só golpe também o problema da reflexão, a nível dogmático, do modo de relacionamento entre o sistema jurídico e o sistema econômico, na medida em que pode ser interpretada *por este último* como condição institucional necessária à apropriabilidade pelos agentes, em forma de maiores lucros, das vantagens geradas por meio de atividades inovativas.

É, portanto, *aquela* relação social de domínio de um ou mais agentes por outro *possibilitada* pelo uso criativo de uma liberdade (de um espectro de opções) juridicamente garantida, o foco dos interesses legais. Por razões de ordem constitucional e legal relativas à proteção da livre iniciativa na sua dimensão "pública", bem como de ordem "lógica",[16] o dever imputado ao sujeito controlador na relação de poder no sentido de direcionar tal relação à produção dos fins pressupostos idealmente pela lei, não pode consistir numa obrigação de fazer positiva; trata-se, ao contrário, da obrigação fraca de não fazer, ou seja, não produzir os efeitos listados nos incisos do artigo 20 da Lei 8.884/94. A lei procura, aqui, *canalizar* o exercício do poder econômico para a produção de eficiências mediante a determinação de limites *negativos*

15. A livre iniciativa tem uma face voltada ao empresário e outra à empresa, bem como uma dimensão "pública" (relação agente econômico — Estado) e outra "privada" (relações entre agentes). Ela interessa imediatamente como conjunto de direitos apenas na sua dimensão pública; na dimensão "privada" — que é a do Direito da Concorrência — trata-se de proteger o princípio como condição para a manutenção e incremento das pressões competitivas na economia. Neste contexto, a livre iniciativa é capacidade real de criação no mundo econômico a qual pressupõe sempre um certo grau de poder —, ocupando a sua existência enquanto "conjunto de direitos subjetivos" uma posição secundária. Em suma, ao Direito da Concorrência não basta que os agentes tenham um mero direito formal de concorrer (pois isto eles sempre terão, salvo nos casos raros de cláusulas contratuais de não-concorrência), mas é necessário que existam condições estruturais nos mercados que permitam um uso da criatividade no sentido visado pelo constituinte e pelo legislador.

16. A lei encara o poder como condição necessária à produção de eficiências dinâmicas na medida em que aquele é também condição da criatividade, isto é, capacidade de modificar contextos no mundo econômico. Esta criatividade do poder é objeto de proteção legal como meio de realização do fim determinado na CF. Deste modo, seria contraditória em relação a tal fim a intervenção estatal positiva sobre a decisão relativa ao modo de utilização desta capacidade: a criatividade só existe enquanto margem indeterminada de opções estratégicas (ainda que sujeita a limites).

bem flexíveis (no caso do controle previsto no artigo 54, de forma complementar, o objetivo é incidir preventivamente sobre as formas de ampliação e constituição do poder econômico de modo a tentar reforçar, inclusive utilizando compromissos de desempenho, a probabilidade do seu exercício no sentido desejado).

O reconhecimento do caráter *primário* do conceito jurídico de posição dominante na legislação de defesa da concorrência não elimina, porém, o tema do abuso do direito como figura de explicação dogmática. Se o sujeito dos deveres específicos previstos na lei é a pessoa jurídica sob cuja forma aparece a empresa detentora de uma posição dominante, o sujeito do direito é o proprietário da mesma, de modo que é o *seu* direito que pode ser usado de forma abusiva, e não os direitos da pessoa jurídica objeto da relação de propriedade.[17] Há, logo, uma função social *da propriedade* ao lado — ou melhor, abaixo — da função social *do poder econômico* em sentido estrito, bem como uma responsabilidade da pessoa jurídica (empresa detentora de poder) e de seus administradores e diretores por cometimento de infração da ordem econômica que existe separadamente da responsabilidade dos proprietários por abuso dos respectivos direitos de propriedade. No âmbito do Direito da Concorrência, a função social da propriedade é *decorrência* da função social do poder, a existência e o significado daquela são logicamente derivados da existência e do significado desta última.

Dado que "poder" é sempre "poder em ato", é mais correto dizer que o interesse normativo está focalizado sobre os diversos arranjos institucionais utilizados pelas empresas em busca da valorização dos seus respectivos capitais, arranjos estes que correspondem às mais variadas formas de manifestação do poder, o qual é contínua e ininterruptamente "usado". Como já exposto, tais arranjos podem, normalmente mediados por efeitos estruturais, ter diferentes — na natureza e na intensidade — impactos reais ou potenciais sobre as pressões competitivas nos mercados relevantes, advindo daí os critérios de julgamento das autoridades no tocante à classificação das contínuas manifestações concretas do poder em infrações ou não. Assim, é sempre a mesma posição de poder, a mesma relação de controle, que ora se *revela* como infração, ora não, dependendo da natureza e intensidade dos seus impactos — também contínuos e concretos — sobre o nível das pressões competitivas nos mercados relevantes.[18] O poder no singular é apenas uma *abstração* ou, no máximo, um instrumento heurístico que agrega um conjunto de ca-

17. No caso das sociedades anônimas, talvez fosse correto falar também unicamente de abuso de poder — e não de direito — no exercício de voto por parte dos acionistas controladores e não controladores. A distinção entre controladores e não-controladores seria relevante apenas para efeitos de determinação do conteúdo dos deveres de um e outro. Cf. Fábio Konder Comparato, *Direito Empresarial*, Saraiva, 1995, pp. 85 e 86, especialmente a Nota 6: "A melhor doutrina enxerga no voto não um direito subjetivo *stricto sensu*, isto é, direito a uma prestação de outrem, mas um poder jurídico (...), vale dizer, a prerrogativa de influir na esfera jurídica alheia (...)".

18. A linguagem dominante no Brasil, tributária da concepção "tradicionalista" acima mencionada, dá a impressão de um poder inerte, que está ali, enquanto puro poder, e de repente é usado, ora para o bem, ora para o mal. Os norte-americanos, que neste particular estão décadas a nossa frente, estão interessados em saber se as práticas horizontais e verticais das empresas detentoras de poder levam ou não à produção de eficiências para o mercado, influindo sobre o "bem-estar" dos consumidores — predominantemente identificado com uma "alocação eficiente de Pareto" —, e mobilizam para isto o que há de mais moderno na literatura sobre microeconomia e organização industrial. Mesmo que, como várias vezes observado acima, devam ser feitas críticas quanto à ideologia e ao modelo teórico subjacentes a esta concepção de "bem-estar", bem como relativizada a "pureza" dos modelos invocados quando "capturados" pelo Direito, é inegável a enorme diferença nos padrões de qualidade dos textos doutrinários e advocatícios aqui e ali, devida certamente a fatores culturais e históricos mais profundos, mas também, de modo mais imediato, às condições institucionais até agora existentes, muito desfavoráveis a formação de um amplo corpo de profissionais tecnicamente especializados.

racterísticas tidas por essenciais que *definem conceitualmente* uma posição dominante nos mercados em geral, mas o fenômeno do poder econômico, enquanto soma das posições concretas de domínio ou controle de pessoas por outras pessoas, pertence ao mundo dos fatos econômicos e tem uma existência que é inseparável das suas manifestações particulares em mercados e transações mercantis específicas.

Como dito acima, uma posição dominante pode assumir, em função dos arranjos institucionais — horizontais e verticais — realizados pela empresa que a detém, manifestações diferenciadas, cada qual influindo a seu modo sobre a estrutura do(s) mercado(s) relevante(s), as margens estratégicas dos concorrentes efetivos, as expectativas e decisões dos concorrentes potenciais, os comportamentos dos fornecedores e compradores, os preços e taxas de lucro etc., repercutindo portanto sobre as pressões competitivas atuantes sobre a empresa dominante individualmente considerada ou, como um todo, a indústria ou mercado em que se localiza juntamente com as empresas concorrentes. Este nexo existente entre formas de manifestação de posições dominantes e nível das pressões competitivas interessa às autoridades em virtude da relação de causalidade direta normativamente pressuposta entre o dito nível e a geração de eficiências nos mercados e, em última instância, a produção de "bem-estar" social. Na medida, contudo, em que a legislação reconhece como objetos de proteção *autônoma* — ainda que, no plano teórico de um enfoque dinâmico, internamente relacionados — a livre iniciativa *e* a livre concorrência, é fundamental que os respectivos conceitos não sejam projetados de tal forma a produzir a neutralização de um pelo outro; como exposto, a crítica ao pensamento dogmático local (que está, repita-se, ainda em vias de formação) consiste justamente na geração desta inconsistência, de resto incompatível com as exigências internas do sistema jurídico.

Voltando agora ao problema do ângulo de um tratamento unificado da questão das infrações da ordem econômica, é necessário indicar de forma breve o caminho através do qual será possível diferenciar e valorar *in concreto* estratégias e/ou condutas que influam negativamente sobre o nível das pressões competitivas em um dado mercado (1) seja via uma restrição à livre iniciativa de um ou mais agentes; (2) seja ainda via uma restrição à concorrência num ou mais mercados relevantes. O fio condutor da distinção está naquilo que identificamos como "núcleo essencial do conceito de livre iniciativa", isto é, a garantia jurídica da possibilidade de inovação no mundo econômico. Vimos que esta garantia é, do ponto de vista dinâmico, condição de efeitos contraditórios; com efeito, o princípio da livre iniciativa garante juridicamente, num primeiro instante, a possibilidade de que os agentes A, B, C, D, etc. utilizem seus ativos de forma criativa, inovando em produtos, em processos e/ou formas organizacionais as quais, selecionadas *ex post* pelos mecanismos de mercado, serão fontes de vantagens competitivas passíveis de apropriação por alguns deles em detrimento de outros. Estes últimos, isto é, os "perdedores" nos processos seletivos de mercado, poderão, no limite, vir a ter as suas respectivas capacidades inovativas gravemente afetadas, a ponto de verem neutralizadas as condições fáticas de realização da possibilidade inscrita juridicamente, como núcleo essencial, no conceito de livre iniciativa; os agentes "vencedores", isto é, aqueles cujas decisões foram selecionadas pelo mercado, ver-se-ão estimulados, a partir da própria lógica interna do sistema econômico, a adotar estratégias que estendam ao máximo o tempo de fruição das vantagens competitivas geradas anteriormente; ocorre que, como disse Mario Possas, a concorrência é um processo objetivo, impossível de ser "eliminado" pela conduta dos agentes. A variável importante, portanto, está no tempo de duração das posições monopolísticas temporariamente criadas, o qual será maior ou menor em função do nível de pressões competitivas atuando sobre os agentes nos mercados: quanto mais elevado este nível, mais rápida será a diluição das vantagens e a socialização do progresso técnico e material antes monopolizado pelo agente inovador; ora — e aqui novamente o círculo conceitual se fecha —, uma condição necessária para a elevação, em cada novo período de mercado, do nível das referidas pressões, é a proteção jurídica da possibilidade generalizada de inovar, ou seja, do núcleo essencial do princípio da livre iniciativa tal como acima proposto conceitualmente. Com a identificação de um "núcleo essencial", não se está afirmando que as determinações do conceito esgotem-se aí, mas sim, que *a* determinação do conceito *que interessa ao tratamento unificado do problema das inflações da ordem econômica* é a possibilidade nele inscrita de iniciar algo novo, de criar no mundo econômico, mas com a importante qualificação de que o aspecto do processo criativo que é selecionado como relevante para fins de proteção e definição de infrações da ordem econômica é *aquele relacionado ao aumento das pressões competitivas nos mercados.*[19] Ademais, a ênfase na dimensão *jurídica* da garantia veiculada pelo princípio não significa uma concessão ao formalismo exacerbado da dogmática dominante; ao contrário, a dimensão das condições reais de concretização do direito não apenas não é escamoteada, mas é também explicitamente tematizada como relevante para a aplicação do direito. Com efeito, uma conduta pode afetar a possibilidade de inovar de um agente seja retirando-lhe diretamente liberdade formal (por exemplo, por força de um dispositivo contratual), seja, ainda, por meio da neutralização das opções reais de manifestação da criatividade formalmente garantida (por exemplo, via ameaças de recusa de venda no caso de exercício de um direito respeitado formalmente).

Destacar do conteúdo semântico do termo "livre iniciativa" uma dada determinação e caracterizá-la como seu núcleo essencial, garante autonomia jurídica ao princípio; fazê-lo nos termos acima propostos implica, ademais, funcionalidade em relação às exigências do sistema econômico moderno (e portanto um mínimo de eficácia) e consistência com as proposições de uma descrição convincente do objeto de regulação. Para o conceito de *infração da ordem econômica*, por sua vez, esta operação analítica abre perspectivas inovadoras e, a meu ver, dignas de exploração. A sua maior virtude é superar o incômodo dualismo que marca a forma de reflexão, pela dogmática dos sistemas jurídicos dos centros mais desenvolvidos, das infrações definidas nas respectivas legislações de defesa da concorrência. Os Estados Unidos são aqui o caso paradigmático, uma vez que a evolução do sistema baseada no *case law* não pode garantir a unidade conceitual exigida pelo tratamento dogmático dos problemas; a cisão que existe no tratamento das infrações *per se* e as baseadas na *rule of reason* é o indicador mais externo de um dualismo que, a meu ver, está na raiz de uma concepção insatisfatória dos ideais associados ao processo concorrencial; no Brasil, a repetição incessante do preconceito implícito no jargão segundo o qual à lei somente interessa a concorrência e não, o concorrente, está sendo responsável pela sedimentação de um erro de conseqüências imprevisíveis para o desenvolvimento dogmático local, posto que simplesmente deixa de refletir abusos praticados contra agentes individuais não espelhados de forma *imediata* em efeitos líquidos negativos para a concorrência num mercado. De acordo com a concepção teórica aqui defendi-

19. Estas observações não devem ser confundidas com as tentativas ideológicas de romantizar a figura do *empresário* como sujeito da atividade criadora; trata-se, ao contrário, de um processo coletivo que integra vários níveis hierárquicos e segmentos funcionais de uma empresa, de modo que a esta, e não aos seus administradores ou proprietários, que deve ser imputada a responsabilidade por inovações.

da, há, mediada pelo conceito de pressões competitivas, uma relação interna entre livre concorrência e livre iniciativa, de modo que restrições artificiais à capacidade de inovar de um agente econômico (por menor que este último seja no instante da restrição) significam, numa perspectiva dinâmica, uma possível redução das pressões competitivas *futuras*. Conceitualmente, então, o *direito generalizado de criar* é condição para a manutenção e o incremento das pressões competitivas que, por sua vez, são a condição para que o ideal associado à concorrência possa vir a se realizar efetivamente. Recordando o nexo causal que existe entre tal realização e o *processo de criação/destruição* de estruturas no capitalismo, é necessário à legislação tentar promover a canalização do movimento quase "espontâneo" de acumulação do capital na direção de uma maior e mais rápida socialização dos seus frutos, por meio do encurtamento dos períodos de reprodução do referido processo dinâmico. Traduzindo isto em termos de política jurídica: garantia da livre iniciativa de *todos* e prevenção/repressão de estratégias conducentes à *redução artificial* das pressões competitivas nos mercados.

Isto posto, é possível conciliar *um conceito genérico* de infração com uma bifurcação não dicotômica do mesmo no nível de certas especificidades na aplicação e nos argumentos de defesa admitidos no contexto da *rule of reason*. Infração da ordem econômica é toda conduta ou estratégia que cause ou possa causar de modo "artificial" (isto é, não justificável a partir da lógica que rege o processo dinâmico de geração/diluição de vantagens decorrentes de inovações) uma redução no nível das pressões competitivas num mercado ou um bloqueio no tocante ao incremento do mesmo. Tal resultado negativo para as pressões competitivas pode ser então, num nível mais específico de argumentação, produzido *tanto* indiretamente por uma restrição "artificial" (no sentido acima exposto) ou "injustificável" (por argumentos relativos à racionalidade econômica da empresa *não incompatíveis com os objetos de proteção* legais) à capacidade inovativa de um ou mais agentes econômicos *como também* por meio de condutas ou estratégias cujo impacto negativo para as pressões competitivas possa ser aferido diretamente através de uma análise do "efeito líquido" (em termos das eficiências esperadas) para a concorrência num mercado e para o bem-estar dos consumidores. Passemos do plano conceitual para o da práxis de aplicação por meio de exemplos. Caso clássico de restrição à capacidade de inovar por meio de neutralização das condições reais para a concretização do direito de inovar: a recusa de venda praticada por empresa que detém posição dominante em relação a outra. A infração se deve considerar consumada quando o motivo de tal recusa não puder ser imputado ao interessado (falta de crédito, por exemplo) ou justificada com argumentos que tornem plausível a existência de impacto negativo sobre o nível das pressões competitivas (recusa de venda direta ao consumidor final em razão de perdas significativas de eficiência); este tipo de defesa torna-se mais problemático quando o produto cuja venda se recusa é um insumo essencial para a produção de bens tecnologicamente mais avançados, de modo a condenar a empresa demandante a uma produção continuada de bens não alinhados com o progresso tecnológico (conduta que norte-americanos denominam *technological ties*[20]), uma vez que, neste caso, a capacidade de inovação do agente é limitada de forma direta;[21] caso clássico de conduta tendente a reduzir de forma direta e

20. Cf. *Foremost Pro Color v. Eastmann Kodak Co.* (1983).

21. Para evitar mal-entendidos, estamos falando de "inovação" como o atributo de uma atividade que ocorre ao nível de cada empresa; assim, inovar não significa ser o primeiro no mundo a criar um novo produto, um novo processo ou uma nova forma organizacional, mas sim (seguindo R. Nelson), incorporar *à empresa* um novo produto, processo ou forma organizacional, mesmo que já inventados por outrem.

instantânea o nível de pressões competitivas num mercado: fixação horizontal de preços. Aqui a consumação da infração é normalmente identificada à la *per se*, ou seja, no momento em que se comprova a fixação.

Note-se que um acordo de preços entre concorrentes pode em nada comprometer a capacidade criativa dos membros do cartel, o que demonstra a independência lógica existente entre os tipos básicos de infração; ademais, e para efeitos de *consistência teórica*, é simplesmente incorreto o tratamento *per se* de práticas cartelizantes, uma vez que a concorrência (no sentido aqui exposto) pode dar-se, para cada produto e mercado específico, ao longo de várias dimensões, sendo arbitrária a equalização *a priori* entre concorrência e *preços* competitivos.

Focar o ideal associado à concorrência na socialização possível do progresso técnico e material significa tematizar a concorrência nas suas várias dimensões e analisar os casos concretos de suposta restrição à concorrência guiado pelo critério do "efeito líquido" que pode até ser positivo num caso de cartel. Se daí advêm *dificuldades metodológicas* que tornam demasiadamente complexo o trabalho das autoridades, é algo a ser levado certamente em conta, que no entanto em nada afeta a consistência dos argumentos teóricos acima apresentados. Disfuncionalidades criadas no processo de aplicação da teoria à práxis devem ser tratadas como problemas de natureza institucional, cuja solução depende de fatores heterogêneos, mas que às vezes pode surgir de uma combinação feliz de processos de tentativa e erro, ousadia criativa e boa vontade política.

Doutrina

DIREITO DOS GRUPOS DE SOCIEDADES

JORGE LOBO

I — Grupo de sociedades: uma técnica revolucionária de organização da empresa moderna. II — A dimensão ótima da empresa. III — A expansão externa da empresa. IV — Noção de grupo de sociedades. V — Classificação dos grupos de sociedades. VI — Características do grupo de sociedades. VII — Convenção grupal. VIII — Direção econômica unitária do grupo de sociedades. IX — Independência jurídica das sociedades grupadas. X — Personalidade jurídica do grupo de sociedades. XI — Os direitos dos acionistas minoritários, dos credores e das próprias sociedades controladas em face da sociedade de comando: A. Grupos de sociedades de fato; B. Grupos de sociedades de direito. XII — Direito dos grupos de sociedades.

"We speak, teach, litigate and legislate about "company law". But the predominant reality is not today the company: is the corporate group" (Wederburn, *Multinational and the Antiquities of Company Law*, Mod. Lr (1983), p. 320).

I — Grupo de sociedades: uma técnica revolucionária de organização da empresa moderna

Manuais, cursos e tratados, nacionais e estrangeiros, continuam a difundir a idéia de que "le droit commercial est la partie du droit privé relative aux opérations juridiques faites par les commerçants, soit entre eux, soit avec leur clients",[1] como se o seu objeto fosse, hoje, ainda, exclusivamente, as relações jurídicas entre mercadores, iniciadas e concluídas, com simplicidade e rapidez, inspiradas na boa-fé e na aparência, numa feérica e multimoda feira, criando, por isso, o risco de fomentar o aparecimento de novos adeptos de Ascarelli, Carnelutti e Rubio, para os quais, com o fenômeno da "generalização", o Direito Comercial se extinguiu:[2]

No campo do Direito Societário, por igual, como acentua Ton Hadden, "os comercialistas continuam a escrever e a raciocinar como se a sociedade individual e independente fosse a regra. Na realidade, esta sociedade deixou de constituir a mais importante forma de organização econômica desde as décadas de 20 e 30. O mundo comercial é hoje dominado, quer nacional, quer internacionalmente, por complexos grupos de sociedades",[3] podendo-se, com

1. Georges Ripert, *Traité Elementaire de Droit Commercial*, Paris, LGDJ, 10ª ed., t. I, p. 1.

2. A propósito, leia-se, com excelente proveito, a conferência de encerramento de Joaquin Garrigues, "En torno a la reforma del Derecho Mercantil", in *Jornadas sobre la reforma de la legislación mercantil*, Madrid, Ed. Civitas, 1979, pp. 374-57.

3. *Inside Corporate Groups*, IJSL, 1984, p. 271

ênfase, afirmar que "os grupos de sociedades estão no coração de todos os problemas com que hoje se debate o direito das sociedades".[4]

Em verdade, a empresa unipessoal, a sociedade unifamiliar e a sociedade comercial de poucos sócios e parcos recursos técnicos, científicos, econômicos e financeiros, concebidas e exploradas exclusivamente para atender às necessidades primárias locais, transformaram-se na empresa moderna — soberbo produto da economia capitalista —, que tem como um dos princípios básicos a sua contínua, racional e crescente expansão, interna e externa, com a finalidade de conquistar novos mercados.

Com efeito, numa economia capitalista, caracterizada pela livre, acirrada e, por vezes, desleal concorrência, não apenas a empresa precisa constantemente desenvolver-se (expansão interna) como, por igual, concentrar-se (expansão externa), com o escopo de aumentar a produção e conquistar consumidores, sobretudo em diferentes países e, até mesmo, em diversos continentes, como dá conta Alberto de Rovira Mola: "El fenómeno moderno de la concentración y dominio de las empresas se halla estrechamente ligado a la evolución de la economia capitalista. En un primer período que conoce la etapa gloriosa del capitalismo lleno de espíritu creador e iniciativa que coincide con la segunda mitad del siglo XIX, en los países de industria más adelantada y, sobre todo, en los Estados Unidos de América, huvo un gran florescimento de coaliciones industriales. La producción del petróleo, del acero, del carbón, del gas y del azúcar fué sustraída poco a poco en aquella época a las diversas empresas independientes y restringidas a muy pocos grandes agregados que con frecuencia llegaron a ejercer notable influjo político. También hacia fin de siglo bien en proporciones más limitadas, se dieron en Europa agrupaciones de empresas que assumieron nombres diversos en los distintos países (kartelle, syndicatus, uniones, etc.)".[5]

Champaud, por sua vez, destaca: "Le mouvement de concentration qui domine l'économie actuelle ne s'est affirmé qu'à partir du milieu du siècle dernier. Les contemporains de cette éclosion ont prêté moins d'attention à cette revólution économique qu'aux progrès scientifiques et techniques qui l'accompagnaient. Pendant longtemps ceux qui prédisent son accélération font figure de prophètes malveillants. Pour que le phénomène apparaisse dans toute son ampleur, il faudra que le système capitaliste soit rodé. Il sera nécessaire que la concentration des capitaux soit suffisamment avancée, pour que les grandes entreprises, c'est-à-dire les grandes sociétés, ne cessent de croître en puissance et en nombre au détriment des petites entreprises individuelles ou pluri-individuelles".[6]

Entre nós, o excelente Comparato assinala: "A evolução da economia capitalista nos últimos 40 anos e notadamente a partir da Segunda Guerra Mundial tem sido comandada pelo fenômeno da concentração empresarial",[7] na linha traçada por Oscar Barreto Filho: "o emprego cada vez maior do maquinismo, a fabricação em série, a utilização de processos técnicos mais aperfeiçoados, a necessidade de capitais vultosos para os grandes empreendimentos, a ampliação dos mercados consumidores são outros tantos fatores que conduzem à concentração de empresas, para a melhor realização de seus fins".[8]

A importância, em nossos dias, dos conglomerados de empresas foi, de forma magnífica, exposta por José Antunes, em

4. Yves Guyon, *Examen Critique des Projects Europeens en Matière de Groupes de Sociétés*, p. 156.

5. Verbete "Concentración de Empresas", in *Nueva Enciclopedia Jurídica*, Barcelona, 1952, pp. 667-8.

6. *Le pouvoir de concentration de la societé par actions*, Paris, Sirey, 1962, p. 4, n. 3.

7. *Aspectos jurídicos do capitalismo moderno*, Editora RT, 1970, p. 4, n. 3.

8. *Apud* nosso artigo "Grupo de Empresas", *Informativo ADV-COAD*, ano 15, 1995, n. 20, p. 199.

seu *Os Grupos de Sociedades*: "em todas as economias nacionais pertencentes a qualquer um dos três maiores mercados mundiais (a famosa *Global Triade*: EUA, CEE, Japão), os cadastros estatísticos-societários disponíveis indicam uma inequívoca tendência das sociedades para perderem o seu estatuto de independência e recorrerem à técnica do grupo societário: só para citar os casos mais importantes, assim acontece com cerca de 70% das sociedades comerciais na Alemanha, 50% na Suíça, 60% na França, 55% na Inglaterra, 65% nos Estados Unidos, 88% no Japão. Em todas essas nações, o peso de tais agrupamentos no contexto geral das respectivas economias é verdadeiramente notável: somente os maiores grupos nacionais representam, em média, cerca de 70% do volume global de negócios da indústria dos respectivos países, de — 80% do montante total dos investimentos, de 50% da força laboral ativa e entre 80% — 100% do total da produção industrial.

"A nível internacional, o cenário é porventura ainda mais impressionante. Entre as 100 maiores entidades econômicas do globo, contam-se 50 Estados e 50 empresas multinacionais. O total do volume de negócios das 8 maiores empresas multinacionais é superior à soma do volume orçamental bruto de 6 dos mais poderosos Estados-membros da CEE e o volume de negócios de alguns dentre eles chega mesmo, por si só, a ser superior ao produto nacional bruto de mais de 130 nações, entre as quais Portugal (é o caso do grupo General Motors)",[9] tudo, portanto, levando à conclusão que o grupo de sociedades é, hoje, uma revolucionária técnica de organização da empresa moderna.

II — A dimensão ótima da empresa

A internacionalização e a interdependência dos mercados, no que se convencionou denominar de "globalização da economia", induzem, quiçá impõem, as empresas, até então preparadas para atenderem apenas a uma demanda local, regional ou nacional, a se expandirem internamente, quer através de recursos financeiros de seus próprios acionistas ou dos investidores do mercado de capitais, nacional e estrangeiro (aumento de capital mediante subscrição de ações ou lançamento público de debêntures conversíveis em ações), quer através de autofinanciamento (aumento de capital mediante capitalização de lucros e reservas), quer através de fusões e incorporações, com o objetivo de, modernizando os processos técnicos de administração, fabrico e distribuição de produtos e serviços e "tornando-as dinâmicas, maciçamente capitalizadas e altamente organizadas",[10] obter maior produtividade e maiores lucros com menores custos de produção, o que culminará por transformá-las em "empresas com nomes consolidados e produtos famosos; empresas com patrimônios que se elevam a bilhões de dólares; empresas com dezenas e até centenas de milhares de empregados; empresas de reputação invejável em Wall Street e com posições aparentemente inexpugnáveis em seus mercados."[11]

Mas, na "Era da Incerteza", não é suficiente a empresa atingir a sua "dimensão ótima", não basta "estar em evidência tanto em Hong Kong e Singapura como em Nova York, Bruxelas ou Madri",[12] para manter-se competitiva, porquanto, nesse estágio de seu desenvolvimento, faz-se necessário que a empresa se expanda externamente, sob pena até mesmo de perecer.

III — A expansão externa da empresa

A experiência demonstra que a expansão interna da empresa provoca problemas de ordem (a) administrativa, (b) financeira e

9. Lisboa, Ed. Almedina, 1993, pp. 13-14.

10. John Kenneth Galbraith, *O Novo Estado Industrial*, Ed Pioneira, 2ª ed., p. 19.

11. Alvin Toffler, *A Empresa Flexível*, Ed. Record, 1985, p. 11.

12. John Kenneth Galbraith, *A Era da Incerteza*, Ed. Pioneira, 2ª ed., p. 278.

(c) jurídica, pois torna-se difícil (a') assegurar uma gestão eficiente e rentável, (b') garantir vultosos recursos financeiros, indispensáveis ao seu pleno desenvolvimento, e (c') coibir os abusos, sobretudo os ligados ao Direito da Concorrência, o que levou administradores, economistas e advogados a criarem mecanismos que permitam a empresa continuar a crescer, não mais apenas internamente, em especial através dos processos de fusão e incorporação de entidades concorrentes, que levam à concentração primária ou concentração na unidade, em que há perda da autonomia jurídica e econômica, mas através da expansão externa.

A expansão externa da empresa moderna aperfeiçoa-se através da aquisição do controle societário (a) de empresas congêneres, formando-se, então, um grupamento horizontal, e (b) de empresas fornecedoras de matéria-prima e de distribuição de produtos, fazendo surgir, assim, um grupamento vertical e ensejar o fenômeno da concentração na pluralidade ou do grupo de sociedades, em que se mantém a autonomia jurídica, mas perde-se a independência econômica e patrimonial.[13]

IV — Noção de grupo de sociedades

Para alguns, "é ilusório pensar na possibilidade de se construir um conceito global de grupo de sociedades".[14]

Para outros, como, *v.g.*, José Antunes, o grupo de sociedades, numa acepção estrita, é "todo o conjunto mais ou menos vasto de sociedades comerciais que, conservando embora as respectivas personalidades jurídicas próprias e distintas, se encontram subordinadas a uma direção econômica unitária e comum",[15] e, numa acepção ampla, "um termo de referência para aquele setor da realidade societária moderna que encontra no fenômeno do controle intersocietário e das relações de coligação entre sociedades o seu centro de gravidade".[16]

Em nossa monografia *Grupo de Sociedades*, asseveramos que o Estatuto da Sociedade Anônima Européia, apresentado ao Conselho de Ministros da Comunidade Econômica Européia em 30 de junho de 1970, prevê, no artigo 223, que "uma sociedade dominante e uma ou mais sociedades dependentes dela, sejam ou não de nacionalidade dos países-membros da CEE, formam um grupo se estão sob a direção unificada da sociedade dominante e se uma das sociedades-membros é uma sociedade anônima".[17]

A propósito do Direito Societário germânico, salientamos: "quando uma empresa é dominada por outra, há presunção que a empresa dominante e a empresa dominada formam um grupo".[18]

O Código das Sociedades Comerciais português, no Título VI (arts. 481 a 508), disciplina a matéria sob a designação genérica de "sociedades coligadas", esclarecendo José Antunes: "O conceito de sociedade coligada engloba todas aquelas situações de coligação intersocietária que sejam reconduzíveis a um dos quatro tipos de relações taxativamente previstas no art. 482º, isto é, relação de simples participação (arts. 482º, *a*, 483º, 484º), relação de participações recíprocas (arts. 482º, *b*, 485º), rela-

13. Relembre-se, a propósito, que a doutrina classifica o processo de concentração em: (a) simples relação de cooperação entre sociedades, que permanecem independentes e autônomas política, econômica e juridicamente, como, *v.g.*, no caso do *cartel*, *ententes*, acordos de celebração interempresariais, agrupamentos complementares de empresas, consórcios; (b) relações de subordinação, pois as empresas, embora preservando sua autonomia jurídica, perdem a individualidade econômica e patrimonial, como, *v.g.*, nos grupos de sociedades, e (c) situações limites, em que há a perda total da autonomia jurídica e da independência econômica, *v.g.*, como na fusão.

14. Bernard Tadaut, "La Vaine Recherche d'une Définition de Groupe en Droit Français", in *CREDA*, "Les Groupes de Societés — Une Politique Legislative", Paris, Lib. Tecniques, 1975, p. 193.

15. Ob. cit., p. 24

16. Idem, p. 25

17. Ed. Forense, 1978, p. 65.

18. Idem, p. 65.

ção de domínio (arts. 482º, *c*, 486º), e relação de grupo (arts. 482º, *d*, 488º a 508º). Diz-se assim sociedade coligada toda aquela sociedade que possua com uma outra (ou outras) uma destas relações enumeradas no art. 482º: existirá uma coligação jurídico-societariamente relevante sempre que entre duas ou mais sociedades se estabeleça uma relação subsumível a um dos tipos específicos de relação intersocietária aí previstos".[19]

Entre nós, o Prof. Alfredo Lamy Filho e o jurista José Luiz Bulhões Pedreira, na Exposição de Motivos do Anteprojeto de Lei de S.A., ressaltaram que o "Anteprojeto distingue duas espécies de relacionamento entre sociedades, quais sejam: (a) sociedades coligadas, controladoras e controladas que mantêm entre si relações societárias segundo o regime legal das sociedades isoladas e não se organizam em conjunto; (b) sociedades controladoras e controladas, que por convenção, levada ao Registro do Comércio, passem a constituir grupo societário, com disciplina própria".

De nossa parte, calcados na Lei de Anônimas, escrevemos que se forma um "grupo de direito quando sociedade controladora e suas controladas celebram convenção, pela qual se obrigam a combinar recursos e esforços para a realização dos respectivos objetos ou a participar de atividades e empreendimentos comuns",[20] conforme se lê no artigo 265 da Lei 6.404, de 1976, e, ainda, que "o grupo de sociedades é uma técnica de gestão e de concentração de empresas, que faz nascer um interesse novo, externo e superior ao de cada uma das sociedades isoladas, o qual, muitas vezes, não coincide nem com o interesse perseguido pela sociedade dominante, nem com os propósitos das sociedades dominadas. As sociedades componentes do grupo, mantendo cada uma personalidade jurídica e patrimônios próprios e autônomos, ao invés de constituírem uma nova entidade econômica-financeira, reúnem-se, sob uma única direção, para, somando esforços e valores de várias naturezas, alcançar objetivos comuns, o mais das vezes de difícil consecução pelas sociedades isoladas. Não obstante concentradas em grupo, preservam, em princípio, seu objeto social e seus órgãos diretivos".[21]

V — Classificação dos grupos de sociedades

A classificação mais comum distingue os grupos de direito dos grupos de fato, consoante haja ou não sido celebrada uma convenção para disciplinar as relações entre a sociedade controladora e suas controladas.

Entre nós, em que a dicotomia é nítida, os grupos de sociedades de fato são regulados no capítulo XX (arts. 243 a 264 da Lei de S.A.) e os grupos de sociedades de direito no capítulo XXI (arts. 265 a 277).

Muito difundida, por igual, no exterior é a classificação em grupos de sociedades de modelo ou sistema orgânico e grupos de sociedades de modelo ou sistema contratual.

O modelo orgânico, acolhido pela Proposta de Regulamento do Conselho de Estatutos da Sociedade Anônima Européia, pelo Projeto Preliminar da 9ª Diretiva Comunitária do Tratado de Roma e pelo Projeto de Código das Sociedades Anônimas espanhol (que não foi aproveitado na Lei 19/1989), considera formado o grupo de sociedades, independente da vontade ou da deliberação das sociedades grupadas, quando a sociedade de comando detém o privilégio de impor diretrizes ou de ditar ordens e instruções para as empresas controladas, acentuando José Antunes que "decisivo é apenas, por outras palavras, a existência de um poder de direção, não a sua fonte"[22] e Edmur de Andrade Nunes Pereira Neto que

19. Ob. cit., p. 213.
20. Ob. cit., p. 93
21. Idem.
22. *Os Grupos de Sociedades*, cit., p. 149.

o modelo orgânico parte da idéia de que há no poder central de direção da sociedade dominante sobre as dominadas, sem depender de qualquer mecanismo de organização e sem à concessão vontade das partes",[23] pois, parte-se de uma "visão puramente econômica do grupo de sociedades", para, então, fixar-se uma disciplina jurídica, quando a sociedade de comando, colocada no centro do sistema ou acima da pirâmide, detém o poder central e a prerrogativa de estabelecer a política global do grupo e das sociedades integrantes, para que todas, em uma ação conjunta e coordenada, possam desenvolver funções com vistas a colimar atingir objetivos comuns.

O modelo contratual pressupõe que as sociedades grupadas celebrem um pacto, através do qual subordinam os seus interesses aos interesses do grupo, como acontece na Alemanha, no Brasil e em Portugal, sendo certo que, na falta de contrato escrito nominado, as relações entre as empresas do grupo devem pautar-se pela estrita obediência a rigorosas normas, em que se pune o comportamento abusivo dos administradores e se agrava a sua responsabilidade.

A doutrina classifica, ainda, os grupos de sociedades em grupos de base societária ou financeira (calcada na efetiva participação dos sócios ou acionistas no capital social), de base contratual (através de (1) contratos de empresa, que sujeitam uma ou mais empresas ao domínio total de outra, com a perda de sua autonomia patrimonial, e de (2) contratos de direito comum, civil ou comercial, como, *v.g.*, de fornecimento, de empréstimo, de exclusividade de uso de marca) e de base pessoal (quando há identidade de administradores).

Há, ademais, a classificação em grupos de subordinação (quando a controladora exerce, de forma incontrastável, o poder de mando e de domínio sobre suas controladas, imprimindo uma direção unitária através de diretrizes e ordens de interesse do grupo como um todo homogêneo e harmônico) e grupos de coordenação ou paritários (quando as empresas permanecem independentes embora submetidas à direção de um super-órgão controlador-supervisor-diretor, formado por representantes das diversas sociedades grupadas).

Ainda a propósito do tema, convém recordar, como escrevemos alhures, que, "quando duas ou mais empresas pretendem associar-se, dois são os processos de que podem valer-se: (a) o processo de concentração e (b) o processo de cooperação, constituindo-se aquele no meio por excelência da formação do grupo de sociedades, enquanto este é marcado pela absoluta autonomia e independência das sociedades.

No Direito brasileiro, há expressa e categórica previsão legal de uma forma de associação cooperativa: o consórcio, regulado na Lei das Sociedades por Ações em seus artigos 278 e 279, que nada mais é senão a reunião de companhias com vistas à execução de um determinado empreendimento.

Caracteriza-se o consórcio por não ter personalidade jurídica, constituindo-se por um contrato, que deve, obrigatoriamente, conter a natureza do empreendimento ao qual se destina, o seu objeto, a sua duração, as regras que basilarão a sua administração e representação e a definição das obrigações e responsabilidades de cada consorciado.

Todavia, o consórcio não atende às necessidades de empresas que, embora não almejando se ligarem por vínculos acionários, tenham, entretanto, por escopo unirem-se de forma perene, pois, o consórcio é de duração efêmera, persistindo apenas durante a execução de um determinado empreendimento em função do qual foi criado.

Recentemente, surgiu e evoluiu, principalmente na Europa Continental, um instituto novo, denominado "Groupement d'interêt Économique" em França, "Groupement de Coopération Économique" na Bél-

23. "Anotações sobre os grupos de sociedades", *RDM* 82/30.

gica, "Agrupamento Complementar de Empresas" em Portugal e "Sociedad de Sociedades" na Espanha.

O agrupamento, denominá-lo-emos assim daqui por diante, caracteriza-se, nas legislações que o acolhem, por ser uma associação permanente de empresas, sem haver qualquer espécie de participação acionária umas nas outras.

Na França, a matéria é disciplinada pela Ordonnance n. 67.821, anotando a doutrina francesa que a regulamentação dos *groupements* é mais flexível no que toca aos seus fins e organização, possuindo o agrupamento personalidade jurídica, podendo até ser constituído sem capital social, sendo a responsabilidade dos integrantes solidária pelas obrigações contraídas diretamente pelo agrupamento.

Releva observar que, em virtude do princípio da transparência fiscal, em pleno vigor entre os franceses, se evita a tributação dos agrupamentos, gravando-se diretamente os seus associados com o *impôt sur le revenu*, se pessoas físicas, ou *impôt sur les societés*, se pessoas jurídicas.

Em Portugal, a regulamentação sobre o assunto inspirou-se na lei francesa, deferindo aos sócios ampla liberdade contratual e tornando-os solidariamente responsáveis pelas dívidas do agrupamento.

A legislação portuguesa dá aos agrupamentos um caráter de complementação das atividades das empresas, vedando, entretanto, a formação de agrupamentos cujos fins principais sejam a realização e partilha de lucros dos associados (art. 2º da Lei n. 4/73).

Merece menção, outrossim, o fato de os agrupamentos portugueses prescindirem de capital social próprio.

É de se mencionar, por fim, serem generosíssimos os incentivos fiscais oferecidos pelo governo português à formação dos agrupamentos complementares de empresas.

Na Espanha, em virtude de inúmeros incentivos fiscais, teve apreciável desenvolvimento a "Sociedad de Sociedades", sob a forma de sociedades anônimas, instituídas com as seguintes finalidades: (a) expansão, modernização e racionalização das instalações produtivas; (b) aporte e aquisição de maquinaria, para utilização conjunta ou particular; (c) promoção de venda dos produtos das associadas; (d) estudo de novas técnicas e aprimoramento dos métodos produtivos, para ulterior aplicação; e (e) qualquer outro objetivo, permitido por Decreto editado pelo Conselho de Ministros.

Destacam-se, também, na legislação espanhola, a proibição de qualquer empresa associada titularizar mais de 1/3 das ações, a possibilidade de se integrarem no agrupamento pessoas físicas e a responsabilidade limitada dos associados à "Sociedade".

Na Alemanha, a disciplina ainda não mereceu cuidados legislativos específicos, sendo de se mencionar que tanto os contratos interempresariais, tão proficientemente esmiuçados pela doutrina tedesca, como os *Konzern*, grupos de empresas alemãs, não se confundem com o agrupamento complementar de empresas, por terem um caráter concentracionista, não presente neste último.

Pode-se, todavia, traçar um paralelismo entre o agrupamento e o grupo igualitário alemão, que, conforme o art. 18, 2º, da Lei de Sociedades por Ações germânica, origina-se da reunião de empresas independentes sob uma direção única, sem relação de dominação e de dependência entre as sociedades-membros.

Ainda no continente europeu, digno de nota é o *consorzio* italiano, regulado pela Lei n. 377/76, que tem possibilidades muito mais amplas do que o nosso consórcio, já que se presta não apenas à realização de empreendimentos determinados, mas, inclusive, à complementação de atividades econômicas das empresas consorciadas.

Diferencia-se, entretanto, do agrupamento de empresas, por não possuir, ao contrário deste último, personalidade jurídica própria, tendo um caráter exclusivamente contratual.

Nas legislações liberais como a francesa e portuguesa, é possível a utilização dos agrupamentos complementares com fins de unificar a administração e gerenciamento das empresas associadas, independentemente de qualquer participação acionária nestas, sem prejuízo da autonomia das mesmas e com eventuais benefícios fiscais.

No Brasil, é, também, possível, em decorrência do princípio da liberdade contratual, a formação de agrupamentos de empresas através de contratos atípicos ou inominados, com o objetivo de unificar a administração superior das sociedades-membros, devendo o contrato estipular, de forma muito clara, as obrigações e deveres das associadas e as sanções aplicáveis nas hipóteses de eventuais transgressões, não apenas nas de violações a cláusulas e condições de contrato atípico de agrupamento, mas, também, sanções nas hipóteses de descumprimento de eventuais decisões emanadas do conselho de gestão, que venha a ser criado para ditar as políticas gerais do agrupamento e supervisionar a sua execução.[24]

VI — Características do grupo de sociedades

Para José Antunes, são dois os elementos característicos do grupo de sociedades: primeiro, "a independência jurídica das sociedades integrantes"; segundo, "a unidade de direção econômica das unidades integrantes",[25] daí concluir que "o grupo societário constitui uma unidade econômico-empresarial de segundo grau relativamente a várias sociedades individuais que o compõem — ou, se se quiser, uma espécie de "super-sociedade", que é composta e que atua através de outras sociedades".[26]

Para José Miguel Embid Irujo, o que caracteriza o grupo de sociedades é a "unidade empresarial articulada através de entidades juridicamente independentes submetidas todas elas a uma direção econômica unitária",[27] daí porque "o grupo de sociedades consegue conciliar fatores antiéticos como a autonomia jurídica das diversas sociedades do grupo e a direção econômica a que todos se submetem".[28]

Para Fran Martins, "o que caracteriza um grupo de sociedades é o fato de constituir ele um conjunto de sociedades juridicamente independentes mas economicamente unidas",[29] segundo "um princípio hierárquico", em que conservam "sua própria personalidade moral, sob a dominação, sob a direção comum, de um mesmo sujeito de direito".[30]

Ex vi do disposto no artigo 265, *caput*, c/c artigo 266, parte final, da Lei brasileira de S.A., podemos dizer que são características do grupo de sociedades: (a) a celebração de uma convenção, pela qual as signatárias se obrigam a combinar recursos e esforços para a realização dos respectivos objetos ou a participar de atividades ou empreendimentos comuns; (b) uma relação de subordinação, que submete as sociedades grupadas a uma direção única, exercida, de modo permanente, pela sociedade controladora ou de comando do grupo; e (c) a independência jurídica das sociedades integrantes do grupo, por força do princípio da personificação das sociedades comerciais.

VII — A convenção grupal

Como acentuamos em outra oportunidade, "o vocábulo convenção, empregado pela Lei e preferido à palavra contrato,

24. Nosso artigo "Conselho de gestão supra-empresarial: possibilidades de sua instituição através de agrupamentos complementares de empresas", em conjunto com Daniel Sarmento, *Boletim Semanal COAD-ADV*, 1993, n. 34, pp. 430-1.

25. *Os Grupos de Sociedades*, cit., p. 26.

26. Idem, p. 27.

27. "Algunas reflexiones sobre los grupos de sociedades y su regulación jurídica", *RDM* 53/18.

28. Art. cit., p. 21.

29. *Comentários à lei de S.A.*, Forense, 1979, v. 30, p. 420.

30. Idem.

ou acordo, ou ajuste, ou pacto, ou estatuto, é imune a críticas, de qualquer espécie ou natureza, tendo, a respeito do seu largo emprego e de suas sólidas raízes, doutrinado o Prof. Caio Mário da Silva Pereira: "Contrato e pacto eram compreendidos na expressão genérica *conventio*. O que os distinguia era a denominação que individuava os contratos (comodato, mútuo, compra e venda), era a exteriorização material da forma (com exceção dos quatro consensuais: compra e venda, locação, mandato e sociedade), e era finalmente a sanção, a *actio* que os acompanhava; ao passo que os *pacta* não tinham nome especial, não revestiam forma pré-determinada, e não permitiam à parte a invocação de uma ação. Todos, porém, genericamente batizados de *conventiones*, expressão que revive em Pothier, como gênero, do qual o contrato é uma espécie, como ainda no nosso Teixeira de Freitas (art. 1.830 da Consolidação).

"Estas distinções perderam a sua razão de ser no direito moderno, especialmente depois da obra de Savigny, que afasta a distinção entre pacto e contrato, aproximando-os em sinonímia que o direito moderno traz quase perfeita. E dizemo-la quase perfeita, porque a tecnologia jurídica ainda se compraz em reservar a expressão pacto para a designação de alguns contratos acessórios (ex. gr.: pacto adjeto à nota promissória, pacto comissório na compra e venda e pacto nupcial). Não obstante tal especificidade, todos eles poderão, sem quebra da boa linguagem, denominar-se contratos, como ainda não ofenderia a boa técnica apelidar de pacto qualquer contrato típico.

"Toda convenção é modernamente dotada de força vinculante, e mune o credor de ação para perseguir em juízo a prestação em espécie ou em equivalente."[31]

A convenção (cujo arquivamento, no registro do comércio, dá existência jurídica ao grupo, conforme dispõe o artigo 271 da Lei n. 6.404/76), deverá, de forma minuciosa, completa, precisa e clara, prever as relações entre as sociedades grupadas, de modo a permitir a combinação de recursos e esforços, a subordinação de interesses de uma sociedade aos de outra, ou do grupo, e a participação em custos, receitas ou resultados de atividades ou empreendimentos comuns. Assentando a convenção, as transferências de lucros ou de prejuízos, sob as mais variadas formas, serão lícitas e oponíveis aos sócios ou acionistas minoritários das sociedades filiadas, devendo a convenção fixar se a sociedade de comando, em benefício do grupo ou de sociedade do grupo, poderá favorecer a uma determinada sociedade em prejuízo de outra e dispor se à sociedade de comando será facultado impor qualquer tipo de contrato ou dar qualquer tipo de instrução às sociedades do grupo.

Para tanto, controladora e controladas, ao constituírem o grupo, deverão estabelecer, na convenção, as relações entre as sociedades, a estrutura administrativa do grupo e a coordenação ou subordinação dos administradores das sociedades filiadas (art. 266).[32]

VIII — Direção econômica unitária do grupo de sociedades

No industrialismo, dominado pelas megaempresas transnacionais, que atuam em múltiplos segmentos, não basta a empresa conceber, em modernos laboratórios de pesquisas, fabricar, com aprimorada técnica, e distribuir, a tempo e a hora em todos os rincões do planeta, produtos a baixos custos, para tornar-se competitiva, próspera e rentável.

"Em tempos de grandes mudanças" (Peter F. Drucker) na "Era da Incerteza" (Galbraith), para tornar-se competitiva, próspera e rentável, a empresa, através de "altos" executivos com assento no conselho de administração e na diretoria da con-

31. *Instituições de Direito Civil*, Forense, 1976, v. III, p. 13.

32. *Grupo de Sociedades*, cit., pp. 113-4.

troladora, necessita sobretudo tomar sábias decisões, que se espraiam, via telex, fax, Internet ou televisão a cabo, imediatamente, por uma interminável hierarquia vertical descendente.

Com efeito, antes, durante e após a industrialização em massa de produtos padronizados, a sociedade de comando (1) exerce, as mais das vezes, autocraticamente, o poder de mando, (2) prevê, para não improvisar, (3) planeja para o curto, médio e longo prazo, para evitar a dispersão de esforços e a falta de continuidade, (4) controla volumosos recursos financeiros, consoante o sistema do "caixa único", e (5) coordena as variadíssimas atividades de suas controladas e verifica e compara os resultados obtidos pelas sociedades grupadas com o que foi previsto e planejado.

Esse complexo processo de previsão-planejamento-controle-implementação-coordenação só é possível graças ao fato de o grupo de sociedades, como a técnica por excelência de desenvolvimento da empresa moderna, possuir uma direção econômica unificada no seio do mais alto escalão da sociedade de comando, que faz surgir, como conseqüência imediata, perceptível até ao mais desatento, "uma unidade econômico-empresarial de segundo grau relativamente às várias sociedades individuais que o compõem — ou, se se quiser, metaforicamente, uma espécie de "super-sociedade", que é composta e que atua através de outras sociedades. Tal direção econômica unitária reflete-se na existência de uma estratégia ou política econômica geral do grupo ("group planning process", "Konzernpolitik"), a qual, definida pelo núcleo dirigente do grupo (situado regra geral junto da Sociedade-mãe: "group top management"), incidindo sobre os diversos aspectos setoriais do respectivo funcionamento (política comercial, política de produção e vendas, política financeira, política laboral, política de investimentos, política de gestão), e assumindo diferentes graus de integração (que vão da total centralização até formas atenuadas de controle descentralizado), coordena e superintende as atividades econômicas particulares das várias sociedades agrupadas".[33]

Anote-se, a propósito, ainda, a acertada observação de Anne Petit-Pierre Sauvain: "a gestão unitária pode ser centralizada e descentralizada, hierárquica ou colegial, pode traduzir-se numa intervenção constante nos negócios das filiais ou limitar-se à definição das grandes linhas de conjunto da respectiva política: ela estará sempre, e como quer que seja, presente e far-se-á sempre sentir para reprimir as atitudes incompatíveis com o espírito e os interesses do grupo, ou, simplesmente, de sua organização".[34]

IX — Independência jurídica das sociedades grupadas

Há dúvidas, se, no Direito romano e no Direito intermédio, as *societas* possuíam personalidade jurídica ou se todos os sócios tinham a propriedade *pro indiviso* da quota que aportavam para sua constituição, tudo indicando, como ensina o Prof. Gaetano Catalano, "ser o conceito de pessoa jurídica, como centro de imputação de direitos, obrigações, poderes, etc., típico fruto da dogmática do Século XIX e do nosso"[35] e ponto de partida, acrescentamos nós, para o notável desenvolvimento que experimentaram as sociedades anônimas, o que levou Nicolas Murray Butler a asseverar, em frase célebre, divulgada por Ernest Mezger no proêmio do seu notável livro *Le Nouveau Régime des Sociétés Anonymes en Allemagne*, editado pelo Instituto de Direito Comparado da Universidade de Paris em 1939: "a sociedade anônima é a maior descoberta dos tempos modernos, a julgar pelos seus efeitos sociais, morais, assim como

33. José Antunes, ob. cit., p. 27.

34. *Groupes de Sociétés et Droit des Sociétés*, Genebra, 1972, p. 12.

35. *Apud* Luiz Roldão de Freitas Gomes, "Desconsideração da Personalidade Jurídica", *RDC*, ano 12, v. 46, p. 36

pelas conseqüências políticas que poderemos tirar dela, uma vez que a tivermos compreendido e dela soubermos servir-nos. O vapor e a eletricidade são menos importantes que a sociedade anônima. Sem ela, aquelas forças se encontrariam reduzidas a uma relativa impotência".

A propósito, lembra o Prof. João Eunápio Borges que, "antes de entrar em vigor o Código Civil, não havia acordo entre nossos juristas em relação à personalidade jurídica das sociedades",[36] dividindo-se os doutrinadores, uns, como Teixeira de Freitas, Carlos de Carvalho e Carvalho de Mendonça, adotando-a; outros, como Ribas, Lacerda de Almeida e Frederico Steidel, negando-a.

Em 1917, com a promulgação do Código Civil, cessou a controvérsia, pois, não só o art. 18 do CC brasileiro, e, por igual, entre outros, o art. 5º da Lei 66.537, de 24.7.66, que dispõe, em França, sobre as sociedades comerciais, e o art. 783 do Código das Obrigações suíço, declaram que a sociedade civil ou comercial, para existir, deve promover a inscrição de seu contrato ou ato constitutivo no registro próprio, como, outrossim, o art. 20, do nosso Código Civil, estabelece que "as pessoas jurídicas têm existência distinta da de seus membros", porque dotadas de personalidade jurídica própria, autônoma e inconfundível com a das pessoas que as conceberam e decidiram constituí-las.

Ao interpretar o texto do art. 20, o eminente autor do Anteprojeto de Código Civil, Clóvis Beviláqua, doutrinou, com a sua proverbial concisão: "A conseqüência imediata da personificação da sociedade é distingui-la, para os efeitos jurídicos, dos membros que a compõem. Pois que cada um dos sócios é uma individualidade e a sociedade uma outra. Não há como lhes confundir a existência".[37]

36. *Curso de Direito Comercial Terrestre*, Forense, 4ª ed., p. 260.

37. *Código Civil dos Estados Unidos do Brasil Comentado*, Ed. Francisco Alves, 8ª ed., p. 239.

Carvalho Santos, J. M., a seu turno, calcado em Giorgi, lecionou que a sociedade é uma "unidade jurídica, que resulta de uma coletividade humana organizada, com estabilidade, para um ou vários fins de utilidade pública ou privada, completamente distinta de cada um dos indivíduos que a compõem e dotada da capacidade de possuir e exercitar *adversus omnes* os direitos patrimoniais, compatíveis a sua natureza, com o subsídio e o incremento do Direito público".[38]

Eduardo Espínola, arrimado em Dernburg, destacou, a sua vez, que, com a personificação, a sociedade: "a) é distinta da individualidade de seus membros e continua a ser a mesma, ainda quando estes mudem; b) tem patrimônio que não se confunde com o dos sócios; os seus créditos e os seus débitos não o são de seus membros singularmente considerados; c) só adquire direitos e contrai obrigações quando os respectivos atos jurídicos são praticados pelos membros, aos quais o seu estatuto confere essas atribuições: tem assim capacidade contratual que lhe é própria".[39]

O Prof. Arnoldo Wald, de sua parte, deixou claro também: "Tanto a sociedade se distingue dos sócios como cada um dos sócios, em particular, não se confunde com a sociedade, não podendo arcar com responsabilidades ou sofrer desvantagens decorrentes de atuação da empresa ... A criação da pessoa jurídica implica na estruturação de um novo sujeito de direito, com condições e peculiaridades que o separam de todos os demais, e que, segundo a melhor doutrina, é autônomo em relação ao seu substrato", arrematando, com estas palavras categóricas: "reconhecemos, pois, que os interesses da pessoa jurídica não se confundem com aqueles que pertencem aos seus sócios (pessoas jurídicas)",[40] pensa-

38. *Código Civil Interpretado*, Ed. Freitas Bastos, 1960, v. I/338.

39. *Sistema do Direito Civil Brasileiro*, Ed. Rio, 1977, p. 437.

40. *Direito Comercial, Estudos e Pareceres*, Ed. RT, 1979, pp. 217 e 218.

mento partilhado por Caio Mário da Silva Pereira e Orlando Gomes.

Ainda a propósito dos efeitos da personalidade jurídica, diz o art. 1º da Conferência do Direito Internacional Privado, reunida em Haia em outubro de 1951: "La personnalité juridique acquise par une société, une association ou une fondation en vertu de la loi de l'État contractant oú les formalités d'enregistrement ou de publicité ont été remplies et oú se trouve le siège statutaire, sera reconnue de plein droit dans les autres États contractants pourvue qu'elle comporte, outre la capacité d'être en justice, ou moins la capacité de posséder des biens et de passer des contrats et d'être actes juridiques".[41]

George Ripert, dissertando sobre o tema, doutrinou: "Sociétés dotées de la personnalité morale. Un groupement est doté de la personnalité morale lorsqu'il possède un patrimoine; les deux notions de personnalité et de patrimoine sont traditionellement liées dans la conception juridique française. Une société commerciale ayant un patrimoine distinct de celui des associés, on en déduit qu'elle constitue une personne",[42] sendo essa também a opinião de Manuel Broseta Pont, André Tunc, Calogero Gangi, dentre outros.

Em resumo e em conclusão: produto genial da dogmática do Século XIX e deste e conseqüência natural e lógica do desenvolvimento do comércio e da indústria e da criação das sociedades de responsabilidade limitada, a personalidade jurídica da pessoa jurídica impôs a separação, hoje nítida e incontestável, entre o patrimônio dos sócios e o patrimônio da sociedade, fruto maior da aptidão e da capacidade de a pessoa jurídica adquirir direitos e contrair obrigações, independentemente da aptidão e da capacidade de os sócios adquirirem direitos e contraírem obrigações.

Como conseqüência do instituto da personificação, (1º) a sociedade possui individualidade própria distinta e autônoma, inconfundível com a de seus sócios ou acionistas; (2º) a sociedade possui patrimônio próprio, distinto e autônomo, inconfundível com o patrimônio de seus sócios ou acionistas; (3º) a sociedade possui capacidade jurídica própria, autônoma e distinta, inconfundível com a capacidade jurídica de seus sócios e acionistas; (4º) os sócios ou acionistas não podem ser responsabilizados perante terceiros por obrigações e dívidas da sociedade; (5º) excepcionalmente, a autonomia jurídica e patrimonial pode ser afastada, se e quando provado (1º) fraude à lei, (2º) violação a norma contratual e (3º) abuso de direito, porquanto, frise-se, com André Tunc, há uma nítida, óbvia e inconteste "distinção entre a personalidade da sociedade e a dos seus membros", quer a consideremos como uma unidade autônoma, isolada, quer a consideremos como integrante de um grupo de sociedades, tanto de fato, quanto de direito.

Mas, se não há dúvida quanto aos efeitos da personificação das sociedades comerciais quando consideradas isoladamente, o que dizer quando, reunidas sob uma direção econômica unificada, perdem a sua autonomia patrimonial?

Waldirio Bulgarelli, enfrentando a questão, doutrina: "a evolução da economia capitalista determinou novas formas de organização da atividade econômica e sua organização jurídica. À unidade de direção administrativa e financeira corresponde uma pluralidade de organizações autônomas, sob o aspecto técnico e mesmo jurídico".[43]

Acrescentando, ainda: "A empresa se apresenta ao mesmo tempo como una, pois um mesmo sujeito a preside, dirigindo, coordenando, fornecendo o capital necessário; *plúrima*, pois do ponto de vista técnico, econômico, jurídico, resolve-se numa multiplicidade de organizações autônomas,

41. *Revue Trimestrielle de Droit Commercial*, t. V, 1952.

42. *Traité Elémentaire de Droit Commercial*, LGDJ, 12ª ed., pp. 446-7.

43. *O Direito dos Grupos e a Concentração das Empresas*, Ed. Universitária, 1975, pp. 83-4.

tendo cada uma do ponto de vista jurídico uma individualidade própria e a própria personalidade".[44]

A nosso ver, as sociedades comerciais, industriais, financeiras, de prestação de serviços, mesmo após passarem a integrar um grupo de empresas, conservam a sua independência jurídica, por força do instituto da personalidade jurídica, que as faz titulares de direitos e responsáveis pelas obrigações assumidas, embora a centralização do poder político, aliada à unidade de gestão sobre uma pluralidade de sociedades formalmente independentes, possa acarretar práticas monopolísticas e ofensas aos direitos dos acionistas minoritários e de terceiros, à economia popular e à coletividade, daí porque é imprescindível definir os direitos, deveres e responsabilidades dos grupos de sociedades, a começar pelos inerentes e decorrentes de sua personificação.

X — Personalidade jurídica do grupo de sociedades

O eminente Prof. Fábio Konder Comparato, debruçando-se sobre o tema, após erudita análise a respeito do sentido e do valor da pessoa jurídica e do estudo profundo da teoria da desconsideração da personalidade jurídica, ensina: "A nosso ver, o grupo econômico constitui, em si mesmo, uma sociedade. Os três elementos fundamentais de toda relação societária — a saber, a contribuição individual com esforços ou recursos, a atividade para lograr fins comuns e a participação em lucros ou prejuízos — encontram-se em todo o grupo. Ainda que o legislador não reconheça a personalidade jurídica dessa sociedade de segundo grau, como propuseram os elaboradores do projeto de regulamento unitário da sociedade anônima européia, que é um grupo personalizado, a relação societária que se estabelece entre as empresas implica, necessariamente, uma unidade de direção e uma intercomunicação patrimonial. O reconhecimento legal do grupo, mesmo não personalizado, demanda, pois, o estabelecimento de mecanismos jurídicos de adequada compensação dos interesses particulares, que essa intercomunicação patrimonial, sob direção unitária, é suscetível de lesar: os dos sócios ou acionistas não controladores de cada uma das sociedades do grupo, os de terceiros credores e o da coletividade nacional como um todo. É esta de resto, a nosso ver, a melhor maneira de se tratar, juridicamente, o fenômeno das sociedades multinacionais, pois elas constituem um grupo econômico, perseguindo um interesse empresarial comum".[45]

Dois anos após, o insigne Professor Titular de Direito Comercial da USP, voltando ao assunto, escreveu: "O grupo de sociedades do capítulo XXI apresenta-se, assim, inequivocamente, como uma sociedade de sociedades, ou sociedade de segundo grau. Mas ele não gera, apesar disso, uma pessoa jurídica de segundo grau. O artigo 266 afasta explicitamente essa solução ao declarar que ...cada sociedade conservará personalidade e patrimônios distintos. Criou-se, assim, no direito brasileiro, mais um caso de sociedade mercantil regular, sem personalidade jurídica".[46]

Os doutos Alfredo Lamy Filho e J. L Bulhões Pedreira, a primeira vez em 18.4.74, quando da apresentação do Anteprojeto (item 27), depois na Exposição Justificativa das Principais Inovações do Projeto (capítulo dedicado ao grupo de sociedades), proclamaram que o "grupo de sociedades é uma forma evoluída de inter-relacionamento de sociedades que, mediante aprovação pelas assembléias gerais de uma "convenção de grupo", dão origem a uma "sociedade de sociedades".

De outra feita o Prof. Alfredo Lamy Filho lecionou: "... nos pontos em que julgou necessário romper com certas tradições

44. Idem, p. 84.

45. *O poder de controle na sociedade anônima*, Ed. RT, 1976, p. 302.

46. *Ensaios e Pareceres de Direito Empresarial*, Ed. RT, 1978, p. 205.

injustificadas — como o número de sete sócios para a constituição da anônima (art. 80) ou mesmo a admissão de empresas com um único sócio (a subsidiária integral do art. 252) — tradições essas que ocultavam, farisaicamente, a realidade, o Projeto não hesitou em fazê-lo, embora sabendo que suscitaria objeções por parte, não dos empresários, mas dos cultores do formalismo jurídico. A figura da "incorporação de ações" (art. 253), da "subsidiária integral", da "sociedade de grupo", figuram, assim, naquela zona jurídica ainda intermediária, entre ter e não ter personalidade jurídica — o que pode não ser ortodoxo, mas é funcional".[47]

A propósito desse intrincado tema, escrevemos, em 1978: "As sociedades do grupo conservam personalidade e patrimônio distintos, diz a Lei (art. 266, parte final), e, silenciando sobre a personificação do grupo, suscita a questão se o grupo tem, ou não, personalidade jurídica própria. A dúvida cresce no momento em que o estudioso, logo a seguir, se depara com o art. 278, § 1º, que dispõe: "o consórcio não tem personalidade jurídica".

É curial que todo ser humano é capaz de direitos e obrigações na ordem civil (art. 2º do Código Civil), conferindo a lei, às chamadas pessoas jurídicas ou morais, também personalidade, ao estabelecer, textualmente, que "as pessoas jurídicas têm existência distinta da dos seus membros" (art. 20 do Código Civil).

A pergunta "como a pessoa jurídica pode existir de *per si*" tem provocado intermináveis polêmicas e a formação de correntes e teorias em todas as partes e em todos os tempos, destacando-se, de maneira muito resumida:

a) a teoria da ficção, com Savigny à frente, vendo na pessoa jurídica uma simples *fictio juris*, o que, sem dúvida, não corresponde à prática do direito, nem explica, por exemplo, como uma sociedade falindo não atinge a pessoa dos acionistas;

b) a teoria organicista ou real, liderada por Gierke, que encontra na pessoa jurídica uma entidade nova, inconfundível com a pessoa de seus membros;

c) a teoria institucionalista, de Hauriou, que reputa as pessoas jurídicas autênticas instituições; e

d) a teoria normativa, de Hans Kelsen, que considera as pessoas jurídicas "conjunto normativo referido a sujeitos particulares" (cf. Miguel Reale, *Lições Preliminares de Direito*, Saraiva, 1977, p. 234).

A nosso ver, o grupo está para as sociedades grupadas assim como a sociedade isolada está para a pessoa de seus sócios ou acionistas: nesta, como naquele, a pessoa dos membros não se confunde com a instituição resultante da união das diversas partes; no grupo essas partes são as sociedades grupadas; na sociedade, são os sócios ou acionistas. Um e outra, tal como seus componentes, possuem personalidade.

A conclusão, que acabamos de expor, suscita, de imediato, a seguinte objeção: se o grupo efetivamente possui personalidade jurídica, como não prevê a lei a existência de um "capital social do grupo" ou um "patrimônio social do grupo"? E ainda: tendo o grupo personalidade e, em conseqüência, capacidade de adquirir direitos e de contrair obrigações, devem os credores do grupo, no caso de inadimplemento, promover ação judicial contra o grupo? Ou devem os credores demandarem contra o grupo, contra a sociedade de comando e contra as sociedades grupadas, como obrigados solidários? Em sendo julgada procedente e havendo que se executar a sentença, como deve proceder o credor para garantia do juízo e do julgado: penhorar os bens do grupo, ou penhorar os bens da sociedade de comando, ou penhorar os bens, tantos quantos bastem, de uma ou mais sociedades grupadas? Em resposta, diríamos que o grupo deve figurar como sujeito passivo

47. Pressupostos e objetivos da reforma da lei de sociedades por ações, tese defendida na VI Conferência Nacional da OAB, realizada em Salvador, BA, de 17 a 22.10.1976, p. 25.

da relação jurídico-processual e devem ser penhorados bens de qualquer sociedade componente do grupo para garantia da completa liquidação da obrigação assumida e não adimplida, na esteira do princípio pacífico de que, entre as sociedades do grupo, há uma autêntica, completa e inarredável confusão patrimonial, que há de existir não apenas para beneficiar o grupo, mas também, quiçá sobretudo, para garantia dos credores na aplicação da prática da teoria da desconsideração da personalidade jurídica em razão do controle no seio do grupo econômico",[48] cumprindo destacar que comunga de igual opinião o ilustre Procurador do Estado do Rio de Janeiro, Prof. Ricardo Cretton, conforme dá conta em seu laborioso estudo *Grupos de Sociedades*, no prelo, p. 9.

Hoje, acrescentaríamos: se o grupo de sociedades é:

(1º) uma sociedade de sociedades, uma sociedade de segundo grau, uma supersociedade;

(2º) com denominação específica, que o distingue das demais e das próprias sociedades que o compõem (art. 267);

(3º) se se constitui por escrito (art. 269, *caput*);

(4º) se tem um prazo de duração (art. 269, IV);

(5º) se possui administradores próprios, distintos dos gestores das empresas grupadas (art. 269, VI);

(6º) se a convenção especifica as atribuições e poderes dos órgãos administrativos (art. 269, VI, parte final);

(7º) se os atos constitutivos do grupo, discriminados nos incisos I a III do artigo 271, devem ser arquivados no registro do comércio (art. 271, *caput*), quando, então, será considerado, para todos os efeitos jurídicos, constituído o grupo (art. 271, *caput*, primeira parte);

(8º) se, inclusive, os administradores do grupo podem representar, se previsto na convenção, as próprias sociedades grupadas (par. único do art. 272);

(9º) se os administradores do grupo fazem jus a remuneração e a gratificação (art. 274);

(10º) se o grupo está obrigado a publicar demonstrações financeiras consolidadas (art. 275), independentemente das publicações das demonstrações financeiras da sociedade de comando (§ 1º do art. 275), o que lhe falta para adquirir personalidade jurídica: uma norma legal expressa?

Se, hoje, a maioria admite que há, ao lado da pessoa física ou de existência visível, a pessoa jurídica ou moral como uma ficção, realidade técnica, realidade orgânica ou instituição, porque não aceitar, também, a existência dos grupos de sociedades como entidades personificadas,[49] já que o grupo de sociedades e as sociedades, que o compõem, não são entidades idênticas, mas diferentes, como diferente é o todo em relação à parte, em que se decompõe?

Se a convenção, celebrada na forma da lei e arquivada no registro próprio, tem a natureza de autêntico contrato de sociedade e se cria uma sociedade de sociedades ou sociedade de 2º grau, o que falta a essa supersociedade para possuir personalidade jurídica e, portanto, ser considerada, tal como as entidades que a integram, uma pessoa jurídica, titular, *per se*, de direitos e obrigações na ordem jurídica?

Ao atribuir-se personalidade jurídica ao grupo de sociedades, não se estaria excluindo ou minimizando a responsabilidade das sociedades grupadas pelas dívidas que houvessem contraído, já que estas — e isso é ponto pacífico — são sempre responsáveis pelas obrigações assumidas por seus administradores na forma da lei e dos estatutos sociais, mas tão-somente, conferindo-lhe um atributo do qual não emanariam

48. *Grupo de Sociedades*, cit., p. 116-120.

49. Relembre-se, por oportuno, a lição de Comparato, segundo a qual "os elaboradores do projeto de regulamento unitário da sociedade anônima européia" propuseram a personalização do grupo (vide item X *supra*).

apenas direitos privados, mas, por igual, obrigações e responsabilidades, permitindo que, quando da celebração de negócios jurídicos de vulto, como os amiúde realizados pelos megagrupos transnacionais, as co-contratantes possam ter a íntima convicção de que o grupo de sociedades será subsidiária e solidariamente responsável pelo cumprimento das cláusulas e condições contratuais, passando o co-contratante a ter a totalidade do patrimônio do grupo para garantir, se, quando e onde necessário, a execução das obrigações assumidas pelas empresas isoladas.

Atualmente, como, com proficiência, vêm pregando os mestres do Direito Processual Civil, entre nós os Profs. J. C. Barbosa Moreira, Cândido Dinarmarco e Sérgio Bermudes, entre outros, e do Direito Constitucional, entre nós sobretudo o Prof. Luis Roberto Barroso em seu primoroso *O Direito Constitucional e a Efetividade de suas Normas*, a norma jurídica deve, antes e acima de tudo, buscar a sua efetividade, isto é, "a realização do Direito, o desempenho concreto de sua função social. Ele representa a materialização, no mundo dos fatos, dos preceitos legais e simboliza a aproximação, tão última quanto possível, entre o *dever-ser* normativo e o *ser* da realidade social".[50]

Ora, no campo do Direito Empresarial, nada é mais importante do que o cumprimento da palavra empenhada, devendo a lei, por isso, assegurar ao credor, caso o devedor não honre, no vencimento, a obrigação contratada ou a dívida contraída, o adimplemento da prestação prometida ou o seu equivalente em dinheiro, ou o recebimento do que lhe é devido, ainda que compulsoriamente, através, inclusive, da expropriação dos bens do devedor, seja mediante um processo de execução singular, seja mediante um processo de execução coletiva, sendo certo que é na fase derradeira desses longos processos que se vai verificar a efetividade da norma.

Não pode haver dúvida que o patrimônio do grupo de sociedades tem mais condições de suportar os efeitos de uma execução singular ou coletiva do que o patrimônio das sociedades isoladas e, em conseqüência, tem mais condições de assegurar a eficácia da norma fato por si só bastante para recomendar a personificação do grupo de sociedades.

Se empreendermos uma pesquisa metódica, extensa e profunda sobre as ações ajuizadas por co-contratantes e credores para reconhecimento de seus direitos e satisfação de seus créditos, verificaremos que, muitas vezes, durante a lenta tramitação dos processos judiciais, aqueles que têm a obrigação de reparar prejuízos se desfazem de seus bens, quer transferindo-os para "homens de palha", quer alienando-os a terceiros de boa-fé, sob as mais diferentes e sofisticadas formas, frustrando, dessarte, a eficácia do provimento judicial.

Essa prática, entre nós tão comum, é extremamente facilitada quando se trata de grupo de sociedades, em que, através de transferências de ativos e cisões parciais para sociedades novas ou já existentes, empresas, que litigam em juízo, têm o seu ativo dilapidado e, em conseqüência, desfalcada a garantia dos credores.

A personificação permitiria que, mesmo sem terem expressamente aderido aos contratos sinalagmáticos celebrados por sociedades grupadas ou subscrito títulos de crédito próprios ou impróprios, o grupo de empresas, por força de lei vinculado ao cumprimento de obrigação de dar, fazer ou não fazer ou à satisfação de dívida pecuniária, se responsabilizaria pelo seu adimplemento, sob pena de responder com todos os bens das sociedades grupadas, pois o patrimônio do grupo, formado pelo conjunto de sociedades, seria inexoravelmente maior do que o das sociedades isoladas, oferecendo, destarte, maior garantia a seus credores.

Outrossim, com a personificação, a lei poderia prever que o grupo de sociedades seria solidariamente responsável (solidarie-

50. Luis Roberto Barroso, ob. cit., Ed. Renovar, 2ª ed., p. 79.

dade legal) pela recomposição do capital social das sociedades insolventes, sempre que se verificasse violação aos princípios da realidade e da intangibilidade do capital social, de novo assegurando mais eficácia à norma legal, pondo fim à prática, também corriqueira e antiga, de deixar ir à garra empresa, integrante do grupo, em dificuldades econômico-financeiras, pois, o socorro do grupo de sociedade à sua filiada minimizaria, senão eliminaria, a possibilidade de falência de empresa grupada.

Se os diversos patrimônios das sociedades grupadas são, quando se forma o grupo, administrados segundo diretrizes, ordens e instruções, verbais e escritas, por uma direção única, centralizada na sociedade controladora, com o escopo de fortalecer não apenas as sociedades grupadas, mas, também, o próprio grupo como um todo, seria razoável exigir que, no caso de dificuldades, o patrimônio global respondesse pelas dívidas das sociedades grupadas, logrando-se, com isso, solidariedade não apenas na gestão do patrimônio comum quando as sociedades vão bem, mas, por igual, no momento de derrocada, quando, aí sim, é indispensável haver efetivo apoio à sociedade combalida, às portas da bancarrota, por parte das empresas associadas e também do grupo.

Essa, entretanto, não é a opinião de José Antunes, sem dúvida, hoje, em Portugal, a maior autoridade na matéria, que, em seu festejado *Os Grupos de Sociedades*, de maneira radical, afirma: "Uma forma de prover a tal organização consistiria em atribuir ao grupo uma personalidade jurídica própria e separada da das sociedades componentes (mãe e filhas), passando assim o grupo a constituir um novo sujeito de direito em si mesmo. Esta solução, proposta nos primórdios da reflexão doutrinal sobre a matéria (Isay na Alemanha, Berle nos Estados Unidos da América, Coulombel na França), parece hoje inteiramente inadequada.

Em primeiro lugar, pela sua redundância. Na realidade, se bem se refletir, a personificação legal do grupo representa um contra-senso total com a especificidade deste fenômeno (enquanto fenômeno híbrido, onde se combinam unidade econômica e diversidade jurídica), por isso mesmo que acarreta a destruição da típica pluralidade jurídica que é justamente pressuposta na sua noção: atribuindo personalidade jurídica ao grupo, a lei não estaria a organizar a sua existência mas antes ironicamente e eliminá-la, já que um grupo com personalidade jurídica deixaria de o ser para passar a constituir antes uma espécie de fusão operada *ex lege*. Um tal tipo de solução incorreria, aliás, numa evidente *petitio principii* sempre que o grupo possuísse, ele próprio, relações de coligação intersocietária com outros grupos, ou constituísse, ele próprio, membro de outros grupos (os chamados *Konzern in Konzern*). Claramente, o grupo pode funcionar como objeto de comandos jurídicos (como *facti-species* normativa), jamais como sujeito de direito ele próprio: personificar equivaleria ao "homicídio jurídico" do grupo.

Depois ainda, em segundo lugar, tal solução revela-se ainda inadequada pela inconsistência com a prática organizativa dos grupos. De fato, a idéia da personificação do grupo arranca de uma pressuposta visão deste como uma variante da empresa unissocietária altamente centralizada, uma espécie de "supersociedade", cujo topo hierárquico exerce um controle completo e as partes componentes não gozam de qualquer tipo de autonomia: ora a investigação interdisciplinar da estrutura organizativa dos grupos veio mostrar que estes constituem uma realidade multiforme, com uma grande variedade de graus de centralização, que vai dos grupos compostos por filiais detidas a 100% com profunda integração econômica, até outros com uma estrutura assaz descentralizada (*v.g.*, grupos diversificados), cujas filiais atuam como meros *profit centers* dotados de elevada autonomia decisional, limitando-se a sociedade-mãe a intervir em matérias absolutamente estratégicas para a sobrevivência, liquidez e maximização lucrativa do grupo (maxime, centralização das finanças). Desta perspectiva, personificar significaria assim colocar o grupo num verdadeiro "colete de forças", destruindo aquela típica combinação entre pluralidade jurídica e unidade econômica que constitui a fonte última da superior flexibilidade organizativa e sinergia econômica demonstradas pela estrutura plurissocietária em face da tradicional estrutura unissocietária.[51]

Ao eminente Professor Titular de Direito Comercial da Faculdade de Direito da Universidade Católica (Porto), obtemperaríamos:

a) o Direito dos Grupos de Sociedades não deve ter por objeto apenas normas que legitimem a produção de benefícios econômicos (proporcionados por uma política econômica, fiscal e comercial global, própria da integração horizontal, vertical ou diversificada), financeiros (a correta aplicação por vezes de parcos recursos conduz ao controle piramidal), administrativos (obtidos com a padronização das decisões) e jurídicos (resultantes da personificação, que torna responsáveis apenas as sociedades grupadas que aderirem às obrigações e dívidas de outras controladas e até mesmo da controladora) para as sociedades controladora e controladas, mas, outrossim, deve, ao lado dos inúmeros direitos que cria, fixar deveres, obrigações e responsabilidades, tanto para as sociedades grupadas, consideradas isoladamente, como para o grupo, como um todo, e, ademais, não apenas quanto às relações *interna corporis*, portanto, entre sociedade controladora, suas controladas e os acionistas das sociedades controladora e controladas, mas, também, no tocante aos direitos de terceiros, credores das empresas grupadas.

A personificação não levaria à extinção do grupo de sociedades e ao desaparecimento da "pluralidade típica", porquanto apenas se estaria, a par de instituir benefícios, vantagens, direitos e privilégios para o grupo e as sociedades grupadas, criando deveres, obrigações e responsabilidades, que coibissem a prática, nociva sob todos os aspectos, de a controladora usar e abusar (1º) de participações recíprocas (apesar de proibida, artigo 244 da Lei 6.404/76) e cruzadas, (2º) de fusões, incorporações, transferências de ativos e cisões, para fugir ao cumprimento de sentença judicial condenatória (quantos advogados militantes já não tiveram a frustração de, depois de anos a fio litigando contra grandes conglomerados, constatar, impotentes, que os seus clientes "ganharam, mas não levaram", por não terem o que executar?);

b) o grupo de sociedades "constitui uma realidade multiforme" apenas sob o ponto de vista jurídico — a inquestionável independência das sociedades grupadas —, porque, sob o ponto de vista político-administrativo-econômico-financeiro, ele é altamente centralizado, como, em um saboroso romance, destaca Taylor Caldwell: "Henry era agora presidente da Bouchard & Sons, chefe de suas subsidiárias, maquinador dos destinos delas e, através delas, maquinador da América e, com outros, manejador do mundo".[52]

Quanto a colocar um colete de forças, é salutar que se o faça, para que o controlador, no exercício incontrastável e incomensurável do poder de dominação, que possui, não abuse, nem pense, como Luiz XIV se imaginou em relação ao Estado, que o "grupo de sociedades sou eu".

Expostas, sumariamente, as noções básicas para uma boa compreensão do grupo de sociedades, em especial quanto às suas características fundamentais — independência jurídica e subordinação política-administrativa-econômico-financeira das sociedades grupadas, por força da direção do grupo de sociedades —, vejamos, agora os direitos dos acionistas minoritários, dos credores e das próprias sociedades controladas em face da sociedade de comando.

51. Ob. cit., pp. 128-130.

52. A *hora derradeira*, Ed. Record, 1ª ed., p. 62.

XI — *Os direitos dos acionistas minoritários, dos credores e das próprias sociedades controladas em face da sociedade de comando*

A — *Grupos de sociedades de fato*

A Lei n. 6.404, de 1976, disciplina os grupos de fato nos artigos 243 a 264, proscrevendo, taxativamente, a atuação em conjunto das sociedades controladas, vedando-lhes perseguirem fins comuns segundo diretrizes, ordens e instruções da sociedade controladora, conforme doutrina Comparato: "Pela regra do art. 245, torna-se, em tese, impossível a atuação do grupo societário como um conjunto em que cada sociedade trabalha no interessc geral, ou no da controladora, e não no seu próprio interesse. A lei sublima a autonomia econômica — e não apenas jurídica de cada sociedade, não obstante a existência de coligação acionária ou de submissão ao controle de outra, ao declarar que "os administradores não podem, em prejuízo da companhia favorecer sociedade coligada, controladora, estabelecendo o artigo 245 responsabilidade civil aquiliana dos administradores em face da companhia".[53]

A norma do artigo 245, prevendo a responsabilidade dos administradores, segue-se a do artigo 246, *verbis*: "A sociedade controladora será obrigada a reparar os danos que causar à companhia por atos praticados com infração ao disposto nos arts. 116 e 117".

Destarte, *ex vi legis*, nos grupos de fato:

a) as sociedades grupadas não podem favorecer umas às outras;

b) as operações entre as sociedades grupadas devem obedecer ao princípio da equivalência das condições, de forma que só se realizem negócios jurídicos comulativos ou com pagamento compensatório;

c) a sociedade controladora responde, *ex vi* dos artigos 246 c/c 116 e 117, da Lei de Anônimas, por abuso de poder;

d) cabe (1) ação da própria companhia controlada com fundamento nos artigos 246 c/c 116 e 117 da Lei de S.A., para haver da controladora reparação cabal das perdas e danos, (2) ação social *uti singuli* e, também, ação individual dos acionistas,[54] e (3) ação de reparação de danos dos credores contra a controladora com apoio na teoria da desconsideração da personalidade jurídica se se verificar (1) fraude à lei ou (2) fraude a contrato ou (3) abuso de direito;

e) os administradores da controladora e das controladas, que violarem a lei, respondem por perdas e danos, com base na teoria da responsabilidade aquiliana;

f) são legitimados ativos contra os administradores, a própria companhia e os acionistas não controladores, como substitutos processuais e em seu próprio nome[55] e dos credores contra a companhia e os administradores com apoio no artigo 158 da Lei de S.A.

B — *Grupos de sociedades de direito*

A Lei 6.404, de 1976, nos artigos 265 a 277, admite que sociedade controladora e suas controladas, sem perda de sua autonomia jurídica, funcionem sob uma única direção, devendo a convenção do grupo disciplinar, frise-se, conforme já recordado (item VII, *supra* e dispõe o artigo 276 da Lei n. 6.404/76), "de forma minuciosa, completa, precisa e clara, as relações entre as sociedades grupadas, de modo a permitir a combinação de recursos e esforços, a subordinação de interesses de uma sociedade aos de outra, ou do grupo, e a participação em custos, receitas ou resultados de atividades ou empreendimentos comuns. Assentando a convenção, as transferências de lucros ou de prejuízos, sob as mais varia-

53. "O grupo de sociedades na nova Lei de S/A", *RDM* 23/95.

54. Cf. Comparato, art. cit., p. 95.

55. Cf. Comparato, idem.

das formas, serão lícitas e oponíveis aos sócios ou acionistas minoritários das sociedades filiadas; devendo a convenção fixar se a sociedade de comando, em benefício do grupo ou de sociedade do grupo, poderá favorecer a uma determinada sociedade em prejuízo de outra; dispondo a convenção, à sociedade de comando será facultado impor qualquer tipo de contrato ou dar qualquer tipo de instrução às sociedades do grupo.

Para tanto, controladora e controladas, ao constituírem o grupo, deverá estabelecer, também, na convenção, as relações entre as sociedades, a estrutura administrativa do grupo e a coordenação ou subordinação dos administradores das sociedades filiadas (art. 266).[56]

Daí, se os administradores do grupo agirem nos termos da convenção e da lei, ainda que as sociedades controladas venham a ter prejuízos de monta, nada lhes pode ser exigido, nem pelas sociedades controladas, nem pelos acionistas minoritários das sociedades controladas, nem pelos credores, pois os administradores do grupo têm o poder de subordinar os interesses das sociedades controladas aos de outras ou aos interesses do grupo, conforme dispõe claramente o artigo 276 da Lei 6.404/76, bem como, com fulcro na norma do artigo 273, os administradores das sociedades controladas deixam de ter autonomia administrativa, econômica e financeira e, portanto, responsabilidade.

Em conseqüência, nos grupos de sociedades de direito:

(a) a sociedade de comando pode impor, nos termos da convenção, as suas filiadas, políticas administrativas, econômicas, financeiras, operacionais, de *marketing* etc., inclusive podem (a') subordinar os interesses da filiada aos de outras filiadas e aos do grupo e (a'') transferir lucros e prejuízos de umas para outras; (b) os sócios minoritários da filiada não terão ação contra a sociedade de comando do grupo para haver reparação de prejuízos se estes decorrerem de atos ou operações praticados com apoio no artigo 276, *caput*, da Lei de S.A. (cf. § 3º do artigo 276); (c) observada a convenção, os administradores das sociedades filiadas podem ficar subordinados aos da sociedade de comando; (d) se os administradores do grupo e os administradores da filiada agirem de acordo com a convenção e a lei, nada lhes pode ser exigido, mesmo que seus atos causem prejuízos às filiadas, aos minoritários das filiadas e aos credores.

56. *Grupo de Sociedades*, cit., pp. 113-114.

A propósito da "ausência de responsabilidade grupal perante terceiros", Comparato escreveu uma página lapidar, que merece ser transcrita na íntegra: "A nova lei de sociedades por ações exclui toda e qualquer responsabilidade legal de uma sociedade por débito de outra, no seio do grupo. A Exposição de Motivos do Projeto do Ministro da Fazenda procura justificar a orientação, declarando que não se criou "a responsabilidade solidária presumida das sociedades do mesmo grupo, que continuam a ter patrimônios distintos, como unidades diversas de responsabilidade e risco, pois a experiência mostra que o credor, em geral, obtém a proteção dos seus direitos pela via contratual, e exigirá solidariedade quando o desejar. Ademais, tal solidariedade, se estabelecida em lei, transformaria as sociedades grupadas em departamentos da mesma sociedade, descaracterizando o grupo, na sua natureza de associação de sociedades com personalidade e patrimônios distintos".

"Como tivemos oportunidade de escrever, tal explicação é inconvincente, no seu todo.

"Em primeiro lugar, porque não se trata de criar, necessariamente, uma responsabilidade solidária e, sim, meramente solidária. Ao contrário do que afirma o Ministro da Fazenda, o grupo de sociedades não é nem poderia jamais ser, juridicamente, uma associação, porque o seu intuito é lucrativo. O grupo constitui, na realidade, uma sociedade, nada importando o reconhecimento, ou não, de sua personalidade jurídica. E enquanto sociedade, não parece ousado nem pioneiro reconhecer o princípio que o velho Código Comercial inscreveu em nosso direito positivo desde 1850, a saber, "os bens particulares dos sócios não podem ser executados por dívidas da sociedade, senão depois de executados todos os bens sociais" (art. 350). No caso, os bens particulares dos sócios são os componentes do ativo patrimonial de cada uma das sociedades grupadas, máxime da controladora do grupo.

"No que tange à "departamentalização" das sociedades grupadas, ela já existe na prática sob muitos e importantes aspectos. Não se percebe, com clareza, por que essa situação de fato só deve ser admitida em direito quando favorece a constituição dos grupos, e não quando cria a responsabilidade grupal em benefício dos credores.

"Quanto a estes últimos, na verdade, a prática também ensina, sobejamente, que os credores que logram obter garantias complementares aos seus créditos são, em geral, as instituições financeiras, raramente, os fornecedores, sobretudo, se economicamente fracos. São estes, no entanto, que formam a legião dos quirografários desamparados nas falências e concordatas, e são eles que deveriam — em boa justiça — merecer a tutela do legislador.

"Onde, de resto, a orientação de excluir a responsabilidade de uma sociedade por débito de outra do mesmo grupo aparece como claramente insustentável é no que tange às subsidiárias integrais. Não haverá, aí, porventura, nenhum risco de confusão patrimonial a temer, suscetível de prejudicar terceiros? Devemos levar o formalismo da separação patrimonial a ponto de impedir que a controladora seja envolvida na falência de sua subsidiária, de cuja gestão patrimonial é a única e integral responsável?

"É realmente pena que a nova lei de sociedades por ações, modernizadora sob tantos aspectos do nosso direito acionário, tenha-se posto, nessa matéria, em manifesto atraso relativamente ao direito do trabalho que, de há muito, admite a superação da personalidade jurídica na responsabilidade *externa corporis* (CLT, art. 2º, § 2º)".[57]

XII — Direito dos grupos de sociedades

Como visto e demonstrado, nos grupos de fato:

a) as sociedades grupadas não podem favorecer umas às outras;

b) as operações entre as sociedades grupadas devem obedecer ao princípio da equivalência das condições, de forma que só se realizem negócios jurídicos comutativos ou com pagamento compensatório;

c) a sociedade controladora responde, *ex vi* dos artigos 246 c/c 116 e 117, da Lei de Anônimas, por abuso de poder;

d) cabe (1) ação da própria companhia controlada com fundamento nos artigos 246 c/c 116 e 117 da Lei de S.A., para haver da controladora reparação cabal das perdas e danos, (2) ação social *uti singuli* e, também, ação individual dos acionistas, e (3) ação de reparação de danos dos credores contra a controladora com apoio na teoria da desconsideração da personalidade jurídica se se verificar (1) fraude à lei ou (2) fraude a contrato ou (3) abuso de direito;

e) os administradores da controladora e das controladas, que violarem a lei, respondem por perdas e danos, com base na teoria da responsabilidade civil aquiliana;

f) são legitimados ativos contra os administradores, a própria companhia e os acionistas não controladores, como substitutos processuais e em seu próprio nome e dos credores contra a companhia e os administradores com apoio no artigo 158 da Lei de S.A.

57. Art. cit., p. 105.

Nos grupos de direito:

(a) a sociedade de comando pode impor, nos termos da convenção, as suas filiadas, políticas administrativas, econômicas, financeiras, operacionais, de *marketing* etc., inclusive podem (a') subordinar os interesses da filiada aos de outras filiadas e aos do grupo e (a") transferir lucros e prejuízos de umas para outras;

(b) os sócios minoritários da filiada não terão ação contra a sociedade de comando do grupo para haver reparação de prejuízos se estes decorrerem de atos ou operações praticados com apoio no artigo 276, *caput*, da Lei de S.A. (cf. § 3º do artigo 276);

(c) observada a convenção, os administradores das sociedades filiadas podem ficar subordinados aos da sociedade de comando;

(d) se os administradores do grupo e os administradores da filiada agirem de acordo com a convenção e a lei, nada lhes pode ser exigido, mesmo que seus atos causem prejuízos às filiadas, aos minoritários das filiadas e aos credores.

Serão, *de lege ferenda*, essas as melhores soluções ou deve ser criado o Direito dos Grupos de Sociedades, para regular, tanto os grupos de sociedades de direito, quanto os gigantescos numerosíssimos grupos de sociedades de fato?

Por que o Direito dos Grupos de Sociedades é apenas o Direito dos Grupos de Sociedades de Direito, se, tanto nos grupos de sociedades de direito, quanto nos grupos de sociedades de fato, há:

(a) centralização política, através do domínio do poder do controle societário concentrado em uma única pessoa, física ou jurídica, ou grupos de pessoas, vinculadas por acordo de voto ou controle comum;

(b) unidade de direção, através do conselho de administração da sociedade controladora, o qual, por ordens e instruções, precisas e determinadas, que se espraiam, em cadeia, às sociedades controladas, com ou sem convenção grupal, imprime uma diretriz uniforme na aplicação dos recursos econômicos, financeiros, administrativos, técnicos, científicos e pessoais às sociedades grupadas;

(c) independência jurídica, pois, tanto nos grupos de sociedades de direito, quanto nos grupos de sociedades de fato, a sociedade controladora e as suas controladas adquirem direitos e assumem obrigações que não se comunicam, cada uma possuindo personalidade jurídica própria, inconfundível com a das demais sociedades integrantes do grupo, e, portanto, cada uma gozando de plena autonomia e independência jurídica;

(d) autonomia patrimonial, porquanto o ativo de cada uma das sociedades, quer integre um grupo de sociedades de direito, quer um grupo de sociedades de fato, é a garantia única de seus respectivos credores.

Por que o Direito dos Grupos de Sociedades é exclusivamente o Direito dos Grupos de Sociedades de Direito, se, tanto os acionistas e credores das sociedades que formam os grupos de sociedades de direito, quanto os que compõem os grupos de sociedades de fato necessitam de esclarecida, minuciosa e complexa proteção?

Por que o Direito dos Grupos de Sociedades deve ter por objeto apenas os grupos de sociedades de direito, quando a concentração secundária das empresas ou concentração na pluralidade muito mais se manifesta aqui, na Alemanha e em Portugal, os três países que até agora o disciplinaram, nos grupos de sociedades de fato?

Se, como disse Marx, o Direito é um servidor da Economia, por que o Direito positivo e, portanto, o Direito dos Grupos de Sociedades deve ter por objeto apenas as relações entre sociedades que aderem e subscrevem uma convenção, segundo o sistema contratual, quando o fenômeno econômico de concentração de empresas não distingue grupos de sociedades de direito e grupos de sociedades de fato?

Por que não beneficiar, indistintamente, sociedades, acionistas e credores de quaisquer empresas que estejam sob controle e direção únicos, consoante o sistema orgânico?

Por que o Direito dos Grupos de Sociedades deve ficar preso a fórmulas legais que não abarcam, em toda sua extensa amplitude, a realidade dos grupos de sociedades?

Se, há vinte anos, a prudência aconselhava que a disciplina dos grupos de sociedades fosse realizada sob a forma de simples e quase pioneira tentativa (conforme Exposição de Motivos do Anteprojeto de Lei de S.A.), hoje o gigantismo dos conglomerados, todos supranacionais, com imensos poderes, impõe que não sejam deixados à margem os grupos de sociedades de fato, reconhecidamente muito mais numerosos, aqui e em qualquer parte do mundo, do que os grupos de sociedades de direito.

Se o problema resumir-se ao fato de que *ex vi legis* somente se verifica a existência (formal) do grupo de sociedades quando há prévia celebração de um pacto escrito, de um contrato plurilateral nominado, basta, para resolvê-lo, alterar a fórmula, o paradigma legal, passando, então, a lei a regular os dois notórios tipos de grupos: o grupo por força de contrato e o grupo por força de lei.

O grupo de sociedades deixaria de ser aquele que decorre de uma convenção entre sociedade controladora e suas controladas (grupo de sociedades de origem contratual), que resolvem combinar recursos e esforços para realização não apenas dos respectivos objetos, mas, também, dos objetivos superiores do grupo, e passaria a ser considerado grupo de sociedades todo o conglomerado formado por duas ou mais sociedades, sob o mesmo controle, sem prejuízo de cada uma das sociedades grupadas conservar sua própria personalidade jurídica e, em conseqüência, manterem-se independentes os seus respectivos patrimônios sociais (grupo de sociedades de origem orgânica).

Por estas razões, aplaudimos a lição de José Antunes, em outra obra notável: "... a experiência internacional demonstrou já ser claramente ineficaz e fracassada (a divisão entre grupo de sociedades de fato e grupo de sociedades de direito). Com efeito, o modelo português vem filiar-se na grande família dos chamados "sistemas contratuais", que encontraram a sua raiz genealógica no sistema consagrado pelo AktG alemão e que repousam "grosso modo" sobre uma divisão básica entre grupos de direito (ou contratuais: §§ 291 e ss.) e grupos de fato (§§ 311 e ss.). Ora, mais de 25 anos de vigência deste sistema tornaram evidente o seu malogro como modelo regulatório, sendo hoje a doutrina mais representativa unânime em reconhecer este fato sem hesitações, como acentua Klaus Hopt, "este sistema de regulação naufragou", entre as várias razões deste falhanço, apontam-se justamente a de acabar por abandonar a eficácia dos respectivos comandos normativos ao mero arbítrio dos próprios destinatários (*maxime*, a sociedade-mãe), incentivando a formação de meros grupos de fato e tornando as normas em matéria de grupos de direitos pura "letra morta",[58] vindo a talho de foice a lição de Sauvin, transcrita em nota de rodapé: "On peut se demander si la distinction n'est pas purement formelle, en ce sens que du pouvoir de fait peuvent résulter des atteintes aussi profondes au patrimoine social que du pouvoir attribué par la loi. L'existence de deux systèmes permet alors à la société dominante de continuer à jouir d'un pouvoir analogue à celui conféré par la loi sans encourir dans la responsabilité prévue par celle-ci (ou encore une responsabilité moindre, ce qui constitue une forme de privilège injustifié)".[59]

Em síntese, desta forma, o que determinaria a formação, a existência, o funcionamento e a extinção do grupo de socieda-

58. *Os Direitos dos Sócios na Sociedade Mãe*, Ed. UCP, 1994, p. 81.

59. Ob. cit., p. 8l, nota 88.

des não mais seria apenas a celebração de um contrato plurilateral típico, mas também o fato concreto de uma ou mais sociedades possuírem o controle acionário de outras sociedades com estas formando um grupo de sociedades.

Assim, criar-se-ia o Direito dos Grupos de Sociedades, para regular, de forma minuciosa e completa, o fenômeno econômico da concentração de empresas e, ao disciplíná-lo, com normas rígidas, prever:

(a) personificação do grupo e

(b) a responsabilidade solidária do grupo de sociedades com a finalidade última de compelir o empresário — sempre acima de tudo e de todos — a honrar a palavra empenhada, não importa se empenhada através da sociedade controladora e/ou de uma ou várias de suas controladas.

Doutrina

OS VALORES MOBILIÁRIOS NA LEI DAS S/A[1]

MARCOS PAULO DE ALMEIDA SALLES

1. A Lei 6.404/76 tal como o Decreto-lei 2.627/40 e todas as demais legislações que trataram da sociedade anônima, considera que "as companhias ou sociedades anônimas se distinguem das outras espécies de sociedades pela divisão do capital em ações...",[2] e dispõe em seu art. 1º que "a companhia ou sociedade anônima terá o capital dividido em ações e a responsabilidade dos sócios ou acionistas será limitada ao preço de emissão das ações subscritas ou adquiridas" e assim entende a expressão "ações" como a menor porção em que se divide o capital das companhias, o que faz aparecer esse valor mobiliário como elemento estrutural, delineador das características da participação societária. Isto é, daquele tipo societário que tem o seu capital dividido em idênticas porções denominadas ações e, no qual, a responsabilidade dos sócios é limitada à sua subscrição. Uma das características fundamentais da participação societária em ações é a liberdade da sua circulação, independentemente da manifestação dos demais co-partícipes, exceção feita à disposição do artigo 36, em que, nas companhias fechadas há possibilidade de limitação à circulação de ditos valores mobiliários, porém, nunca sob a dependência da vontade da maioria ou do controle.

Como nos ocuparemos das companhias abertas, isto é daquelas que, pelo art. 4º da mesma lei, têm os valores mobiliários de sua emissão admitidos a negociação em Bolsa ou no Mercado de Balcão, e assim susceptíveis de alienação, devemos encontrar o local apropriado à sua circulação, por meio de sua aquisiçao ou de sua alienação. Esse ponto de encontro da oferta e procura nada mais é do que o mercado e, como vimos esse mercado se denomina Bolsa de Valores ou Balcão.

Desde os primórdios do capitalismo participativo, a aglutinação de capitais obtidos por meio da subscrição pública de ações, sempre buscaram um mercado, não somente para as aquisições primárias, mas, principalmente para as secundárias, que permitiam demonstrar aos seus titulares que os valores de que dispunham se mobilizavam facilmente, permitindo-lhes confiar nesta liquidez como fator preponderante de sua segurança no investimento em ações.

O Decreto 177-A, ao apagar das luzes do século XIX, autorizou as sociedades anônimas a buscar uma fonte alternativa de recursos por meio da emissão de obrigações ao portador ou debêntures, valendo-se do mesmo princípio da atomização do empréstimo, em parcelas mínimas representadas por títulos de crédito, de emissão massificada e de livre circulação. Esses

1. Conferência proferida por ocasião do "Ciclo de Conferências pelos 20 anos da Lei das Sociedades por Ações", promovido pelo IBDCC, IASP com o apoio da ACSP — 1996.

2. Art. 1º do Regulamento 434/1891. Ver ainda, art. 1º do Dec. 8.821/1882; art. 298 do Cód. Comercial de 1850.

valores, também podiam se mobilizar rapidamente, nos mesmos mercados.

2. Lembremo-nos dos idos de 1970 quando o Instituto Brasileiro de Direito Comercial Comparado, juntamente com a Federação das Indústrias do Estado de São Paulo, nos salões do "Palácio Mauá" realizou um seminário para analisar e sugerir as normas que viriam a ser a Lei 6.404/76; simpósio em que o saudoso Prof. Oscar Barreto Filho lecionou, com sua proverbial proficiência, a necessidade que havia de se distinguir as companhias que viessem a público buscar recursos da poupança popular, para sua capitalização, daquelas que, embora revestindo o tipo anônimo, se mantivessem no âmbito familiar, ou fechadas.

Assim é que, a Lei 6.404, em seu artigo 4º, distinguiu companhia aberta de companhia fechada conforme tenha os valores mobiliários de sua emissão admitidos à negociação em Bolsa ou no mercado de balcão. O mercado de balcão é aquele mercado que era reconhecido pelas autoridades do sistema financeiro nacional como o local de encontro da oferta e da procura que se não verificava nas Bolsas. Nunca fora organizado como organizado é o mercado de Bolsa, e foi só recentemente, com a Instrução 93/88, que a CVM ao disciplinar o funcionamento do Mercado de Balcão deu o primeiro passo no sentido de permitir o chamado mercado de balcão organizado, isto é, permitir que os mercados se organizem por meio de outras instituições e outros sistemas que não as Bolsas de Valores. Na verdade, serão pequenos sistemas que permitirão transações por meios informatizados integrados (*on line*), de modo que as próprias entidades do sistema de distribuição que a ele se dediquem organizadamente, no que diz respeito a cotação e divulgação dos negócios realizados se interligarão a um servidor central. O que se organiza no mercado é a possibilidade do acesso aos locais de negociação, às estruturas de negociação, e principalmente, à divulgação das cotações e dos volumes de negócios realizados, de modo a permitir ao investidor a avaliação do seu risco.

Estava assim justificada a pretensão à dicotomia: companhia aberta, companhia fechada como o fez a Lei 6.404/76 em seu art. 4º.

As ações e as debêntures emitidas por essas sociedades anônimas poderiam ser utilizadas como elementos formadores de seus capitais e os subscritores teriam onde negociá-los, como valores mobiliários devidamente cotados, isto é, passíveis de informações e de transparência sem prejuízo da denominada volatilidade mercadológica.

3. Neste momento nos interessa chamar à atenção para a primeira aparição da expressão "valores mobiliários" na Lei 6.404/76, dotada de substancial importância, pois é por meio dela que chegamos à definição de companhia aberta, importante capítulo da reforma havida no Dec.-lei 2.627/40.

Enquanto este autorizava indistintamente a negociação de quaisquer ações ou debêntures nas Bolsas de Valores, tal como estas foram concebidas no final do século passado, a lei de 1976 veio qualificar a sociedade anônima, atribuindo-lhe uma determinada espécie, quanto à pretensão de captar recursos pela via da oferta ao público, por todos os meios de divulgação e veiculação legalmente permitidos e por intermédio de instituições financeiras do sistema de distribuição de valores mobiliários.

Evidentemente que no sistema jurídico brasileiro essa expressão "valores mobiliários" já houvera aparecido em 1964/1965 com a lei 4.728/65, mas é com a Lei 6.404/76 que passa a ser dotado de importância pela sua introdução no artigo 4º da Lei 6.404, com a especificação de "companhia aberta", que passa a dotar a sociedade anônima de obrigações de ordem pública que se fazem presentes especialmente com a Lei 6.385/76, a lei do Mercado de Valores Mobiliários.

Diante desta premissa, somos levados a fazer uma digressão pelo campo do denominado "mercado de capitais", para nos darmos conta de que foi a Lei 4.728/65 — Lei do Mercado de Capitais —, que apareceu falando em "títulos ou valores mobiliários", em seu artigo 2º, relacionando-os, desde logo, com a figura da sociedade que os emitisse. Por todo seu texto está sempre a utilizar as expressões em conjunto e alternativamente, "títulos" ou "valores mobiliários". Não há entre elas uma sinonímia mas apenas uma semelhança devido à permissividade de poderem ser negociados livremente no mercado de capitais, após sofrer seu registro junto às autoridades disciplinadoras, outrora o Banco Central, na sua gerência de mercado de capitais, e hoje a Comissão de Valores Mobiliários.

4. Estamos em 1965, no início da vigência de um microssistema, como nos ensina Bobbio, a regular, por meio de fiscalização e controle, a circulação dos valores mobiliários. Anos mais tarde, e como corolário do mencionado simpósio de 1970, em 7 de dezembro de 1976, foi promulgada a Lei 6.385/76 cognominada de "Lei do Mercado de Valores Mobiliários e da criação da Comissão de Valores Mobiliários— CVM", na qual, em seu art. 2º encontramos um conceito de Valores Mobiliários, que devemos interpretar em conjunto com o disposto no artigo 4º da Lei 6.404/76.

A Lei 6.385/76 — diz em seu artigo 2º: "são valores mobiliários sujeitos ao regime desta lei ...", as ações, partes beneficiárias, debêntures, cupons desses títulos e bônus de subscrição. Num segundo momento, os certificados de valores mobiliários, e por fim, outros títulos criados ou emitidos pelas sociedades anônimas, a critério do Conselho Monetário Nacional. Vê-se assim que há, entre títulos e valores mobiliários, uma distinção aqui acentuada por parte do legislador.

De plano se destaca que a lei se preocupou com os valores mobiliários sujeitos ao seu regime, nos levando a crer que poderia haver outros — e os há — que não estão sujeitos aos ditames dessa lei, pois, conforme o artigo 1º da Lei 6.385/76, por ela apenas são disciplinadas e fiscalizadas as atividades de emissão e distribuição de valores mobiliários no mercado; valendo dizer que as emissões de valores mobiliários feitas por sociedades anônimas fechadas, que se não pretendam valer da Bolsa ou do balcão para a correspondente colocação, não se devem sujeitar à disciplina da Lei 6.385/76.

Vê-se assim que a presença dos valores mobiliários, na lei das sociedades por ações, é fundamental, pois trata-se do divisor de águas entre a companhia aberta e a companhia fechada, conforme haja ou não a admissão à sua negociação nos mercados.

5. Muito se tem escrito sobre a categoria dos títulos de crédito, e sem dúvida, Vivante ainda é aquele que melhor os conceituou, como "o documento necessário para o exercício do direito literal e autônomo nele mencionado".

À medida que os valores mobiliários foram se tornando mais importantes, fomos buscar na circulação dos títulos de crédito, equiparação para a explicação da circulação dos valores mobiliários, principalmente aqueles que se revestissem da forma cartular, como ações endossáveis e ao portador; as debêntures ao portador, as debêntures endossáveis etc. — o que no entanto veio se tornando dispensável na medida em que esses dois tipos, característicos de emissões cartulares, fossem desaparecendo legalmente. Isto não arrefeceu no entanto a análise diferencial que se deve fazer dos títulos de crédito e dos valores mobiliários, que embora títulos decorrentes de um ato coletivo corporativo, de emissão em massa, nem sempre se valem da cartularidade própria dos títulos de crédito.

Ao longo desses vinte anos, fomos verificando que, os "valores mobiliários" podem ser, como diz o saudoso Prof. Philomeno Costa,[3] um galicismo jurídico,

3. In *Anotações às Anônimas*, Ed. RT, S. Paulo, 1980, p. 112.

pois sem dúvida a expressão é fruto da dicotomia da doutrina francesa *valeures mobilières* e *efects du commerce*, traduzindo, nos primeiros, os títulos emitidos em massa e de circulação irrestrita, e, nos segundos, títulos emitidos em decorrência de um ato de comércio, e de circulação bem mais restrita.

A propósito, deve-se ressaltar o caráter infungível dos títulos individuais, que os franceses chamam de efeitos do comércio, face a fungibilidade atribuída aos títulos de massa. Portanto, valores mobiliários são títulos, revistam ou não a condição de títulos de crédito e são fungíveis, pois são títulos emitidos em massa, em decorrência de um negócio jurídico subjacente de empréstimo ou associação corporativa representada pela titulação sobre debêntures ou sobre ações sempre a menor proporção em que se divide o objeto do negócio. A fungibilidade aparece no tratamento dado pelo artigo 41, à custódia ali definida como depósito próprio, pela existência da restrição à livre disposição, que se vê do parágrafo único, que assim não lhe confere o tratamento de mútuo.

Quanto às vezes em que aparecem valores mobiliários com condição de títulos de crédito, devemos nos ater ao artigo 23, pois as possibilidades de emissão de certificado indispensável à realização dos direitos nele mencionados ficou altamente comprometida pela vedação legal da emissão ao portador ou endossável, colocada pela Lei 8.021/90. Perdura, no entanto, a autonomia dos atos alienatórios, feito longe das características da cessão civil e com a aplicação, no que couber, das normas que regem a circulação dos títulos de crédito.

Era nítida esta autonomia na circulação das ações endossáveis que haviam sido criadas pela Lei 4.728/65, em seu artigo 32, mas que com o seu desaparecimento deixaram apenas as formas circulatórias nominativas e escriturais.

As normas de custódia das ações fungíveis nas bolsas de valores são adequadas às ações escriturais, não havendo mais qualquer certificado, mas apenas a titulação por meio dos extratos de conta de depósito ou custódia das ações escriturais, passados pela Bolsa, ou pela entidade que presta serviço de agente escriturador.

Como afirma o Prof. Waldirio Bulgarelli: "a configuração de Valores Mobiliários deve-se à sua negociabilidade, enquanto títulos de massa. Talvez a tal propósito deva-se ressaltar o que, aliás, a doutrina estrangeira já assinalou, ou seja, o caráter infungível dos títulos individuais perante a fungibilidade atribuída aos títulos de massa".[4]

Como se vê os valores mobiliários conferem aos seus titulares, além do *status* de acionista, direitos e vantagens ou preferências na participação sobre os resultados de seus respectivos negócios subjacentes. São as ações que podem ser ordinárias, preferenciais ou de fruição (art. 15), e que em se tratando de companhia aberta não podem sofrer restrições à sua circulação (art. 36). São emitidas em massa, pois trata-se de uma associação que tem suas quotas participativas representadas pela titulação da ação, menor porção em que se divide o capital da companhia (art. 1º).

Desapareceram também os cupons das ações a que se referiu o artigo 26 da lei societária, que representavam direitos futuros que a estes pequenos títulos de crédito derivados das próprias cautelas das ações — pois a elas vinham gemelarmente ligadas — se incorporavam de modo independente, após a deliberação assemblear que lhe atribuísse direitos específicos.

Essas características também se aplicam às debêntures, que se originaram do Decreto-lei 8.821 do Império, passando à República pelo Decreto-lei 177-A/93, em ambos como obrigações ao portador, a que a Lei 4.728/65 agregou as obrigações endossáveis conforme seu artigo 32 e as de-

4. Waldirio Bulgarelli, *Títulos de Crédito*, Atlas, S. Paulo, 1994, p. 95.

bêntures conversíveis em ações pelo seu artigo 44. Representam as debêntures a emissão em massa de títulos representativos de empréstimo corporativo contraído pelas sociedades anônimas, com renda fixa ou renda variável, com ou sem garantia, tudo conforme dispuser a escritura de emissão. Estão elas no artigo 52 da Lei 6.404/76, em cada categoria e série fungíveis entre si. Sua circulação é livre, no entanto, nas companhias abertas, as emissões necessitam de registro na CVM e nas fechadas obrigatória sua averbação na CVM para controle da circulação particular.

Quando nos atemos às "Partes Beneficiárias" e aos "Bônus de Subscrição", nos deparamos no artigo 75, com a qualificação de "títulos negociáveis", o que comparado com as disposições do artigo 2º da Lei 6.385/76 nos permite afirmar serem os "valores mobiliários" títulos negociáveis e, assim, não apenas, ou necessariamente, títulos de crédito; contudo, a proibição da emissão de títulos ao portador ou endossáveis, suspende a possibilidade de emissão dos bônus de subscrição na forma então prevista na Lei 6.404/76.

As partes beneficiárias perduram existindo sobre a forma nominativa, sendo certo que as companhias abertas só poderão emiti-las dentro das características de alienação onerosa, em benefício da companhia.

Quanto ao Certificado de Depósito de Valores Mobiliários, assim como aos demais títulos novos criados pelas Leis 6.385/76 e 6.404/76, e sobre que tão bem escreveu o saudoso Prof. Mauro Brandão Lopes,[5] que como disse o Prof. Philomeno Costa,[6] "são valores mobiliários que não se relacionam com a estrutura e funcionamento da sociedade anônima", porém que, a nosso ver poderiam não se relacionar diretamente com a companhia, mas que podem servir de veículo para a viabilização das emissões. No entanto entendemos neste momento quedem sem comentários, pois se tratava de título ao portador ou endossável, que a Lei 8.021/90 vedou a emissão.

6. Chegamos ao item III do art. 2º da Lei 6.385/76, em que se outorga competência ao CMN para dizer de valores mobiliários emitidos por sociedades anônimas por meio de suas resoluções, assim os caracterizando para os efeitos da lei.

Como exemplo da utilização deste dispositivo trazemos a Res. do CMN 1.723/90, que considerou como valor mobiliário a Nota Promissória emitida por sociedade por ações, destinadas à oferta pública, tendo logo a seguir a CVM, por meio da Instrução 134/90, regulado a emissão dessas notas promissórias, que são uma prerrogativa das sociedades anônimas. Sua emissão é massificada e dotada de fungibilidade, pois emitidas todas com as mesmas características — são as denominadas *Commercial Paper*.[7] Neste caso, estes valores mobiliários terão também cumulativamente as características de títulos de crédito tornando assim indispensável a apresentação do título para o exercício do direito nele mencionado, a menos que seja escritural.

Com apoio no mesmo dispositivo excepcional do art. 2º, II da Lei 6.385/76 a resolução do Conselho Monetário Nacional n. 1.907/42, atribuiu aos recibos de subscrição de valores mobiliários a condição de valor mobiliário. A mesma resolução tratou de definir como valores mobiliários, para os mesmos efeitos, também os direitos de subscrição de valores mobiliários e as opções com valores mobiliários. Estas últimas têm preenchido, com largueza, a sua finalidade de expectativa especulativa, quer nos mercados à vista, quer nos futuros.

Quando em 1980 escrevemos os nossos comentários à Lei 6.385/76,[8] e afirmar-

5. Mauro Brandão Lopes, *S.A. Títulos e Contratos Novos*, Ed. RT, S. Paulo, 1978.

6. Ob. cit., p. 197.

7. Akira Chinen, *Commercial Paper*, Atlas, S. Paulo.

8. Marcos Paulo de Almeida Salles, *Comentários à Lei 6.385/76*, Resenha, S. Paulo, 1980, p. 6.

mos da ligação umbilical da expressão "valores mobiliários" com aquela da doutrina francesa, ou como diz o Prof. Bulgarelli[9] "expressão de origem desenganadamente francesa", preocupou-nos o seu enquadramento na matriz americana, de onde vieram os traços para a sua utilização por nossas companhias abertas, isto é os *securities* norte-americanos.

O legislador norte-americano da década de 30 tinha consciência de que para reacender o interesse pela eficiência marginal do capital, era preciso desenvolver um sistema de mercado de capitais que fizesse retornar a confiança dos anos anteriores à crise de 1929, e fizesse com que o capitalismo pudesse ser efetivamente o resultado desse aprimoramento circunstancial.

Em 1933 o *Securities Act* definiu ou tentou conceituar *security* pela primeira vez (§ 2-1), o que no entanto só se veio a consolidar em 1967 com uma interpretação judicial citada por Louis Loss[10] que uma vez compreendida assim levou-nos a conceituar *Security: todo instrumento de emissão massificada, fungível ou não, que possibilita participar de maneira direta ou indireta dos resultados da atividade da empresa e que venha a ser objeto de oferta pública, revista ou não a forma de título de crédito*.

Em sendo, pela Lei 6.404/76 (art. 2º) a "empresa" o objeto da companhia, e estando a emissão de valores mobiliários relacionada com as sociedades anônimas, somos por concluir que os valores mobiliários na Lei das S/A são de conceito mais amplo do que aquele pregado pela doutrina francesa, pois a eles se acresceram caracteres dos *securities* norte-americanos.

O valor mobiliário é representado por um título de participação, revista ele ou não a forma de título de crédito, que permite ao seu titular pretender participar dos resultados do risco inerente ao negócio jurídico subjacente à sua emissão. É da natureza do valor mobiliário, a figura do risco, porque a eficiência marginal do capital tem que despertar maior interesse pelos dividendos do que a taxa de juros. E para que isso aconteça, é necessário que o interesse no investimento que justifica e predispõe a emissão do valor mobiliário, seja o de participar dos seus resultados e não apenas aquele de participar de um simples rendimento predeterminado.

7. Durante esses 20 anos da vigência da legislação apropriada, à sociedade anônima e ao mercado de capitais temos que considerar que os valores mobiliários colocados na lei brasileira vêm preenchendo a sua finalidade de capitalização das companhias, seja por meio de participações acionárias seja, de qualquer outra forma credora ou associativa que se possa imaginar, com emissão de títulos nominativos ou escriturais, fungíveis, admitidos à negociação nos mercados de bolsa e de balcão.

Cada qual de nós, ao optar pela aquisição de um valor mobiliário, estará assumindo o risco da sua participação, risco esse que é naturalmente divulgado, difundido, pelo dever fundamental que têm os participantes do mercado de valores mobiliários, qual seja, o dever de informar, e informar sempre com distribuição das informações em igualdade de condições, a cada um dos seus participantes, por meio da transparência e da boa-fé, de parte dos administradores das sociedades anônimas, dos agentes do mercado e dos próprios investidores.

O capitalismo de participação implica igualdade de oportunidades para que cada um possa livremente aquilatar o risco que deseja correr.

N.R. Já havia sido proferida a presente conferência quando foi promulgada a Lei 9.457/97 que promovendo alterações no texto da Lei 6.404/76, adaptou os valores mobiliários à forma exclusivamente nominativa ou escritural, podendo haver sido prejudicadas eventuais apreciações críticas em relação a essa antinomia, ou a outros dispositivos alterados.

9. Ob. cit., p. 83.

10. O inteiro teor da definição por nós interpretada e sintetizada, encontra-se in *Securities Regulation*, 6ª ed., p. 340.

Doutrina

A BIPARTIÇÃO DO DOMÍNIO NO DIREITO SOCIETÁRIO

Propriedade Direta e Propriedade Indireta

AMÉRICO LUÍS MARTINS DA SILVA

Rubens Requião sempre alertou que a natureza jurídica dos valores entregues pelos sócios à sociedade (contribuição social, cota ou parte do sócio na composição do capital social), é um dos mistérios do Direito Comercial.[1] O fim, pois, dos nossos esforços, neste momento, é contribuir, com nossas reflexões, para a elucidação desses mistérios e reforçar a fundamentação da natureza jurídica das entradas dos sócios nas sociedades conforme a concepção que as vê como direito de propriedade, bem como reforçar a fundamentação da natureza jurídica das ações conforme a concepção que rejeita a ação das sociedades como título de crédito.

Iniciaremos os nossos comentários pelo crédito. Por que o crédito? Em vista de o crédito em sentido estrito (*stricto sensu*), como alguns preferem, constituir o ponto determinante para que um documento possa ser um título de crédito. Não se concebe ser título de crédito aquele documento que não expresse uma operação de crédito em sentido estrito. Assim, o crédito é o principal ponto de afastamento entre os títulos de crédito e as ações das sociedades comerciais. Ele é fundamentalmente responsável pela distinção entre a natureza de um e a natureza de outro.

O crédito importa sempre três propriedades básicas, sem as quais não se pode caracterizá-lo: o ato de confiança, a devolução obrigatória do valor transferido (seja por compensação ou por pagamento em espécie) e o uso do capital por um lapso de tempo determinado.

Quando um acionista adquire uma ação, obviamente existe o ato de confiança, não em uma pessoa devedora, mas no sucesso do empreendimento a ser desenvolvido pela sociedade. Porém não existe a obrigação de devolver o valor transferido (resgate), porque a ação é uma captação de dinheiro que não exige a sua devolução (recursos próprios ou recursos não-exigíveis); pode, sim, haver a obrigação de partilhar entre os acionistas o que se apurar em liquidação, mas isto, excepcionalmente. Ademais, o uso do capital captado por parte da sociedade tem, em si, o caráter permanente.

A transferência de valores realizada na aquisição de ações não atende absolutamente aos pressupostos do crédito. Daí se dizer que a ação não é título de resgate, mas de

1. Cf. *Curso de Direito Comercial*, 2º vol., 13ª ed., São Paulo, Editora Saraiva, 1984, p. 279.

permanência,[2] pois o resgate é típico dos documentos de crédito e não dos documentos de mera participação em empreendimentos de risco. Daí se dizer, também, que o acionista não faz jus a prestações predeterminadas ou predetermináveis, mas a um fluir de direitos, pois predeterminação é própria dos documentos de crédito, onde há a obrigação de pagar o valor previamente estabelecido, previsão esta própria, também, em relação ao prazo.

Dessa maneira, é muito difícil colocar as ações entre as operações de crédito e impossível colocá-las na categoria dos títulos de crédito.

Existe mais de um aspecto importante para definirmos a natureza jurídica das ações. Entre eles, outro ponto que muito se tem discutido na doutrina, além da natureza do documento que espelha as entradas feitas pelo sócio para compor o capital da sociedade, é a natureza do direito do acionista sobre a universalidade dos bens sociais, pois uma coisa está invariavelmente ligada à outra. Apesar de ainda ser fruto de debates, é quase inquestionável que as entradas realizadas pelo acionista não são uma operação de crédito — inquestionável pelo menos no seu sentido estrito, conforme já demonstramos. Se não é uma operação de crédito, conclui-se que o acionista também não é credor, como seria, se beneficiário numa operação cambial. Então o que será?

Parece-nos que a posição dos sócios na sociedade está mais perto do direito de propriedade que do direito de crédito. A participação na administração da sociedade diretamente como gerente ou como simples conselheiro, fiscalizando os atos de administração, é um direito que deriva do principal que é o direito real ou de propriedade. No entanto a doutrina tem caminhado para o desdobramento da posição dos sócios em duas partes: um direito pessoal e outro patrimonial. Para esta corrente doutrinária, o direito pessoal do sócio é o que decorre do *status* de sócio, ou seja, participar na administração da sociedade, e o direito patrimonial e o direito de crédito consistente em perceber o quinhão dos lucros durante a existência social e, em particular, na partilha da massa residual, depois de liquidada a sociedade.[3]

A esse respeito, ponderamos que uma pessoa, proprietária de uma determinada coisa, a administra pessoalmente ou entrega a administração de seu uso a outra pessoa, sob a sua fiscalização, como parte do exercício do seu direito de propriedade. A participação na administração da coisa é própria do direito de propriedade. O mesmo não podemos dizer do direito de crédito, onde o credor não participa da administração do bem entregue ao devedor, enquanto este não cumprir a prestação prometida. Sob este ângulo da questão, o conjunto de faculdades do sócio ou acionista está mais próximo do direito de propriedade.

Pois bem! A propriedade é o mais amplo direito de utilização econômica das coisas, direta ou indiretamente. Comentamos, também, que, quando terceiro detém os poderes de usar e gozar, detém a posse direta e o proprietário a posse indireta, pois este ainda permanece detendo o domínio sobre a coisa. A parte do Direito Civil que rege a propriedade estabelece que, quando são destacados todos os seus elementos, perde-se o domínio sobre a coisa e, por conseqüência, a própria propriedade. A extinção do domínio, para o Direito das Coisas, é a perda da propriedade.

Imaginemos, entretanto, ser possível destacar todos os elementos da propriedade, operando-se a transmissão voluntária da coisa e, ainda assim, ter-se a propriedade indireta, ficando o alienatário com a propriedade direta. Dentro desta situação entendida por muitos como "ficção", a bipar-

2. Cf. José Edwaldo Tavares Borba, *Direito Societário*, Rio de Janeiro, Freitas Bastos, 1986, p. 153.

3. Cf. J. X. Carvalho de Mendonça, *Tratado de Direito Comercial Brasileiro*, v. VI, Rio de Janeiro, Livraria Freitas Bastos, 1934, p. 391.

tição ou o estado de propriedade direta e indireta perduraria enquanto existisse o alienatário, após o que a propriedade direta retornaria ao alienante, ou ainda perduraria enquanto houvesse anuência do alienante a tal estado de coisas. Uma vez que este quisesse pôr fim a esta situação, teria o domínio absoluto sobre a coisa, objeto da transferência, pois esta, como foi dito, voltaria ao seu poder direto. Também, enquanto o alienatário detivesse a propriedade direta, entregaria os frutos da utilização econômica da coisa ao proprietário indireto ou alienante.

Tais circunstâncias, evidentemente, são inimagináveis na concepção e nos princípios adotados pelo Direito das Coisas em relação à propriedade, em virtude, justamente, de ocorrer a alienação, com a qual haveria, irremediavelmente, a perda total do domínio sobre a coisa transferida. Impossível, portanto, dentro dessa parte do Direito, falar-se em propriedade direta ou indireta. Porém, no universo societário, quer seja mercantil ou civil, encontramos claros indícios desse estado de domínio, a respeito do qual, inclusive, poderíamos meditar com mais liberdade, extrapolando um pouco as tradicionais argumentações sobre o direito de crédito e o direito de propriedade.

Nesta oportunidade, vale ressaltarem-se as particularidades do Direito Societário, que não são seguidas pelos demais campos do Direito. A inaplicabilidade integral dos princípios do Direito das Coisas ao Direito Societário também toma corpo no caso da incorporação dos bens imóveis. Para o Direito das Coisas, os bens imóveis se adquirem originariamente *inter vivos* pela transcrição do título em registro público apropriado. Doutrinadores civilistas asseguram que a lei cerca de maiores garantias a circulação da riqueza imobiliária, exigindo solenidades para a transmissão da propriedade dos bens imóveis, que se estendem até o próprio título. Assim é que a alienação de tais bens deve obedecer necessariamente a forma de escritura pública (artigo 134, Código Civil).[4] A escritura pública é da substância do ato nos contratos constitutivos ou translativos de direitos reais sobre imóveis. Por outro lado, esta regra não pode ser aplicada no Direito Societário com a abrangência adotada pelo Direito das Coisas, já que o art. 89 da Lei n. 6.404, de 15 de dezembro de 1976, ao contrário das disposições do Código Civil, prescreve que a incorporação de imóveis para a formação do Capital Social não exige escritura pública. Tais exemplos mostram que as construções doutrinárias do Direito das Coisas não podem ser tomadas a rigor quando examinadas as instituições do Direito Societário.

Além disso, vale lembrar que, na hipótese por nós imaginada, a coisa é sempre transferida para uma pessoa abstrata, fictícia (existe apenas juridicamente); o alienante é parte determinante da sua existência e detém direitos de gestão e obrigação de cooperação, ao contrário da transferência considerada no Direito das Coisas, onde o alienatário, após consumada a alienação, não mantém qualquer vínculo com o alienante. Vê-se que isto é uma situação toda particular do universo associativo.

O alienante e o alienatário são, aqui, pessoas distintas — quanto a isso não há dúvida — mas, irrefutavelmente, permanecem vínculos entre ambos, mesmo após a alienação completa dos bens entregue pelo alienante; vínculos muito diferentes daqueles entre credor e devedor.

Devemos destacar que este vínculo entre a sociedade e o sócio, considerando-se o direito de propriedade, amplia-se infinitamente aplicando-se a doutrina do *Disregard of Legal Entity* (do Direito anglo-saxão), ou doutrina da penetração, ou, ainda, teoria da desconsideração da personalidade jurídica, onde o patrimônio da sociedade se comunica com o patrimônio do sócio. A doutrina da penetração tem sido apli-

4. Cf. Orlando Gomes, *Direitos Reais*, 8ª ed., Rio de Janeiro, Forense, 1983, p. 121.

cada, inclusive, pelos tribunais brasileiros, quando verificada a utilização abusiva da forma societária, com prejuízo a terceiros, a fim de, desconsiderando a personalidade jurídica, atingir e vincular ilimitadamente a responsabilidade do sócio. Porém, a doutrina ressalva, com muita ênfase, que a regra plenamente vigente é a de que as pessoas jurídicas têm existência distinta da dos seus membros (art. 20 do Código Civil), ou seja, é a da absoluta separação dos patrimônios, somente se admitindo superá-la quando haja ruptura manifesta entre a realidade e a forma jurídica. Justifica-se a desconsideração da personalidade jurídica atingindo-se o patrimônio pessoal do sócio porque a atuação foi dele e não da sociedade. O ato foi determinado pelo exclusivo interesse da sociedade, que era distinto.

A teoria do superamento ou desconsideração da personalidade jurídica que surgiu na doutrina jurisprudencial, hoje adotada pelo Código do Consumidor (Lei n. 8.078/90), permite também que as fraudes em sucessão comercial sejam apuradas com prova inequívoca de que a sucessora opera no mesmo local, com o mesmo ramo, as mesmas instalações e acervo, além do mesmo sócio majoritário. Isto evidencia o domínio indireto do sócio sobre o acervo social e sua responsabilidade, independente da pessoa abstrata que detém o domínio direto sobre este acervo.

A doutrina da penetração, portanto, é mais um exemplo que vem reforçar a hipótese de domínio indireto do sócio sobre os bens sociais, pois esta doutrina pode ser equiparada às limitações jurídicas ao direito de propriedade. Pelo princípio da normalidade do exercício dos direitos oriundos da propriedade, uso pode transformar-se em abuso, se o titular exercer sobre eles o direito sem legítimo interesse ou de modo contrário a sua destinação social. O desvio da normalidade é inadmissível. Quem o pratica comete abuso de direito. O exercício anormal em detrimento do direito de terceiros constitui ato ilícito, respondendo, no regime societário, o sócio com o seu patrimônio pessoal na reparação dos prejuízos causados.

A doutrina da penetração, agora considerando-se o outro lado, parece-nos ser inconciliável com a concepção de que a posição jurídica do sócio é simplesmente de credor, ou seja, constitui um mero direito de crédito sobre os lucros líquidos e o acervo social. É muito difícil, quase impossível, responsabilizar ilimitadamente o credor pelos danos causados a terceiros em virtude da má utilização do crédito pelo devedor.

Por outro ângulo, apesar de haver alienação da coisa quando o sócio realiza a sua contribuição para a constituição do capital, parece, na verdade, permanecer o *animus domini* (intenção de agir como dono) do alienante. O alienante continua a agir, com relação à coisa ou à universalidade na qual ela se integrou, como se efetivamente lhe pertencesse, embora, no plano estritamente jurídico do Direito das Coisas, isto não ocorra. Nessa alienação, não se verifica, por outro lado, o *animus vendendi* (intenção de vender). Há, sim, a intenção de entregar algo a outrem, transferindo os poderes de usar, gozar e dispor, porém não, de maneira definitiva, mas apenas enquanto houver interesse de quem transfere ou, então, enquanto existir quem detenha tais poderes, voltando a coisa ao transmitente, uma vez extinta a pessoa jurídica.

Sobre o retorno da coisa ao transmitente, ainda existe espaço para fazermos algumas observações. Boa parte da doutrina, como comentamos no capítulo anterior, entende a sociedade, como uma pessoa jurídica distinta, que passa a ter o domínio dos bens assim entregues pelo sócio para composição de sua quota, de modo que, mesmo ao se proceder à liquidação da sociedade, o sócio nenhum direito tem a ser reintegrado na coisa por ele transferida, pois o quinhão que lhe couber decorrerá da partilha do acervo social. Todavia, sem colocar de lado a atenção que esta afirmação merece, dentro da hipótese de domínio indireto do sócio sobre os bens sociais, podemos, ainda, buscar algumas explicações para o fenômeno, contrárias a esta invariável. Por exemplo, quando, na liquidação da sociedade, se verifica que o acervo social é inferior às entradas realizadas pelos sócios, evidentemente seria impossível a reintegração justa e integral nas coisas por eles transferidas, pois tal situação resulta da perda ou perecimento, total ou parcial, da propriedade. No caso de perda parcial, a reintegração opera-se como se fora uma espécie de indenização, limitada a proporção de cada um no acervo social. Quando, na liquidação da pessoa jurídica, os bens sociais são iguais às entradas das contribuições sociais, a reintegração da coisa ao patrimônio do sócio pode perfeitamente se efetivar, uma vez que não implicaria desarmonia na partilha do acervo. Por último, quando, na liquidação da sociedade, a universalidade dos bens sociais é superior ao somatório das entradas realizadas pelos sócios, a reintegração da coisa transferida pode operar-se de maneira integral e, inclusive, com acessão contínua da propriedade,[5] ou seja, o conjunto de coisas, objeto do direito de propriedade retornaria, aumentado, ao alienante.

Para reforçar a afirmação de que sócio algum tem direito de ser reintegrado na coisa por ele transferida, eventualmente, adiciona-se o argumento de que a finalidade da liquidação é a redução de todo ativo a dinheiro, tendo, pois, aquele que promove a liquidação da sociedade todos os poderes necessários a este fim, podendo, inclusive, alienar os bens imóveis, mesmo que o estatuto não o preveja. Isto é, para alguns, um obstáculo à tese de que o bem transferido à sociedade retornaria, após a sua dissolução, ao sócio. Entretanto, não entendemos assim, pois, vale repetir, até mesmo nas sociedades anônimas, admite-se que a assembléia-geral, mediante deliberação aprovada por acionistas, possuidores de ações com voto e sem voto, representativos de, no mínimo, noventa por cento do capital, determine condições especiais de partilha, atribuindo-se aos sócios os próprios bens da sociedade em lugar do produto de sua venda.[6]

Outro aspecto contrário a este pensamento levantado pela doutrina diz respeito ao fato de que os direitos reais têm como objeto uma coisa e, assim sendo, só se poderia possuir o título em si, no caso das sociedades por ações, porém nunca, a universalidade dos bens, que é indivisa e incorpórea. Realmente, a universalidade dos bens é indivisa e incorpórea; entretanto, não afeta a individualidade das coisas que a integram. Ademais, a universalidade dos bens só existe enquanto em atividade a pessoa jurídica: após a sua extinção, finda a indivisão que as unia e ressalta a plenitude da individualidade das coisas para que possam reintegrar-se ao patrimônio de cada sócio. Dessa forma: isto não chega a ser um óbice à tese de domínio indireto do sócio.

Não é difícil, ao nosso ver, aceitar tal postura. Nesta nova postura, o sócio, ao realizar sua entrada, deteria ainda a propriedade indireta da coisa transferida. Hipótese em que, apesar de ter cedido o domínio para outrem, não resultaria a perda definitiva de todos os poderes; apenas ocorreria, vamos dizer assim, a suspensão temporária desses poderes. Aí verifica-se, isto está claro, a manutenção de um vínculo qualquer com a coisa cedida e, uma vez havendo este vínculo, não podemos, como foi dito, falar em perda definitiva da coisa, mesmo que alienada. Aqui a suspensão ocorreria da mesma forma que na posse direta e indireta da propriedade. Quando se tem a posse indireta sobre determinado bem, encontram-se suspensos, por algum tempo, os poderes de usar e gozar da coisa. Na parti-

5. Extensão da propriedade, simples modificação desta; aumento da propriedade pela incorporação da coisa acessória; alteração quantitativa ou qualitativa em conseqüência do trabalho humano; na cessão não há aquisição, pois a incorporação não depende de novo título, é a mesma propriedade, apenas aumentada.

6. Cf. José Edwaldo Tavares Borba, ob. cit., p. 357.

cipação societária, encontrariam-se suspensos os poderes de usar, gozar e dispor da coisa (o domínio). Por isso que o contribuinte possuiria a propriedade indireta e a sociedade (pessoa jurídica) a propriedade direta sobre os bens que compõem o fundo social.

A bipartição do direito de propriedade verificada na participação societária parece não ser a única situação em que ficam evidenciadas a propriedade direta e a propriedade indireta. Há quem defenda a bipartição do domínio na enfiteuse, na qual o senhorio direto possui a propriedade direta do imóvel (domínio eminente ou direto) e o foreiro possui a propriedade indireta ou domínio útil do imóvel, em alusão ao processo de fragmentação da propriedade realizado no Direito medieval. Assim, o enfiteuta ou foreiro exerce direitos que a muitos respeitos o colocam na posição de proprietário. Entretanto, a maioria defende a tese de que é direito real na coisa alheia, ainda que tão extenso quanto a propriedade.

Na realidade, a importância desta argumentação está limitada ao campo doutrinário, que trabalha na busca de um esclarecimento melhor para a natureza da contribuição social ou parte do sócio na composição do capital social. Assim, com o intuito de ter uma compreensão desse sistema de forma mais elucidativa, não vemos razão para deixar de aceitar a bipartição ou desdobramento da relação dominial no plano societário, como dito, mesmo que alguns a entendam como fictícia.

Temos que, neste momento, justificar nossos esforços para encontrar um espaço onde possamos acomodar a contribuição do sócio na relação dominial. Isto se explica, ainda, pela proposição, que tem gerado múltiplas conclusões, de que a participação na sociedade cria efeitos obrigacionais. Esta proposição é indiscutível, porém a maior parte da doutrina vem construindo uma concepção a respeito, mais voltada para o Direito das Obrigações ou Direito de Crédito, adotando todas as peculiaridades dessa parte do Direito Civil, mesmo que adaptadas, para regerem a relação sócio/sociedade.

De certo que a obrigação nesse campo do Direito leva em si aspectos exclusivamente creditícios. A obrigação para o Direito de Crédito é um vínculo jurídico, em virtude do qual uma pessoa física fica adstrita a satisfazer uma prestação em proveito de outra. É certo, também, que a todo direito corresponde uma obrigação, mas nem todas as obrigações são de natureza creditícia. É digno de ser observado que a faculdade correspondente à obrigação de natureza creditícia é de caráter transitório, esgota-se com o seu uso. O direito do credor consome-se, finda-se, desde que ele o faz efetivo, ao receber o que é devido. Ao contrário, é pacífico na doutrina que a faculdade correspondente ao dever jurídico, em suas outras manifestações, é, na maioria dos casos, permanente, inesgotável, não se aniquilando pelo uso natural que dela se faça. Como também que, pelo uso normal, em conseqüência de sua aplicação comedida e legal, não se extingue o direito de propriedade, nem, conseqüentemente, se esgota as múltiplas faculdades que se contêm no domínio, nem tampouco os direitos de família, nem o geral das pessoas.

Quando falamos da participação do sócio na sociedade, fica claro que a pretensão dele dirige-se apenas à atividade da sociedade e ao *animus domini* sobre sua parte no fundo social, bem como que se trata de uma faculdade permanente, inesgotável, a exemplo de qualquer outro direito de propriedade. A esse respeito, inclusive, comenta José Edwaldo Tavares Borba que "a ação não é título de resgate, mas de permanência, sendo o resgate uma exceção".[7]

A faculdade permanente da relação obrigacional societária está evidente, inclusive na amortização integral que dá causa à emissão das ações de fruição. Mesmo pagando-se ao acionista o valor integral da

7. Cf. ob. cit., p. 153.

ação, ainda assim permanecerá ele participando da sociedade, pois o direito de propriedade não se esgota no valor da ação: ele abrange a coisa transferida e integralizada na universalidade de bens sociais, bem como a acessão contínua. Parece-nos certo que a ação não representa apenas uma parte do capital social. Ela representa muito mais: ela representa o domínio indireto do acionista sobre a universalidade de bens da sociedade, de maneira que, mesmo pagando-se o seu valor de mercado, ainda assim persistirá o direito à equivalência pecuniária, se não houve perda, a coisa transferida e aos aumentos ocorridos. Perguntamos: que crédito ainda existirá após cumprida integralmente a prestação obrigacional? Qual a obrigação de natureza creditícia que é permanente e não se esgota nos limites do próprio crédito, isto é, no cumprimento do dever de prestação?

A esse respeito, inclusive, exige-se que lembremos constituir locupletamento indevido a vantagem obtida sobre o patrimônio do devedor, além da prestação prevista que compõe a relação creditícia.

Um das correntes doutrinárias julga absurda a solução eleita por alguns ao atribuírem às contribuições do sócio um direito de propriedade, que fica suspenso durante a existência da sociedade. Considera-a absurda porque isso equivaleria a reconhecer dois proprietários: um em atividade e outro em estado letárgico; haveria um sócio como proprietário em disponibilidade.

Algumas de nossas argumentações não são novas. Já houve quem afirmasse, como já vimos, que cada sócio se imagina e se diz proprietário de sua parte social. Parte dos autores há que consideram a ação título de propriedade, e isto porque os indícios de domínio são mais fortes que os de crédito. Assim, eliminar este aspecto de seu conceito, a fim de ficar mais fácil para a doutrina, ainda que aparentemente, estabelecer a sua natureza jurídica, é a mesma coisa que tentar tapar o sol com uma peneira.

No que tange à questão de excluir a ação da categoria dos títulos de crédito, há, além da sua natureza puramente participativa, outras incompatibilidades que não nos permitem inclui-las entre aqueles documentos, conforme já tivemos oportunidade de demonstrar no decorrer desta exposição.

Os títulos de crédito têm como pressupostos obrigatórios a cartularidade, a literalidade e a autonomia. A ação, por sua vez, não atende a nenhum dos três pressupostos, apesar de encontrarmos, às vezes, indícios de cartularidade e de autonomia em algumas de suas formas. Consideramos estes indícios precários, porque insuficientes para constituir uma característica comum a todas as ações.

A ação não requer necessariamente a existência de um título ou de uma cártula. A ação nominativa pode valer sem a emissão de certificado, enquanto que a ação escritural não comporta a emissão de documento para existir ou circular. Portanto, o princípio da cartularidade não se aplica às ações. Nelas a cartularidade é uma faculdade; não, uma obrigação.

Pelo fato de o seu valor real não ser predeterminável e sim, diariamente variável, chegando, até mesmo, às vezes, a não constar valor algum na cártula (ações sem valor nominal), as ações têm valor ilíquido e a falta de liquidez do seu montante é incompatível com o princípio da literalidade. Literalidade esta também prejudicada em vista de a ação ser incerta, tanto em relação ao pagamento integral de seu valor, como em relação ao recebimento de dividendo, ou seja, não existe predeterminação do tempo para resgate ou outros pagamentos acessórios. A incerteza, por sua vez, também é incompatível com o princípio da literalidade. Outro ponto que afasta definitivamente a literalidade como característica das ações é o fato de os direitos assegurados não estarem determinados no título, mas em estatuto e nas deliberações das assembléias, que podem modificá-los a qualquer momento.

Pelo princípio da autonomia, a relação de débito e crédito, que dá origem ao título de crédito, dele se desprende na sua circulação, não podendo, por isso, serem opostas exceções, com base na relação fundamental, aos sucessivos possuidores de boa-fé. Isto não ocorre integralmente em relação às ações, pois ao seu adquirente são oponíveis exceções derivadas da relação fundamental, de maneira que o terceiro cessionário é solidariamente responsável pela integralização da parte no capital social que corresponde à ação, como também e oponível ao cessionário o pagamento de dividendos antecipados, operados em favor do anterior titular da ação. Assim, a autonomia, da mesma maneira que a cartularidade, não é uma de suas características comuns.

Em vista disso, podemos, com muita tranqüilidade, assegurar que a ação não é título de crédito. É, sem sombra de dúvida, um indicativo, por registro ou por cártula, da participação do seu possuidor na sociedade por ações. Quando muito, se considerarmos que o título pode existir, em sentido amplo, com cártula ou sem cártula, poderíamos qualificá-lo como um título de valor.

Por todas essas razões, mesmo nos sujeitando a riscos, achamos por bem optar por dizer que a ação da sociedade não constitui propriamente um direito de crédito nem, própria ou impropriamente, um título de crédito, mas, sim, um indicativo, cartular ou não, de participação do acionista no empreendimento. Esta ação, dentro dos limites por ela mesma estabelecidos em relação ao montante do capital social, em vista de sua própria natureza, expressa, em proporcionalidade com aquele, o domínio indireto sobre uma parte na universalidade indivisa dos bens sociais, pois o fundo social está indiviso entre todos os acionistas. Como conseqüência do domínio indireto, tem o acionista o direito à percepção dos frutos resultantes da utilização econômica e comercial do bem entregue (dividendos), que fica ao dispor da sociedade, como, também, o direito de participar direta ou indiretamente da gestão do empreendimento, sendo o domínio sobre o bem, ou o seu equivalente em espécie, resgatado pelo acionista, quando discordar dos caminhos que a sociedade tomou (acionista dissidente) ou quando for dissolvida a união dos bens sociais (liquidação da sociedade).

Não colocamos de parte o respeito pelas posições contrárias àquelas que adotamos. Objetivamos apenas apresentar uma contribuição para o deslinde da natureza jurídica das entradas dos sócios na sociedade, do direito do sócio sobre a sua parte no capital social e da natureza jurídica do título que representa a fração mínima do capital social, uma vez que a questão vem sendo motivo de divergências entre os doutrinadores. Para uma leitura mais profunda a respeito do assunto, sugerimos nossa obra *As ações das sociedades e os títulos de crédito*, publicada em 1995.

Doutrina

CONTRATOS DE "SHOPPING CENTER"*

Paula Castello Miguel

INTRODUÇÃO. Capítulo I — HISTÓRICO: 1. Origem dos shopping centers. 2. "Shopping centers" no Brasil. Capítulo II — CONCEITO DE "SHOPPING CENTER": 1. O termo "shopping center". 2. Definição de "shopping center". Capítulo III — FORMAÇÃO DO EMPREENDIMENTO DE "SHOPPING CENTER": 1. O planejamento mercadológico: 1.1 Localização. 1.2 Prédio. 1.3 Escolha das lojas. 1.4 Distribuição das lojas: 1.4.1 O "tenant mix". 2. O "shopping center" e o fundo empresarial: 2.1 Fundo empresarial. 2.2 O fundo empresarial do "shopping center". 3. A "res sperata". 3.1 Denominação "res sperata". 3.2 Natureza jurídica da "res sperata". 4. O "shopping center" e o empreendimento imobiliário. 5. A constituição jurídica do "shopping center". Capítulo IV — RELAÇÃO JURÍDICA ENTRE EMPREENDEDOR E LOJISTA: 1. Contrato entre empreendedor e lojista: 1.1 Escritura de normas gerais. 1.2 Contrato de locação de unidades comerciais. 1.3 Associação de lojistas. 1.4 Contrato de administração e regimento interno. 2. Natureza jurídica da relação contratual. 3. Regime jurídico do contrato de "shopping center". Capítulo V — LEI DE LOCAÇÃO: 1. Considerações preliminares. 2. Regras atinentes ao "shopping center". 3. Renovação compulsória. 4. Inexistência de legislação específica. CONCLUSÃO. BIBLIOGRAFIA.

Introdução

O comércio, desde os seus primórdios, acompanhou prontamente a evolução social e tecnológica. Adaptou-se com agilidade às necessidades da população, utilizando-se de todos os meios que lhe foram proporcionados pelo desenvolvimento.

O desenvolvimento do comércio sempre se deu de forma dinâmica, desde o surgimento do comércio marítimo, que intensificou sua atividade, passando pela formação de mercados e feiras, centros de realização de vultosos negócios, até a fase pós-revolução industrial, quando a grande urbanização fez surgir um comércio mais atento às necessidades da população, unindo as técnicas de incentivo ao consumo.

Dentro de um contexto de urbanização, onde há necessidade de racionalização do tempo na compra e se possível sua associação ao lazer, escasso nas grandes cidades, surge o *shopping center*. Trata-se de uma grande inovação no mercado varejista, que atende uma nova realidade social. "Os *shopping centers* nada mais são do que o resultado, no campo das compras e do lazer, desse desmedido crescimento urbano".[1]

* Trabalho que obteve o 1º lugar no Prêmio "Tullio Ascarelli" de 1996.

1. Fernando A. Albino de Oliveira, "Fundo de Comércio em *Shopping Centers*", in *Shopping Centers — Questões Jurídicas*, p. 55.

O *shopping center* é um ponto marcante na evolução do comércio nos dias atuais. É uma das maiores conquistas do comércio varejista moderno. Comércio este que utiliza todos os meios disponíveis para alcançar de forma mais eficiente o consumidor.

A evolução do comércio não estacionou nos *shopping centers*. Esta é constante. Depara-se, hoje, facilmente, com vendas realizadas pela televisão e, com um pouco mais de tempo, as vendas estarão difundidas através das telas dos computadores.

A rapidez no desenvolvimento de novas técnicas de comerciar tem forçado os juristas a grandes debates sobre seus reflexos no campo do direito. O processo econômico segue na dianteira, fazendo com que o direito se esforce para acompanhá-lo, na tentativa de elucidar tão intrigantes questões por ele impostas.

Embora os *shopping centers* não sejam hoje o ápice do desenvolvimento alcançado pelo comércio, nenhum novo instituto, trazido pelas inovações encampadas no ramo empresarial, foi tão desafiador ao mundo jurídico. Apesar de estar presente em nossa realidade desde os anos 70, as questões jurídicas relativas aos *shopping centers* ainda não se encontram solidificadas.

Esta instituição nova dos *shopping centers* veio despertar entre nós uma série enorme de problemas já trazidos ao Judiciário e que este, no seu esforço cotidiano, na sua elaboração constante, tem procurado resolver com os dados, com elementos, com as informações de que dispõe.[2]

A fim de enfrentar as questões jurídicas trazidas pelos *shopping centers* necessário se faz desvendar a estrutura que se esconde por trás deste pomposo empreendimento. O conhecimento da organização do *shopping center*, também em seu aspecto administrativo, é indispensável para apresentar soluções no campo do direito.

No que se refere aos seus aspectos perceptíveis exteriormente destaca-se a inovação encampada pelo fundo de comércio proporcionado pelos *shopping centers*. Relacionado ao fundo de comércio tem-se a *res sperata*. Esta quantia cobrada dos lojistas fez com que inúmeros juristas discutissem sua natureza jurídica.

O contrato firmado entre o empreendedor e o lojista é causa de inúmeras outras discussões, seja pela legalidade de certas cláusulas, seja pela sua natureza jurídica.

Apesar de possuir muitos pontos polêmicos pode-se dizer que foram poucos os trabalhos desenvolvidos sobre o tema. O material doutrinário de maior peso foi desenvolvido anteriormente a entrada em vigor da nova lei de locações urbanas.[3]

A lei de locações fixou em alguns de seus dispositivos regras atinentes ao *shopping center*. Estas regras acrescentaram material a ser trabalhado pelo jurista, mas por serem relativamente recentes apresentam divergência na doutrina.

As discussões travadas pela doutrina e os problemas enfrentados pelos tribunais têm comovido o legislador que traz seu auxílio. Mesmo com a existência de certas regras presentes na nova lei de locação, há também, anteprojeto de lei.[4] Este anteprojeto oferece margem para a análise da necessidade e conveniência de uma legislação específica sobre o tema.

É diante de um quadro de escassa e antiga doutrina, ausência de legislação específica e regramentos esparsos em outra legislação, que este trabalho desenvolve-se. Apesar das dificuldades presentes, este trabalho procura sistematizar as idéias apresentadas pela doutrina sobre os *shopping centers* e apontar o caminho dominante nesta. Apresenta, também, o auxílio

2. Caio Mário da Silva Pereira, "Súmula Integral do Simpósio sobre Centros Comerciais", in *Shopping Centers — Aspectos Jurídicos*, p. 6.

3. Lei n. 8.245/91 de 18 de outubro de 1991, que dispõe sobre locações dos imóveis urbanos e os procedimentos a elas pertinentes.

4. Anteprojeto de Lei, que dispõe sobre o *shopping center*, publicado no *Diário Oficial da União* de 8 de agosto de 1994.

oferecido pela ainda escassa jurisprudência.

Capítulo I — HISTÓRICO

1. Origem dos "shopping centers"

Em um momento de grande expansão econômica, marcado pela crescente industrialização com o fim da Segunda Grande Guerra, e intensa urbanização surgiram as regiões suburbanas. Junto com estas, a necessidade de criação de centros de atividade comercial nestes locais, que atendessem aos moradores daquela região.

Surge um comércio que procura atender as necessidades daqueles ali já instalados, procurando facilitar-lhes a circulação e o acesso, num momento que crescia grandemente a utilização de automóveis para o deslocamento pessoal. O aumento do poder aquisitivo da população é fator decisivo para o desenvolvimento do comércio varejista.

Aparece, então, a semente do atual *shopping center*. Criam-se *malls* a céu aberto, lojas com espaços exclusivos para circulação de consumidores, oferecendo, ainda, estacionamento circundando as lojas.

"Os *shopping centers* construídos logo depois da guerra não tinham as características que apresentam os mais recentemente construídos. Eram centros de compras locais atendendo a uma porção do subúrbio, grandes cadeias de lojas ainda engatinhavam, e seu planejamento foi sendo aprimorado pelas sucessivas tentativas-erros."

A este pequeno negócio, que alcançara desde então grande sucesso, unem-se estratégias de organização e planejamento. "Essas novas unidades varejistas seriam distinguidas basicamente pela centralização da posse e controle de um edifício ou extensão de terra, pela variedade de tipos de lojas visando maximizar a atração dessa unidade, pela presença de grandes estacionamentos".[5]

Data de 1950 o surgimento do primeiro *shopping center* que realmente apresentava as características básicas do empreendimento como hoje delineado. Nos Estados Unidos da América, mais precisamente, num subúrbio de Seattle, inicia-se um projeto de grandes dimensões, *mall* aberto, lojas âncoras e satélites, trazendo o aluguel calculado com base no lucro obtido pelo lojista.

Como acentua Carlos Geraldo Langoni, "O aspecto marcante nos *shopping centers* não é o aparecimento de uma inovação de caráter físico, e sim os ganhos de eficiência associados a uma aparentemente simples realocação de fatores de produção".[6]

A idéia de planejamento centralizado exacerba-se na evolução dos *shopping centers*, atraindo clientela invejável. Deixam estes de ser apenas centro de compras locais, permitindo-se a criação de organizações maiores, visando abranger um raio maior de consumidores. Criam-se espaços que associam o consumo ao lazer, em lugar seguro, agradável e de fácil acesso.

A proliferação dos *shopping centers* nos Estados Unidos da América foi imensa nas décadas posteriores, tendo sua concepção espalhada pelo mundo. "Devido à sua feliz sistematização, o *Shopping Center* obteve, em pouco tempo, a mais franca e rápida aceitação e difusão."[7]

2. "Shopping centers" no Brasil

Os *shopping centers* surgem, no Brasil, em um contexto de urbanização e concentração de capital. Localizam-se em áreas de alta taxa de urbanização e razoável poder aquisitivo.

Seu surgimento, em nosso país, deu-se mais em função de um processo de copia-

5. Heitor Frúgoli Jr., *Os "Shoppings Centers" de São Paulo e as Formas de Sociabilidade no Contexto Urbano*, p. 29.

6. "*Shopping Centers* no Brasil", in *Shoppings Centers — Aspectos Jurídicos*, p. 56.

7. Washington de Barros Monteiro, "Shopping Centers", in *Shopping Centers — Aspectos Jurídicos*, p. 163.

ção do que em razão de uma real necessidade do comércio varejista dos centros urbanos. Trata-se da adoção de um modelo internacional que interessava por se tratar de um grande empreendimento comercial e imobiliário.[8]

A este processo de imitação uniu-se o rápido processo de industrialização, ocorrido a partir do final dos anos 50, que gerou um acelerado crescimento econômico e intensa urbanização.

A concentração populacional, o aumento do poder aquisitivo, o crescente número de automóveis foram fatores determinantes para o sucesso dos *shopping centers* no Brasil.

Dentro deste contexto é inaugurado, em 1966, na cidade de São Paulo, o *Shopping* Iguatemi, o primeiro *shopping center* do país.

A crise econômica que marcou a década de 70 trouxe problemas para todos os setores da economia. Estes problemas não impediram o bom desenvolvimento destes empreendimentos neste período. Todavia, é na década de 80 que se verifica a expansão da indústria do *shopping center* em larga escala.

Tem-se nos anos 90 um novo impulso no setor. Os resultados obtidos pelos empreendimentos lançados na década passada, a estabilidade da moeda, e a grande participação dos fundos de pensão na formação do empreendimento impulsionam esta indústria que não pára de crescer no país.

Marco relevante no desenvolvimento dos *shopping centers* no Brasil foi o surgimento da Associação Brasileira de *Shopping Center*-ABRASCE.

"A ABRASCE é uma entidade civil, sem fins lucrativos, de âmbito nacional, fundada em outubro de 1976 com objetivo de colaborar, aprimorar e de desenvolver estudos de pesquisas sobre a constituição, manutenção e operação do *shopping center* no Brasil."[9]

Trata-se de uma associação de empreendedores que pretende a permuta de experiências entre empreendedores e profissionais da área. A existência da Associação é facilitador de acesso ao poder público para a manifestação de interesses do grupo.

A participação na Associação, na qualidade de empreendedor, depende de aprovação da Associação com base em critérios não somente objetivos. A ABRASCE pretende reunir apenas empreendedores com capacidade de desenvolver um trabalho sério, proporcionando o desenvolvimento do setor.

A ABRASCE possui um selo próprio que é conferido àqueles empreendimentos que atendem os requisitos que entende como fundamentais para a caracterização do *shopping center*. "O selo ABRASCE é conferido pela Associação aos *shopping centers* que preencham certos quesitos, como: realização de pesquisa de mercado para sua implantação, lojas âncoras, planejamento na escolha e distribuição de lojas, sistema de locação (para manter o planejamento), estacionamento, idoneidade do grupo empreendedor".[10]

A ABRASCE é membro do *International Council of Shopping Center*, representando internacionalmente o Brasil. O *International Council of Shopping Center* é uma associação internacional, criada em 1957, com sede em Nova York, destinada a auxiliar a indústria e *shopping center*.

Capítulo II — CONCEITO DE "SHOPPING CENTER"

1. O termo "shopping center"

O termo *shopping center* incorporou-se ao nosso idioma para designar este tipo

8. Heitor Frúgoli Jr., *Os "Shopping Centers" de São Paulo e as Formas de Sociabilidade no Contexto Urbano*, p. 42.

9. *Biblioteca Técnica — Coletânea*, p. 1.

10. *Biblioteca Técnica — Coletânea*, p. 1.

de empreendimento que vem difundido-se largamente pelo país. Esta locução inglesa foi adotada prontamente por vários países que se utilizam da forma do empreendimento criado pelos norte-americanos.

Shopping é a forma gerúndia do verbo *to shop*, que possui um significado mais amplo que o verbo *to buy*. *To buy* significa comprar, enquanto *to shop*, pode-se dizer, fazer compras. A expressão *shopping*, portanto, tem o significado literal de "fazendo compras".

O termo *center* não apresenta qualquer dificuldade de tradução, tendo o exato significado de "centro".

Shopping center tem por tradução a expressão centro de compras, ou ainda, centro comercial.

Esta tradução não atende, portanto, as especificidades do empreendimento. Em nosso país chamamos de centro comercial qualquer reunião de lojas em um espaço, não considerando o aspecto organizacional existente no *shopping center*.

Por este motivo não se verificou a aplicação da tradução do termo *shopping center*. Sua tradução leva a um conceito mais amplo que o *shopping center* propriamente dito.

Soma-se ao aspecto terminológico o *glamour* que o nome estrangeiro oferece ao empreendimento, utilizado como forma de atrair o interesse do consumidor.

2. *Definição de "shopping center"*

Definir significa "enunciar os atributos essenciais e específicos, de modo que torne inconfundível com outra; manifestar com exatidão".[11]

Definir exaustivamente *shopping center* é tarefa de extrema dificuldade, pois implica explicar toda sua estrutura, desde concepção, formação até os detalhes de seu funcionamento. Somente desta forma atingir-se-ão todos os seus atributos essenciais e específicos, que são muitos.

As definições apresentadas pela doutrina tentam aproximar-se da idéia do empreendimento, mas é freqüente deixar escapar detalhes importantes à sua caracterização.

Definições doutrinárias serão uma indicação das idéias que serão desenvolvidas ao longo do trabalho para que se obtenha um conhecimento global das características dos *shopping centers*.

Alfredo Buzaid procura responder sua própria indagação sobre o que é este empreendimento:

"O *shopping center* não é um simples edifício, dividido em numerosas lojas, com cinemas, boutiques, armazéns, restaurantes, e áreas de lazer, cedidas a comerciantes de atividades diversificadas. E tampouco uma variedade de estabelecimentos comerciais, que expõem à venda tudo ou quase tudo quanto uma pessoa possa necessitar a fim de satisfazer as suas necessidades, comprando e levando em seu automóvel, que estaciona em lugar próprio, todas as mercadorias adquiridas."[12]

Inicia a explicação, Alfredo Buzaid, negando ao *Shopping Center* somente o aspecto exterior que é facilmente assimilado pelo senso comum.

O empreendimento de *shopping center* envolve uma atividade por demais complexa que não se exterioriza aos seus usuários. A estrutura interna do *shopping center* é o que realmente o caracteriza.

Modesto Carvalhosa ensina que para realmente configurar e caracterizar *shopping center* devemos basear sua existência em dois elementos: planejamento e eficiência.[13]

Completa Carvalhosa seu entendimento:

11. "Definir", in *Dicionário Eletrônico Aurélio*.

12. "Estudo sobre *Shopping Center*", in *Shopping Centers — Questões Jurídicas*, p. 9.

13. "Considerações Jurídicas sobre Relações Jurídicas em *Shopping Centers*", in *Shopping Centers — Questões Jurídicas*, p. 164.

"Esse complexo mercadológico é fruto de um planejamento detalhado que implica estudos que vão desde a escolha da zona urbana, passando pelo espaço imobiliário, até a definição dos estabelecimentos comerciais, que o *shopping center* deverá abrigar, seja de comércio convencional, seja de serviços. Tudo isso tem por objetivo a máxima eficiência econômica decorrente da lucratividade e rentabilidade do conjunto."[14]

Este esclarecimento sobre a estrutura interna do empreendimento de *shopping center* não é capaz, ainda, de exaurir seus caracteres.

Outros aspectos do empreendimento de *shopping center* são apresentados por Washington de Barros Monteiro:

"O *shopping center* caracteriza-se, sobretudo, pela sua sistemática ou ordenamento, com um complexo de relações internas entre o incorporador ou incorporadores do empreendimento e os lojistas e prestadores de serviços, de índole eminentemente obrigacional, inclusive entre os próprios lojistas e prestadores de serviços, ligados entre si por uma espécie de solidariedade e congregados, muitas vezes, numa entidade associativa para defesa de seus interesses."[15]

Washington de Barros Monteiro apresenta em sua definição outro aspecto peculiar do *shopping center* que jamais pode ser esquecido para sua caracterização: a relação obrigacional existente entre lojista e empreendedor.

A relação entre empreendedor e lojista é a base de toda a estrutura do empreendimento. Em função desta união de esforços com a finalidade de maximizar os lucros, surge a organização, formada por um complexo de instrumentos jurídicos que deverão ser estudados mais profundamente para que se obtenha uma real concepção do *shopping center*.

Dinah Sonia Renault Pinto acrescenta à doutrina uma definição satisfatória:

"O *Shopping Center* encerra um grupo de lojas que obedeceram a um planejamento prévio e são unificadas não só pela arquitetura como também por uma administração única, sujeita a normas contratuais padronizadas. As lojas devem obedecer a uma distribuição no estabelecimento global, de acordo não só com o tamanho e tipos de loja (*tenant mix*), como a exploração de ramos diversificados."[16]

Apresenta-se, também, a conceituação oferecida pela Associação Brasileira de *Shopping Centers*. Esta definição é o ponto de partida para o reconhecimento, pela associação, de um empreendimento que poderá ser considerado um *shopping center*.

Esta definição expõe parte dos requisitos presentes nos *shopping center* e podemos utilizá-la para sintetizar a idéia do empreendimento, sem pretensão de fazê-la com perfeita exatidão.

O art. 4º do Estatuto da Associação Brasileira de *Shopping Centers* estabelece:

"Para os efeitos deste Estatuto, define-se *shopping center* como um centro comercial planejado, sob administração única e centralizada, e que:

I — seja composto de lojas destinadas à exploração de ramos diversificados ou especializados de comércio e prestação de serviços, e que permanece, em sua maior parte, objeto da locação;

II — estejam os locatários sujeitos às normas contratuais padronizadas, visando à manutenção do equilíbrio de oferta e da funcionalidade, para assegurar, como objetivo básico, a convivência integrada;

III — varie o preço da locação, ao menos em parte, de acordo com o faturamento dos locatários;

14. "Considerações Jurídicas sobre Relações Jurídicas em *Shopping Centers*", in *Shopping Centers — Questões Jurídicas*, p. 164.

15. "Súmula Integral do Simpósio sobre Centros Comerciais", in *Shopping Centers — Aspectos Jurídicos*, p.162

16. *Shopping Center — Uma Nova Era Empresarial*, p. 1.

IV — ofereça a seus usuários estacionamento permanente e tecnicamente bastante."

De uma forma mais genérica o *International Council of Shopping Centers* define o empreendimento:

"A group of retail and other commercial establishments that is planned, developed, owned, and managed as a single property. On site-parking is provided. The centers size and orientation are generally determined by markert characteristics of the trade area served by center. The two main configurations of *Shopping Centers* are malls and open-air strip centers."[17]

"O termo *shopping center* tem evoluído desde o princípio dos anos 50. Devido à maturidade da indústria vários tipos de *shopping centers* que existem eventualmente ultrapassam as definições padrões".[18] O *International Council of Shopping Centers* oferecia quatro tipos básicos de *shopping centers*, hoje já são oito. Esta evolução é constante. Entende a indústria de *shopping center* que estes tipos que servem a classificação não deve ser entendida como taxativa, mas apenas diretrizes para o entendimento das principais diferenças entre os tipos básicos de *shoppings*.

Caio Mário da Silva Pereira, no Simpósio sobre Centros Comerciais, promovido pela Escola Superior de Magistratura Nacional, em 1984, expressa claramente a dificuldade de definir este novo instituto:

"O *shopping center* não e uma loja qualquer. Ele apresenta tais características que, para entendê-lo, é preciso penetrar na sua organização, na sua origem, na sua formação, especialmente na sua organicidade".[19]

17. In *Guide to Shopping Centers Terms — International Council of Shopping Center*, p. 62.

18. "Definições de *Shopping Center* segundo o ICSC", in *Informativo ABRASCE*, dezembro/94, p. 18.

19. In *Shopping Centers — Questões Jurídicas*, p. 8.

Com base nas idéias lançadas nestas definições parte-se para análise direta sobre o empreendimento. A verificação de sua formação traduzirá o planejamento e organização que almeja o empreendedor. O estudo das relações entre os sujeitos que integram o empreendimento esclarecerá a forma inovadora criada para que se alcançasse a otimização do *marketing*.

Capítulo III — FORMAÇÃO DO EMPREENDIMENTO DE "SHOPPING CENTER"

1. O planejamento mercadológico

"Em uma primeira etapa, o *shopping center* não é objeto de cogitação do jurista. Polariza a atenção do economista, do pesquisador de *marketing* passa ao arquiteto, ao paisagista, ao construtor."[20]

Embora o jurista não participe da primeira fase de formação do *shopping center*, é fundamental o conhecimento desta para que se analise as características do empreendimento. É necessário o conhecimento da formação do empreendimento para a total compreensão de sua estrutura e funcionamento.

A concepção de um *shopping center* pressupõe um planejamento mercadológico prévio. Através de uma pesquisa de mercado o empreendedor estabelece as linhas mestras do seu empreendimento.

O objetivo do *shopping* é incentivar ao máximo o consumo, e para tal lança mão de técnicas capazes de detectar os anseios e reações do consumidor em relação ao que lhe é oferecido.

O empresário, dono do *shopping center*, encomenda uma análise de viabilidade econômica para a instalação do *shopping*. "Ela informa ao potencial empreen-

20. Caio Mário da Silva Pereira, "*Shopping Centers* — Organização Econômica e Disciplina Jurídica", in *Shopping Centers — Aspectos Jurídicos*, p. 76.

dedor das possibilidades de se desenvolver um S.C. no local e época escolhidos. Considera-se, para tal análise, aspectos como o do comércio competidor, o terreno e seu acesso, a área de influência comercial, o poder aquisitivo dos residentes na área de influência, os hábitos de despesas dessa população e a tendência do crescimento populacional na área de influência".[21]

Como bem detalha a definição oferecida pelo Estatuto da Associação Brasileira de *Shopping Center*, este é um centro comercial planejado. Não se concebe *shopping center* algum sem prévio planejamento.

Destaca Antônio de Pádua Ferraz Nogueira:

"O *Shopping Center* ou "Centro Comercial", procede de um projeto onde são examinadas suas dimensões, localização, funcionabilidade e viabilidade econômica como fatores principais para o sucesso do empreendimento."[22]

Os mais relevantes aspectos a serem considerados pelo empreendedor para a estruturação do *shopping center* serão tratados independentemente nos itens seguintes.

1.1 Localização

A localização é o primeiro aspecto a ser observado. A definição da localização do *shopping center* está diretamente relacionada com seu público alvo. Em função dos freqüentadores potenciais será este localizado em uma área de grande movimento ou em lugar de fácil acesso, ainda que mais afastado.

Partindo da escolha do local delimita-se a área de influência exercida pelo empreendimento. Definida esta, é possível avaliar o poder aquisitivo, o potencial de compra da área onde reside a maior parte dos futuros clientes do *shopping center*.

"O empresário que lança um *shopping center* não considera a rua de grande movimento, mas a região onde vai ser instalado, visando primordialmente atender à classe que o vai procurar. A complexa organização de um *shopping center* requer, portanto, adequada localização, que é o primeiro elemento que reflete o empresário."[23]

Um ponto comum na escolha do local de qualquer *shopping center* é a possibilidade de oferecer aos seus freqüentadores um grande estacionamento. A facilidade de estacionamento é fator preponderante na atração do público.

A importância da presença de estacionamento está destacada na definição de *shopping center* apresentada pela Associação Brasileira de *Shopping Center*.[24] Faz parte dos requisitos necessários para a caracterização do empreendimento a existência de estacionamento permanente e capaz de atender a estrutura montada.

1.2 Prédio

A estrutura arquitetônica do prédio é de importância considerável na concepção do empreendimento. Tem-se como objetivo a construção de um local agradável e seguro, que possibilite uma maior permanência do consumidor.

Está destacada, na definição de Alfredo Buzaid, a relevância das acomodações oferecidas pelo *shopping center*:

"O *shopping center* é um grande edifício, dividido racionalmente em numerosos compartimentos, que integram a unidade do conjunto; compõe-se de vários andares, modelados por admiráveis linhas

21. Robert Vladimir Mirschfeldt, *Shopping Center — o Templo do Consumo*, p. 37.

22. Antônio de Pádua Ferraz Nogueira, "*Shopping Center*: Característica do Contrato de Direito de Reserva da Localização (*Res Sperata*)", in *Revista de Direito Mercantil*, n. 77, p. 83.

23. Afredo Buzaid, "Estudo sobre *Shopping Center*", in *Shopping Centers — Questões Jurídicas*, p. 8.

24. Estatuto da Associação Brasileira de *Shopping Center*, art. 4º, inc. IV.

arquitetônicas, ornados de lustres monumentais, revestidos por pintura agradável aos olhos e distribuídos a comerciantes qualificados, que dotam os seus estabelecimentos com requinte, elegância e até luxo, tornando o ambiente aprazível até para o simples passeio."[25]

A preocupação do empreendedor em oferecer um bonito prédio está refletida em seu relacionamento com o lojista. Cabe ao lojista submeter o projeto de decoração de sua loja à aprovação do empreendedor. Esta medida tem por objetivo manter um alto padrão de qualidade no que se refere às instalações do prédio.

Os arquitetos, devido sua grande importância na fase de concepção do empreendimento, tentam traduzir os requisitos exigidos, do seu trabalho, por um *shopping center*. Apontam a criação de condições ideais de consumo ou usufruto local. Destacam a necessidade de criação de uma atmosfera interior que procure amortecer os choques externos. Um ambiente fechado onde as pessoas esquecem do que se passa fora. O caos visual da cidade é trocado por um projeto perfeito de comunicação visual e organização espacial. O barulho do trânsito é substituído por música que suaviza o espaço. E neste espaço as pessoas são induzidas pela informação a circular, o ambiente deve direcionar e propiciar o movimento.[26]

1.3 Escolha das lojas

A fase mais importante na formação do *shopping center*, porém, é a escolha das lojas que o comporão e sua distribuição organizada nos espaços existentes.

O objetivo do empreendedor é reunir em um só local uma diversidade de produtos e serviços, de qualidade boa, capaz de atender as mais variadas necessidades do consumidor. Sua intenção é oferecer o que este necessita em um só espaço, facilitando suas compras e incentivando o consumo.

Os produtos e serviços oferecidos no *shopping* serão selecionados com base no estudo de mercado previamente realizado pelo empreendedor. Na escolha das lojas o ramo do comércio explorado pelo lojista que pretende integrar o *shopping center* é elemento essencial a ser analisado.

Esta seleção garante a satisfação do consumidor, que terá atendidas suas necessidades, pela diversidade de ramos de comércio, e do lojista, pois impede a concorrência predatória.

A preocupação do empreendedor não se restringe ao tipo de atividade, mas também a sua qualidade. Algumas regras são impostas ao lojista para garantir o alto padrão das mercadorias e serviços por ele oferecidos. Estas regras vão desde a impossibilidade de comercialização de produtos usados até a necessidade de se manter um estoque suficiente para atender o movimento do *shopping*.

A capacidade de atração de clientela pelo lojista também é ponto analisado pelo empreendedor ao selecionar os estabelecimentos que integrarão o *shopping center*. Com base neste aspecto diferenciam-se as lojas em lojas âncoras e lojas satélites ou magnéticas.

Lojas âncoras são os grandes magazines ou lojas de departamento. Estas têm por função, sob o ponto de vista do empreendedor, atrair clientela, pelo nome que já possuem no mercado. Lojas satélites ou magnéticas são lojas de menor porte, que completam os espaços alcançando o oferecimento da diversidade de produtos e serviços objetivados pelo empreendimento.

As lojas âncoras têm como função primeira a geração de tráfego no *shopping center*. Já as lojas satélites oferecem credibilidade ao empreendimento, sem descon-

25. "Estudo sobre *Shopping Center*", in *Shopping Center — Questões Jurídicas*, p. 8.

26. Tânia M. O. de Souza e Zied V. Sabbagh, citados por Jaques Bushatsky, "Os *Shopping Centers* na Lei 8.245/91", *Revista dos Tribunais*, n. 699, pp. 7-10.

siderar sua capacidade, ainda que mais reduzida, de atrair clientela.

Quando se fala em escolha de lojas e oferecimento de variedade de produtos e serviços, não se pode esquecer a tendência atual de formação de empreendimentos destinados a um só ramo comercial, empreendimentos destinados apenas a lojas de decoração ou lojas de conveniência, por exemplo. Esta peculiaridade não descaracteriza a essência do *shopping center*, pois dentro do ramo escolhido haverá o estudo mercadológico, a escolha de lojas com diferentes produtos, ainda que no mesmo ramo.

Trata-se de uma forma especial de *shopping center* que restringe seu público alvo, mas não deixa de oferecer a estes comodidade e facilidades nas compras. A estrutura interna, relação entre lojista e empreendedor, não se desfigura, permanece intacta.

1.4 Distribuição das lojas

As lojas que integrarão o empreendimento não escolhem o lugar que irão ocupar dentro do prédio. Esta função cabe ao empreendedor. Faz parte da organização elaborada por ele a distribuição das lojas nos espaços existentes.

Não só a escolha das lojas é feita de forma racional e planejada pelo empreendedor. Sua distribuição nos espaços é também fruto de uma análise do comportamento do consumidor. As unidades de locação são distribuídas conforme o ramo de comércio a ser desenvolvido pelo lojista.

As lojas são distribuídas de forma a favorecer uma maior circulação dos freqüentadores nas áreas do *shopping center*. Em regra, as lojas âncoras são colocadas em pontos estratégicos e privilegiados. Isto favorece a circulação dos consumidores que impelirá clientela às lojas satélites.

A distribuição objetiva, também, evita a concorrência direta entre lojas, misturando as lojas de diferentes ramos. É freqüente, porém, a criação de áreas específicas para exploração de determinada atividade, comumente alimentação e lazer, sempre com objetivo de incentivar o consumo.

1.4.1 O "tenant mix"

Tenant significa inquilino, locatário. *Mix* significa mistura.

Tenant mix é uma locução de origem inglesa que dá nome à técnica utilizada pelo empreendedor do *shopping center* na escolha da localização das lojas dentro de seu prédio. Trata-se da mistura realizada entre os locatários. "Consiste na determinação das lojas por ramo de comércio dentro do *shopping center*" [27]

Numa tradução livre, *tenant mix* significa a combinação de diversificações comerciais, o sopesamento de ramos mercantis, de modo que o público desfrute de opções variadas, sem que falte uma especialidade, mas também sem o saturamento de outras.[28]

A técnica utilizada pelo empreendedor do *shopping center* para realizar a estruturação de seu empreendimento é denominada *tenant mix*. A organização do *tenant mix* adapta o empreendimento ao público a que este se destina.

Robert Vladimir Mirschfeldt sintetiza a concepção e finalidade desta técnica na estruturação dos *shopping centers*:

"Na elaboração do *mix*, procura-se definir, para cada ramo de comércio, o seu tamanho, forma e localização uma vez considerada a conveniência recíproca da vizi-

27. Antônio Cezar Lima da Fonseca, "A *Res Speratae* e o *Shopping Center*", in *Revista de Direiro Mercantil*, n. 88, p. 64.

28. José da Silva Maquieira, "*Shopping Centers* — Antigas e Novas Apreciações", in *Shopping Centers — Questões Jurídicas*, p. 137.

nhança. ... A idéia é posicionar as lojas de maneira a proporcionar ao cliente uma grande economia de tempo e esforço ao sair para comprar. Este tipo de organização, ao mesmo tempo em que permite aos usuários do S.C. encontrarem, num espaço limitado, um sem número de mercadorias, favorece igualmente ao lojista, pois, além de beneficiar-se da atração exercida pelas lojas vizinhas, ele muitas vezes é alvo da chamada "compra por impulso."[29]

O *tenant mix* não é só observado por ocasião da formação do empreendimento. Uma vez em funcionamento o *shopping center*, o empreendedor deve ficar atento às evoluções do mercado consumidor, as novidades tecnológicas e de *marketing*, bem como ao potencial econômico de cada negociante instalado no seu complexo.[30]

Sem dúvida, a estrutura montada pelo empreendedor do *shopping center* é vista como uma grande inovação no que se refere às práticas comerciais, mas esta não é sua característica mais importante.

"A peculiaridade dos *shopping centers* não reside na reunião em um certo espaço físico de conjunto de atividades comerciais. O aspecto distinto — e que constitui na base de todo seu dinamismo e eficiência — é exatamente a relação contratual existente entre o empreendedor do *shopping center* e os comerciantes."[31]

A estrutura oferecida pelo empreendedor tem uma razão de ser. Seu interesse em um local de compras de sucesso que reflita em uma alta rentabilidade aos lojistas explica-se através da relação mantida entre lojista e empreendedor. Possui o empreendedor participação direta sobre o faturamento do lojista.

29. *Shopping Center — O Templo do Consumo*, p. 41.

30. Fábio Ulhoa Coelho, *Manual de Direito Comercial*, p. 57.

31. Carlos Geraldo Langoni, "*Shopping Centers* no Brasil", in *Shopping Centers — Aspectos Jurídicos*, p. 56.

2. O "shopping center" e o fundo empresarial

2.1 Fundo empresarial

Entende-se por fundo de comércio o complexo de bens reunidos pelo comerciante para o desenvolvimento de sua atividade comercial.[32]

Os bens, materiais e imateriais, reunidos pelo comerciante para a exploração de sua atividade formam o seu fundo de comércio ou estabelecimento comercial. Esta organização racional de bens utilizados no desenvolvimento do comércio tem por finalidade propiciar a prática do comércio da forma mais eficaz possível.

Estes elementos empregados pelos comerciantes para exercerem com sucesso as suas atividades sempre visam a atrair a freguesia.[33] A clientela, objetivo maior do comerciante, é atraída pelo seu fundo de comércio, ou seja, por aquilo que este possui para oferecer ao consumidor, desde os produtos, até as instalações e serviços prestados por seus funcionários.

Com o desenvolvimento da Teoria da Empresa[34] o sentido conferido ao fundo de comércio ampliou-se. O "fundo de comércio" passa a ser "fundo empresarial". Admite-se possuir, também, o empresário, um complexo de bens organizados para o desenvolvimento de sua atividade. Todo aquele que exerce atividade economicamente organizada para a produção ou circulação de bens ou serviços é capaz de formar um fundo empresarial.

32. Fábio Ulhoa Coelho, *Manual de Direito Comercial*, p.47.

33. Fran Martins, *Curso de Direito Comercial*, p. 474.

34. "A teoria da empresa tem o sentido prático de ampliar o campo de incidência do direito comercial, introduzindo neste, precisamente, a prestação de serviços. A empresa, assim, é entendida como exploração econômica da produção ou circulação de riquezas" (Fábio Ulhoa Coelho, *Manual de Direito Comercial*, p. 8).

A aceitação da nova teoria do fundo empresarial deixa de lado o conceito puro de fundo de comércio que está refletida na nova lei de locações urbanas. A lei de locações vem proteger o ponto comercial formado pelo empresário, elemento formador do fundo de comércio. Garante ao locatário o direito de renovação do contrato de locação mediante cumprimento de certos requisitos, que representam o reconhecimento da formação do ponto comercial.

Este direito era, anteriormente, garantido ao comerciante. A jurisprudência foi ampliando este direito a todos aqueles que exercem atividade lucrativa em que o local de seu estabelecimento tenha relevância. Temos agora o reconhecimento legal deste direito, assegurado pelo art. 51, parágrafo 4º, da Lei 8.245/91.

Diz o citado parágrafo: "O direito a renovação do contrato estende-se às locações celebradas por indústrias e sociedades civis com fim lucrativo, regularmente constituídas, desde que ocorrentes os pressupostos previstos neste artigo".

Deixa, portanto, o fundo de comércio de limitar-se às atividades mercantis, abrangendo outras atividades com fins lucrativos. O fundo empresarial é o instrumento da atividade do empresário.[35] É fundo empresarial a organização com vistas a uma exploração lucrativa.

Apesar da diferença, ainda que pequena, existente entre a denominação fundo empresarial e fundo de comércio são estas utilizadas como sinônimas pela doutrina. Esta prática repete-se neste trabalho através das citações de outros autores.

2.2 *O fundo empresarial do "shopping center"*

O *shopping center*, por estabelecer critérios mercadológicos para a sua estruturação, preocupa-se em montar um empreendimento em local agradável, de fácil acesso, com oferta de produtos diversos e de boa qualidade. Analisa, ainda, a distribuição destes produtos dentro de seu espaço, objetivando incentivar o consumo e o prazer daquele que freqüenta o empreendimento. Não se pode esquecer a força do *marketing* realizado pelo *shopping center*.

Estas características, inerentes ao *shopping center*, são, indubitavelmente, responsáveis pela atração de grande parte da clientela que circula no empreendimento. "O centro comercial tem a sua clientela própria, atraída pelo agrupamento de lojas e não por esta ou aquela em particular".[36]

As lojas que compõem o empreendimento, por sua vez, possuem um fundo de comércio próprio. Individualmente são capazes de atrair para o *shopping* grande número de clientes.

É inquestionável a existência de um fundo de comércio do lojista que compõe o *shopping*. Seu fundo de comércio é, inclusive, considerado pelo empreendedor no momento da seleção das lojas que o integrarão. Verifica-se a preocupação do empreendedor em selecionar lojas renomadas, com diversidade de oferta de produtos, tendo este boa qualidade, e também sua capacidade de atrair compradores para o *shopping*.

A atenção ao fundo empresarial individual do lojista evidencia-se na presença de lojas âncoras. As lojas âncoras dão suporte ao empreendimento por contribuírem com sua clientela. A presença das lojas âncoras é o reconhecimento, por parte do empreendedor, do fundo de comércio do lojista. O empreendedor leva para o seu *shopping center* lojas grandes com eficiente fundo de comércio, ou seja, que possuam, individualmente, capacidade de atrair consumidores. Estes consumidores serão consumidores potenciais de todos os produtos ali presentes.

35. Rubens Requião, *Curso de Direito Comercial*, v. I, p. 203.

36. Fábio Konder Comparato, "As Cláusulas de Não Concorrência no *Shopping Center*", in *Revistas de Direito Mercantil*, n. 97, p. 24.

A atenção dispensada às lojas âncoras reflete no tratamento diferenciado que estas recebem dos empreendedores. Em certos empreendimentos as lojas âncoras estão dispensadas do pagamento da *res sperata*, da fixação do aluguel percentual, contando, apenas com o aluguel fixo, ou mesmo da contribuição para o fundo de promoções.

O empreendedor abre mão de certos benefícios pecuniários em razão da capacidade de atração de clientela representado pela presença da loja âncora no *shopping center*, refletindo no melhor desempenho de todos os setores do *shopping*.

Há diferentes entendimentos sobre a formação do fundo empresarial do *shopping center*.

Fernando A. Albino de Oliveira traz seu entendimento sobre o fundos de comércio que coabitam o *shopping center*:

"O *shopping* tem seu fundo de comércio consubstanciado na própria concepção do empreendimento, na distribuição inteligente e eficaz dos vários ramos do negócio (*tenant mix*), na estrutura organizacional, na administração, na idealização constante de campanhas promocionais. O comerciante lojista detém a boa imagem do seu nome, marca e sinal distintivo, a especialização no ramo do negócio, o saber promover e vender aqueles produtos, o que lhe proporciona faturamento adequado, do qual o empreendedor participará."[37]

Trata-se de uma conjugação de esforços para atrair para o *shopping center* o maior número de consumidores. As lojas se aproveitam da estrutura oferecida pelo empreendedor. O empreendedor possui esta estrutura em parte por seu esforço individual, e em parte por contar com o fundo de comércio dos lojistas.

Alguns juristas entendem haver, no *shopping center*, a coexistência de dois fundos de comércio, um pertencente ao empreendedor e um formado pelo lojista. Para Fernando A. Albino de Oliveira "não se trata de um fundo de comércio único. São dois: o empreendedor entende de *shopping*; o lojista vende bem um determinado produto, ou linha de produtos".[38]

Compartilha deste entendimento Caio Mário da Silva Pereira:

"Dentro do *shopping center* há essa duplicidade de conceito de fundo de comércio. É fundo de comércio o global do *shopping*, como o é também aquele que é construído pelo usuário".[39]

Outra corrente entende que o lojista e empreendedor somam suas contribuições formando um só fundo de comércio. Trata-se da existência de um fundo de comércio pertencente ao empreendedor, denominado por J. A. Penalva Santos[40] de superfundo, ao lado do estabelecimento do lojista.

A corrente que defende a existência de um só fundo de comércio, formado por esforço conjunto, baseia-se na impossibilidade da existência de um fundo de comércio exclusivo do empreendedor. Esta impossibilidade decorre da inexistência de relação direta entre empreendedor e consumidor. O *shopping center* não possui produto a ser comercializado.

O consumidor é atraído pelas generalidades potenciais do *shopping*, mas materializa o seu consumo numa determinada loja, e não com o próprio *shopping center*. "... Ambas as partes, empreendedor e lojista, podem ter os seus valores corpóreos e incorpóreos devidamente separados; mas se a clientela — elemento fim — é conjunta, posto que materializadora de um só objeti-

37. "Fundo de Comércio em *Shopping Center*", in *Shopping Centers — Questões Jurídicas*, p. 67.

38. "Fundo de Comércio em *Shopping Centers*", in *Shopping Centers — Questões Jurídicas*, p. 67.

39. "Súmula Integral do Simpósio sobre *Shopping Center*", in *Shopping Centers — Aspectos Jurídicos*, p. 17.

40. "Regulamentação Jurídica do *Shopping Center*", in *Shopping Centers — Questões Jurídicas*, p. 102.

vo de faturamento, irrefugível é a unicidade do fundo de comércio".[41]

Tal teoria perde seu fundamento pela adoção do conceito de fundo empresarial, e não o antigo conceito de fundo de comércio. O empreendedor, embora não comercialize diretamente produtos, possui um complexo de bens organizados para o desenvolvimento de sua atividade. Exerce, ele, atividade economicamente organizada para a circulação de bens ou serviços.

Seguindo a tendência moderna de utilizar o conceito de fundo empresarial, e não mais o conceito de fundo de comércio, encontramos um fundo empresarial elaborado pelo empreendedor que se une a outro fundo empresarial, o fundo empresarial do lojista. Trata-se de uma conjugação de esforços para atingir objetivo comum, o aumento do consumo.

As peculiaridades do fundo empresarial em *shopping centers* necessitam de tratamento diferenciado. Suas peculiaridades irão refletir na proteção jurídica conferida a este, no cabimento da ação renovatória e na cobrança de taxa de adesão ao empreendimento, a *res sperata*.

3. A "*res sperata*"

O empreendedor do *shopping center*, por ocasião de sua construção, apresenta ao mercado seu planejamento, incluindo os estudos mercadológicos realizados para a sua elaboração.

Tem este, por objetivo, captar recursos para a construção do empreendimento junto àqueles que intencionam integrá-lo.

É realizado, nesta ocasião, entre o empreendedor e o futuro lojista, um contrato. Tal contrato não se confunde com o contrato de locação que será firmado por ocasião da entrega do prédio.

Este contrato estabelece o pagamento de uma quantia mensal que será devida até o final da construção do *shopping center*, utilizada para capitalizar o empreendedor. Em contrapartida ao pagamento desta quantia, tem o futuro lojista garantida a sua participação no empreendimento.

Esta contribuição é conhecida como *res sperata*. O lojista paga pelo direito de integrar o complexo mercadológico desenvolvido pelo empreendedor.

Diferentes teorias vêm explicar o que é a *res sperata*, tentando identificar sua natureza jurídica. Estes posicionamentos variam de acordo com diferentes visões relativas à cobrança da *res sperata*.

Alguns doutrinadores entendem ser devida a *res sperata* somente por ocasião da formação do empreendimento. Outros acreditam que esta quantia será devida por ocasião da adesão do locador ao empreendimento, seja na fase de construção, seja estando finda esta. Um terceiro grupo vislumbra sua cobrança não só no momento da adesão ao empreendimento, mas também em caso de renovação do contrato, quando seria paga uma nova *res sperata*. Com base nestes diferentes entendimentos surgem as diferentes teorias.

Em relação a *res sperata* há um fator complicante. A ilegalidade da cobrança de luvas imposta pelo Dec. 24.150/34, hoje já revogado, fez com que muitos juristas trabalhassem com a hipótese de descaracterizar esta cobrança como luvas, tornando, assim, permitida sua cobrança. Teorias foram desenvolvidas a fim de justificar esta cobrança, fugindo da ilicitude ditada por tal decreto, conhecido como Lei de Luvas.

A maior dificuldade de abordagem do assunto está na ausência de material doutrinário recente, ou seja, posterior a revogação da Lei de Luvas. A doutrina existente trabalha com a idéia de licitude ou ilicitude da cobrança em função de sua caracterização ou não como luvas.

41. José da Silva Maquieira, "*Shopping Centers* — Antigas e Novas Apreciações", in *Shopping Centers — Questões Jurídicas*, p. 151.

3.1 Denominação "res sperata"

O termo *res sperata* é figura da venda aleatória, presente no Código Civil Brasileiro. Venda aleatória é aquela em que o montante das prestações de uma ou de ambas as partes não pode ser desde logo previsto, pois depende de risco futuro. As prestações oferecem uma possibilidade de ganho ou perda para ambas as partes. O objeto das vendas aleatórias é conhecido como *res sperata*, ou seja, "coisa esperada".

Há duas espécies de venda aleatória, a *emptio spei*, do art. 1.118, e a *emptio rei speratae*, do art. 1.119, ambos do Código Civil. Na venda *emptio spei* o comprador assume o risco pela inexistência da coisa. Na venda *emptio res speratae* é pressuposto da venda a existência da coisa, ainda que não se determine a quantidade desta.

Não há qualquer identidade entre o pagamento realizado pelo lojista e a figura da *res sperata* do Direito Civil. Ainda que se tente fazer uma correlação esta torna-se sem sentido.

A eventual "coisa esperada", no caso do *shopping center*, poderia ser considerada o próprio espaço a ser entregue ao lojista ou mesmo o direito de participar do empreendimento. Em nada se assemelha à venda aleatória este pagamento.

A denominação *res sperata* pode ter sido utilizada para impedir que se associasse sua figura à idéia das luvas. Poderia ter sido conferido a este pagamento qualquer denominação. Pela sua aceitação, esta nomenclatura continua a ser utilizada independente de sua adequação.

José da Silva Maquieira propõe uma nova denominação para a *res sperata*, que traduziria o pagamento feito pelo lojista objetivando garantir sua participação no empreendimento e seu posicionamento no *mix*. Para Maquieira o termo *mix price*, que, grosseiramente, traduzir-se-ia para preço da mistura, ou seja, preço pago para participar do *mix* do *shopping*, é mais adequado.[42]

3.2 Natureza jurídica da "res sperata"

A doutrina possui diferentes teorias que tentam identificar a natureza jurídica da *res sperata*.

1) Teoria do direito de reserva

Entendem, alguns doutrinadores,[43] ser devida a *res sperata* somente durante a construção do *shopping center*, como forma de capitalizar o empreendedor, partilhando entre os lojistas as suas despesas.

"Antes da construção do *shopping center*, o proprietário firma com o futuro lojista um contrato a título de reserva de localização (*res sperata*) para obter recursos, pois cada lojista contribuirá periodicamente com certa quantia até que a edificação se complete."[44]

Segundo esta teoria, a *res sperata* não se confunde com o contrato de locação, se perfazendo somente na fase de construção. Seria uma simples reserva de área. O lojista paga ao empreendedor para que este lhe garanta sua futura participação no empreendimento. É um contrato que garante um futuro contrato de locação, por este não poder, ainda, ser assinado.

Sendo simples contrato de reserva de área no futuro empreendimento, que se encontra em fase de construção, não se compreende a sua cobrança quando este está em funcionamento. Aquele que aderir ao empreendimento já construído não arcará com esta despesa.

Ives Gandra da Silva Martins entende que a *res sperata* tem como causa jurídica

42. "*Shopping Center* — Antigas e Novas Apreciações", in *Shopping Centers — Questões Jurídicas*, p 104.

43. Caio Mário da Silva Pereira e João Carlos Pestana de Aguiar.

44. Maria Helena Diniz, *Tratado Teórico e Prático dos Contratos*, v. 3, p. 35.

e econômica a segurança de uma localização no conjunto e as vantagens que a realização do *shopping center* lhe proporcionará.[45] Sua definição apresenta uma certa mistura da teoria do direito de reserva e da teoria do fundo comercial. Esta definição aponta a relevância que possui o fundo empresarial do *shopping center* mesmo na teoria do direito de reserva, ou seja, a reserva da área ocorre em função da organização especial de um espaço para comerciar.

2) Teoria do fundo empresarial

Maria Helena Diniz, embora conceitue a *res sperata* como quantia paga a título de reserva ou de garantia de localização, devida na fase de construção do empreendimento, reconhece sua cobrança também quando já concluídas as obras, mesmo estando o *shopping* em funcionamento.[46]

A cobrança da *res sperata* no momento da adesão do lojista ao empreendimento, mesmo finda a fase de construção, descaracteriza este pagamento como simples reserva de espaço no *shopping center*. Uma vez em funcionamento o *shopping*, não há porque se pagar taxa a título de reserva, pois a assinatura do contrato de locação e a ocupação do espaço pelo lojista são imediatos. Não há porque se falar em reserva.

O pagamento desta quantia, anteriormente à assinatura do contrato de locação propriamente dito, surge em razão do lojista, ao integrar o empreendimento de *shopping center*, ter a sua disposição o fundo de comércio formado pelo empreendedor. Este fundo de comércio garante, em parte, o sucesso do lojista, por lhe oferecer clientela.

Segundo os defensores da Teoria do Fundo Comercial,[47] a *res sperata* seria a retribuição do lojista pelas vantagens oferecidas pelo empreendedor. É o pagamento pela cessão do fundo de comércio durante a vida do contrato.

Para J. A. Penalva dos Santos "mais se aproxima a *res sperata* de uma contribuição recolhida pelo lojista ao celebrar o contrato com o empreendedor, em retribuição à parcela do fundo de comércio por ele colocada à disposição do lojista, incluindo estudos de *marketing*".[48]

Sendo considerada uma retribuição pelo fundo empresarial do *shopping* a *res sperata* será devida sempre que algum lojista contratar com o empreendedor sua participação no *mix*, independente de estar este em construção ou não. Ao firmar o contrato o lojista tem garantida a utilização do fundo de empresa durante o período do uso da loja. A *res sperata* é calculada em função do tempo do contrato. O lojista pagará pela cessão do fundo de comércio por determinado período.

Tratando-se a *res sperata* de contribuição em função do uso do fundo empresarial do *shopping center* durante o tempo do contrato, será esta devida sempre que se ajustar este período de utilização da loja. Cada período contratado corresponde a um pagamento.

É devido o pagamento desta quantia por ocasião da adesão ao empreendimento, antes mesmo deste estar concluído, pois garante um contrato com o empreendedor que proporcionará ao lojista a participação no *shopping center*. A contribuição cobrada durante a construção do prédio não terá o condão de descaracterizar a sua causa. A diferença dá-se, apenas, na forma de cobrança. Não podendo oferecer ao lojista a ocupação imediata do espaço, o empreendedor faculta ao lojista o pagamento parcelado desta quantia.

A *res sperata* será também devida, no entendimento desta corrente, por ocasião

45. "A Natureza Jurídica das Locações em *Shopping Center*", in *Shopping Center — Questões Jurídicas*, p. 87.

46. *Tratado Teórico e Prático dos Contratos*, v. III, p. 40.

47. Fernando A. Albino de Oliveira, J. A. Penalva dos Santos, Alfredo Buzaid, Álvaro Vilaça de Azevedo, José da Silva Maquieira, Modesto Carvalhosa, Fábio Ulhoa Coelho.

48. "Regulamentação Jurídica do *Shopping Center*", in *Shopping Centers — Questões Jurídicas*, p. 104.

da adesão ao empreendimento já concluído. Nesta hipótese oferece-se, de imediato, ao lojista as vantagens de integrar o *mix*. Destaca-se que, segundo esta teoria, é natural a cobrança desta quantia em casos de renovação do contrato. Através da renovação, o lojista estará adquirindo o direito de se utilizar do fundo de empresa formado pelo empreendedor por mais um período.

Antônio César da Lima Fonseca corrobora integralmente tal entendimento:

"Vislumbra-se a cobrança da *res sperata* quando o lojista adere ao empreendimento, na fase de construção, quando integra o *shopping* mesmo em funcionamento, e, ainda, na renovação do contrato. Neste último caso, a cobrança referir-se-á à cessão do fundo de comércio pelo novo período contratado."[49]

3) Teoria de luvas

Alfredo Buzaid,[50] em profunda pesquisa, traz a origem da cobrança das luvas. Explica o autor que as luvas do direito brasileiro mantêm estreita relação com o *pas de porte* do direito francês. *Pas de porte*, inicialmente, significava a vantagem do comerciante em possuir loja voltada para a via pública. Desde então revelava-se a idéia de ponto comercial. Evoluiu, tal termo, passando a significar o valor agregado ao fundo de comércio em razão da sua localização.

Com o surgimento do direito de renovação do contrato de locação o *pas de porte* passou a designar o pagamento feito ao locador por possuir o locatário, ao assinar um contrato de locação, o direito a permanecer no ponto locado. O privilégio concedido ao locatário seria remunerado, pois pode-se dizer que o locador perdera o direito ao ponto mesmo findo o contrato.

Em síntese, o *pas de porte* passou a ser cobrado em decorrência da aquisição pelo locador de um direito à locação. Após o término do contrato firmado, o locatário permanecia com o direito de locá-lo novamente.

"A palavra luvas, no art. 29 do Decreto n. 24.150, foi empregada para designar a quantia que o inquilino pagava ao senhorio, independente do aluguel, a fim de conseguir um contrato de locação ou a sua prorrogação."[51]

Entende-se por luvas "certa soma de dinheiro que o locador ou sublocado exige, reservadamente, do locatário ou sublocatário, na ocasião da assinatura do respectivo contrato, além do aluguel que ele deverá pagar mensalmente".[52]

A Teoria de Luvas entende que a *res sperata* enquadra-se perfeitamente neste conceito. Possui a *res sperata* o mesmo objetivo que as luvas. Ao locar um espaço em *shopping center*, por certo prazo, o locatário adquire o direito a renovação do contrato. Em função deste direito surge a cobrança de luvas. O locador cobra pelo ponto comercial que está sendo ofertado dentro do *shopping center*, ponto este que permanecerá com o locatário por possuir direito a renovação do contrato.

A idéia de luvas encaixa-se nesta teoria pois esta admite sua cobrança apenas por ocasião da adesão ao empreendimento, estando concluído ou não. Não caberia a cobrança em caso de renovação do contrato.

Para Dinah Sonia Renault Pinto[53] não há como justificar esta cobrança senão como verdadeiras luvas. Seu entendimento apóia-se principalmente na possibilidade de cobrança desta taxa mesmo depois de construído o empreendimento. Desta forma acredita não ser possível caracterizar uma simples reserva de área.

49. "A *Res Sperata* e o *Shopping Center*", in *Revista de Direito Mercantil*, n. 88, p. 67.

50. *Da Ação Renovatória*, v. II, p. 671.

51. Alfredo Buzaid, *Da ação Renovatória*, p. 674.

52. Pedro dos Reis Nunes, *Dicionário de Tecnologia Jurídica*, p. 417.

53. *Shopping Center — Uma Nova Era Empresarial*, p. 39.

Grande parte da doutrina, porém, descaracteriza a cobrança da *res sperata* como cobrança de luvas. Tal repulsa deu-se, principalmente, em função da proibição deste pagamento, pelo Dec. 24. 150/34, conhecido como Lei de Luvas.

No entendimento de Antônio Cezar Lima da Fonseca, a expressa revogação do Dec. 24.150/34 fez desaparecer a vedação da cobrança de luvas, sendo esta, portanto, permitida. Admite, então, trata-se a *res sperata* de cobrança de luvas.

A proibição da cobrança de luvas fez surgir várias teorias para possibilitar a cobrança da *res sperata*. Estes entendimentos foram sendo aceitos pela doutrina e pela jurisprudência. Em decisão proferida pela 4ª Câmara do Tribunal de Alçada Cível do Estado do Rio de Janeiro, o relator destaca a cláusula do pacto locatício que refere-se a *res sperata*. Tal cláusula esclarece que o pagamento desta quantia dará o direito de participação da estrutura organizacional do *shopping center*, ressaltando as vantagens que a localização no interior deste proporcionará.[54]

O fator determinante para concluir pelas diferentes teorias é localizar o momento da cobrança da *res sperata*. Poderia ser esta direito de reserva se cobrada apenas na fase de construção do *shopping center*. Seria retribuição pelo fundo de comércio se cobrada sempre que se ajustasse um novo período de locação. Enquadrar-se-ia em luvas se cobrada no momento em que o locador oferece garantia do contrato de locação.

Por não serem as regras dos *shopping centers* uniformes, em parte em função da atipicidade do contrato, é difícil estabelecer uma regra única. Verifica-se, na prática, que o pagamento da *res sperata* é devido unicamente no momento em que o locatário adquire o direito ao contrato de locação. Desta forma apresenta a *res sperata* as características da cobrança de luvas.

Não havendo mais a vedação da cobrança de luvas não há mais qualquer temor para que o empreendedor do *shopping center* reconheça na *res sperata* a figura das luvas.

4. *O "shopping center" e o empreendimento imobiliário*

O empreendedor do *shopping center* tem a preocupação, no momento da estruturação do empreendimento, de selecionar as lojas que o comporão de acordo com os estudos de mercados por ele elaborados. Seu objetivo é formar um centro de compras capaz de atender às necessidades do seu público alvo, incentivando o consumo.

Sua preocupação em relação aos produtos oferecidos pelos lojistas, no *shopping center*, não fica restrito à fase de construção. Esta é constante. Os estudos mercadológicos são realizados com o shopping em funcionamento para mantê-lo em consonância com às evoluções do mercado. Seu trabalho inclui, também, planos de *marketing* para a atração de clientela.

Cabe ao empreendedor, ainda, a administração do *shopping center*.

A atenção constante do empreendedor dá-se em função de sua participação no faturamento do lojista. Possui o empreendedor interesse no sucesso dos lojistas, pois este refletirá, necessariamente, em sua receita. Destaca-se aqui a enorme diferença entre o empreendedor de *shopping center* e o empreendedor imobiliário.

O objetivo do empreendedor imobiliário e construir conjunto de lojas destinado a venda ou locação. Seu retorno financeiro será obtido, somente, através da venda das unidades ou do aluguel destas.

Após finalizada a construção do prédio, o empreendedor imobiliário não guarda qualquer relação com este. Não cabe a este a administração da área. Uma vez finda a construção e entregue as unidades au-

54. Tribunal de Alçada Cível do Estado do Rio de Janeiro, 4ª Câmara, Apelação n. 85.091/88, relator Juiz Miguel Pachá, julgado em 6.7.89, votação unânime.

tônomas a maior relação mais próxima que pode possuir o empreendedor com o prédio construído é de proprietário das unidades, participando deste como simples condômino.

A diferença básica entre o empreendedor imobiliário, que trabalha com a locação de unidades por ele construídas, e o empreendedor de *shopping center* está na sua relação com o lojista. O empreendedor imobiliário não possui relação direta com o lucro obtido pelo lojista. Assim sendo, mesmo encontrando-se como locador da loja, não possui este interesse em intervir na atividade do lojista, uma vez que seu ganho independe do seu sucesso.

O empreendedor do *shopping center* guarda uma relação direta entre sua receita e o faturamento do lojista. Desta forma preocupa-se aquele em fornecer a este uma estrutura que favorece seu negócio.

Sintetiza Alfredo Buzaid que o investidor do *shopping center* não assume apenas as vestes de um locador de imóveis, mas de um criador de um novo fundo de comércio.[55]

5. *A constituição jurídica do "shopping center"*

A primeira tarefa do jurista no que se refere ao *shopping center* é a elaboração dos instrumentos jurídicos que irão estabelecer os direitos e obrigações daqueles que farão parte do empreendimento.

Ladislau Karpat[56] aponta duas possibilidades para a elaboração destes documentos, podendo ser elaborada uma Incorporação ou através de Escritura Pública que estabelecerá as normas gerais que regularão o empreendimento.

A escritura pública é a forma mais utilizada para a estipulação das regras que regerão o empreendimento. O documento sob o qual se estrutura o empreendimento é a Escritura Declaratória de Normas Gerais. Este instrumento será a base jurídica do *shopping center*. Sob ele serão realizadas as demais relações obrigacionais que surgirão no empreendimento.

A feitura da escritura pública que contém as Normas Gerais do *shopping center* cabe ao empreendedor. Como empreendedor entende-se o dono do empreendimento. Pode o empreendedor ser uma pessoa física, uma pessoa jurídica ou qualquer outra figura que possua personalidade, que seja capaz de contratar.

A escritura pública, normalmente denominada de Escritura Declaratória de Normas Gerais de Funcionamento e de Locações, tem como conteúdo as disposições que regerão o empreendimento, declarando desde já os deveres e direitos do empreendedor e lojistas. A Escritura de Normas Gerais prevê o regramento básico do empreendimento, reservando regras para disciplinar os outros contratos que serão firmados.

O lojista tomará conhecimento deste documento e de seu conteúdo por ocasião da assinatura do contrato de locação de unidade comercial. O contrato de locação firmado entre lojista e empreendedor mencionará a existência da escritura de normas gerais e vinculará o lojista ao seu cumprimento.

A outra forma apontada como possível para elaboração dos documentos que formam a base jurídica do *shopping center* é a incorporação. A incorporação é regida pela Lei 4.591 de 1964. Segundo o parágrafo único do art. 28 da citada lei, incorporação imobiliária é a atividade exercida com intuito de promover e realizar a construção, para a alienação total ou parcial de edificações ou conjunto de edificações compostos de unidades autônomas.

A formação do condomínio especial é o objetivo do contrato de incorporação. No condomínio especial vislumbra-se além das

55. "Estudo sobre *Shopping Center*", in *Shopping Centers — Questões Jurídicas*, p. 7.

56. *Shopping Centers — Manual Jurídico*, p. 25.

partes comuns a todos os proprietários, unidades autônomas, destinadas a propriedade individual.

A existência de unidades autônomas e a admissibilidade de alienação, mesmo potencial, da fração ideal do terreno, que constitui condição para a venda da unidade autônoma é característica fundamental do contrato de incorporação.

J. Nascimento Franco e Nisske Gondo expõem a concepção da incorporação em nosso direito:

"No sistema legal brasileiro, caracteriza-se a incorporação quando a iniciativa do empreendimento é assumida pelo incorporador que se dispõe a vender as unidades autônomas do edifício projetado ou a ser construído."[57]

Destacam os citados autores a alienação ou promessa de alienação de unidades autônomas é elemento essencial da incorporação imobiliária.

Alexandre Agra Belmonte defende a possibilidade de formação do *shopping center* através da incorporação imobiliária. Para este autor, a contribuição do lojista, durante a formação do empreendimento, corresponde a aquisição de parte da propriedade. Entende que o incorporador, em casos de *shopping center*, reserva parte da propriedade para ser alienada ficando como co-proprietário, possuindo determinada proporção.[58]

A tese defendida por Belmonte é repudiada por vários doutrinadores que não vislumbram a existência de co-propriedade. Em regra entende-se que os lojistas são meros locadores de espaço, não podendo ser identificados como proprietários.

Na concepção do *shopping center* não se vislumbra a existência de unidades autônomas reguladas por uma convenção de condomínio. Tem-se, neste empreendimento, um único proprietário do prédio, locador das unidades comerciais.

A existência de um único proprietário viabiliza a idéia central do *shopping*, que é a possibilidade de escolha daqueles que comercializarão dentro deste mesmo espaço. Através desta escolha reúne-se um grupo de lojistas capaz de atender às necessidades do público alvo do empreendimento.

Ainda que se considere possível estabelecer regras de funcionamento semelhantes às do *shopping center* através da convenção de condomínio, o fato dos lojistas serem proprietários faz com que este empreendimento perca sua característica mais marcante que é a participação do dono do empreendimento no faturamento do lojista.

Esta característica é fundamental para que exista no *shopping center* uma administração enérgica, objetivando a integração daqueles que lá comercializam, pois seu lucro é fundamental para o sucesso do empreendimento.

É realmente incompatível com a concepção do *shopping center* a propriedade das lojas nas mãos dos lojistas. Não é impossível, porém, que o *shopping center* assuma a forma de incorporação imobiliária.

Admite-se a incorporação imobiliária como forma de reunir os empreendedores. Os empreendedores formarão um condomínio, tornar-se-ão uma única figura no mundo jurídico. Uma vez formada esta figura está ela apta a contratar.

O condomínio é a forma de reunir pessoas que pretendem montar um *shopping center* na qualidade de empreendedor. Utilizando uma denominação inadequada, pode-se dizer que serão sócias em um negócio, o *shopping center*. O condomínio é o empreendedor.[59]

57. *Incorporações Imobiliárias*, p. 13.

58. *Natureza Jurídica dos Shopping Centers*, p. 31.

59. Exemplo de condomínio empreendedor é o *Condomínio Shopping Center Iguatemi*. Vislumbra-se na Escritura Declaratória de Normas Gerais o condomínio como declarante, estando representado por sua mandatária, a administradora Shopping Centers Reunidos do Brasil.

Partindo da figura do condomínio estabelecem-se as mesmas relações jurídicas já expostas. O condomínio estabelece as normas que regerão o *shopping center* na forma de escritura pública, contrata com a administradora e com os lojistas. Em nada alteram-se as relações contratuais mantidas entre empreendedor e lojista. A diferença existente é o modo pelo qual se formou o empreendedor, que irá contratar com o lojista.

A formação do *shopping center* através da incorporação não é muito usual. Este meio não é muito utilizado em função dos elevados custos e procedimento trabalhoso exigidos por lei.

Capítulo IV — RELAÇÃO JURÍDICA ENTRE EMPREENDEDOR E LOJISTA

1. Contrato entre empreendedor e lojista

A complexa estruturação do *shopping center*, baseada no *tenant mix*, tem por objetivo proporcionar maior lucratividade, tanto ao lojista quanto ao empreendedor. Esta lucratividade conjunta explica-se através da relação contratual mantida por estes.

O que caracteriza a revolução tecnológica introduzida pelo *shopping center* é a forma como foi estruturada a combinação dos interesses dos empresários, donos do empreendimento, e dos comerciantes, permitindo a exploração adequada de economias de escala e a internalização de externalidades.[60]

A participação nos lucros do lojista pelo empreendedor é a base de todas as peculiaridades encontradas na relação obrigacional estabelecida entre estes. Estas peculiaridades revelam-se no contrato firmado entre as partes.

A estrutura organizacional do *shopping center* está apoiada em bases contratuais. Contratos estes que conciliam interesses do empreendedor e lojista alcançando esta nova estrutura comercial.

Cumpre identificar os sujeitos que integram o empreendimento de *shopping center*, antes de adentrar nos instrumentos contratuais em si.

O empreendedor é a pessoa física ou jurídica que constrói, de acordo com estudos técnicos, visando oferecer ao consumidor adequada e diversificada concentração de serviços e ramos de comércio, distribuídos segundo um plano global por ele estabelecido de forma a abranger todas as necessidades de seus clientes e freqüentadores. É o proprietário do prédio, galerias, praças e corredores destinados à circulação ao público.[61] A administração e gerência do *shopping* também cabe ao empreendedor.

O lojista é a pessoa física ou jurídica que tiver sob o contrato ou acordo, remunerado ou não, explorando qualquer espaço nas dependências internas ou externas do *shopping*, seja loja, quiosque, *stand*, balcão, vitrine etc.[62] Em regra, o empreendedor é remunerado pelo uso do espaço em seu empreendimento. Não é vetado a este, porém, ceder gratuitamente seus espaços.

As relações contratuais estabelecidas entre o lojista e o empreendedor do *shopping center* baseiam-se em quatro instrumentos básicos, a escritura de normas gerais, o contrato de locação de unidade comercial, a associação de lojistas e o contrato com a administradora.

1.1 Escritura de normas gerais

A Escritura de Normas Gerais é uma escritura pública que traz em seu conteúdo

60. Carlos Geraldo Langoni, "*Shopping Centers* no Brasil", in *Shopping Centers — Aspectos Jurídicos*, p. 56.

61. Definição retirada da Escritura Declaratória de Normas Gerais Regedoras do Funcionamento e das Locações do *Shopping Vitória*.

62. Idem.

as normas gerais que regulam a organização e o funcionamento do *shopping center*.

Esta escritura é denominada, em regra, de Escritura de Normas Complementares do Contrato de Locação, Escritura Declaratória de Normas Gerais Regedoras do Funcionamento e das Locações do *Shopping* ou semelhantes.

Como o próprio nome diz, trata-se de um complemento ao contrato de locação que será firmado entre empreendedor e lojista. Cabe a estes dois observar as regras traçadas pela escritura de normas gerais.

Sob as normas traçadas por esta escritura são firmados os demais contratos que integrarão as relações estabelecidas entre empreendedor e lojistas.

A escritura possui cunho declaratório contendo todas as disposições que regerão o empreendimento, entre elas os direitos e deveres dos lojistas e empreendedor.

Pode-se dizer que a Escritura de Normas Gerais é a lei do *shopping center*. A ela estão submetidos todos aqueles que participam direta ou indiretamente do empreendimento, seja empreendedor, lojista, terceiros contratados e outros.

"Quando para uma comunidade menor, elabora-se um conjunto de normas jurídicas pautando a conduta dos que a integram, procede-se como faz o legislador, com a elaboração das comuns e das genéricas. Criam-se regras jurídicas, enfeixadas sob a denominação de "ato régia", que pelo fato de se destinarem a um mais reduzido grupo de indivíduos não deixa de revestir o caráter de regras jurídicas."[63]

A escritura é elaborada pelo empreendedor do *shopping center*, obrigando-se desde então a cumprir suas regras. O lojista obriga-se perante a escritura no momento da assinatura do contrato de locação da sua unidade comercial.

O contrato de locação informa ao lojista a existência e o conteúdo da escritura de normas gerais, comprometendo-se este a observá-la. A adesão do lojista a escritura de normas gerais é feita através do contrato de locação.

E necessário que o empreendedor leve ao conhecimento do lojista que integrará o *shopping center* os termos da escritura de normas gerais. Somente desta forma a aceitação das condições predeterminadas será obrigatória e inevitável.[64]

Destaca-se neste instrumento a existência de cláusulas que conferem ao empreendedor ampla liberdade para a administração do *shopping center*. E, estará sempre submisso a este documento, o lojista.

Admitindo a hipótese de um *shopping center* elaborado através do regime de incorporação, as regras contidas na escritura de normas gerais devem constar da Convenção do Condomínio. Segue-se os moldes estabelecidos na Lei Condominial, Lei n. 4.591, de 16 de dezembro de 1994.

Assim como a escritura de normas gerais, a convenção de condomínio vem definir a funcionalidade dos negócios. Estes documentos equivalem-se em termos de conteúdo.

1.2 Contrato de locação de unidades comerciais

A ocupação pelos lojistas das unidades comerciais criadas pelo empreendedor dá-se através de um contrato de locação. O empreendedor cede o uso e gozo do espaço mediante certa retribuição.

Este contrato apresenta peculiaridades decorrentes da organização do *shopping*, além de restrições impostas aos lojistas com a finalidade de preservar o padrão das atividades ali exercidas. São elas:

a) Dúplice fixação do aluguel

A primeira peculiaridade diz respeito à fixação do aluguel. Há uma forma dúplice

63. Claudionor de Andrade Jr., *Manual dos Shopping Centers*, t. I, p. 21.

64. Ladislau Karpat, *Shopping Centers — Manual Jurídico*, p. 30.

de fixar o valor do aluguel, poderá o aluguel ser cobrado em observância a uma quantia fixa ou por uma quantia variável.

O aluguel fixo ou mínimo é calculado baseado na localização e tamanho de sua loja ocupada pelo locatário. Este aluguel é previamente fixado pelo contrato. Seu reajuste, que poderá ser periódico, também estará constante do pacto firmado entre as partes.

A outra forma de fixação do aluguel é característica básica do contrato de *shopping center*. A remuneração do locador é calculada tendo por base o faturamento do locatário. Será devido ao empreendedor certo percentual do faturamento do lojista. Este percentual é fixo, estando previamente determinado pelo contrato.

Destaca-se que há apenas duas formas de se fixar o aluguel, não representando, porém, uma dupla cobrança. Não será efetuado pelo locatário o pagamento nas duas formas estabelecidas. O aluguel calculado sobre o faturamento do lojista é a regra nos *shopping centers*. O aluguel fixo é apenas uma forma de garantir ao empreendedor uma receita mínima, suficiente para a manutenção da estrutura do empreendimento.

Esta forma inovadora de fixação da remuneração do locador vem embasar toda a estrutura do *shopping center.* A relação entre a lucratividade do lojista e do empreendedor viabiliza a concepção do empreendimento. O interesse do empreendedor em manter uma estrutura eficiente de atração de clientela está assegurada na sua forma de remuneração. A estrutura organizacional oferecida pelo empreendedor é a chave do sucesso do lojista. O sucesso do lojista é o sucesso do empreendedor.

Questionou-se, por certo tempo, a legalidade da forma de fixação do aluguel, e a validade do aluguel variável. A doutrina e os Tribunais têm sido unânimes ao opinar pela legalidade da cobrança. O entendimento favorável à legalidade do aluguel percentual tem por base os requisitos do contrato de locação.

A locação de coisas, define o art. 1.188 do Código Civil Brasileiro, e o contrato pelo qual uma das partes se obriga a ceder a outra, por tempo determinado ou não, o uso e gozo de coisa infungível, mediante certa retribuição.

Desta definição extrai-se como elemento essencial do contrato de locação a fixação de remuneração, ou seja, o aluguel. Determina o citado artigo a necessidade de estabelecer uma certa remuneração pelo uso da coisa.

Como certa remuneração entende-se um aluguel certo e determinado ou somente determinável. Não é necessário constar do contrato um valor fixo, basta que se consiga através dele determinar o *quantum* a ser pago.

É o entendimento de Maria Helena Diniz:

"O aluguel deverá ser certo e determinado ou pelo menos determinável, podendo, algumas vezes, revestir-se de cunho mais ou menos aleatório, como, p. ex., se se estipular que o locador receberá 50% da arrecadação."[65]

A existência de aluguel com dupla forma de fixação e, ainda, um deles sendo percentual não prejudica a validade do contrato. Apesar de não ser certo e determinado é determinável. O contrato traz critérios capazes de tornar possível a apuração do aluguel, sendo isto suficiente.

Destaca-se o entendimento da jurisprudência acerca da cláusula que estabelece o aluguel percentual:

"Se assim foi colocada é porque consagra a relevância, em face das peculiaridades de um *shopping*. Não pode ser acoimada de ilegal, desde que tanto as normas do Código Civil como as leis posteriores, reguladoras da locação de prédios, não exigem especificamente que o aluguel seja pago em moeda. Abre-se, pois, a possibilidade de ajustamento pelas partes, no con-

65. *Tratado Teórico e Prático dos Contratos*, v. 2, p. 92.

trato de locação, de qualquer forma de pagamento. E, dentre elas, a de ser realizado o pagamento em porcentagem sobre a venda bruta do estabelecimento respectivo."[66]

Ressalta-se que, em regra, as decisões encontradas sobre o tema referem-se, ainda, a contratos firmados sob a égide da Lei de Luvas, Dec. n. 24.150/34. Tal detalhe não compromete a utilidade de seu conteúdo, uma vez que, neste aspecto poucas alterações foram realizadas pela nova lei de locações urbanas, Lei 8.245/91, podendo, até, ser considerada mais liberal.

b) 13º aluguel

Outra característica peculiar no que se refere ao aluguel em espaços de *shopping center* é sua cobrança em dobro no mês de dezembro, vulgarmente conhecido como "13º aluguel". O aluguel fixo será devido em dobro, permanecendo a mesma regra em relação ao aluguel percentual.

A regra básica continua a mesma, a dúplice fixação do aluguel. Há, portanto, um aluguel fixo e outro variável. A diferença está na estipulação em dobro do aluguel mínimo, ou seja, o valor mínimo a ser pago no mês de dezembro equivale a duas vezes o aluguel normal, cobrado nos demais meses. Está assegurado um ganho mínimo ao locador superior ao normal.

O aluguel cobrado em dobro no mês de dezembro é apenas o aluguel mínimo. O aluguel percentual continua inalterado em qualquer mês do ano. Assim como nos demais meses, o aluguel devido em dezembro será o maior dos dois valores: o aluguel mínimo, em dobro, ou o aluguel calculado com base no faturamento.

Esta cobrança dobrada no mês de dezembro decorre das festas natalinas que aumentam consideravelmente o volume das vendas. A forma organizacional do *shopping center* encontrou esta solução para manter a cooperação entre lojista e empreendedor. O empreendedor exige, desta forma, um melhor desempenho do lojista em época tão favorável ao comércio.

Questionou-se, também, a legalidade da cobrança dobrada no mês de dezembro. O Princípio da Liberdade Contratual defende a possibilidade de fixação do aluguel por convenção entre as partes, desde que a legislação inquilinária não a vede.

Não há qualquer proibição na Lei de Locação no que se refere à fixação de diferentes aluguéis. Exige esta que o aluguel seja determinado ou determinável.

As características peculiares do contrato de *shopping center* vêm, também, depor a favor desta cobrança. É um reflexo da reunião de esforços existente entre empreendedor e lojista.

A admissibilidade da cobrança do aluguel em dobro no mês de dezembro é corroborada pela jurisprudência:

"Cláusula contratual a qual o lojista aderiu que estabelece que os aluguéis sejam pagos em dobro no mês de dezembro — época em que o faturamento, pelo menos dobra — não viola os arts. 29 e 30 do Decreto n. 24.250/94. Se assim foi colocada é porque tem pertinência às peculiaridades de um *shopping center* e do aluguel característico, estabelecido em percentual sobre o faturamento mensal."[67]

Mais uma vez a decisão tem por base a antiga lei de luvas, hoje, revogada. Sua aplicação, porém, não afeta o conteúdo da decisão. A nova lei regedora de locações urbanas privilegia ainda mais a autonomia da vontade nos contratos.

c) Impossibilidade de alteração do ramo de comércio

O *mix* elaborado pelo empreendedor leva em consideração o ramo de comércio

66. Segundo Tribunal de Alçada Cível de São Paulo, 6ª Câmara, Apelação n. 277.368/5, relator: Juiz Soares Lima, julgado em 1.10.90, votação unânime, in *Shopping Center, Visto pelos Tribunais*, p. 19.

67. Segundo Tribunal de Alçada Civil de São Paulo, 6ª Câmara, Apelação n. 203.200-7, relator: Juiz Macedo Cerqueira, julgado em 2.6.87, votação unânime.

da atividade do lojista. A alteração de seu ramo é capaz de afetar a harmonia existente entre os serviços oferecidos pelo *shopping* como um todo.

Em função da necessidade de manutenção do *mix*, veda o empreendedor a mudança de ramo de comércio exercido pelo lojista sem sua prévia autorização. Está proibido também o lojista de comercializar produtos diferentes daqueles previstos no contrato. Esta vedação garante o sucesso do fundo de comércio elaborado pelo empreendedor.

A preocupação do empreendedor não se restringe ao tipo de atividade, mas também à sua qualidade. Algumas regras são impostas ao lojista para garantir o alto padrão das mercadorias e serviços por ele oferecidos. Esta regras vão desde a impossibilidade de comercialização de produtos usados, até a necessidade de se manter estoque suficiente para atender o movimento do *shopping*.

A possibilidade de um maior intervencionismo por parte do locador nos negócios do locatário explica-se em função do interesse maior do grupo. A alteração no *mix* do *shopping* é prejudicial a todos, lojista e empreendedor. Descaracterizado, o *mix* deixa de ser fator de atração de clientela, levando a uma queda geral das vendas.

d) Limitações a cessão da locação

É previsão comum nos contratos de *shopping center* a vedação de cessão de locação sem o prévio consentimento do locador. A impossibilidade de livre cessão de locação e uma forma de respeitar o *tenant mix*. O planejamento mercadológico do *shopping* deve ser observado ao se pretender alterar o ramo de comércio que se pratica em determinado local.

"O organizador do *shopping center* possui um fundo de comércio próprio e, por isso, admissível possa exigir que a cessão da locação e do fundo de comércio do locatário dependam de seu consentimento prévio, podendo o locador negá-lo se assim lhe convier."[68]

O fundo empresarial do *shopping center* nada mais é que a perfeita sintonia entre os fundos de comércio dos lojistas. Formar um conjunto de fundos de comércio em harmonia com o interesse dos consumidores é a chave do sucesso do *shopping*.

A cessão da locação é capaz de alterar o *mix* do *shopping center*, tanto pela mudança de ramo do produto ou serviço prestado, seja pela qualidade deste, ou pela idoneidade e experiência do lojista. Todas estas qualidades são analisadas pelo empreendedor antes de aceitar o ingresso do lojista. Assim sendo, garante o empreendedor que suas cautelas não sejam desconsideradas. A cessão de locação depende de prévia anuência do empreendedor.

Estas preocupações não são exclusivas do empreendedor. Os demais lojistas que usufruem do fundo de comércio oferecido pelo *shopping center* têm total interesse na manutenção do *mix*.

A doutrina sempre destacou a limitação à cessão de locação como uma peculiaridade dos contratos de *shopping center*. Tal destaque dava-se em função da ausência de previsão sobre o assunto pela antiga lei regedora da locação.

Atualmente, este impedimento não é mais peculiar dos contratos de *shopping center*. É vedado pelo art. 13 da Lei de Locações de Imóveis Urbanos a cessão da locação sem prévia anuência do locador. O destaque para esta cláusula nos contratos de *shopping center* permanece em função das razões especiais que possui o empreendedor para vetar tal procedimento.

e) Fiscalização das atividades do lojista

As inúmeras regras impostas aos lojistas dão origem ao direito do empreendedor de fiscalizar seu cumprimento.

68. J. A. Penalva Santos, "Regulamentação Jurídica do *Shopping Center*", in *Shopping Centers — Questões Jurídicas*, p. 102.

Em decorrência do cálculo do aluguel basear-se no faturamento do lojista, o contrato firmado entre as partes garante ao empreendedor o direito de fiscalizar a contabilidade do lojista. Esta fiscalização tem por finalidade verificar o real faturamento da loja, e certificar-se do correto pagamento da percentagem.

O acesso do empreendedor à contabilidade do lojista deverá ser o mais amplo possível, tendo este acesso aos seus livros, documentos e sistemas de controle referentes à contabilidade dos locatários. É exigido, para tal, que se mantenha na unidade do *shopping* todo o material relativo à contabilidade da loja. A fiscalização pode chegar ao extremo de enviar fiscal à loja a fim de acompanhar o faturamento na "boca do caixa". Este procedimento, porém, não pode causar constrangimentos ao comerciante e dificultar o seu trabalho.

Há, também, questionamentos quanto à validade da cláusula que permite o acesso aos registros contábeis do locatário face ao disposto no art. 18 do Código Comercial, que confere o direito de sigilo às informações contidas nos livros comerciais. O direito de acesso aos livros comerciais pelo empreendedor feriria o direito ao sigilo.

O sigilo nada mais é que um benefício conferido ao comerciante. Em se tratando de benefício, pode o beneficiado renunciá-lo. Se o comerciante aceita abrir mão do direito de sigilo de sua contabilidade, não há como questionar a legalidade da fiscalização por parte da administradora.

O lojista abre mão ao seu direito de sigilo quando firma contrato com o empreendedor do *shopping center* contendo cláusula que permita este ter acesso aos seus livros. Esta renúncia é legítima e restrita ao empreendedor. Permanece o direito de sigilo em relação a terceiros, não integrante do contrato.

A jurisprudência defende a legalidade da fiscalização destacando a necessidade desta em função da forma de fixação do aluguel:

"Assentando o contrato nesse sentido, a permissão de acesso aos livros e registros comerciais da locatária não fere qualquer dispositivo legal, podendo, o locador, a qualquer tempo, exigir a exibição de documentos para verificação e fiscalização de fatos ligados à execução do contrato."[69]

A jurisprudência não se limitou a garantir o direito do locador, preocupou-se também em impor limites a este:

"É certo que não se poderia admitir eventual embaraço à própria atividade fim, interessante não só à locatária, como também aos locadores, quando o procedimento dos prepostos fosse, eventualmente, ostensivo ou perturbador, de forma a criar constrangimentos para a clientela do estabelecimento."[70]

Apesar de se destacar o direito de fiscalização à contabilidade, é direito do empreendedor fiscalizar toda e qualquer atividade do lojista a fim de verificar que os seus atos estão em conformidade com as regras estabelecidas no contrato. Seu direito decorre da preocupação de manter o *shopping* em perfeito funcionamento, desde seus serviços, até sua aparência.

Exemplifica-se esta fiscalização demonstrando a possibilidade do empreendedor em supervisionar as obras realizadas dentro da unidade do lojista, chegando ao ponto de poder vedar os serviços por ele escolhidos; até a verificação de estoque a fim de certificar da capacidade de atendimento dos consumidores do *shopping center*.

1.3 Associação de lojistas

Dentre as obrigações assumidas pelo lojista ao contratar com o empreendedor do

69. Segundo Tribunal de Alçada Cível de São Paulo, 7ª Câmara, Apelação n. 221.565/0, relator, Juiz Bóris Kauffmann, julgado em 14.6.88, votação unânime, in *Shopping Center visto pelos Tribunais*, p. 129.

70. Segundo Tribunal de Alçada Cível de São Paulo, 1ª Câmara, Apelação n. 196.685/0, relator Juiz: Ruiter Oliva, julgado em 17.12.86, votação unânime.

shopping center, está a de associar-se a Associação de Lojistas. Este é o segundo documento que estabelece as relações obrigacionais entre as figuras existentes no universo do *shopping center*.

A Associação de Lojistas é uma sociedade civil de direito privado, sem fins lucrativos, formada pelos lojistas de um mesmo *shopping center*. Possui personalidade jurídica própria, tendo, portanto, vida autônoma.

Cada associação de lojistas possui seu estatuto social próprio, onde se estabelece as regras de funcionamento e objetivos da associação.

Em regra as associações têm por objetivo amparar os interesses dos associados perante terceiros, podendo representá-los; cultivar relações entre os associados locatários, promovendo, em especial, intercâmbio de informações e experiências; estabelecer normas éticas e regulamentos disciplinadores das atividades de seus associados; e como objetivo maior destaca-se promover a divulgação do *shopping*.

Todo o *marketing* realizado em nome do *shopping* será planejado e concebido pela associação de lojistas. Esta será responsável por administrar o Fundo Promocional, que será destinado a manter as despesas com promoções e propagandas.

Uma vez membro da associação, o lojista é obrigado a contribuir mensalmente para a formação do fundo promocional. Trata-se de uma contribuição em dinheiro para custear os gastos com publicidade.

A participação da associação de lojistas é obrigatória, assim como a contribuição para o fundo promocional. O descumprimento destas regras é infração capaz de levar à rescisão unilateral do contrato realizado com o empreendedor, uma vez que integrar a associação de lojistas é obrigação decorrente deste.

A associação de lojistas é de grande importância para o sucesso do empreendimento, em função da relevância da publicidade para a atração de clientela.

1.4 Contrato de administração e regimento interno

A administração do *shopping center* é tarefa do empreendedor. Pode este fazê-lo pessoalmente, mas é comum a contratação de administradora especializada em serviços de planejamento, organização e administração de centros comerciais.

Havendo a presença de uma administradora, pessoa jurídica diversa do empreendedor, é exigido do lojista, por determinação presente na escritura de normas gerais, celebração de contrato com a administradora. Na qual este contrato integrará, também, o contrato de locação.

Para administração do *shopping* são conferidos à administradora os mais amplos poderes, que vão desde a possibilidade de introduzir modificações no projeto estrutural da edificação, passando pela fiscalização dos atos do lojista, até o controle e manutenção das dependências de uso comum.

Cabe a administradora, ainda, elaborar o Regimento Interno do *shopping center*. Através deste documento serão estabelecidas as demais regras, não constantes na escritura de normas gerais, necessárias ao perfeito funcionamento do *shopping*.

Tratam-se de regras de menor importância, mais minuciosas que aquelas contidas na escritura de normas gerais, tal como horário de funcionamento, regulamentação de carga e descarga de produtos, entrada de funcionários, acesso ao *shopping* fora de horário de funcionamento e outros.

O Regimento Interno é parte integrante do contrato firmado entre a administradora e o lojista.

O locador, em virtude deste contrato, paga à administradora uma taxa referente aos seus serviços e ainda do rateio das despesas realizadas pela administrada na manutenção do *shopping center*.

2. Natureza jurídica da relação contratual

Definir a natureza jurídica de um contrato é identificar que regime jurídico a ele deve ser aplicado. Enquadrá-lo dentro de um tipo legal existente tem por conseqüência submetê-lo às regras impostas a determinado tipo de contrato.

Após o conhecimento das características do contrato firmado entre empreendedor e lojista cabe identificar sua natureza jurídica, impondo-lhe, assim, regras específicas ou entendendo caber-lhe cumprir, apenas, os princípios gerais dos contratos.

Segundo Orlando Gomes:

"É dever indeclinável da doutrina meditar sobre a natureza de novas relações jurídicas com traços exóticos, a fim de definir a sua disciplina e de sugerir ao juiz adequados critérios de julgamento."[71]

Discussões doutrinárias não faltaram. A proximidade do contrato de *shopping center* com outros contratos levou a doutrina a tentar enquadrá-los nos tipos já existentes.

A discussão tomou corpo pela grande tentativa de aproximar o contrato de *shopping center* ao contrato de locação de imóveis, para conferir ao lojista-locatário os direitos garantidos pela legislação inquilinária. No entanto, posições absolutamente divergentes surgiram.

A nova Lei de Locações Urbanas, Lei n. 8.245/91, ao destinar alguns dispositivos sobre as locações em *shopping centers*, fez ressurgir o debate.

O Anteprojeto de Lei sobre *shopping center* que tramita no Congresso Nacional é mais um elemento que auxilia neste trabalho.

As diferentes teorias doutrinárias serão expostas seguidas de suas críticas e apontando os doutrinadores que claramente expõem seu entendimento.

Independente da teoria abraçada, os doutrinadores seguem referindo-se ao contrato firmado entre empreendedor e lojista como contrato de locação em *shopping center*, por muitas vezes expressando-se somente como locação. Esta impropriedade na nomenclatura permanece por não ter se destacado um nome especial para tal contrato. Enquanto a doutrina não se unificar em torno de um nome próprio, continuará sendo impropriamente conhecido como contrato de locação, como se faz no presente trabalho.

1) Teoria da sociedade em conta de participação

Estamos diante de uma sociedade em conta de participação, de acordo com o art. 325 do Código Comercial ... "quando duas ou mais pessoas, sendo ao menos uma comerciante, se reúnem, sem firma social, para lucro comum, em uma ou mais operações de comércio determinadas trabalhando um, alguns ou todos, em seu nome individual para o fim social...".

A sociedade em conta de participação não está sujeita à forma escrita, não possui patrimônio autônomo, não aparece para o público, não possui personalidade. Caracteriza-se por possuir sócio ostensivo, que aparece para o público como um comerciante individual, e sócio oculto, que não aparecem e nem tratam com terceiros e só se obrigam em relação ao sócio ostensivo.

Apesar destas peculiaridades, não perde o caráter de sociedade, pois apresenta o concurso de vontade de duas ou mais pessoas, a contribuição de cada uma delas em bens ou serviços, como base econômica para a realização de um fim comum e a divisão dos ganhos e perdas.[72]

Uma das primeiras teorias surgidas para identificar a natureza jurídica da relação obrigacional entre empreendedor e lojista em *shopping center* utilizou-se da idéia de uma sociedade em conta de participação. Esta teoria, atualmente, não possui defensores de expressão.

Considerar a relação existente entre empreendedor e lojista uma sociedade em

71. "Traços do Perfil Jurídico de um *Shopping Center*", in *Shopping Centers — Aspectos Jurídicos*, p. 92.

72. Amador Paes de Almeida, *Manual das Sociedades Comerciais*, p. 115.

conta de participação, seria considerar o lojista o sócio ostensivo, que comercializa em seu nome, e o empreendedor o sócio oculto, que participa da sociedade sem obrigar-se pessoalmente.

Não se pode conceber, porém, ser a citada relação obrigacional uma sociedade em conta de participação. Apesar de haver participação nos lucros do lojista pelo empreendedor, não se verifica a presença do *affectio societatis*, indispensável para a caracterização de qualquer sociedade.

O empreendedor do *shopping center* em momento algum divide com o lojista os prejuízos decorrentes da exploração da loja. A fixação do aluguel mínimo é prova eficiente disto. Esta estipulação entre as partes é suficiente para descaracterizar a pretensa sociedade. Não se encontra neste pacto importante requisitos para a configuração de um tipo societário, uma vez que é nula a cláusula que atribua todos os lucros a um dos sócios ou subtraia o quinhão social de alguns deles à participação nos prejuízos, segundo estabelece o art. 1.372 do Código Civil Brasileiro.

Caso fosse considerado uma sociedade não haveria como enquadrar como regras de um pacto social aquelas impostas ao lojista, tal como a obrigatoriedade de participar da associação de lojistas.

2) Teoria da coligação de contratos

Rubens Requião apresenta outra teoria para explicar a relação jurídica firmada pelas partes na formação do *shopping center*. Entende tratar-se de uma coligação de contratos.

Contrato coligado é o que apresenta celebração conjunta de duas ou mais relações contratuais. As figuras contratuais unir-se-ão em torno de relação negocial própria, sem perderem, contudo, sua autonomia, visto que se regem pelas normas abusivas ao seu tipo.[73]

Requião entende que as relações estabelecidas entre empreendedor e lojista estão apoiadas em base contratual. Não se trata porém de um só contrato, e sim de vários contratos reunidos em torno de um contrato principal de locação.

Os contratos relativos ao centro comercial não se fundem, mantêm unidade apenas econômica, sem vir a constituir nova categoria jurídica. "O centro de compras não chega a ser um contrato, mas apenas uma organização fundada em vários contratos"[74]

Pela teoria da coligação de contratos, as relações entre empreendedor e lojista estão baseadas em diferentes tipos de contratos. Coligam-se contratos atípicos, como a escritura de normas, a contratos típicos, como o de prestação de serviço, firmado entre lojista e administradora, e o de locação, considerado o contrato central. Cada um destes contratos reger-se-iam por sua regras próprias.

De dificuldade indiscutível é a fixação de limites entre espécies negociais próximas como contratos coligados e contratos atípicos. É necessário, porém, analisar as relações obrigacionais a fim de identificar a existência de dois ou mais contratos, correlacionados entre si, ou um só contrato atípico, reunindo várias prestações.

João de Matos Antunes Varela identifica como elemento principal para que se denomine um contrato como atípico, e não coligado, e a existência de um processo unitário e autônomo de composição de interesses:

"Não são as partes que decidem, dentro ou fora das cláusulas do contrato, sobre a qualificação singular ou plural do acordo que estabeleceram. Mas é sobre a natureza do acordo por elas estabelecido, à luz do pensamento sistemático denunciado na clas-

73. Maria Helena Diniz, *Tratado Teórico e Prático dos Contratos*, v. I, p. 96.

74. Rubens Requião, "Considerações Jurídicas Sobre Centros Comerciais (*Shopping Centers*) no Brasil", in *Shopping Centers — Aspectos Jurídicos*, p. 131.

sificação e definição dos diferentes contratos típicos, que as dúvidas na matéria hão de ser solucionadas."[75]

A simples existência de múltiplos instrumentos contratuais não é suficiente para a caracterização de um contrato coligado. A identidade de causa no surgimento das obrigações é elemento que prepondera em relação a este aspecto formal.

O critério mais exato encontrado para dirimir esta dúvida é a análise da composição de interesses que deu origem ao contrato. Para que seja considerado um único contrato, e não uma coligação de contratos, é necessário que as prestações nele constantes integrem um processo unitário e autônomo de composição de interesses.

Deve-se levar em consideração a necessidade de se contratar todas estas prestações conjuntamente para que se atinja o objetivo desejado pelas partes. Se, em função do objetivo do contrato, não haveria interesse algum das partes em firmá-los separadamente, trata-se de um só contrato, e não da coligação de vários contratos independentes.

Considerar o contrato firmado no *shopping center* como uma coligação de contratos seria entender pela sua não unidade. Seria considerar possível, por exemplo, a celebração do contrato entre o lojista e o empreendedor sem que aquele fosse necessariamente membro da Associação de Lojistas ou mesmo deixasse de contratar com a administração do *shopping*. Seria considerar possível a manutenção da estrutura do *shopping center* sem que estivesse presente todo este complexo de regras, que são fundamentais para seu perfeito funcionamento.

3) Teoria da locação

Acreditam, os defensores desta teoria,[76] que a locação em espaço de *shopping center* enquadra-se perfeitamente na definição oferecida pelo art. 1.188 do Código Civil, a saber:

"O contrato de locação de coisas é aquele em que uma das partes se obriga a ceder a outra, por tempo determinado ou não, o uso e gozo de coisa não fungível, mediante certa retribuição."

O contrato de *shopping center* apresenta os elementos essenciais da locação, preço, coisa e consentimento, necessários para concretizar a cessão de uso e gozo da coisa. Os outros elementos, que integram o contrato, segundo esta teoria, não possuem o condão de desfigurá-lo.

"O fato do contrato de locação das lojas de *shopping center*, com toda a parafernália de dependências e acessórios, de tipo físico ou intelectual, exigir modelação específica às contingências mercadológicas de empreendimento não retira ao contrato a natureza de "contrato de locação."[77]

A nova Lei de Locações Urbanas regulamentou certos aspectos do chamado contrato de locação em espaços de *shopping center*. Para certos autores tal regulamentação teve o condão de resolver a questão da natureza jurídica deste contrato. A extensão de algumas regras da locação, por determinação legal, aos contratos de *shopping center*, para estes autores, é o suficiente para caracterizar o referido contrato como contrato típico de locação.

Diz Ladislau Karpat:

"Finalmente, o advento da Lei 8.245, de Outubro de 1991, pôs termo a qualquer discussão. E que pela primeira vez no Brasil, os denominados contratos de *shopping centers* passaram a integrar a legislação locacional."[78]

Para João de Matos Antunes Varela, porém, "a prestação realizada pelo fundador ou criador do centro (...) é de tal modo

75. *Das Obrigações em Geral*, v. I, p. 287.

76. Caio Mário da Silva Pereira, Washington de Barros Monteiro, Ladislau Karpat, Silvio Capanema de Souza, Claudionor de Andrade, Modesto Carvalhosa.

77. Caio Mário da Silva Pereira, "Shopping Centers", in *Shopping Centers — Aspectos Jurídicos*, p. 82.

78. *Shopping Center — Manual Jurídico*, p. 28.

rica e complexa que um ponto há muito tempo pode dar-se como tranqüilamente aceite pelos autores. É que o contrato realizado entre o promotor e titular do centro comercial e cada um dos lojistas não pode reduzir-se ao esquema mirrado do contrato de arrendamento urbano para fins comerciais, em que o senhorio se limita a proporcionar ao arrendatário o gozo temporário de qualquer imóvel".[79]

O conjunto de obrigações existentes num contrato de *shopping center* não enquadram-se nos limites da locação, extrapolam esta. A vontade das partes que deu origem ao contrato não se dirigiu primordialmente para uma simples cessão de espaço mediante retribuição, este é um dos elementos existentes, notadamente aquele que mais se exterioriza, mas não é o principal. As demais prestações são indiscutivelmente tão ou mais relevantes para a consecução dos objetivos do *shopping center*.

O legislador não teve o poder de inserir na locação comercial um contrato tão complexo. Apenas utilizou-se desta para estabelecer algumas regras a ele pertinentes solucionando questões longamente debatidas pela doutrina e jurisprudência.

Reconheceu o próprio legislador a impossibilidade de submeter o contrato de *shopping center* totalmente às regras locatícias. O art. 54 da Lei 8.245/91, ao estabelecer que nas relações entre lojistas e empreendedores prevalecerão as condições livremente pactuadas nos contratos de locação respectivos, é prova eficiente da separação mantida entre os dois tipos contratuais.

4) Teoria da locação com atipicidade

Durante discussões acerca da natureza jurídica do contrato firmado entre empreendedor e lojista foi cogitada a hipótese de tratar-se de contrato de locação com cláusulas atípicas. É reconhecido no contrato cláusulas que se afastam do regime legal da locação. Ocorre que estas cláusulas não são capazes de descaracterizar a locação.

Grande parte dos doutrinadores que denomina o contrato de *shopping center* como simples contrato de locação, reconhece a presença de cláusulas atípicas. Este reconhecimento, porém, não os levou a denominá-los desta forma.

Para esta corrente a base do contrato é a locação. A diferença existente é que esta locação está subordinada a um interesse maior das partes, que estaria expresso nas cláusulas atípicas.

Entende-se por contrato típico com cláusulas atípicas, aquele contrato que possui regulamentação, apesar de apresentar certas características diversas das expressas pela norma. Estas características, ou cláusulas atípicas, não podem ser capazes de descaracterizar o contrato. Não podem influenciar sua causa. Devem ser apenas um detalhe a mais e não fundamental ao contrato.

Para que se considere um contrato como típico com cláusulas atípicas, necessário se faz analisar a relação existente entre a citada cláusula e o contrato.[80]

Será contrato típico com cláusulas atípicas quando estas não forem motivos determinantes do contrato. A celebração do contrato não pode ter por fundamento ou elemento de importância considerável a disposição presente na cláusula "extra".

Será contrato atípico quando a cláusula atípica influenciar na celebração do contrato, ou seja, motivar a vontade da parte em firmá-los.

No contrato de *shopping center* as características consideradas, por esta corrente, simplesmente como cláusulas atípicas são fundamentais para sua caracterização. Caso o empreendedor não oferecesse ao lojista a estrutura do *shopping*, caso não participasse dos lucros do lojista, caso não pudesse interferir na atividade deste, o contrato certamente não seria firmado, pois não se alcançaria o objetivo do empreendimento.

79. *Das Obrigações em Geral*, v. I, p. 301.

80. Orlando Gomes, "Traços do Perfil Jurídico de um *Shopping Center*", in *Shopping Centers — Aspectos Jurídicos*, p. 99.

As cláusulas estranhas à locação são determinantes para se alcançar a concepção do *shopping center*, não sendo possível identificá-las como simples acessórios que não influem diretamente no contrato firmado.

A legislação aplicável, tendo por base esta classificação, é a locacional, devendo, porém, ser interpretada considerando a finalidade principal das partes. A própria lei de locações urbanas, em vigor, já destituise do papel de disciplinar totalmente o contrato de *shopping center*. Estabeleceu a citada legislação, que as normas do contrato prevalecerão sobre as regras locacionais, observadas aquelas destinadas ao empreendimento.

5) Teoria do contrato de estabelecimento

Alfredo Buzaid[81] entende que o contrato de *shopping center* é formado por quatro instrumentos distintos que integram uma única unidade jurídica, não podendo ser considerado uma reunião de diversos contratos.

Na composição deste contrato único entram elementos do contrato de locação, mas este não é elemento capaz de qualificar o contrato. A cessão do imóvel entra como parte do negócio, mas esta não é sua essência. A organização e estrutura do *shopping center*, que são oferecidas ao lojista, não podem ser colocadas em um segundo plano.

O contrato possui dois elementos básicos: a cessão de espaço e o oferecimento de estrutura que favorece o negócio desenvolvido pelo lojista, trata-se da organização promovida pelo empreendedor.

Estas características retiram o contrato de *shopping center* do âmbito da locação típica, entende Buzaid tratar-se de uma nova figura jurídica.

Este novo contrato foi denominado, por Buzaid, de Contrato de Estabelecimento. Contrato este que põe em harmonia a cessão de espaço e a estrutura, o funcionamento e a organização do *shopping center*.

Alfredo Buzaid nada mais faz que oferecer nomenclatura a um contrato atípico.

6) Teoria da atipicidade

O primeiro doutrinador que se aventurou na teoria do contrato atípico foi Orlando Gomes,[82] sendo acompanhado posteriormente por um grande número de doutrinadores.[83] Sua fundamentação é de grande utilidade para o entendimento desta teoria.

Orlando Gomes ao refletir sobre a tipicidade ou não do contrato de *shopping center* conduz-se ao cerne da questão: "Para delimitar com segurança a atipicidade de um contrato, o verdadeiro critério é o que prescreve o estudo de sua *causa* ou função social".[84]

Ao analisar o motivo que levou à criação deste contrato é possível perceber se havia necessidade da criação de um novo contrato, ou se algum dos contratos já existentes eram capazes de alcançar o objetivo desejado pelas partes. Trata-se de estudar a utilidade e necessidade da criação de um novo tipo contratual.

Deve-se pesquisar o que desejavam regular as partes com este instrumento. O objetivo das partes, necessariamente, não poderia ser alcançado por meio de outra relação negocial.

Além dessa investigação, exige-se que a relação atípica seja monolítica, provenien-

81. "Estudo sobre *Shopping Center*", in *Shopping Centers — Questões Jurídicas*, p. 1.

82. A teoria da atipicidade defendida originalmente por Orlando Gomes foi retirada do texto "Traços do Perfil Jurídico de um *Shopping Center*", que integra o livro *Shopping Centers — Aspectos Jurídicos*. Está também claramente exposta por João de Matos Antunes Varela em sua obra *Das Obrigações em Geral*.

83. Roberto Wilson Renault Pinto, Fernando A. Albino de Oliveira. J. A. Penalva dos Santos, João Carlos Pestana de Aguiar, Alvaro Vilaça de Azevedo, Maria Helena Diniz, Dinah Souza Renault Pinto.

84. Orlando Gomes, "Traços do Perfil Jurídico de um *Shopping Center*", in *Shopping Center — Aspectos Jurídicos*, p. 94.

te de uma só causa, e não uma pluralidade de causas autônomas.

Os objetivos almejados pelo contrato de *shopping center* são, sem dúvida alguma, inusitados. As inúmeras obrigações assumidas pelas partes têm por objetivo a conjugação de esforços para aumentar a lucratividade de ambos. Esta lucratividade conjunta é alcançada através da participação do empreendedor nos lucros do lojista.

No rastro desta idéia básica faz-se necessário estabelecer outras avenças, tais como associação de lojistas e regimento interno, para garantir a perfeita realização dos objetivos traçados.

O contrato de locação não será, em hipótese alguma, capaz de alcançar estes objetivos. Somente um novo contrato, incluindo, além de certas disposições semelhantes às locações, e disposições absolutamente diversas, será capaz de alcançar o objetivo destas partes.

Trata-se de uma causa única, apesar de necessitar de inúmeras disposições e documentos para instrumentalizá-la.

O anteprojeto de lei que dispõe sobre *shopping center* vem reforçar a idéia de atipicidade deste contrato. O legislador entendeu necessária sua regulamentação especial, por entender que os contratos típicos não são capazes de solucionar as questões dele oriundas. O anteprojeto viria tipificar os contratos de *shopping center*.

Não se pode negar, porém, a sua proximidade com o contrato de locação. Possuem os contratos de locação e os contratos de *shopping center* inúmeras características em comum, apesar de permanecer este como um contrato atípico.

A presença de elementos do contrato de locação nos contratos de *shopping center* leva-nos a uma classificação destes contratos dentro do âmbito dos contratos atípicos.

Os contratos atípicos dividem-se em contratos atípicos em sentido estrito e os contratos atípicos mistos. Os contratos atípicos em sentido estrito apresentam conteúdo completamente estranho aos tipos legais. Já os contratos atípicos mistos apresentam, dentre seus elementos, alguns que são característicos de contratos tipificados.

Os contratos atípicos mistos podem combinar somente elementos típicos, colocando em um só contrato elementos de contratos já tipificados. Podem, também, reunir ao lado de elementos constantes de contratos típicos outros estranhos a qualquer tipificação.

Nesta última hipótese enquadra-se o contrato de *shopping center*. Trata-se de um contrato atípico misto. O contrato de *shopping center* possui elementos identificados no corpo de contratos típicos, como o contrato de locação, apresentando, também, elementos completamente estranhos a qualquer tipificação.

3. Regime jurídico do contrato de "shopping center"

Uma vez considerado o contrato de *shopping center* como contrato atípico misto, cumpre identificar, neste momento, a disciplina jurídica a que estará submetido.

O Princípio da Autonomia da Vontade sofre restrições de ordem legal. As partes têm liberdade contratual desde que observadas certas imposições feitas pelo ordenamento jurídico.

O contrato é um ato jurídico e como tal deve observar os requisitos essenciais de validade destes. São requisitos dos atos jurídicos, a capacidade das partes, objeto lícito e forma prescrita ou não defesa em lei, constantes do art. 82 do Código Civil Brasileiro.

Os contratos atípicos, incluindo os contratos de *shopping center*, devem, portanto, contar com partes capazes, possuir objeto lícito e não ter sua forma vedada por lei, uma vez que prescrita não está, pois, como já observado, é um contrato atípico.

Sem dúvida alguma os contratos de *shopping center* possuem natureza comercial. Prescreve o Código Comercial, porém, em seu art. 121, que aos contratos comerciais aplicam-se as regras e disposições civis para os contratos em geral, observadas as restrições e modificações impostas por este Código.

Assim sendo, aos contratos de *shopping center* são aplicáveis as normas do Código Civil referentes aos contratos em geral, presentes em seus arts. 1.079 e seguintes, observadas as modificações e restrições impostas pelo Código Comercial, em seus arts. 121 e seguintes, que tratam dos contratos mercantis.

Os contratos de *shopping center* apresentam cláusulas de extrema imprecisão e conferem amplos poderes aos administradores. Estas cláusulas são necessárias em razão da existência de um sistema de funcionamento do empreendimento extremamente dinâmico.

A presença destas cláusulas, porém, são fatores que dificultam sua interpretação quando levadas aos tribunais. A imprecisão das cláusulas aliada a falta de regulamentação da matéria transformam as regras dos contratos em um penoso trabalho.

Com intuito de auxiliar a interpretação destes contratos não tipificados em lei é cabível a aplicação da analogia. Para Maria Helena Diniz a analogia "consiste em aplicar, a um caso não regulado de modo direto ou específico por uma norma jurídica, uma prescrição normativa prevista para uma hipótese distinta, mas semelhante ao caso não contemplado, fundando-se na identidade do motivo da norma e não na identidade do fato".[85]

Através da analogia, de aplicação autorizada pelo art. 4º da Lei de Introdução ao Código Civil, utiliza-se as regras dos contratos típicos no que for semelhante, sempre que compatíveis. Não se admite que a aplicação analógica altere as características do contrato atípico criado. Sua causa constitutiva diferenciada que o fizeram um contrato devem ser respeitadas.

A aplicação analógica das regras pertinentes a locação comercial foi sempre a mais freqüente nos contratos de *shopping center*. Deve, porém, o aplicador ficar atento para as diferenças existentes entre estes contratos. A aplicação das regras da locação aos *shopping centers* deve ser limitada. A natureza do contrato deve ser respeitada. A aplicação de regras que colidam com a finalidade do *shopping center* pode comprometer seu funcionamento.

O Código de Defesa do Consumidor é outra norma jurídica que vem tentando aplicar anologicamente aos contratos de *shopping center*. Esta lei viria solucionar questões relativas às cláusulas contratuais abusivas existentes nos contratos. Ao empreendedor são conferidos poderes amplos para que se efetive a administração do shopping. Estes poderes, porém, dão margem a condutas abusivas.

Vislumbra-se a aplicação analógica do Código de Defesa do Consumidor a contratos interempresariais quando verificada a vulnerabilidade de uma das partes. No caso concreto dos *shopping centers* provando o profissional que, a despeito de sua qualidade, se encontrava perante o outro contratante em situação de vulnerabilidade, poderá invocar em seu favor a legislação consumerista.[86]

O lojista apresenta-se, em grande parte das vezes, em posição desigual em relação ao empreendedor. Primeiro por ser, em regra, uma pequena empresa diante de um grande complexo empresarial. Em segundo lugar podemos apontar como fator determinante da vulnerabilidade as próprias cláusulas contratuais que oferecem amplos poderes ao administrador.

A questão mais complexa desta aplicação será a análise da abusividade, uma vez que o empreendedor não defende uni-

85. *Lacunas do Direito*, p. 141.

86. Fábio Ulhoa Coelho, *O Empresário e os Direitos do Consumidor*, p. 131.

camente seus direitos, mas os direitos da coletividade do *shopping center*. Deve-se observar se a conduta do empreendedor é realmente abusiva frente a seu dever de proteger um fundo de comércio que sirva a vários lojistas.

A aplicação analógica de determinada norma pressupõe grande habilidade e conhecimento do jurista. A analogia envolve dois procedimentos: a verificação de uma semelhança entre fatos diferentes e um juízo de valor que considere relevante alguma propriedade que seja comum a ambos, e que venha superar as diferenças.

Fernando Noronha[87] esclarece que a luta contra as cláusulas abusivas não decorrem necessariamente das disposições do Código de Defesa do Consumidor. Estas são, em última análise, resultantes dos Princípios Gerais dos Contratos. O Princípio da Justiça Contratual e o Princípio da Boa-fé podem ser reclamados em qualquer relação contratual, havendo prática de atos abusivos.

Os Princípios Contratuais são capazes, por si só, de impedir a quebra da eqüidade contratual. Podem, também, ser úteis como fundamento para aplicação analógica do Código de Defesa do Consumidor e das penalidades por ele previstas.

Capítulo V — LEI DE LOCAÇÃO

1. Considerações preliminares

As legislações locacionais nunca fizeram qualquer menção aos contratos de locação firmados para a ocupação em espaços de *shopping center*. Em decorrência desta falta de regulamentação cresceram as discussões em relação às tentativas de caracterizá-lo como um típico contrato de locação ou contrato atípico.

Tais tentativas tinham por objetivo, além do interesse acadêmico, justificar a aplicabilidade ou não da lei de locação a estes contratos. Objetivava-se, também, justificar sua submissão ou não a lei de luvas, Dec. n. 24.150/34, que oferecia a possibilidade da renovação compulsória do contrato.

O trabalho da doutrina e jurisprudência apontava para aplicação analógica da lei de locação aos contratos de locação em *shopping center*, dos dispositivos que forem compatíveis às suas peculiaridades. A Lei n. 8.245, de 18 de outubro de 1991, que dispõe sobre as locações dos imóveis urbanos, solucionou em parte estas questões ao introduzir regras específicas para este contrato.

Não há mais como questionar a aplicabilidade da lei de locação no que se refere aos dispositivos específicos sobre *shopping center*. A doutrina, porém, continua a discussão a respeito da natureza jurídica do contrato.

Para alguns doutrinadores[88] a introdução de regras referentes aos contratos de *shopping center* na legislação locacional solucionou a questão. Entendem estes ser, definitivamente, contrato de locação o contrato firmado entre lojista e empreendedor.

Outra corrente doutrinária,[89] porém, mantém a teoria da atipicidade do contrato. Alegando que a simples menção na lei de locação não leva os contratos de *shopping centers* a enquadrarem-se entre os contratos típicos de locação.

Para Amador Paes de Almeida, a Lei n. 8.245/91 não solucionou a questão relacionada à exata natureza jurídica das relações entre o empreendedor e os titulares das unidades, apesar de concluir pela existência de vínculo locatício, ainda que com regras atípicas.[90]

A abordagem feita pela lei de locação foi ovacionada por parte da doutrina que

87. *O Direito dos Contratos e seus Princípios Fundamentais*.

88. Silvio Capanema de Souza, Ladislau Karpat.

89. Amador Paes de Almeida, João Francisco Moreira Veigas.

90. *Locação Comercial*, p. 167

reclamava uma regulamentação para o tema. Foi criticada por muitos outros doutrinadores pela forma simplista que abordou tema tão complexo.

2. Regras atinentes ao "shopping center"

Apesar de incluir disposições relativas aos contratos de *shopping centers* dentre as regras locacionais, a Lei n. 8.245/91 respeitou em grande parte as peculiaridades deste tipo de contrato. Determina a observância das condições presentes no contrato, fazendo, apenas, algumas restrições.

Estabelece o art. 54 da Lei de Locações Urbanas, *caput*:

"Nas relações entre lojistas e empreendedores de *shopping center*, prevalecerão as condições livremente pactuadas nos contratos de locação respectivos e as disposições procedimentais previstas nesta Lei."

Com exceção das regras específicas aos *shopping centers*, a relação obrigacional mantida entre empreendedor e lojista continuará regida pelo contrato. Tal disposição possibilita a manutenção de suas características específicas.

Os dispositivos atinentes aos contratos de *shopping center* são limitações e regras de conduta impostas ao empreendedor que visam estabelecer um maior equilíbrio na relação contratual. Três imposições legais vêm assegurar alguns direitos ao lojista-locatário.

A primeira restrição imposta ao empreendedor, pelo art. 54, parágrafo 1º, alínea *a*, é a impossibilidade de cobrar do locatário as despesas referentes a obras de reformas ou acréscimos que interessem à estrutura integral do imóvel; pintura das fachadas, empenas, poços de aeração e iluminação, bem como esquadrias externas; e indenizações trabalhistas e previdenciárias pela dispensa de empregados, ocorridas em data anterior ao início da locação.

O artigo que estabelece a impossibilidade de cobrança destas despesas é taxativo. A idéia de proteger o locatário não se revela de toda eficaz, pois todas as demais despesas extraordinárias, previstas no art. 22, parágrafo único da mesma lei, poderão ser cobradas normalmente.

Não permite, ainda, o mesmo artigo, parágrafo primeiro, alínea *b*, a cobrança de despesas com obras ou substituições de equipamentos, que impliquem modificar o projeto memorial descritivo da data do habite-se e obras de paisagismo nas partes de uso comum.

Estas despesas normalmente decorrem da necessidade de readaptar o edifício que abriga o *shopping center* às exigências do mercado. É um investimento que deve ser feito pelo próprio empreendedor, cujo retorno deve ser obtido através dos lucros do próprio negócio.[91] Cabe ao empreendedor oferecer esta estrutura ao lojista, não devendo as despesas, decorrentes da manutenção desta, ser com este repartida.

A última regra legal obriga o empreendedor a apresentar ao lojista prévio orçamento das despesas dele cobradas, facultando-lhe exigir a comprovação destas. A citada regra é imposta pela alínea *c*, do parágrafo 1º, art. 54 da lei de locações urbanas.

Esta regra objetiva evitar abusos cometidos por parte do empreendedor na cobrança das despesas mensais devidas pelo lojista. Possibilita ao lojista elaborar planejamento dos seus gastos.

Pode-se dizer que as regras introduzidas não promoveram alterações significativas na relação contratual entre empreendedor e lojista. São regras de menor importância que objetivam evitar abusos por parte dos empreendedores. Todavia, para que esta finalidade fosse realmente alcançada inúmeras outras regras seriam necessárias. Ocorre que a fixação de maior nú-

91. Fábio Ulhoa Coelho, in *Comentários à Lei de Locação de Imóveis Urbanos*, p. 346.

mero de normas poderá comprometer a dinâmica do empreendimento.

De acordo com suas possibilidades, agiu bem o legislador. Introduziu algumas regras básicas a serem observadas pelas partes, sem influir na estrutura do negócio. A regulamentação imposta ofereceu certas garantias sem prejudicar o funcionamento do *shopping center*.

3. Renovação compulsória

O ponto comercial é elemento incorpóreo integrante do fundo de comércio. Em razão da importância que este possui para o comerciante, o legislador ofereceu uma forma de tutelá-lo.

O Decreto n. 24.150 de 1934, conhecido por lei de luvas, introduziu no ordenamento jurídico o direito de renovação compulsória aos contratos comerciais, desde que obedecidos certos requisitos, visando a proteção do fundo de comércio.

Com o surgimento dos *shopping centers* a doutrina passou a questionar a aplicabilidade da ação renovatória aos contratos de locação estabelecidos entre lojista e empreendedor. Era tendência jurisprudencial a aceitação da renovatória destes contratos.

A nova Lei de Locações Urbanas, em vigor desde 1991, revogou expressamente a denominada Lei de Luvas. Seu conteúdo, porém, foi mantido praticamente inalterado. O direito a renovação do contrato de locação empresarial, a fim de proteger o fundo de comércio do lojista foi apenas aperfeiçoado, abrangendo alguns entendimentos jurisprudenciais.

Em seu art. 51, a Lei de Locações garantiu o direito de renovação do contrato, por igual prazo, caso o locatário possua contrato celebrado por escrito de no mínimo 5 anos ininterruptos e esteja exercendo a mesma atividade comercial por três anos.

Em seguida, no art. 52, apresenta o rol de defesas a serem apresentadas pelo locador para que este se exima da obrigação de renovar o contrato de locação. Diz o citado artigo:

"O locador não estará obrigado a renovar o contrato se:

I — Por determinação do Poder Público, tiver que realizar no imóvel obras que importarem na sua radical transformação; ou para fazer modificação de tal natureza que aumente o valor do negócio ou da propriedade;

II — O imóvel vier a ser utilizado por ele próprio ou para transferência de fundo de comércio existente há mais de um ano, sendo detentor da maioria do capital o locador, seu cônjuge, ascendente ou descendente."

É no mesmo art. 52 que a Lei de Locações deixa claro a possibilidade de utilização da ação renovatória pelo lojista de *shopping center*. Em seu parágrafo 2º, o citado artigo veda ao locador em espaço de *shopping center* a utilização da defesa prevista em seu inciso II.

Ao colocar o empreendedor entre os possíveis réus na ação renovatória, a Lei de Locação admite o lojista de *shopping center* entre os autores desta. A nova lei de locações põe fim a discussão que existia, admitindo a renovatória no contexto do empreendimento de *shopping center*.

Em síntese, terá o locador de espaços em *shopping center* o direito a renovação do contrato, desde que apresente os requisitos impostos por lei. Além de conferir este direito ao lojista-locatário, a lei locacional ofereceu mais garantias ao lojista, que aos demais locatários. Impede o legislador que o locador em espaços de *shopping center* utilize todas as defesas previstas em lei para impedir a renovação do contrato. Neste ponto esteve atento às características especiais desta locação.

Estabelece o parágrafo 2º, do art. 52 da Lei de Locações Urbanas que o empreendedor de *shopping center* não poderá eximir-se de renovar a locação para utilização da loja por ele próprio ou fundo de comércio que seja detentor da maioria do capital social.

A limitação imposta ao empreendedor tem fundamento nas peculiaridades existentes nestes contratos. Tal impedimento dá-se em função da natureza do negócio exercido pelo empreendedor. Seu objetivo é a locação de imóveis, e seu lucro será decorrente deste. Não é da vocação do empreendedor o exercício direto da atividade comercial.

No que se refere a proteção do locador em espaços de *shopping center*, a nova lei de locações demonstrou conhecimento das características peculiares que esta relação locacional possui. A vedação de retomada do imóvel para uso próprio do empreendedor adapta-se perfeitamente ao interesse das partes específicas deste contrato. A atividade-fim do empreendedor é locação, sendo assim é incompatível e desnecessária a previsão de retomada para uso próprio do imóvel.

Já no que se refere a proteção da atividade do empreendedor a lei não foi totalmente eficiente ao abordar o direito à ação renovatória. Não atentou o legislador para a necessidade de controle da natureza das atividades desenvolvidas dentro do *shopping center*.

Ao conferir ao lojista a possibilidade de renovação compulsória do contrato, uma vez observados os requisitos legais, coloca-se em risco a manutenção do *tenant mix* elaborado pelo empreendedor.

O *mix* não é estático. Não basta que o empreendedor mantenha a configuração de lojas programadas na ocasião da formação do empreendimento. O *mix* deve ser observado pelo empreendedor não só no momento de instalação do *shopping*, mas durante toda a vida deste.

As evoluções sociais e tecnológicas exigem do *shopping center* permanente atualização. A observação do mercado fará com que o empreendedor intencione trazer para seu empreendimento algum lançamento que atraia grande interesse dos consumidores, e procure desfazer-se de outros que não apresentam mais boa aceitação. "A dinâmica característica desse tipo de empreendimento, em certas ocasiões, revela-se incompatível com a permanência de alguns negociantes".[92]

A manutenção do *mix* é preocupação constante do empreendedor, que vem refletida em regra básica do contrato firmado entre empreendedor e lojista. Destaca-se que não se trata apenas de um interesse do empreendedor. Este interesse é partilhado com os demais lojistas, interessados na manutenção do *mix*. A presença de um comércio no interior do *shopping* que não seja mais tão atraente aos consumidores é capaz de diminuir a capacidade atrativa do *tenant mix*, fazendo o *shopping* perder parte do seu público circulante. O prejuízo decorrente da quebra do *mix* atinge não só o empreendedor, mas também o lojista.

Com objetivo de assegurar poderes ao empreendedor para interferir no mix sempre que necessário, os contratos normalmente estabelecem como condição para que o locatário tenha direito de pleitear a renovação do contrato, um pagamento mínimo de aluguéis superiores ao mínimo fixado no contrato. Esta cláusula impede que um lojista com desempenho ruim, que tenha mantido seu aluguel freqüentemente no mínimo fixado, seja desligado do conjunto.

Este foi o meio encontrado pelo locador para selecionar os contratos a serem renovados. Só permanecerão no *shopping center* aqueles lojistas que apresentarem resultados compatíveis com o interesse do empreendimento. Não é interessante a manutenção de um lojista que não seja do agrado dos consumidores.

Questiona-se a validade desta cláusula contratual face ao disposto no art. 45 da lei de locação, que estabelece a nulidade das cláusulas do contrato de locação que visem elidir os objetivos da lei, notadamen-

92. Fábio Ulhoa Coelho, in *Comentários à Lei de Locações de Imóveis Urbanos*, p. 337.

te as que afastem o direito à renovação compulsória. Este artigo demonstra ser necessário para a renovação, apenas, os requisitos legais, não podendo ser incluída qualquer exigência que venha suprimir o direito do locatário a ação renovatória.

Cláudio Santos[93] diz não parecer impossível a exigência, contratual, por parte do empreendedor de bom desempenho do lojista. Para este autor basta incluir uma simples cláusula estabelecendo padrão de conduta ao lojista, que no caso seria a fixação de um desempenho bom a ser apurado através dos aluguéis. Uma vez descumprida esta cláusula resolve-se o contrato por inexecução do mesmo, com base no art. 9º da lei de locação.

Para alcançar tal objetivo, bastaria incluir tal exigência dentre as obrigações do locatário. Significando trocar a localização da cláusula no contrato. Retira-se a cláusula dentre as exigências para a renovação do contrato e introduz-se como obrigação do contratante. Esta pequena alteração não descaracteriza a cláusula como forma de elidir a renovação contratual.

A eficiência de tal dispositivo é duvidosa, uma vez que impõe obrigação que não depende exclusivamente da vontade do locatário para cumpri-la. Outros fatores poderão ser invocados para justificar o seu descumprimento.

No entendimento de Maria Helena Diniz[94] a lei de locações só será aplicável desde que não conflitante com as cláusulas do contrato de *shopping center*. Esta seria um complemento aos contratos não se sobrepondo a estes. Esta seria a forma de impedir que a lei de locações afetasse a concepção do *shopping center*.

Acompanhando o entendimento da autora prevaleceria a cláusula de impedimento à renovação baseada no desempenho do lojista. Esta cláusula prevalece por ser necessária para a manutenção da concepção do empreendimento. O controle do *mix* é essencial para o empreendedor.

Já Fábio Ulhoa Coelho[95] entende que o direito de renovação do locatário apresenta limites no direito de propriedade do locador. Havendo conflito entre estes direitos prevalecerá o direito de propriedade, fundado na Constituição Federal, optando-se pela retomada do imóvel.

"Se a renovação do contrato resultar em prejuízo econômico para o *shopping center*, poderá se caracterizar o esvaziamento do direito de propriedade do locador ...".[96] Este fundamento, apenas, seria suficiente para impedir a renovação compulsória, garantindo-se a manutenção do *mix*.

4. Inexistência da legislação específica

A evolução social cria diversas formas de relação obrigacional entre as partes. Este fato torna impossível a previsão legal de todos os tipos de contrato que podem ser firmados.

O liberalismo impôs ao direito o princípio da autonomia da vontade. Reconheceu este a possibilidade de criação de novas figuras contratuais, não previstas por lei.[97]

O contrato de *shopping center* é fruto de uma evolução social e mercadológica sem igual que exigiu a formação de um contrato que atendesse suas exigências. Tem-se, então, um contrato atípico.

A complexidade do contrato de *shopping center* tem colocado a doutrina e os

93. "A Locação em Espaços de *Shopping Center*", in *Revista dos Tribunais*, n. 680, p. 17.

94. *Tratado Teórico e Prático dos Contratos*, v. II, p. 42.

95. In *Comentários à Lei de Locações de Imóveis Urbanos*, p. 333.

96. Idem, p. 338.

97. Trata-se de uma evolução, pois o Direito Romano não admitia a celebração de contratos não regulados por lei. O liberalismo trouxe para o campo do direito a autonomia da vontade. Permite-se firmar qualquer contrato, observando apenas as regras de ordem pública e os princípios gerais dos contratos.

tribunais diante de inúmeras questões de difícil solução (algumas delas já apresentadas neste trabalho). A existência de legislação específica poderia solucionar em grande parte estes problemas. Alguns doutrinadores clamam por esta regulamentação.

Deve-se destacar a existência de regulamentação de certos aspectos locacionais do *shopping center* incluídos na legislação locacional, ainda que de forma precária. Evidencia-se desta forma não estar longe de uma regulamentação própria.

Caio Mário da Silva Pereira, em 1984,[98] mostrava-se temeroso em relação a regulamentação do *shopping center*. Considerava precipitada a atitude. Acreditava não ser oportuno o momento, sendo prudente aguardar que a experiência jurisprudencial e a participação doutrinária sedimentassem melhor as idéias relativas ao novo contrato que surgira.

Os reclamos da doutrina sensibilizaram o legislador que tenta oferecer legislação específica sobre os *shopping centers*. Tramita no Congresso Nacional anteprojeto de lei que dispõe sobre *shopping center*, publicado no *Diário Oficial da União*, em 8 de agosto de 1994.

Breves comentários sobre as regras apresentadas no citado anteprojeto podem ser úteis para que seja compreendida a delicadeza do tema. A introdução de uma pequena regra pode vir a prejudicar o empreendimento. A formulação de regras que objetivam proteger o lojista demonstram-se ineficazes diante das inúmeras alternativas que ficam em aberto, impossíveis de ser totalmente controladas num contrato tão complexo.

O contrato celebrado entre empreendedor e lojista envolve uma série de obrigações que refletem uma gama de interesses extremamente complexa. É impossível fixar um procedimento padrão a ser tomado, seja por empreendedor, seja por lojista, que garanta o sucesso do empreendimento. Estes procedimentos são alterados constantemente diante das alterações do mercado e da conjuntura econômica. Por vezes obtém-se sucesso, por vezes é um fracasso. Não há no mercado uma fórmula que garanta bons resultados. Há sempre o fator risco.

Estabelecer regras fixas para os *shopping centers* pode ter por objetivo garantir um mínimo de estabilidade para as partes, principalmente para o lojista que convive com os amplos poderes conferidos aos administradores. Por outro lado pode representar o fracasso do empreendimento, pois a liberdade para a tomada de decisões de forma rápida é essencial para a administração.

Breves comentários sobre o anteprojeto de lei sobre *shopping centers* será útil para constatar a delicadeza do tema. A análise da parte de seus dispositivos irá demonstrar sua inadequação, ou pelo menos sua ineficiência.

Um ponto de destaque no anteprojeto é a definição legal que possuirá o *shopping center*. Tal tarefa, até então, ficava a cargo da doutrina. Embora a lei de locações regulamentasse alguns aspectos sobre locação em *shopping center*, não havia definição legal para tal.

A definição constante do anteprojeto apresenta critérios objetivos, tais como, o mínimo de área e de lojas necessárias para instalação de um *shopping center*. Apresenta, também, critérios subjetivos, a saber, organização, planejamento, eficiência e dinamismo. É necessário recorrer a doutrina para identificar como estes são realizados de fato.

Se por um lado a definição é útil para identificar as características básicas do empreendimento, por outro a existência de um conceito rígido pode trazer dificuldades na aplicação da lei. O dinamismo da indústria do *shopping center* força modificações constantes e, por vezes, substanciais.

98. "Súmula Integral do Simpósio sobre Centros Comerciais, in *Shopping Centers — Aspectos Jurídicos*, p. 19.

Como já citado o *International Council of Shopping Centers* lança constantemente atualizações dos tipos padrões de empreendimentos, pois a evolução do mercado é tamanha que faz surgir novas características. Hoje, no Brasil, empreendedores já discutem novas experiências, tais como, *shopping centers* vendidos, maiores privilégios para âncoras em *shopping centers* menores, novas modalidades de cobrança de aluguel.[99] A evolução do instituto pode fazer com que uma eventual definição legal desatualize-se impedindo a aplicação da lei.

O *shopping center* é tido como um complexo empresarial constituído por lojistas e empreendedor. Ressalta, porém, a autonomia de ambos. Destaca, também, a existência de economia de escala, no plano interno. Esta é oriunda da organização empregada pelo empreendedor. Ressalta neste tópico o caráter contratual da relação jurídica firmada entre empreendedor e lojista.

Apesar de explicitar seu entendimento quanto ao caráter contratual da relação, não submete a esta lei os *shopping centers* constituídos sob a forma de incorporação. Estes serão regidos pelas regras atinentes ao condomínio especial. Revela-se, desta forma, o desconhecimento da diferença existente entre a constituição do empreendimento e a relação obrigacional mantida entre lojista e empreendedor.

A tipicidade do contrato oferecida pelo anteprojeto contempla-o, ainda, com denominação nova. O contrato firmado entre as partes será Contrato de Comunidade Empresarial Vendedora. Denominação esta extremamente complexa para um anteprojeto que optou por manter o costume de denominar este empreendimento com a locução estrangeira utilizada comumente. Seria compreensível tal denominação se ao *shopping center* fosse conferido o tratamento de Comunidade Empresarial, o que de fato não foi feito.

99. O momento da troca de experiências, in *Informativo ABRASCE*, dez./95, p. 4.

Faculta, a futura legislação, ao empreendedor a alienação de certas unidades comerciais. Entende-se, a partir desta, que a regra no empreendimento é a locação das unidades destinadas ao comércio. Estabelece que, em havendo alienação, deve o empreendedor resguardar os direitos dos demais lojistas, disciplinando os atos do proprietário da unidade. O legislador retira do empreendimento o caráter meramente locacional, sem explicitar de que forma e que atos devem ser cobrados do proprietário da unidade.

Ao estabelecer as incumbências do empreendedor este desempenha um duplo papel. As incumbências servem ao mesmo tempo para indicar deveres ao empreendedor, como para identificar quem é o empreendedor. E cabe ao empreendedor, em síntese, a construção, organização e administração do *shopping center*.

Dentre as obrigações do empreendedor destaca-se a preocupação de fazer com que este utilize técnicas mercadológicas para inserir a eficiência no empreendimento. Refere-se à necessidade de utilização do *tenant mix* na instalação do *shopping* e à observância constante das evoluções do mercado. Atribui ao empreendedor o dever de formar um fundo de comércio atrativo.

A formação de um fundo de comércio atrativo antes de ser um dever é um interesse do empreendedor. O sucesso de seu fundo de comércio reflete diretamente no seu faturamento.

O anteprojeto confere ao lojista autonomia. Veda a ingerência do empreendedor em sua unidade. Por outro lado confere direitos amplos de fiscalização ao cumprimento das disposições contratuais.

Esta fiscalização irá, fatalmente, ferir a autonomia e proibição de ingerência nas atividades dos lojistas. O contrato do *shopping center* confere amplos e vagos poderes ao empreendedor, possibilitando interferir em vários atos do lojista. O anteprojeto não impôs critérios objetivos para limitar a fiscalização. Restringe-se a estabelecer que a fiscalização não pode prejudicar o desempenho do lojista.

Nas regras citadas o legislador deixa transparecer a dificuldade de regular as relações obrigacionais neste contrato. Pretende diminuir os poderes ao empreendedor, para isto confere autonomia ao lojista. Em seguida vem garantir o empreendedor o direito à fiscalização, indispensável ao empreendimento. A regra, ainda que existente, deixaria a cargo da interpretação os limites destes direitos e deveres.

A Associação de Lojistas também está inserida no anteprojeto. Não menciona, porém, a obrigatoriedade da participação dos lojistas, fundamental para o desenvolvimento do *marketing*. Esta falha poderá ser suprida pelo contrato.

Inova ao estabelecer que caberá ao empreendedor editar o estatuto da associação por ocasião do lançamento do *shopping center*. Faculta aos seus integrantes alterá-lo, mas esta alteração dependerá da concordância do empreendedor.

A Associação de Lojistas, como se pode observar, será um instrumento para realizar os interesses do empreendedor, uma vez que cabe a este determinar seus objetivos e sua forma de funcionamento, ao editar seu estatuto.

No que se refere a forma de remuneração devida pelo lojista, contempla a dúplice fixação de aluguel, ou seja, a estipulação de uma parte fixa e outra variável, característica básica dos *shopping centers*. Esta, porém, foi adotada pela lei como mera faculdade do empreendedor. Está garantido ao empreendedor o direito de conferir tratamento diferenciado às lojas, como por exemplo, proporcionar benefícios às lojas âncoras.

Ressalta-se ser absolutamente desnecessária tal convenção, uma vez que já pacificada pela doutrina a legalidade desta forma de cobrança.

Outra característica freqüente nos contratos de *shopping center*, em relação à forma de remuneração, é a cobrança em dobro do aluguel fixo no mês de dezembro. O anteprojeto intenciona vetar esta cobrança ao declarar nula a disposição contratual que instituir remuneração fixa diferenciada para meses especiais, citando a título exemplificativo, o mês de dezembro.

A intenção de proteger o lojista pode não se verificar na prática. Ao vedar uma prática já usual nos contratos hoje estabelecidos, deixa em aberto possibilidade de se criar cobranças ainda mais prejudiciais ao lojista.

O mês de dezembro, citado propositadamente pelo legislador, proporciona faturamento mais elevado, devido às festas natalinas. O empreendedor objetiva participar desta maior lucratividade em função do caráter de cooperação que existe entre os seus trabalhos.

O anteprojeto veda a instituição de remuneração fixa diferenciada, mas não se refere a remuneração variável ou outras formas de majorar a cobrança. É possível que, uma vez vedado o 13º aluguel, opte o empreendedor por elevar a parte variável do aluguel, por exemplo, que geraria menor lucro ao lojista.

Prevê a futura lei, também, a possibilidade de ação revisional de aluguel ao fim de cada ano de contrato. Esta revisional será cabível tanto para majorar o valor como para minorá-lo. Esta ação tem por objetivo tornar o contrato mais eqüitativo, caso a avença se torne excessivamente onerosa para uma das partes.

Em relação ao rateio das despesas do *shopping center*, determina a observância das estipulações contratuais, estando vedada a aplicação analógica da lei de condomínios especiais. Estabelecendo, ainda, que o rateio das despesas será proporcional ao tamanho das lojas.

Todas as disposições constantes da lei de locações referentes aos *shopping centers* serão reapresentadas neste anteprojeto. Permanecem, inclusive, algumas falhas, como a vedação de cobrança de algumas despesas extraordinárias, que tenta proteger o lojista, mas deixa em aberto várias outras despesas que poderão ser dele cobradas.

As disposições relativas à renovação compulsória mantiveram-se com poucas alterações. Remete o anteprojeto à lei de locações, nas disposições referentes às locações empresarias.

O anteprojeto faz, contudo, um avanço. Parece ter ouvido o legislador as críticas feitas em relação a necessidade de regras específicas para a renovação do contrato, devido a peculiaridade existente no fundo de comércio do *shopping*. Inclui dentre os requisitos para a renovação do contrato um bom desempenho do lojista. Tal desempenho será analisado conjuntamente pelo empreendedor e pela Associação de Lojistas, ou seja, pelo empreendedor somente, pois é este que edita as regras a serem seguidas pela associação de lojistas.

Criou-se uma forma de proteger o fundo de comércio, formado pelos lojistas e empreendedores, daqueles lojistas que não apresentavam desempenho compatível com a qualidade do empreendimento.

Disposição interessante no anteprojeto é a indicação de possibilidade de se dirimir as divergências do contrato em juízo arbitral. Tal norma, apesar de desnecessária, por tratar-se de faculdade já garantida pelo Código de Processo Civil, pode servir de indicativo para uma boa alternativa para os contratantes, que depende, porém, de seu interesse e não de regra.

O juízo arbitral, em regra, possui maior familiaridade com a matéria que trata, sendo mais justas as suas decisões. Outro aspecto a ser considerado é a possibilidade de rápida solução dos conflitos, uma vez que a demora em uma decisão pode acarretar prejuízos ao dinamismo necessitado para a eficiente administração do *shopping center*.

Uma vez analisados os pontos mais importantes do anteprojeto que dispõe sobre o *shopping center* destaca-se as poucas inovações por este trazidas.

Não utilizou o legislador da oportunidade de fixar regras mais exatas no que se refere aos direitos e obrigações das partes. Mesmo após a regulamentação possuirá o empreendedor amplas liberdades para traçar o destino do empreendimento, tratando com os lojistas com a mesma arbitrariedade que lhe permitia o contrato.

A eqüidade entre as partes, tão reclamada pelo lojista, não foi alvo da presente lei. Em regra, manteve ela o mesmo conteúdo dos contratos que são hoje firmados.

A análise do anteprojeto demonstra que as poucas regras realmente eficazes vêm acrescentar direitos ao empreendedor e não ao lojista, como, por exemplo, impedimento de acesso a renovatória. A garantia de direitos ao lojista confronta-se com o dinamismo do *shopping center* e a impossibilidade de amarrá-lo com normas legais.

A regulamentação do contrato de *shopping center* merece um cuidado especial. O dinamismo do empreendimento não permite regras extremamente rigorosas. O empreendedor deve possuir poderes suficientes para implantar no *shopping center* as alterações necessárias a fim de acompanhar as transformações do mercado.

É necessário evitar normas que proporcionem uma proteção excessiva aos direitos do lojista. Ao proteger o direito individual deste, pode-se prejudicar a organização de todo o grupo de lojistas, interessados em companheiros eficientes e capazes de atrair consumidores.

Já houve manifestação expressa por parte dos lojistas e empreendedores de *shopping center* no sentido de que fossem interrompidos os trabalhos relativos ao ante-projeto de lei sobre *shopping centers*. Uma comissão formada por representantes de lojistas e a Associação Brasileira de *Shopping Center*, na qualidade de representante dos empreendedores, encontrou-se com o Ministro da Justiça, em março de 1993, com a finalidade de manifestar sua oposição a formulação de novas regras para reger a matéria.

Para lojistas e empreendedores a legislação é desnecessária. Há um temor de que a pretexto de aprimorar relações, fossem criadas limitações ao saudável regime em vigor, que favorece a liberdade de contratação e o entendimento negociado.[100]

Um bom exemplo a ser seguido pelo legislador que insistir em regulamentar os contratos de *shopping center* é a Lei de Franquias, Lei n. 8.955/94. Esta Lei cria poucas normas de procedimento fixas no desenvolvimento do trabalho da franquia. Seu papel principal é exigir do franqueador, aquele que oferece a franquia, maior transparência nas relações entre as partes.

A lei, em síntese, exige do franqueador a apresentação de documento denominado circular de ofertas. A circular de ofertas esclarece ao contratante as condições do contrato. O legislador especifica o conteúdo desta circular, estabelece quais informações serão necessariamente passadas àquele que pretende ser franqueado.

Este tipo de regulamentação não aprisiona o contrato, mas garante à parte que a ele adere as informações sobre seu desenvolvimento. A parte estará desta forma ciente das obrigações assumidas e dos riscos que estas representam.

Conclusão

Os *shopping centers* serão por muito tempo, ainda, alvo de inúmeras discussões no que se refere ao seu aspecto jurídico. Apesar de presente em nossas vidas desde a década de 70, inúmeras são as questões não solucionadas satisfatoriamente. Sua complexa estrutura não foi, ainda, totalmente desvendada.

Observa-se a evolução da doutrina em questões fundamentais do empreendimento. A natureza jurídica da *res sperata* foi discutida frente a diferentes normas jurídicas. Os entendimentos foram alterando-se de acordo com o que era previsto pela legislação.

A necessidade de identificação da natureza jurídica do contrato fez com que os doutrinadores fossem buscar num profundo estudo da Teoria Geral dos Contratos seus fundamentos. Esta questão apresenta, ainda hoje, diversos posicionamentos. Uma nova lei tem o condão de movimentar opiniões e fazer com que outras precisem de mais fundamentos para se manter inalterada.

As tentativas legislativas de regulamentar a matéria serão objeto de inúmeras críticas. Os conceitos apresentados pela doutrina de jurisprudência, até então, serão de grande importância para fundamentar estas análises.

Solidificar conceitos e idéias sobre os *shopping centers* é tarefa difícil. O dinamismo é sua palavra chave. A inovação é o seu lema. Este empreendimento não receia a mudança. Responder prontamente a demanda do mercado é mais importante que a estabilidade.

O Direito confronta-se com um contrato intrigante. Inúmeras obrigações fluem de diversos instrumentos contratuais. Cabe ao Direito desvendá-lo. Não possui este, porém, o poder de aprisioná-lo. O Direito deve acompanhar a evolução dos tempos, embora seja esta tarefa extremamente custosa. A velocidade é um conceito que o Direito, principalmente, o Direito empresarial, deverá assimilar.

Bibliografia

Almeida, Amador Paes de. *Manual em Sociedades Comerciais*. 7ª ed. São Paulo, Saraiva, 1992.

——— *Locação Comercial*. 8ª ed., São Paulo, Saraiva, 1994.

Almeida, Nelson Furquim de. "A Importância Vital da Loja âncora no *Tenant mix*". *Informativo ABRASCE*, Rio de Janeiro, jul./94, p. 4.

Andrade Júnior, Claudinor de. *Manual de Shopping Center*. São Paulo, Impress.

100. "Lojistas e empreendedores disseram não a projeto de nova legislação para *shopping centers*", in *Informativo ABRASCE*, ano 17, n. 78, p. 2.

Antunes Varela, João de Matos. *Das Obrigações em Geral*. 8ª ed., Coimbra, Almedina, 1994.

Arruda, José Soares e Lobo, Carlos Augusto da Silveira (coord). *Shopping Centers — Aspectos Jurídicos*. São Paulo, Ed. RT, 1984.

Associação Brasileira de *Shopping Center*. *Biblioteca Técnica Coletânea*, 1986.

Belmonte, Alexandre Agra. *Natureza Jurídica dos Shopping Centers*. Rio de Janeiro, Lumen Juris, 1989.

Bessone, Darcy. "O *Shopping* na Lei de Inquilinato". São Paulo, *Revista dos Tribunais*, n. 680, pp. 23-33, jun./92.

Bittar, Carlos Alberto. *Contratos Comerciais*. Rio de Janeiro, Forense Universitária, 1994.

Bushatsky, Jaques. "Os *Shopping Centers* na Lei 8.245/91". São Paulo, *Revista dos Tribunais*, n. 699, pp. 7-10, jan./94.

———— *Shopping Center — Visto pelos Tribunais*. Bauru, Edipro, 1993.

Buzaid, Alfredo. *Da Ação Renovatória*. 3ª ed., São Paulo, Saraiva, 1988.

Carvalho, Antônio José Ferreira. *O Condomínio na Prática*. 5ª ed., Rio de Janeiro, Lumen Juris, 1993.

Carvalho, Sérgio Andrade de. "Parceria nos *Shoppings*". *Informativo ABRASCE*, Rio de Janeiro, ago.-set./92, p. 2.

Coelho, Fábio Ulhoa. *Manual de Direito Comercial*. 6ª ed., São Paulo, Saraiva, 1995.

———— *Código Comercial e Legislação Complementar Anotados*. São Paulo, Saraiva,1995.

________ *O Empresário e os Direitos do Consumidor*. São Paulo, Saraiva, 1994.

Comparato, Fábio Konder. "As Cláusulas de Não Concorrência nos *Shopping Centers*". *Revista de Direito Mercantil Industrial e Econômico*, São Paulo, Ed. RT, n. 97, pp. 23-28.

Diniz, Maria Helena. *As Lacunas no Direito*. 3ª ed., São Paulo, Saraiva, 1995.

———— *Tratado Teórico e Prático dos Contratos*. São Paulo, Saraiva, 1993.

Fonseca, Antônio Cezar Lima da. "A *Res Sperata* e o *Shopping Center*". *Revista de Direito Mercantil Industrial e Econômico*. São Paulo, Ed. RT, n. 88, pp. 61-88.

Fonseca, Priscila M. P. Corrêa da. "O Regime Jurídico Aplicável aos *Shopping Centers*". *Revista de Direito Mercantil Industrial e Econômico*. São Paulo, Ed. RT, n. 65, pp. 21-29, jan./mar. 1987.

França, Pedro Arruda. *Contratos Atípicos*. 2ª ed., Rio de Janeiro, Forense, 1988.

Franco, J. Nascimento e Gondo, Nisske. *Incorporações Imobiliárias*. 3ª ed., Rio de Janeiro, Ed. RT, 1991.

Frúgoli Júnior, Heitor. *Os Shopping Centers de São Paulo e as Formas de Sociabilidade no Contexto Urbano*, tese de Mestrado, São Paulo, Universidade de São Paulo, 1989.

Ghersi, Carlos Alberto. *Contratos Civiles y Comerciales*. 3ª ed., Buenos Aires, Astrea, 1994.

Holanda, Aurélio Buarque de. *Dicionário Eletrônico*. Rio de Janeiro, Nova Fronteira.

Internationcal Council of *Shopping Centers*. *Guide to Shopping Center Terms*. Nova York.

Karpat, Ladislau. *Shopping Centers — Manual Jurídico*. São Paulo, Hemus, 1993.

Marques, Cláudia Lima. *Os Contratos no Código de Defesa do Consumidor*. São Paulo, Ed. RT, 1992.

Mirschfeldt, Robert Vladimir. *Shopping Center — O Templo do Consumo*. Rio de Janeiro, ABRASCE. 1996.

Nogueira, Antônio de Pádua Ferraz. "*Shopping Center*: Características do Contrato de Direito de Reserva da Localização (*Res Sperata*)". *Revista de Direito Mercantil Industrial e Econômico*, São Paulo, Ed. RT, n. 77, pp. 82-86, jan./mar., 1990.

Noronha, Fernando. *O Direito dos Contratos e seus Princípios Fundamentais*. São Paulo, Saraiva, 1994.

Nunes, Pedro dos Reis. *Dicionário de Tecnologia Jurídica*. Rio de Janeiro, Instituto da OAB, 1948.

Oliveira, Juarez de. *Comentários à Lei de Locações de Imóveis Urbanos*. São Paulo, Saraiva, 1992.

Oliveira, Mariza Santos Abrahão de. *Manual dos Condomínios em Edifícios*. Porto Alegre, Livraria do Advogado, 1995.

Pereira, Caio Mário da Silva. *Instituições de Direito Civil*. v. III, 9ª ed., Rio de Janeiro, Forense, 1993.

Pierotti, Antônio Paulo et al. *Shopping Centers — O investimento que deu certo*. Rio de Janeiro, ABRAPP/ABRASCE, 1993.

Pinto, Dinah Sonia Renault. *Shopping Centers — Uma Nova Era Empresarial*. Rio de Janeiro, Forense, 1989.

Pinto, Roberto Wilson Renault e Oliveira, Fernando A. Albino de (coord). *Shopping Centers — Questões Jurídicas*. São Paulo, Saraiva, 1991.

Requião, Rubens. *Curso de Direiro Comercial.* 21ª ed., São Paulo, Saraiva, 1993.

Rodrigues, Silvio. *Direito Civil.* v. I, 2ª ed., São Paulo, Saraiva, 1991.

Rossi, Ana Martinez e Raiunec, Natacha. *Shopping Concept*. Rio de Janeiro, ABRASCE, 1988.

Santos, Cláudio. "A Locação de Espaço em *Shopping Centers*". São Paulo, *Revista dos Tribunais*, n. 680, pp. 8-22.

Souza, Silvio Capanema de. *A Nova Lei do Inquilinato Comentada*. Rio de Janeiro, Forense, 1994.

Wald, Arnoldo. *Curso de Direito Civil Brasileiro: Obrigações e Contratos*. 11ª ed., São Paulo, Ed. RT, 1994.

Artigos de jornais

Informativo ABRASCE — Rio de Janeiro, 1980-1995.

Atualidades

OS PROJETOS DE ALTERAÇÃO DA LEI N. 6.404/76*

RACHEL SZTAJN

Há 20 anos foi editada a lei das sociedades por ações, que introduziu profundas modificações na legislação anterior, Dec.-lei n. 2.627/40.

A exposição de motivos que acompanhava a lei explicava que: o trabalho fora submetido a amplo exame por instituições de classe, estudiosos da matéria, tendo sido objeto de debates por período de mais de um ano, do que resultara o aperfeiçoamento do texto original; que o projeto tinha por escopo criar estrutura jurídica para o fortalecimento do mercado de capitais de risco no país, com a mobilização da poupança popular e seu encaminhamento voluntário para o setor empresarial. A proposta buscava criar sistema equilibrado entre deveres e responsabilidades dos controladores e direitos dos minoritários.

Além disso o projeto teve o mérito de não apenas reconhecer o controle societário e tratar de sua disciplina, de introduzir a disciplina dos grupos de sociedades no direito brasileiro, mas também de trazer para o sistema jurídico nacional as ações sem valor nominal, dar maior destaque às debêntures, reconhecer os acordos de acionistas como forma lícita de manifestação da autonomia privada, enfim, compatibilizar a lei com as profundas alterações econômicas experimentadas na época.

Sem dúvida que a nova lei teve grandes méritos, mas, como qualquer texto inovador e que se destina a regrar atividade mercantil muito dinâmica, não se imaginava, em 1976, que o texto fosse perfeito e acabado, que não pudesse sofrer alterações e ajustes para melhor atender ao fim visado, carrear a poupança popular, voluntariamente, para atividades de risco, para a empresa nacional. Melhor teria sido se se tivesse em mente a empresa privada nacional. Das inovações previstas em 1976 algumas tiveram enorme sucesso.

Lembro-me de que em 1975, no curso de pós-graduação, tendo como Professor Mauro Brandão Lopes, discutiu-se o anteprojeto. Alguns dos colegas mostraram sua descrença quanto à disciplina das ações sem valor nominal, inovação da qual hoje ninguém mais discute a utilidade. Ainda pairam dúvidas em alguns quando se pensa na existência em uma mesma companhia de ações com e sem valor nominal, mas estas aparecem em volume impressionante na prática.

A lei entrou em vigor em janeiro de 1977 e desde então vem sendo alvo de críticas e propostas de mudança. As mais novas são as que tramitam no Congresso Nacional, que podem ser tomadas em sua unidade no relatório do Deputado Hauly, que

* Exposição proferida pela autora no "Ciclo de Conferências pelos 20 anos da Lei das Sociedades por Ações", promovido pelo Instituto Brasileiro de Direito Comercial Comparado e Biblioteca Tullio Ascarelli, em conjunto com o Instituto dos Advogados de São Paulo e sob os auspícios da Associação Comercial de São Paulo.

se baseou na proposta do Ministro do Planejamento, Antônio Kandir.

Mas, se o texto em vigor teve como mentores ministros, juristas e economistas e que se destinava a fomentar o crescimento da "empresa nacional", com democratização do capital, abandonando o modelo da empresa familiar, tendo como paradigmas as companhias abertas do direito norte-americano e os grupos do direito alemão, o projeto atual, segundo a exposição de motivos que acompanha o substitutivo, foi concebido pelo então deputado Kandir, promovendo-se "reuniões com autoridades e entidades ligadas ao mercado de valores mobiliários, coletando subsídios para fundamentar o relatório a ser de submetido à Comissão da Câmara dos Deputados". A profunda diferença entre os debatedores e propositores da mudança salta aos olhos.

Padece o projeto, como se percebe, de viés claro e inaceitável para o estudioso do direito, pois vem recheado de regras propostas por autoridades e entidades ligadas ao mercado de valores mobiliários. Aqui a primeira questão: a Lei n. 6.404/76 abrange todas as companhias, abertas ou fechadas, apresentando regras específicas e cogentes para as primeiras, que podem ser adotadas pelas últimas. O substitutivo em discussão se ocupa, ao que parece, apenas das companhias abertas. Será que fora do mercado de valores mobiliários os demais acionistas devem ser ignorados?

Segundo viés. Não houve consultas aos investidores, atuais ou potenciais, em valores mobiliários, isto é, ao mercado que decide se quer ou não adquirir ações, debêntures ou outros títulos de emissão das companhias. Tampouco foram consultados os "controladores" das sociedades para saber como é que encaram mudanças na lei. Lembre-se que quando se iniciou o debate sobre redução da proporção entre ações com e sem direito de voto, houve clamor generalizado entre os controladores que diziam não dispor de recursos para manter o controle se a alteração viesse a ser aprovada.

Finalmente, não foram ouvidos estudiosos e especialistas em mercado de valores mobiliários de outros países para avaliar o custo da introdução de mudanças, não se indagou da necessidade de educação de investidores nem como essas mudanças afetariam o mercado. Em resumo, operadores de corretoras e distribuidoras foram os móveis das alterações que se destinam a criar solução para os seus interesses, mas os reais interessados, acionistas e investidores não foram consultados, ou se o foram, talvez a amostra não seja representativa do universo.

Após essas considerações sobre parte do quadro geral em que se discutem as mudanças da lei, é necessário retornar à década de 70, ou final da de 60 para, de uma perspectiva histórica, avaliar o desenvolvimento do mercado de valores mobiliários no Brasil e como é que a sociedade se comporta, se se move sozinha ou se apenas responde ou não a incentivos governamentais para investir. Ou, ainda de outra forma, se há no espírito do brasileiro médio, padrão, desejo de se associar, de investir com risco — lembre-se o estímulo à poupança — o governo garante sua poupança se a instituição financeira não a honrar — ou não e se eventualmente investimento em risco é apenas decorrência de estímulo governamental. Insiste-se em que investir em ações é investir em risco. Não há garantia de retorno do investimento nem da recuperação do capital investido. É isso o que os brasileiros querem fazer com sua poupança?

Recorda-se que a primeira lei moderna brasileira de mercado de valores mobiliários é a Lei n. 4.728/65 que prevê a emissão de debêntures conversíveis em ações. As debêntures são forma de empréstimo em que no mínimo, se houver garantias, recupera-se o valor mutuado. Essa forma de injeção de recursos nas companhias não é, porém, a melhor para o crescimento da atividade econômica já que os recursos devem ser devolvidos no prazo fixado. Por isso a lei proibiu a conversibilidade das debêntures, o que daria ao investidor período de "experiência" com a companhia. Se gostasse transformaria o empréstimo em investimento de risco. Caso contrário receberia o principal corrigido monetariamente e juros conforme definido na escritura de emissão.

Mas, isso era insuficiente para os propósitos do governo na época do Brasil grande. E, no final da década de 60 e início da seguinte o governo resolve estimular o investimento em ações para "fortalecer a empresa nacional". Para alcançar esse objetivo o governo fomenta "investimentos" via renúncia fiscal, isto é, deixa de receber imposto de renda para que o contribuinte invista em empresas que atuem em áreas como Sudene, Sudam, pesca, florestamento e reflorestamento, aeronáutica (Embraer); paralelamente o governo deixa de receber tributos ou oferece benefícios a companhias que recebam tais investimentos. Essa política gera, ao fim de certo tempo o Fundo 157, fundo de ações que é fruto de política governamental para estimular a captação de recursos junto ao público, mas que impõe perdas ao caixa da União.

Resultado do Fundo 157 esteve recentemente em todos os jornais, com a Comissão de Valores Mobiliários exigindo que as instituições administradoras dos recursos captados fornecessem lista de seus "clientes" e com o envio de cartas a tais pessoas que de há muito deixaram de receber informes e até de se interessar pelo resultado do "investimento" feito. Os investimentos realizados com incentivos Sudene, Sudam e outros, muito provavelmente se perderam sem que houvesse reclamação. Afinal os recursos eram da União, logo, que importância tem uma tal perda?

Ao longo dos anos alguns dos Fundos 157 desapareceram, outros foram incorporados, fusionados, enfim, todos os percalços organizacionais, inflação, planos econômicos, mudança de padrão monetário, desinteresse pelos recursos que haviam sido "perdidos" ou que eram do governo mesmo, explicam o resultado obtido.

Isso parece demonstrar que o brasileiro não gosta muito de se associar em atividades de risco de um lado, e que o faz se for estimulado por algum benefício econômico. Assim, a primeira questão que se põe é: O Estado dispõe de recursos, ou pode abrir mão deles, para estimular os "investidores" a aplicar recursos poupados, ou desviados do consumo em companhias abertas?

Em seguida há que se indagar se os controladores das companhias, em geral sociedades familiares que foram buscar recursos no mercado, estão dispostos, desejosos e preparados para compartilhar o controle com investidores estranhos ao grupo familiar.

No universo de companhias abertas de origem familiar qual o percentual de ações ordinárias negociadas em Bolsa? Qual a possibilidade de alguém adquirir o controle dessas sociedades fora de negociação direta com o grupo familiar? Vale raciocínio semelhante para as sociedades de economia mista. Noto que a discussão sobre "privatização" da Vale do Rio doce, Petrobrás, entre outras, vem acompanhada de forte conteúdo emocional que distorce as regras de mercado. Há grande atrativo em ser sócio do governo que nunca "quebra" e mesmo que o Banco do Brasil não distribua dividendos — não há lucro — paga religiosamente a contribuição para o fundo de aposentadoria de seus empregados. Será que o investidor está satisfeito com o modelo?

Alguém estudou os problemas discutidos na teoria de *agency* e que estímulo dar aos controladores que recebem 100% do benefício por conta de 34% do custo? Como é que se resolve o dilema?

Tem-se, então, de um lado um controlador que vê a companhia como sua, pois foi ele, seu pai, avo ou bisavô, sogro ou outro familiar que "criou", "fez" a companhia o que ela é. O investidor estranho ao grupo familiar é exatamente isto, corpo estranho que não deve dar palpite nem se imiscuir nas decisões da administração que cabe, por direito divino de herança (ou primogenitura), àqueles que descendem do "dono" do negócio.

De outro lado o pobre investidor que apenas serve para entregar sua poupança ao "dono" da sociedade, será que ele quer mesmo ser sócio se não pode votar, não elege ninguém para cargos de administração, recebe informações de forma técnica, cuja leitura é para ele, no mais das vezes, pior do que sânscrito ou aramaico? Será que o espírito associativo no risco é característica do brasileiro, ou do latino em geral? A individualidade que costuma marcar pessoas dessa origem não constitui, por si só, elemento limitador do espírito associativista? Quantas cooperativas há no país? Poucas, mesmo quando se sabe que o risco de cada cooperado é mínimo se comparado ao risco do investidor nas companhias. O cooperado não entra com recursos, paga só o que consome e talvez alguma pequena contribuição para a administração. O investidor paga o valor das ações adquiridas, e só recebe alguma coisa se a companhia produzir e distribuir lucros, ou se o valor das ações aumentar e ele puder facilmente se desfazer delas. É o que se chama de liquidez.

Veja-se, a título de exemplo, o que ocorre com institutos copiados de outras realidades, de sociedades em que a idéia de ser sócio e de receber algum ganho futuro é clara. Em 1976 a Lei n. 6.404 cuja reforma se pretende, incluiu toda uma disciplina a respeito de aquisição e alienação de controle. Quantas tomadas de controle *take over bid* ou mesmo *managerial take over bids* houve até hoje? E fora dos processos de privatização, dirigidos pelo governo, como tomar o controle de uma companhia aberta com a máxima quantidade de ações ordinárias — quando há algumas — negociadas em bolsa ou balcão? Para que servem as regras? De que serviu toda a discussão teórica sobre que ações (acionistas) teriam direito à mais-valia representada pelo controle transferido? Pode-se afirmar que, havendo a disciplina, se algum caso ocorrer os "minoritários votantes" não serão prejudicados. Mas e os "majoritários não votantes" que não têm direito de recesso e que podem ser prejudicados com a mudança de controle? Qual a defesa que foi prevista?

Parece, portanto, que alteração de lei programada unicamente em gabinetes e ouvidos alguns poucos *experts* salvo a lei das sociedades por quotas de responsabilidade limitada, inteiramente gestada em gabinetes na Alemanha, pode levar a grandes equívocos.

Passa-se, agora, a examinar alguns dos dispositivos cuja alteração se propõe. Observa-se, também, que muitas das modificações previstas são formais, cosméticas, outras atécnicas que pioram o texto em vigor e outras que serão mera experimentação, sem base para que se afirme que os resultados desejados serão atingidos.

Entre as modificações cosméticas estão aquelas que se referem à extinção das ações ao portador após 1990, por força da Lei n. 8.021, arts. 16, inciso IX, 24, 39, 40, 42, 43, 49, 50, 63, 64, 72, 78, 79, 100, 104, 126, 255 e 283 que suprime a referência a ações endossáveis e ao portador e, em algum momento confunde ações nominativas com escriturais, duas formas do mesmo valor mobiliário.

Outras pretendem facilitar algumas operações: a primeira das alterações propostas nesse sentido é a supressão do parágrafo único do art. 16, com a supressão de regra que, na disciplina da conversão de ações preferenciais, exige previsão estatutária ou unanimidade dos atingidos. Outra elimina o parágrafo único do art. 40 que dá à averbação da promessa de venda de ações oponibilidade a terceiros.

No art. 72 afirma-se que a debênture pode ser lastro — garantia seria o correto — sem penhor eliminando a garantia pignoratícia hoje exigida. A quem aproveita essa forma de buscar recursos e quem sofre os efeitos da falta de garantia real?

No art. 100 novamente confunde-se, na alínea *c* do inciso I, ação nominativa com escritural.

A conclusão a que chego é que as modificações previstas são más por suprimir garantias e exigências legais, sem qualquer técnica redacional.

A redução do prazo, de 3 para 2 anos, no caso de aquisição de voto pelas ações preferenciais é tão irrelevante que nem se justificaria. Bastaria que os Tribunais verificassem se algumas companhias não abusariam da regra para não distribuírem lucros por 2 anos e em seguida para furtar-se à norma fazer pequena distribuição e assim reiteradamente operar.

Introduzem-se outras hipóteses na descrição de condutas de exercício abusivo de poder (art. 117) a saber: h) utilizar recursos da companhia para fins estranhos ou lesivos aos seus objetivos — não seria objeto? Objetivo é sempre lucro nas companhias privadas, ou não?; i) realizar negócios, a qualquer título, com terceiros, em condições prejudiciais aos interesses da companhia. (Não está incluído na alínea *f* atual?); j) subscrever ações, para os fins do disposto no art. 170 — aumento de capital — com a realização — o termo correto é integralização — em bens estranhos aos objetivos — também seria objeto — social da companhia. Será que ninguém sabe que a assembléia geral tem de aprovar essa integralização e que o acionista — não pode votar?; e, l) praticar atos que causem dano patrimonial à companhia ou a seus acionistas — não é o resultado da atual redação das alíneas do parágrafo 1º do art. 117?

Não há indicações claras de que o art. 117, com a atual redação, deixe de atender às previsões do legislador de 76.

O direito de recesso também é modificado e mal. Começa no art. 136 quando se exige a aprovação de metade, no mínimo, das ações com direito de voto, se maior *quorum* não for exigido pelo estatuto, da companhia *cujas ações não estejam admitidas à negociação em bolsa ou em mercado de balcão*, que significa companhia fechada, como é o texto atual. A seguir alteram-se os incisos VI, VII que são desdobrados em dois, restringe-se alteração do dividendo obrigatório para apenas redução, sem pensar que o aumento pode ser danoso para a companhia, e cria-se instabilidade com a possibilidade de ratificação da deliberação dos incisos I e II em prazo de um ano. Vale dizer que, enquanto não convocada tal assembléia, emissões de ações contendo tais modificações não poderão ser admitidas pela CVM.

Já no art. 137, impõe-se restrição ao exercício do recesso como segue:

1 — No caso de criação de ações preferenciais, alteração de preferências ou desproporcionalidade entre classes, o recesso só pode ser exercido por *titular de ações de espécie ou classe prejudicadas*. Erro elementar imaginar que apenas aqueles que tiverem o interesse diretamente atingido sofram. No caso de criação de preferenciais, com maiores preferências, todos os acionistas podem ser atingidos.

2 — Nos casos dos incisos IV e V só têm direito ao recesso titulares de ações que não integrem índices gerais representativos de carteira de ações admitidos em negociação em bolsas de futuros. Isto é, ações que integrem os índices Bovespa ou IBV ficam privados do direito de recesso. Trata-se diferentemente o acionista dissidente que é titular de ações que integram o índice com alguma lógica, como se verá adiante, mas o remédio é pequeno para resolver a denominada "indústria do recesso" que aparece outra vez no caso do § 1º com a introdução da frase "ou na data da comunicação do fato relevante objeto da deliberação se anterior".

Por que não seguir o modelo de alguns Estados norte-americanos que não prevê recesso para titulares de ações com liquidez em bolsas? Se o acionista tem "mecanismos de mercado" para se desligar da sociedade, por que admitir exerça o recesso e receba da companhia? Porque há vantagem patrimonial para ele, o que se deseja eliminar.

Ora, isso significa reconhecer que o valor de bolsa das ações embute expectativas negativas ou, no mínimo, não se prevê ganhos que estimulem o acionista a manter sua posição. Logo, como é que se pretende estimular o mercado com medidas legais?

Por que tratamento distinto para incorporação e fusão em relação à cisão se todas são formas de reorganização societária? Parece que, outra vez legislando em benefício de grupo (o governo?) se cria discriminação para fenômenos substancialmente iguais.

E por que se conta o prazo da publicação da ata da assembléia que aprova o protocolo de fusão ou incorporação, se ao final a outra assembléia pode não aprovar a operação?

Recesso deve ser exceção e não regra, daí que seria melhor aumentar o *quorum* deliberativo, o que daria aos minoritários certo poder de veto, ao invés de dar-lhes tópica e marcadamente direito de retirada. Será que o fato não demonstra que o interesse de se manter associado é inexistente no brasileiro?

Na eleição de membros para compor o Conselho Fiscal quando instalado, os majoritários elegem a maioria dos membros do órgão, assim como elegem a maioria — senão a totalidade — dos demais administradores. Aqui outro problema da lei ou do sistema. Os administradores — diretores e membros do Conselho de Administração — são demissíveis *ad nutum* pela assembléia geral. E quem tem poder deliberante nas assembléias além do controlador? Assim, como é que o administrador fará alguma coisa que não seja de interesse do controlador?

Qual o critério de avaliação da administração das companhias? O que leva o investidor a optar por uma ou outra companhia? Informações ditas de "cocheira" ou de algibeira, quase que *insider information* que recebe do amigo, do corretor, do diretor, do contador, do ....

Será que as regras dos arts. 154 a 158 quanto a comportamentos dos administradores das companhias são suficientes para dar tranqüilidade aos investidores de que a administração agirá na perseguição dos interesses da companhia e não dos controladores?

E, dada a volatilidade que a cotação de valores mobiliários experimenta, não será esse um mercado muito especializado, que exige, para sua manutenção, investidores com formação técnica e acuidade além da média? Não por outra razão as regras quanto a informações que devem ser prestadas ou estar disponíveis para todos ao mesmo tempo. Mas, o próprio tecnicismo das informações pode constituir barreira intransponível para muitos. Como superar esse impasse?

Afinal adianta importar modelos estrangeiros, desenvolvidos para outras mentalidades e realidades? O mercado de valores mobiliários mais desenvolvido é, sem dúvida, o norte-americano. As regras que disciplinam o mercado datam de 33 e 34, após a grande depressão, daí serem mais minuciosas hoje do que as brasileiras, cujo mercado passou a ser artificialmente estimulado na década de 70.

Em artigo na *Gazeta Mercantil* de 13.11.96, Flávio Maia Santas diz que: "Não se pode nem mesmo dizer que o fato de as normas serem mais numerosas resulte em maior proteção aos que estão sob a sua égide. Na verdade, o que assegura o respeito aos direitos é o espontâneo cumprimento das regras por parte da maioria dos agentes sociais e a celeridade e acerto das decisões judiciais. Esses elementos... dependem... do grau de organização social do país. Assim, ninguém duvida de que os investidores encontrem melhor proteção na Alemanha...". Conclui com a afirmação, que não é só sua, mas já fora feita por George Stigler, "de que o profissional que se aventura na seara de outro deve conhecer os fundamentos básicos daquele setor de conhecimento, sob pena de..., e lembra *ne sutor ultra crepidam*, ou seja, não vê o sapateiro além das chinelas".

Volta-se, assim, às questões iniciais, antes de aprovar a reforma da lei das sociedades por ações. O brasileiro tem espírito associativo no risco? Quer participar de negócios de que não tem o comando? E quando tem o comando quer abrir mão dele? Enquanto essas questões básicas não forem pensadas, enquanto não houver explicações claras, no que os alemães denominam "modelo informacional" de que o risco existe e que proteção pode haver para o investidor, enquanto conflito de interesses na administração de carteiras — própria e de terceiros — não for suprimido, enquanto os administradores das companhias, abertas ou fechadas, não forem responsáveis pelos atos de administração que pratiquem, de forma a evitar descaso, negligência, imperícia ou imprudência sem punição, qualquer que seja o destino da proposta, o resultado haverá de ser pífio.

Alterar a lei a pretexto de fomentar o mercado implica ter certeza, desde o início, de que há mercado para ser estimulado e que os agentes, não os intermediários, querem aquelas mudanças.

O FUNDO GARANTIDOR DE CRÉDITOS CONTRA INSTITUIÇÕES FINANCEIRAS

PAULO MARTINS DE CARVALHO FILHO

1. A legalidade constitucional e infraconstitucional da regulação pelo Conselho Monetário Nacional. — 2. A Lei 4.595/64. 2.1 Interpretação histórica. 2.2 Interpretação gramatical do art. 4º, VIII, da Lei 4.595. 2.3 Interpretação lógica e sistemática do art. 4º, VIII, da Lei 4.595. — 3. A instituição da garantia de crédito e o art. 192, VI, da Constituição Federal. O aporte de recursos públicos a fundo de garantia: aspecto constitucional. — 4. A obrigatoriedade de associação e a Constituição Federal. — 5. Síntese dos itens supra.

1. A legalidade constitucional e infraconstitucional da regulação pelo Conselho Monetário Nacional

As Resoluções 2.197/95 e 2.211/95, visando a disciplinar a matéria, referem-se a dispositivos de leis que lhe serviriam de embasamento, sem que exista, todavia, o amoldamento legal pretendido; é a primeira censura que se apresentaria.

Especificamente, a crítica direta é com referência a que:

a) nenhum dos dispositivos legais citados pela Resolução confere ao Conselho Monetário Nacional atribuição para instituir a obrigação de as instituições financeiras se associarem à entidade privada que se objetiva criar;

b) idem, no que respeita à regulação dos órgãos de administração e da receita da nova entidade.

Duas outras críticas, que se envolvem intrinsicamente com as duas anteriores, precedendo-as, situar-se-iam na órbita constitucional:

a) o "Fundo" que se criou só poderia ser instituído por lei complementar, como de previsão constitucional;

b) a obrigatoriedade de associação à nova entidade feriria o mandamento do artigo 5º, XX, da Constituição Federal.

Entendemos improcedentes tais críticas, em quase toda sua totalidade.

2. A Lei 4.595/64

2.1 Interpretação histórica

2.1.1 A reconstrução do pensamento da Lei 4.595/64 (Lei de Reforma Bancária), pelo meio histórico, impõe vá o intérprete remotamente à própria Constituição Federal, onde, no art. 84, IV, como já o faziam as Constituições anteriores, está prevista a intervenção do Poder Executivo no processo legislativo, quando se atribui ao Presidente da República a competência para expedir decretos e regulamentos visando à fiel execução de leis; aliás, a Constituição nada mais fez do que traduzir a tendência, nos Estados modernos, de reformulação do processo normativo, no sentido do desenvolvimento do poder regulamentar que sempre se reconheceu ao Executivo.

Quer dizer: ao Executivo compete baixar regulamentos para a efetivação da ordem legislativa.

Assim, paralelamente à sua atuação quanto aos atos concretos (atos administrativos), outra atividade exerce o Executivo quando expede regulamentos, que são atos gerais ou atos-regra, sendo estes atos administrativos tão-só no sentido formal, posto que, materialmente, revelam-se como verdadeira lei.

Não podendo, obviamente, de modo exclusivo, por razões operacionais, concentrar-se nas mãos do chefe de Executivo a competência ou atribuição administrativa, a própria Constituição Federal prevê a sua delegação (não confundir com delegação de poderes, que se faz por lei delegada, contemplada no processo legislativo constitucional) a órgãos outros da Administração; especificamente, quanto ao Sistema Financeiro Nacional, expressa a Carta Magna que lei complementar disporá sobre as atribuições do Banco Central (art. 192, *caput*, e inciso IV), estando, aí, implícita a previsão de delegação de atribuições do chefe do Executivo ao mencionado órgão.

Demais disso, a tese vitoriosa a respeito da delegação administrativa é no sentido de que, não havendo vedação constitucional, as delegações de funções dentro da hierarquia administrativa podem ser amplamente estabelecidas por instrumento legal; ou seja: mesmo se inexistisse a norma do art. 192, *caput*, e inciso IV, da C. Federal, nada obstaria que, por instrumento legal (a lei), a delegação de atribuições viesse a ocorrer, em razão de inexistir a respeito impedimento constitucional.

2.1.2 Fixado o tema referente à constitucionalidade das atribuições do Banco Central, o que é válido também para o Conselho Monetário Nacional, cumpre verificar como se classificam as atividades dos mesmos órgãos.

Considere-se, *ab initio*, que os regulamentos administrativos são: a) de execução, cuja finalidade é ensejar a efetivação de lei precedente; b) delegados, que decorrem de disposição legal que lhes outorga a faculdade de dispor sobre a matéria de que trata a lei delegante; c) independentes, que dispõem livremente sobre matéria não regida por qualquer lei específica, mas sobre a qual não há vedação constitucional.

As atividades administrativas do Conselho Monetário Nacional traduzir-se-iam, no mínimo, em regulamentos delegados, uma vez resultarem de disposições legais que conferem àquele órgão a atribuição de normatizar a matéria contida nas normas da Lei 4.595/64; já as do Banco Central, em regulamentos de execução, presente que a este último órgão incumbe a efetivação das normas baixadas por aquele Conselho.

2.1.3 Feita a classificação das atividades do Conselho Monetário Nacional e do Banco Central, qualificar-se-iam as mesmas como sendo a manifestação do poder de polícia administrativa do Estado.

Realmente, o poder de polícia administrativa define-se como a faculdade discricionária de o Estado disciplinar, condicionar e restringir o uso e o gozo dos direitos individuais em prol da coletividade.

Ora, as atividades do Conselho Monetário Nacional e do Banco Central, nada mais sendo do que a intervenção do Estado no mercado financeiro e de capitais, disciplinando-o, impondo-lhe condições, restrições e punições em benefício da coletividade, caracterizar-se-iam como praticadas no exercício do poder de polícia administrativa.

Aliás, a intervenção do Estado no campo econômico tem previsão na própria Constituição Federal, especificamente por seu artigo 170, contendo este disposições programáticas; e mais: a própria regulamentação do domínio econômico, através de atos do legislativo (leis), não deixa de ser, em si, restrição à livre iniciativa e manifestação do poder de polícia; por meio deste, tem o Estado o controle legislativo da ordem econômica, como se dessume, dentre outras, das normas contidas no artigo 22, VII, VIII e XI, e artigo 192, da Carta Constitucional.

Exatamente o último mencionado dispositivo (art. 192) erige-se em fundamento constitucional para o Legislativo, através de lei complementar, editar normas estruturais do Sistema Financeiro Nacional, bem assim para o Executivo, através do Conselho Monetário Nacional, baixar normas conjunturais sobre o mesmo Sistema (a Lei 4.595/64, recepcionada pela vigente Constituição, faz as vezes de lei complementar do Sistema Financeiro Nacional, cuja edição está prevista pelo artigo 192 da Constituição Federal e ainda não o foi).

2.1.4 A partir, portanto, dos fundamentos constitucionais acima relevados, a possibilitarem a intervenção do Estado no domínio econômico, inclusive relativamente ao Sistema Financeiro Nacional, com a progressiva interferência, também por fundamento constitucional, do Executivo no processo legislativo de modo a propiciar que o poder de polícia a ele conferido e visando àquela intervenção exerça-se eficazmente, conclui-se que, diante das necessidades emergentes (a complexidade do Sistema Financeiro Nacional e seus relevantíssimos reflexos na ordem econômica e social) à época da elaboração da Lei n. 4.595/64, subsistentes até os dias de hoje de forma até mais ampla e profunda, terá o legislador criado, com os dispositivos de aludida lei, iniludíveis "normas em branco", cujo conteúdo deve ser preenchido por deliberações do Conselho Monetário Nacional (a "norma em branco", que é uma técnica legislativa do chamado direito econômico, contém comando incompleto, que se integra por outra norma).

Sustenta-se, positivamente, serem " em branco" algumas das normas da Lei 4.595/64, a exigirem complementação de seu comando por deliberações do Conselho Monetário Nacional, porque visam exatamente ao policiamento do Sistema Financeiro Nacional; ora, a lei, que venha a fundamentar o exercício do poder de polícia sobre qualquer atividade privada, deve prever longa faixa de ação discricionária para o exercício do poder regulamentar do órgão administrativo competente, sob pena de perder eficácia diante de manobras ardilosas que eventualmente venham a ser praticadas pela mesma atividade privada.

2.1.5 Toda a linha histórica de interpretação até aqui desenvolvida poderia sofrer a objeção de estar calcada no poder de polícia de Conselho Monetário Nacional e do Banco Central sobre o mercado de capitais e financeiro, que, por sua discricionariedade, tornar-se-ia desmesurado e ilimitado; tal visão, concluir-se-ia, seria inadmissível.

Não é nem bem assim, contudo.

A uma, porque discricionário não significa ser o poder de polícia arbitrário; arbitrário é o poder exercido fora dos limites legais; já o poder de polícia, discricionário, contém-se nos limites da lei.

A duas, porque o poder de polícia, não obstante discricionário, está sujeito ao controle do Poder Judiciário; é o chamado controle da legalidade dos atos administrativos.

Ora, os atos administrativos, mesmo os discricionários, como os praticados pela Administração no exercício do poder de polícia, para serem legítimos, além de deverem ser praticados em conformidade com a lei (princípio da legalidade), devem atender à moral da instituição (princípio da moralidade) e o interesse público (princípio da finalidade); a conformidade com a lei diz respeito ao elemento formal do ato; a moralidade e o interesse público referem-se aos denominados elementos ideológicos do ato.

Portanto, ao apreciar a legitimidade do ato administrativo, mesmo os discricionários praticados no exercício do poder de polícia, o Judiciário examina não só sua adequação à lei em seus elementos formais e materiais (a legalidade), mas, também, os elementos ideológicos, isto é, verifica se respeitados foram os princípios da moralidade e da finalidade; quer dizer: mesmo guardada a conformação com a lei, o ato administrativo poderá ter decretada a sua nulidade pelo Poder Judiciário em razão de ferir o interesse público ou a moral da instituição.

Os atos de poder de polícia que o Conselho Monetário Nacional e o Branco Central praticam em relação ao Sistema Financeiro Nacional, inobstante discricionários (a oportunidade e a conveniência dos atos só àqueles órgãos dizem respeito), devem observar as reservas da lei e são sempre passíveis de exame pelo Poder Judiciário, que decretará a nulidade não só porque tenham se afastado de sua adequação à lei, mas, também, se distanciarem do interesse público ou se ferirem a moral da instituição; não são, assim, ilimitados ou desmedidos os atos que o Conselho Monetário Nacional e o Banco Central praticam no exercício de seu poder de polícia do mercado.

2.1.6 A fixação do alcance da Lei 4.595, por sua interpretação histórica, permite se assegure que as resoluções do Conselho Monetário Nacional, na qualidade de preceitos complementares das "normas em branco" contidas na mencionada lei, integram os próprios preceitos complementados; na realidade, no mundo jurídico, tudo se passa como se só existissem as normas da Lei 4.595, cujos comandos são complementados pelas resoluções do Conselho Monetário Nacional.

Tanto verdadeira se faz essa linha de sustentação, que dela se valeu o próprio Supremo Tribunal Federal para consolidar a sua jurisprudência com a edição da Súmula n. 596, no teor de que as operações das instituições financeiras escapam à regência da Lei de Usura.

Tal linha de sustentação faz-se forte em que não é a resolução administrativa, na qualidade de preceito complementar de "normas em branco" da Lei 4.595 e incompatível com a lei anterior, o ato revogador desta última (art. 20, parágrafo 1º, da Lei de Introdução do Código Civil); ato revogador é a própria "norma em branco", complementada pela resolução; ou seja: a norma do artigo 1º da Lei de Usura foi revogada, no respeitante às operações com as instituições financeiras, não pela resolução que dispõe sobre as taxas de juros e outros encargos, mas, sim, pela própria Lei 4.595 que, em seu artigo 4º, IX, prescreve competente o Conselho Monetário Nacional para limitar, sempre que necessário, a taxa de juros, encargos, comissões e qualquer outra forma de remuneração de operações e serviços bancários ou financeiros.

2.1.7. Enfim, é a interpretação histórica da Lei 4.595 que abalizaria a instituição de mecanismo de garantia de créditos contra instituições financeiras, pois, se de um lado as normas estruturais do Sistema Financeiro Nacional editam-se por lei complementar, já ao Conselho Monetário Nacional cabe baixar as normas conjunturais do mesmo Sistema.

A atribuição exercida pelo Conselho Monetário Nacional é mera decorrência de seu poder de polícia administrativa, fulcrado na intervenção do Estado no mercado financeiro e de capitais diante de determinadas circunstâncias conjunturais, impondo ao mesmo mercado condições em benefício da coletividade, condições estas que também dizem respeito à própria atuação das instituições financeiras e seus efeitos sobre a poupança popular.

Assim assentado, não se vê como se possa acoimar de ilegal o ato administrativo — embasado no poder de polícia administrativa do Conselho Monetário Nacional, poder este, por sua vez, alicerçado na própria Lei 4.595 (art. 4º, VIII c/c art. 3º, VI) — que institui e regula às custas das próprias instituições financeiras proteção de crédito contra mesmas, fazendo-o justamente em benefício da poupança popular, como cristalino resulta do regulamento instituidor ao limitar a garantia individual em apenas R$ 20.000,00.

Pelas mesmas razões, não se pode atribuir a eiva da ilegalidade do artigo 2º da Resolução 2.197, que simplesmente estabelece regras de caráter geral e próprias de uma associação civil; demais disso, tendo em vista os fins para que será constituída a mesma associação, a disciplina do art. 2º da Resolução 2.197 enquadra-se, por via indireta, na atribuição do Conselho Monetário Nacional de regulação do funcionamento de todos os que exercem atividades subordinadas à Lei 4.595.

2.2 *Interpretação gramatical do art. 4º, VIII, da Lei 4.595*

Estruturalmente o Sistema Financeiro Nacional tem a sua lei complementar, a Lei 4.595, recepcionada que foi pela vigente Constituição.

Dentre as inúmeras normas da Lei 4.595 que objetivam estruturar o Sistema Financeiro Nacional, está a inserida em seu artigo 4º, VIII, quando prescreve competir privativamente ao Conselho Monetário Nacional "regular a constituição, funcionamento e fiscalização dos que exercem atividades subordinadas a esta lei, bem como a aplicação das penalidades previstas".

Neste caso, uma indagação relevantíssima: qual a abrangência do termo "funcionamento"?

O funcionamento significa: "ato ou efeito de funcionar"; e funcionar é: "estar em exercício, realizar movimentos; trabalhar, mover-se bem e com regularidade".

Ora, da própria interpretação gramatical do artigo 4º, VIII, da Lei 4.595, pode-se chegar a uma conclusão: a regulação do funcionamento das instituições financeiras, cuja incumbência é do Conselho Monetário Nacional, abarca todas as atividades pelas mesmas instituições exercidas; em todos os seus movimentos, as instituições financeiras sujeitam-se à regulação em apreço; mais: cumpre que na regulação o Conselho Monetário Nacional cuide de que as instituições financeiras movam-se bem e com regularidade.

Vê-se, pois, que só a interpretação gramatical já não enseja uma visão estreita, limitada, diminuída, curta do significado de "funcionamento"; não está o legislador, ao se referir a "funcionamento", restringindo-se ao mero organograma dos serviços das instituições financeiras, à simples inter-relação de suas peças constitutivas; na verdade, "funcionamento" quer dizer toda a movimentação que as instituições financeiras desenvolvam no mercado, a sua atuação como agentes econômicos do mesmo mercado, com os conseqüentes reflexos sobre a política econômica e a poupança popular.

2.3 *Interpretação lógica e sistemática do art. 4º, VIII, da Lei 4.595*

A interpretação lógica exige que as normas de um diploma legal sejam analisadas não isolada ou separadamente, mas, sim, em cotejo e confronto, inclusive em face do sistema jurídico em geral, de modo a se chegar a conclusões harmoniosas, jamais conflitantes, utilizando-se o intérprete, para tanto, dos recursos da lógica.

Tal posto, não se concebe que a norma do artigo 4º, VIII, da Lei 4.595 (a regulação do funcionamento das instituições financeiras) não seja analisado senão à luz do art. 3º, VI, do mesmo diploma; giza o último citado dispositivo dever a política do Conselho Monetário Nacional zelar pela liquidez e solvência das instituições financeiras; às claras, trata-se de norma programática.

Ora, o inciso VIII do artigo 4º, que atribui ao Conselho Monetário Nacional a regulação do funcionamento das instituições financeiras, como norma pragmática, impõe-se apreciado à vista da regra programática do artigo 3º, VI; ou seja: em sua atuação de regular o funcionamento das instituições financeiras, pela liquidez e solvência destas deve ter presente o Conselho Monetário Nacional incumbir-lhe zelar, para tanto valendo-se das medidas compensadoras, em prol da economia popular, de eventual iliquidez ou insolvência daquelas instituições.

Destarte, a deliberação do Conselho Monetário Nacional que regulamenta, instituindo, o fundo de garantia de créditos contra instituições financeiras, fundo este que deverá ser custeado, dentre outras receitas, por contribuições das próprias instituições, amolda-se à norma programática do art. 3º, VI (como medida compensadora, junto ao grande público, de eventual iliquidez ou insolvência das instituições financeiras) e ao preceito pragmático do artigo 4º, VIII (como medida reguladora do funcionamento das instituições financeiras, assim também entendidos os reflexos do mesmo funcionamento sobre a poupança popular).

2.4 Ainda a respeito dos meios de interpretação das normas jurídicas, tenha-se presente não se admitir o denominado "direito alternativo", porque carente de fundamento; contudo, distinta do "direito alternativo" é a interpretação que conduza à atuação da dimensão normativa do Direito sempre tendo presente o caráter ético-social do mesmo.

Ora, a medida instituidora do FGC surgiu precisamente diante de fatos de ampla repercussão social, mais presentes do que nunca, quais sejam, episódios recentes, de suma gravidade para a coletividade, envolvendo a insolvência de instituições financeiras; ficaram os mesmos episódios diante de um vazio no ordenamento jurídico; vazio que persistiria caso não se providenciasse, de pronto, no campo do Direito, a medida adequada, preferindo-se aguardar indefinidamente a criação do fundo ou seguro pela via legislativa a que se refere o artigo 192, VI, da Constituição Federal; aqui, portanto, a dimensão de fato do direito.

É sobre essa situação que o Poder Público, por meio do Conselho Monetário Nacional, fundado em seu poder de polícia administrativa de expedir atos-regra sobre o funcionamento das instituições financeiras, como se sustentou anteriormente, pretendeu atuar conjunturalmente, instituindo a medida da garantia de crédito em benefício do patrimônio de um número indefinido de pessoas; inarredáveis, pois, a segurança e o bem comum que cumpria serem atendidos, aí a dimensão de valor do direito.

Rematando: a dimensão normativa da medida instituidora de garantia de créditos contra as instituições financeiras desvela-se inteiramente vinculada a um conteúdo ético-social do direito, informada pelas dimensões de fato e valor antes referidas, cuja ocorrência é evidente, palpável, patente, indesmentível.

Diante do quadro exposto, o Judiciário, instado a se pronunciar sobre a medida, certamente na apreciação de sua legalidade não olvidará a incindibilidade das três dimensões que a alicerçam.

Ótica diversa da ora pugnada significará, *data venia*, posicionarem-se os operadores do direito (juízes, promotores, advogados, professores, juristas), estereotipados por uma visão meramente formal do mundo jurídico, como passivos espectadores de uma situação injusta para os economicamente modestos, quando, ao revés, incumbe a eles, operadores, vivificar a dimensão normativa do direito, jamais ignorando a realidade social subjacente.

3. A instituição da garantia de crédito e o art. 192, VI, da Constituição Federal. O aporte de recursos públicos ao fundo de garantia: o aspecto constitucional

3.1 O artigo 192, VI, da Constituição Federal preceitua que lei complementar, reguladora do Sistema Financeiro Nacional, deverá dispor sobre "a criação de fundo ou seguro, com o objetivo de proteger a economia popular, garantindo créditos, aplicações e depósitos até determinado valor, vedada a participação de recursos da União

Por outro lado, a Lei 4.595, porque recepcionada pela Constituição no que não colida com os dispositivos maiores, faz as vezes de lei complementar, reguladora do Sistema Financeiro Nacional, enquanto não editada esta segundo a previsão do artigo 192 da Carta Maior.

Quer dizer: se certo é que, por previsão constitucional, o fundo garantidor de créditos contra instituições financeiras deve ser criado por lei complementar, também exato se faz que, enquanto não editada esta, a Lei 4.595 continua a reger o Sistema Financeiro Nacional.

Ora, diante da omissão do legislador ordinário em editar a lei complementar e em razão da recepção da Lei 4.595, nada obstava a criação da garantia de créditos contra instituições financeiras pela via eleita (ato-regra do Conselho Monetário Nacional), posto que fundada a mesma via, como já exposto, na mencionada Lei 4.595.

Pensamos que o artigo 192, VI, da Constituição, a respeito da criação de fundo ou seguro de crédito contra as instituições financeiras, deva ter quanto à sua eficácia a mesma inteligência que o Supremo Tribunal Federal conferiu ao parágrafo 3º do dispositivo em foco acerca da taxa de juros reais de 12% ao ano.

Positivamente, se, com relação à taxa de juros reais, o Supremo Tribunal Federal entendeu que o preceito constitucional respectivo não é auto-aplicável, dependendo de regulamentação por lei complementar, sob o mesmo prisma deve ser apreciado o inciso VI do art. 192, isto é, como norma de eficácia contida em razão da inexistência de lei complementar; em contrapartida, enquanto inibida a eficácia dessa norma constitucional, a aplicabilidade da Lei 4.595 continua plena no sentido de embasar, como já sustentado, a atribuição do Conselho Monetário Nacional com vistas à criação do fundo de garantia de créditos contra instituições financeiras.

3.2 Diga-se o mesmo do aporte de recursos públicos ao fundo (o art. 192, VI, da Constituição Federal veda a participação de recursos da União): porque não auto-aplicável a norma constitucional, a vedação não terá eficácia até que lei complementar edite-se, estabelecendo a sua regência sobre a matéria.

3.3 Enfim, questões de constitucionalidade não podem ser banalizadas; insuportável a todo passo, a um exame perfunctório e superficial que passa ao largo das regras de hermenêutica ensejadoras da visão do Direito como um todo único, pretender-se dar pela inconstitucionalidade de lei ou ato normativo, máxime diante do princípio da legalidade que informa a atuação governamental.

4. A obrigatoriedade de associação e a Constituição Federal

"Ninguém poderá ser compelido a associar-se ou a permanecer associado" (Constituição Federal, art. 5º, XX).

Traduziria o preceito constitucional obstáculo intransponível à eficácia das normas do "Regulamento" e "Estatuto Social" que pretendem obrigar as instituições financeiras a se tornarem associadas na nova entidade.

De qualquer forma, a dificuldade poderia ser contornada sem se ferir o espírito da proposição.

Veja-se.

Eliminar-se-ia a previsão de filiação obrigatória (e permanência) das instituições financeiras à associação; bastaria que se impusesse a obrigatoriedade das contribuições por parte de todas as instituições financeiras visando ao custeio do fundo de garantia, independentemente de se filiarem ou não à associação.

Criar-se-ia, então, situação semelhante à prevista no art. 8º, IV, da Constituição Federal, por força do qual é devida contribuição para o custeio do sistema confederativo da representação sindical respectiva (categoria profissional), independentemente da filiação ou não do contribuinte à confederação.

Em outras palavras, ficaria preservada a proposição, em sua essência, que é a de formação de um fundo garantidor de créditos contra instituições financeiras, de cujo custeio todas elas participariam obrigatoriamente; filiar-se ou não à associação, administradora do fundo assim custeado, ficaria a critério de cada qual.

Suponha-se, todavia, que não se altere a norma relativa à obrigatoriedade de associarem-se as Instituições Financeiras à entidade criada; suponha-se, mais, provocado, venha o Judiciário a manifestar-se sobre tal; se reconhecerem os Tribunais a injuridicidade daquela obrigatoriedade, deverão, porém, inclinar-se, ao mesmo tempo, pela juridicidade da exigência das contribuições independentemente da filiação, uma vez destinarem-se as mesmas contribuições ao custeio do fundo protetor dos créditos, fundo, este, segundo nosso entendimento, que tem pleno embasamento constitucional e infraconstitucional.

5. *Síntese dos itens supra*

5.1 A medida instituidora da garantia de créditos contra instituições financeiras é legítima, por seu embasamento no artigo 4º, VIII, combinado com o art. 3º, VI, ambos da Lei 4.595/64.

5.2 A medida é constitucional porque o artigo 192, VI, da Constituição, prevendo a criação do fundo por lei complementar, revela-se como norma de eficácia contida (enquanto não editada a lei complementar, a Lei 4.595, por sua recepção pela vigente Constituição, continua com sua plena regência sobre a matéria).

5.3 É constitucional a previsão de aporte de recursos públicos ao fundo (o artigo 192, VI, da Constituição Federal, que veda a participação de recursos da União no fundo a ser criado por lei complementar, é norma não auto-aplicável, razão por que, enquanto não editada tal lei acerca da matéria, a apontada vedação não tem eficácia).

5.4 É inconstitucional a obrigatoriedade de filiação (e permanência) à associação criada para a administração do fundo (sem se abandonar o espírito da proposição, sugere-se abolida a obrigatoriedade de filiação, persistindo, tão-só, com as devidas adaptações do "Regulamento" e do "Estatuto", a obrigatoriedade de contribuição por parte de todas as instituições financeiras visando ao custeio do fundo, independentemente daquela filiação ou não).

Jurisprudência comentada

EXECUÇÃO DE TÍTULO EXTRAJUDICIAL (DUPLICATA) CONTRA SOCIEDADE DE ECONOMIA MISTA

Comentários de HAROLDO MALHEIROS DUCLERC VERÇOSA
ao acórdão do 1º TASP, no Ag. de Instr. n. 699.909-3

Execução por título extrajudicial— Objeção de pré-executividade. Cabimento. Condições da ação. Questões de ordem pública, sujeitas a pronunciamento judicial independente de provocação das partes. Acolhimento para afastar inconcebível iniqüidade de se exigir a afetação patrimonial do executado em processo írrito, por falta de quaisquer das condições da ação. Recurso provido.

Execução por título extrajudicial— Duplicata. Empresa estatal prestadora de serviços públicos. Conceito. Pessoa administrativa que, conquanto constituída sob a roupagem formal de pessoa jurídica de direito privado, tem por único objeto prestação de serviço público. Aplicação, portanto, das regras contidas no artigo 730, do CPC e artigo 100 da CF. Ineficácia do saque cambial reconhecida, ante a incompatibilidade com o regramento de direito público aplicável. Recurso provido, para julgar extinta a execução (1º TACIVIL, 1ª Câm., Ag. de Instr. n. 699.909-3-SP, rel. Juiz João Carlos Garcia, j. 16.9.1996, v.u.).

ACÓRDÃO

Vistos, relatados e discutidos estes autos de Agravo de Instrumento n. 699.909-3, da Comarca de São Paulo, sendo agravante D.D.R. e agravado H. & F.C.

Acordam, em Primeira Câmara do Primeiro Tribunal de Alçada Civil, por votação unânime, em dar provimento ao recurso.

1. H. & F.C. ajuizou execução contra devedor solvente em face de D.D.R., tendo por título duplicata de prestação de serviços, sem aceite, mas protestada com atestado de medição expedido pela devedora (fls. 28/53).

Ciente do ajuizamento, a D.D.R. protocolou petição argüindo *exceção de pré-executividade*, firmada na ausência de condições da ação, resumidamente, porque: *a)* o título "*não é suficiente para promover a execução forçada contra a excipiente*", tal a natureza jurídica de pessoa administrativa a que se circunscreve, sujeita a controle jurisdicional diverso, para o cumprimento coativo de obrigação inadimplida *(CR, art. 100 e CPC, art. 730)*; *b)* igualmente não se reveste dos atributos que lhe conferem executividade (liquidez, certeza e exigibilidade) porque a contraprestação contratual aos serviços prestados se faz na forma das disposições legais de regência *(Lei 8.666/93)* — *c)* de tais premissas decorrem "*a impossibilidade jurídica da demanda*" e a falta do interesse de agir, como preleciona Cândido Dinamarco, nas lições que transcreve; *d)* conquanto constituída sob a roupagem formal de pessoa jurídica de direito privado (sociedade de economia mista), tem por único objeto prestação de serviços públicos, cuja relevância a coloca a salvo do processo de execução comum, iniciado com a afetação patrimonial da penhora, sem embargo de sujeitá-la ao cumprimento da ordem dos precatórios, oriundos de decisão judicial, expressão do rigoroso cumprimento dos princípios publicistas (impessoalidade, moralidade, publicidade e moralidade administrativa), cuja desobediência pune o infrator com o rigor penal.

Contra substanciosa decisão de rejeição (fls. 131/133,vº), a executada manejou, tempestivamente, o presente agravo de instrumento, a que se deu regular processamento (fl. 139), sobrevindo a contraminuta da agravada (fls. 143/146) — acompanhada de cópias de respeitáveis precedentes pretorianos (fls. 147/184). Vieram, também, as informações judiciais (fls. 186/188), com traslados de peças extraídas dos autos, em grande parte, juntadas pela agravante (fls. 189/272,vº).

É o relatório.

2. Impende firmar posição sobre a admissibilidade da exceção de pré-executividade ou, como preferem, com maior rigor terminológico Dinamarco e Nelson Nery, objeção de pré-executividade, admitida, em tese, em pronunciamento desta E. Câmara, inclusive, em recente julgamento de agravo de instrumento deste relator (Agravo de Instrumento n. 676.110-8), onde se dispôs:

"Conquanto não se ignore a possibilidade do executado argüir questão de nulidade do título, sem prévia garantia do juízo (STJ, 4ª T., Resp 7.410-MT, Rel. Min. Sálvio de Figueiredo, anotado por Araken de Assis, in *Manual do processo de execução*, p. 979, nota n. 3.069, RT, 2ª ed.), o certo é que a hipótese não se reveste de notória excepcionalidade, a ponto de subverter os princípios da execução, com a paralisação dos atos de afetação do patrimônio dos devedores, na espera da instauração de procedimento ordinário de notório cunho cognoscitivo.

"Ora, se não há prova manifesta *icto oculi* da falsidade do título, nem pré-constituída da má-fé do beneficiário do cheque, não há como, sem radical afronta aos preceitos cambiários e processuais, protrair a execução imanente ao cheque para momento futuro e notoriamente distante de julgamento de cognição: assegurar o juízo, aqui, é assegurar ao credor a afetação do bem do devedor à execução, porque a lei (título extrajudicial) lhe confere tal direito."

Aceita-se, portanto, a objeção de pré-executividade, quando presentes questões de ordem pública, tais aquelas que versem sobre as condições da ação, sujeitas a pronunciamento judicial independente de provocação das partes, cuja decisão, no processo de execução, situa-se, por excelência, no chamado *despacho liminar*, de nítida natureza interlocutória, como muito apropriadamente anotou Marcelo Lima Guerra.

Realmente, com os temperamentos da crítica contundente de Alcides Mendonça Lima, acolhe-se a objeção para afastar inconcebível iniqüidade de se exigir a afetação patrimonial do executado em processo írrito, por falta de quaisquer das condições da ação. Neste sentido, a boa doutrina de Galeno de Lacerda, com remissão a Pontes de Miranda, Araken de Assis, Cândido Dinamarco e Nelson Nery Junior.

Em suma, situam-se nestes parâmetros as questões aqui suscitadas.

3. No mais, respeitados os doutos pronunciamentos em contrário, o argumento fincado, exclusivamente, na forma de constituição da pessoa jurídica é insuficiente para discernir a natureza jurídica do patrimônio das empresas estatais, *lato sensu*, tal como lembrou a agravante, assim nas razões como no parecer subscrito pelo em.

processualista Arruda Alvim, com remissões à melhor doutrina publicista, entre outros expoentes de nossa cultura jurídica, de Geraldo Ataliba, Eros Roberto Grau, Celso Antônio Bandeira de Mello e Cirne de Lima.

Deveras, o douto Professor Titular da Faculdade de Direito da Universidade de São Paulo, no parecer juntado por cópia (fls. 93/96) e, sobretudo, na monografia de imprescindível leitura para entender o alcance dos princípios da supremacia do interesse público e da continuidade do serviço público, distinção incontornável para a exegese das disposições constitucionais e processuais pertinentes à espécie — tece lúcidas considerações em torno dos conceitos de atuação e intervenção estatais, de um lado e, de outro, entre serviço público, campo próprio da primeira, e atividade econômica em sentido estrito, seara da segunda.

Dando seqüência à precisa argumentação em torno de tal discrimen conceitual, anota:

"Como tenho observado, inexiste, em primeiro momento, oposição entre *atividade econômica* e *serviço público*; pelo contrário, na segunda expressão está subsumida a primeira.

"Em texto anterior, averbei:

"A prestação de *serviço público* está voltada a satisfação de necessidades, o que envolve a utilização de bens e serviços, recursos escassos. Daí podermos afirmar que o *serviço público* é um tipo de *atividade econômica*.

"*Serviço público* — dir-se-á mais — é o tipo de *atividade econômica* cujo desenvolvimento compete *preferencialmente* ao setor público. Não *exclusivamente*, note-se, visto que o setor privado presta serviço público em regime de concessão ou permissão.

"Desde aí poderemos também afirmar que o *serviço público* está para o setor público assim como a *atividade econômica* está para o setor privado".

"Salientei, no próprio texto, o fato de, no trecho aqui transcrito, utilizar-me da expressão *atividade econômica* em distintos sentidos:

"Ao afirmar que o *serviço público* é tipo de *atividade econômica*, a ela atribuí a significação de gênero no qual se incluir a *espécie, serviço público*.

"Ao afirmar que o *serviço público* está para o setor público assim como a *atividade econômica* está para o setor privado, a ela atribuí a significação de *espécie*".

"Daí a verificação de que o *gênero* — *atividade econômica* — compreende duas *espécies*: o *serviço público* e a *atividade econômica*."

Afastando a ambigüidade semântica, consigna:

"Isto posto, a determinação dos sentidos que assume a expressão *atividade econômica* nos arts. 170, 173 e seu § 1º e 174 da Constituição de 1988 pode ser operada.

"Por certo que, no art. 173, e seu § 1º, a expressão conota *atividade econômica em sentido estrito*. Indica o texto constitucional, no art. 173, *caput*, as hipóteses nas quais é permitida ao Estado a exploração direta de *atividade econômica*. Trata-se, aqui, de atuação do Estado — isto é, da União, do Estado-membro e do Município — como agente econômico, em área de titularidade do setor privado. Insista-se em que *atividade econômica em sentido amplo* é território dividido em dois campos: o do *serviço público* e o da *atividade econômica em sentido estrito*. As hipóteses indicadas no art. 173 do texto constitucional são aquelas nas quais é permitida a atuação da União, dos Estados-membros e dos Municípios neste segundo campo.

"Da mesma forma, no § 1º do art. 173 a expressão conota *atividade econômica em sentido estrito*: determina fiquem sujeitas ao regime próprio das empresas privadas, inclusive quanto às obrigações trabalhistas e tributárias, a empresa pública, a sociedade de economia mista e outras entidades que atuem no campo da *atividade econômica em sentido estrito*; o preceito, à toda evidência, não alcança empresa pública, sociedade de economia mista e entidades estatais que prestam *serviço público*."

Depois de extensa nota de rodapé, focando com maior nitidez o sentido da dicção privilégios fiscais, contida no texto constitucional (*art. 173, § 2º*), prossegue:

"No que tange ao art. 174, no entanto, a expressão *atividade econômica* é utilizada em outro sentido. Alude, o preceito, a *atividade econômica em sentido amplo*. Respeita à globalidade da atuação estatal como agente normativo e regulador. A atuação normativa reclama fiscalização que assegure a efetividade e eficácia do quanto normativamente definido — daí porque, em rigor, nem seria necessária a ênfase que o preceito adota ao expressamente referir a função de fiscalização. A atuação reguladora há de, impõe a Constituição, compreender o exercício das funções de incentivo e planejamento. Mas não apenas isso: atuação reguladora também fiscalização e, no desempenho de sua função normativa, cumpre também ao Estado considerar que o texto constitucional assinala, como funções que lhe atribui, as de incentivo e planejamento. Este, por outro lado, não abrange apenas a *atividade econômica em sentido estrito*, porém toda a *atividade econômica em sentido amplo*. Tanto é assim que o preceito determina ser ele — o planejamento — "determinante para o setor público e indicativo para o setor privado". O art. 174 reporta-se nitidamente, nestas condições, a *atividade econômica em sentido amplo*.

"Finalmente, no que concerne ao art. 170, *caput*, nele a expressão *atividade econômica* conota o gênero, e não a espécie. O que afirma o preceito é que toda a *atividade econômica*, inclusive a desenvolvida pelo Estado, no campo dos serviços públicos, deve ser fundada na valorização do trabalho humano e na livre iniciativa, tendo por fim (fim dela, *atividade econômica*, repita-se), assegurar a todos existência digna, conforme os ditames da justiça social, etc. Nenhuma dúvida pode restar, entendo, quanto à circunstância de, aí, a expressão assumir a conotação de *atividade econômica em sentido amplo*.

"Observe-se que no título da ordem econômica e financeira, cujo art. 170 enuncia os seus princípios gerais, está inserido o art. 175, que respeita à prestação dos serviços públicos."

Bem de ver que os excertos transcritos são suficientes para afastar conclusão pertinente à natureza privada do patrimônio das empresas estatais, firmada, exclusivamente, na roupagem formal do ato de sua constituição, mera opção discricionária do Estado para melhor realizar sua atividade essencial, assim prestando *serviços públicos (atividade econômica em sentido estrito)* como exercendo *atividade econômica em sentido amplo*, tal a conveniência para neutralizar o conflito entre a especulação lucrativa e a imposição de prover a satisfação das necessidades básicas da população.

Sem embargo, quando presta serviços públicos, a empresa estatal, seja qual for sua constituição jurídica, não se despe dos atributos que lhe conferem existência para consecução de finalidade eminentemente pública, marcada pelos princípios da *supremacia do interesse público sobre o privado* e da *indisponibilidade, pela Administração, dos interesses públicos*, como anota Bandeira de Mello. Este discrimen conceitual, bem sublinhado na Carta Magna, pelo tratamento fiscal diferenciado dado a uma e outra das referidas empresas estatais (*CR, art. 150, § 3º*), não passou despercebido à arguta análise feita pelo Professor Eros Roberto Grau.

Nesta linha de raciocínio, o saudoso jurista Geraldo Ataliba, com remissão a Cândido Dinamarco, concluiu serem extensíveis, às empresas públicas exercentes de função pública delegada pelo Estado, as disposições da Constituição Federal (*art. 100*) e do Código de Processo Civil (*art. 730*), no que pertine com suas dívidas pecuniárias inadimplidas.

A par da via processual incabível, absolutamente ineficaz, quanto à empresa estatal prestadora de serviços públicos, o saque cambial. A rigor dos princípios, é absolutamente incompatível com o contrato administrativo, celebrado para realização de obra pública e, assim, adstrito ao regramento de direito público, a constituição unilateral de título executório, com frontal ofensa às formalidades das despesas públicas e à norma regente (*Lei 8.666/93, art. 5º*).

Em síntese, pois, a procedência da objeção oposta pela agravante resulta da impossibilidade jurídica do pedido, condição que Cândido Dinamarco estampa com invulgar clareza, na seguinte passagem:

"O exame da casuística da impossibilidade jurídica mostra que nem sempre reside no provimento pedido a razão que impossibilita a demanda. Existe uma grande heterogeneidade entre as hipóteses trazidas à colação pela doutrina e nos tribunais, às vezes fundamentando-se a negativa de jurisdição na natureza do pedido, ou até nas prerrogativas de que goza uma das partes (execução contra a Administração Pública). Mas todas elas têm em comum a conseqüência de ocasionar a negativa do poder de ação (tanto como nas hipóteses de ausência de interesse ou legitimidade)".

E, mais adiante, reitera a idéia, com maior detalhamento, *verbis*:

"Caso expressivo de carência de ação executiva por impossibilidade jurídica é a pretensa execução forçada contra a *Administração Pública*, por expropriação (execução por quantia certa): inexiste o poder de provocar tal execução (ação executiva) e obter o provimento satisfativo e impô-lo às pessoas jurídicas de direito público, porque lei e Constituição expressamente o excluem (CPC, art. 730, inc. I; Const., art. 100), antes e independentemente de qualquer verificação da pretensão a executar.

"Esta limitação ao exercício da jurisdição é natural decorrência da independência dos chamados Poderes do Estado, proclamada a nível constitucional, valendo por óbice político à execução. Expropriar bens da Fazenda, penhorando-os para depois levá-los à hasta pública, é juridicamente impossível (v. supra, n. 186)."

À carência de tal condição, une-se, no caso vertente, a da falta de interesse de agir, tal a inutilidade de se provocar a jurisdição por título que não assegura as medidas pleiteadas, posto ineficaz em relação à executada.

4. Ante o exposto, acolhendo a objeção de pré-executividade, dão provimento ao agravo, para julgar extinta a execução.

Presidiu o julgamento o Juiz Elliot Akel e deles participaram os Juízes Vasconcellos Boselli e Correio Lima.

São Paulo, 16 de setembro de 1996. João Carlos Garcia (Relator).

COMENTÁRIO DE ACÓRDÃO

Haroldo Malheiros Duclerc Verçosa

Tendo prestado determinado serviço em favor de uma sociedade de economia mista, que não foi pago ao fornecedor, este sacou duplicata contra o devedor e, não estando aceito o título, fez prova da efetiva prestação dos serviços por meio de atestado de medição expedido pela devedora. O credor, evidentemente, desejava aproveitar-se da regra do art. 15, II, *b*, combinado com o art. 21, da Lei 5.474, de 18.7.68, que permite a cobrança judicial de duplicatas desde que, embora não aceitas, estejam acompanhadas de documento hábil comprobatório da entrega e recebimento da mercadoria ou da prestação dos serviços contratados, sendo esta última hipótese aquela que corresponde ao caso sob exame.

O Tribunal houve por bem considerar descabida a pretensão do credor, tendo afirmado estar na presença de *pessoa administrativa que, conquanto constituída sob a roupagem formal de pessoa jurídica de direito privado, tem por único objeto prestação de serviço público*. Partindo desse ponto, entendeu o acórdão serem aplicáveis as regras contidas no art. 730, do CPC e art. 100 da Constituição Federal que tratam, como se sabe, respectivamente, da execução por quantia certa contra a Fazenda Pública e dos chamados *precatórios*.

Para justificar a posição adotada, como se disse, no sentido de não acatar a cobrança de duplicata intentada pelo autor, o acórdão desenvolveu, extensa e genérica argumentação sobre a supremacia do interesse público e a continuidade do serviço administrativo, princípios que nos parecem, *data venia*, inteiramente estranhos ao caso concreto.

O ponto mais importante do acórdão, no qual fincou a sua posição está na consideração de que a *roupagem formal do ato de sua constituição* (da sociedade de economia mista, no caso em tela) *é mera opção discricionária do Estado para melhor realizar sua atividade essencial, assim prestando serviços públicos (atividade econômica em sentido estrito) como exercendo atividade econômica em seu sentido amplo, tal a conveniência para neutralizar o conflito entre a especulação lucrativa e a imposição de prover a satisfação das necessidades básicas da população*.

Na ótica do julgador, a empresa estatal, quando presta serviços públicos, seja qual for a sua constituição jurídica, não se despe dos atributos que lhe conferem existência para consecução de finalidade eminentemente pública, marcada pelos princípios da supremacia do interesse público sobre o privado e da indisponibilidade, pela Administração, dos interesses públicos.

Em vista dessa orientação, o acórdão entendeu ser ineficaz o saque cambial quanto à empresa estatal prestadora de serviços públicos, o que seria incompatível com o contrato administrativo celebrado para a realização de obra pública.

Nos parece, no entanto, que foi esquecido um fato decisivo: tratava-se de sociedade de economia mista, regulada diretamente pela Lei das Sociedades Anônimas, nos seus artigos 235 a 242, devendo-se desvendar qual o seu regime jurídico, coordenando-se os dispositivos acima com as regras dos arts. 37 e 173 da Constituição Federal, aplicáveis a tal tipo societário, os quais devem, antes mesmo, serem harmonizados entre si (Vide a respeito, entre outros, José Edwaldo Tavares Borba, in *Direito Societário*, Freitas Bastos, Rio de Janeiro, 1995, pgs. 417 e segs).

Verifica-se efetivar-se a administração pública pelo recurso aos sistemas *centralizado ou direto*, a cargo do próprio Estado, e *descentralizado ou indireto*, exercido por pessoas jurídicas distintas daquele, por gozarem de personalidade jurídica própria. Neste último caso encontram-se as autarquias, as empresas públicas e as sociedades de economia mista.

As autarquias são utilizadas para o exercício de funções públicas típicas, sujeitando-se ao regime cabível. Por outro lado, as empresas públicas e as sociedades de economia mista referem-se a empreendimentos empresariais, adotando personalidade jurídica de direito privado.

Há distinções significativas entre o regime jurídico das empresas públicas e das sociedades de economia mista, fundado, quanto a estas, nas conseqüências determinadas pela associação entre o Estado e os particulares. Nas primeiras, como se sabe, o Estado é o único acionista, do que se depreende a prevalência do interesse público nelas localizado.

Embora reconhecendo existir a penetração, nas sociedades de economia mista, do interesse público na estrutura societária — daí decorrendo o enriquecimento da *causa do contrato societário* (Rachel Sztajn, *Atipicidade de sociedades no direito brasileiro*, São Paulo, 1987, fls. 116), ele deve acomodar-se à maneira pela qual a sua finalidade pode ser realizada e ao interesse dos acionistas privados, cujo móvel exclusivo é o lucro. A sociedade de economia mista é, pois, de natureza híbrida sob esse aspecto, tendo o legislador procurado estabelecer o necessário equilíbrio, embora o tenha feito, talvez, de forma incompleta e imperfeita.

Não é possível, como pretendeu o acórdão, recorrer integralmente ao sistema da Lei 8.666/93 para, sob seu regime, fixar a forma de contratação da sociedade de economia mista junto a terceiros. De acordo com José Edwaldo Tavares Borba (ob. cit., p. 422), o processo de licitação (...) não se aplica indiscriminadamente às empresas do governo, mesmo porque, em muitos casos, seria impraticável. Não teria cabimento promover uma licitação para que uma empresa industrial ou comercial do Estado vendesse o seu produto. A licitação seria, contudo, pertinente para a venda de um imóvel da empresa. O que deve nortear a decisão é o princípio da moralidade. A licitação, quando compatível com o interesse da empresa, deve ser realizada. Não havendo adequação para a licitação, a empresa deverá agir segundo as práticas do mercado, por elas pautando a sua ação.

No caso particular das dívidas da sociedade de economia mista, nos termos do art. 242 da Lei das Sociedades Anônimas, por elas respondem os seus bens, passíveis de penhora e de execução. Dessa forma é imperioso concluir não serem aplicáveis às sociedades de economia mista, as regras dos arts. 730 do CPC e 100 da Constituição Federal, conforme entendido pelo acórdão sob exame.

O fato de não estarem sujeitas a falência — princípio muito combatido e que pode vir a ser mudado na reforma da legislação falimentar — não prejudica a interpretação acima, pois a regra foi o resultado do entrelaçamento existente nessas sociedades entre os interesses público e privado, havendo uma contrapartida na defesa deste último, no sentido de que a pessoa jurídica controladora responde, subsidiariamente, pelas obrigações da sociedade de economia mista.

Não sendo o caso dar maior extensão às presentes considerações, tendo em conta o âmbito estreito deste comentário, somente se pode concluir, pelo exposto, que o acórdão em tela não soube aplicar o melhor direito. O assunto merece estudos de maior profundidade.

Jurisprudência comentada

CONSELHO FISCAL: COMPETÊNCIA ORGÂNICA E ATIVIDADE INDIVIDUAL DE SEUS MEMBROS*

Comentário de DOMÍCIO DOS SANTOS NETO
ao acórdão do TJSP na Apelação Cível 123.032-1-SP

Sociedade anônima — Membro do Conselho Fiscal — Possibilidade deste, por si só, requisitar informações necessárias para o desempenho da função de fiscalização e controle da gestão administrativa da sociedade — Artigo 163, § 2º, da Lei Federal n. 6.404, de 1976 — Sentença anulada — Recurso provido para esse fim.

Apelação Cível n. 123.032-1 — São Paulo — Apelantes e apelados: Washington Hatanaka e Fujiminas S.A. — Agro Pastoril e outros.

ACÓRDÃO

Acordam, em Primeira Câmara Civil do Tribunal de Justiça, por votação unânime, dar provimento ao recurso do autor, prejudicando o da co-ré.

A principal questão de direito discutida nos autos refere-se à interpretação a ser dada ao § 2º do artigo 163 da Lei Federal n. 6.404, de 15.12.76 (Lei das Sociedades Anônimas), que reza: "O Conselho Fiscal, a pedido de qualquer dos seus membros, solicitará aos órgãos de administração esclarecimentos ou informações, assim como a elaboração de demonstrações financeiras ou contábeis especiais". Queixa-se o autor, acionista minoritário, de que o conselheiro fiscal eleito na forma do artigo 161, § 4º, *a*, da mesma Lei (eleito por acionistas minoritários), solicitou junto à administração da empresa informações relativas às contas do exercício de 1985, que lhe foram negadas sob a justificativa de que só o Conselho Fiscal, não o conselheiro, poderá exigi-las. Entende o contrário o demandante e esse é um dos fundamentos dos pedidos que formulou na inicial. A sentença deu razão aos demandados.

Com a devida vênia, há de entender-se diferentemente.

Os demandados trouxeram à colação lição de Modesto Carvalhosa a propósito do citado artigo 163, no sentido de que a recusa dos administradores em acolher o pedido dos conselheiros fiscais enseja duas medidas: convocação de assembléia para o fim de propor ação de responsabilidade civil contra os administradores, que deveriam dar cumprimento à exigência legal (artigos 158 e 159), ou exigir judicialmente a exibição dos livros.

A hipótese em exame é diversa, pois não se trata de pedido dos conselheiros fiscais, mas de um conselheiro fiscal, que, no entender da sentença, estaria impedido de pessoalmente exigir a exibição.

* Trabalho apresentado no curso de Pós-Graduação da Faculdade de Direito da Universidade de São Paulo, em 1997, na disciplina "Administração das Sociedades Mercantis em Direito Comercial Comparado II" (DCO 842), ministrada pelo Prof. Mauro Rodrigues Penteado.

A matéria já foi objeto de apreciação, como consta dos autos (fls. 372), por parte da Egrégia Oitava Câmara Civil desta Corte, que, ao julgar a Apelação Cível n. 62.520-1, de São Paulo, em acórdão da lavra do eminente Desembargador Arthur de Godoy, adotou a tese ora defendida pelo apelante, com destaque a esse trecho: "Se ao Conselho Fiscal, como órgão, cabe a atividade de fiscalização e controle da gestão administrativa da sociedade, a cada conselheiro, de per si, deve caber o acesso às informações necessárias a essa função. Entender que apenas ao órgão competisse também a requisição de informações, significaria manietar a própria função fiscalizadora, negando a razão de ser do próprio Conselho Fiscal. E, mais que isso, importaria, no caso, em anular os meios de informação da minoria, sabendo-se que o demandado integra o órgão na condição de representante da facção minoritária dos sócios".

Tais considerações são de inteira e manifesta procedência. Num órgão colegiado fiscalizador da gestão administrativa, negar-se acesso ao representante da minoria a informações tidas por ele como necessárias para o desempenho de sua funções — será, no mínimo, anular o efeito que se pretende com a eleição, por essa minoria, de um seu representante.

Aliás, diga-se, esse conselheiro, como consta dos autos, teria solicitado a intervenção do Conselho Fiscal para o fim de obter as informações — sem êxito. Dizer-se, como os demandados, que caberia a esse conselheiro, unicamente, tomar as medidas que a lei lhe coloca ao alcance para exigir as informações desejadas, sem possibilidade de fazê-lo qualquer acionista interessado, será ignorar o disposto no artigo 159 da Lei das Sociedades Anônimas, que permite a ele promover ação de responsabilidade contra o administrador, pelos prejuízos causados à empresa (cf. *caput* e § 4º do referido artigo). Note-se que o acionista-autor se absteve de votar as contas que lhe foram apresentadas exatamente em razão desse fato, como consta da ata cuja cópia se lê às fls. 31.

Ora, adotando-se essa interpretação do artigo 163, § 2º, da Lei citada, conclui-se que o mínimo que se poderá deferir ao autor, afinal, será o acesso a tais informações, tidas como tão importantes para o exame das contas. Daí a necessidade de produção de provas, que foram negadas pelo eminente Magistrado de Primeiro Grau. Considere-se que a sentença, após destacar que cabe ao Conselho Fiscal coordenar as diligências pedidas pelos seus membros, inexistindo o dever de prestar informações a cada conselheiro, frisou ser "óbvio que o Conselho não pode deixar de atender aos pedidos de seus membros, salvo flagrante abuso ou quando aqueles pedidos já foram atendidos por outras requisições" (fls. 697). Mas — anota-se agora — se o Conselho, não obstante não se tratar de pedido abusivo ou repetitivo, deixou de atender ao pedido de um dos seus membros; e se, por outro lado, esse mesmo conselheiro não tomou as medidas legais que poderia eventualmente tomar para ter acesso às informações — seria de muito rigor entender-se que o sócio minoritário há de conformar-se com a situação, impedido que diz ter ficado de examinar as contas, por deficiência de informações. Entre outras provas que o autor pretende se inclui — e principalmente — a relativa a tais informações, negadas ao conselheiro fiscal. Que venham elas para os autos, afinal, para que se possa apreciá-las.

Acrescente-se que ao pedir a declaração de responsabilidade dos administradores de empresa, evidentemente o demandante alega prejuízos causados por eles (cf. *caput* do artigo 159 da Lei Especial); e sem os elementos pretendidos à disposição não poderá especificar tais prejuízos.

Quanto às demais questões versadas nas razões de apelação do demandante, não convém sejam agora ventiladas, como as relativas ao contrato de mútuo de que participou a empresa. De qualquer forma, com a anulação da sentença e produção de provas, haverão de ser reapreciadas em Primeiro Grau, então com mais elementos de convicção.

Igualmente o apelo da ré reconvinte não pode ser apreciado agora, pois trata de alegada má-fé por parte do reconvindo, questão que fica em suspenso até nova apreciação do mérito em Primeiro Grau.

Ante o exposto, prejudicado o apelo da reconvinte e expressamente adotado o relatório de fls. 788 como parte integrante deste, dão provimento ao recurso do autor para anular a sentença de fls. 693.

O julgamento teve a participação dos Senhores Desembargadores Luiz de Azevedo (Presidente sem voto), Álvaro Lazzarini e Renan Lotufo (com declaração), com votos vencedores.

São Paulo, 28 de agosto de 1990. Luis de Macedo, relator.

DECLARAÇÃO DE VOTO VENCEDOR DO DES. RENAN LOTUFO

A respeitável sentença de fls. 693/702, após reputar confusas a inicial da ação e a contestação, resolveu não seguir a ordem das preliminares.

Começou por apreciar diretamente o pedido, dizendo que o fundamento do mesmo anulatório é a sonegação de informações a conselheiro fiscal e concluindo não assistir razão, por entender que o artigo 163, § 2º, da Lei Federal n. 6.404, de 1976, só protege o órgão enquanto colegiado, não seu membro individualmente.

Afirma a respeitável sentença:

"Admitir outra interpretação, tal como quer o autor, seria descaracterizar o próprio Conselho".

Após, afasta a pretensão de anulação da Assembléia de 29.5.87 por entender não provado prejuízo, que, ademais, adviria de negócios celebrados pelo próprio autor.

A seguir afasta os demais pedidos e o último reputado principal, isto é, a declaração de impedimento dos membros da administração por não haver fato apurado.

A douta maioria no exame do apelo do autor concluiu pelo provimento por anular a sentença, prejudicado o apelo do reconvinte.

O eminente patrono da co-ré Fujiminas ofertou memorial em reforço à sustentação oral, que ensejou o pedido de adiamento.

Destaca o memorial a distinção entre a *ratio juris* do direito do acionista e o conselheiro fiscal, pelo que sustenta não ser direito do Conselheiro agir direta e isoladamente, se não quando o órgão, pela maioria, haja negado pedido formulado perante o mesmo. Diz: ... "Se ele não tem capacidade processual para postular em nome alheio (artigo 6º do Código de Processo Civil), porque a lei não lhe confere, "nome próprio", não tem e não pode pedir informações se não cumprir com as prescrições legais...".

Afirma não ser direito do conselheiro representante da minoria vasculhar, devassar a escrita da empresa, mas sim o de solicitar sobre rubricas determinadas do Balanço.

Conclui dizendo que o conselheiro fiscal não percorreu o *iter* previsto no direito positivo, não compareceu à assembléia, nem o acionista minoritário, que limitou-se a abstenção na votação, o que não implica em recusa das contas e do balanço.

O mais ponderado no memorial não chegou a ser apreciado no voto do Relator.

Impõe-se, em primeiro lugar, o exame da anulabilidade, ou não, da sentença, pelos motivos invocados para que se possa, então, examinar o mais deduzido, se ultrapassada a anulação.

O exame da capacidade do conselheiro leva à mesma conclusão da douta maioria, *data venia*.

Waldirio Bulgarelli em *O Conselho Fiscal nas Companhias Brasileiras*", Editora Revista dos Tribunais, 1988, examina a questão em profundidade e do mesmo se tem:

pág. 169: "O regime legal brasileiro do Conselho Fiscal, em termos de atuação, o qual, em resumo, pode-se exprimir pelo binômio competência e responsabilidade, ora refere-se ao Conselho como um todo, ora volta-se para os seus membros, sugerindo desde logo a visão de que não foi concebido um órgão cerrado, monolítico, mas sim de certa maneira aberto e flexível, com visível plasticidade".

Desenvolvendo a diferença entre o órgão e o seu membro diz:

pág. 182: "Em todos os órgãos da companhia, podem-se ver, transparentemente, a presença de atuação das pessoas físicas não absorvidas inteiramente pela figura do órgão, que se apresenta como instituto formal, aliás recurso técnico-jurídico utilizado para marcar a separação quando necessária, que deve existir entre a pessoa jurídica e as pessoas físicas. Na comparação com os demais órgãos da companhia, não obstante haja sempre essa faixa de atuação individual que apontamos, no Conselho Fiscal ela atinge grau significativo, com a previsão da atividade individual como concorrente ou como disjuntiva, surgindo na normalidade, os conselheiros como projeções orgânicas individuais (355), agrupados sob a armadura legal".

355 - Carvalhosa capta bem esse aspecto, ao enfatizar que: "Mais do que isso, o conselheiro fiscal, ao agir individualmente, na realidade está corporificando o próprio órgão fiscalizador. Não se submete, este exercício à vontade majoritária dos seus membros, nem à formal solicitação do órgão" (cf. ob. cit., pág. 256). Também Egberto Lacerda Teixeira e José A. T. Guerreiro, ob. cit., pág. 490 (nota de rodapé).

Ao concluir sua tese, vitoriosa no âmbito universitário, diz Bulgarelli:

pág. 206 "O pedido de informações à administração, a nomeação de perito e os pedidos de informações e de apuração de fatos específicos aos auditores independentes são medidas que a lei conferiu ao Conselho, como órgão, o que operacionalmente impõe uma deliberação coletiva, também com predominância volitiva. ... Retorna, pois, novamente a questão já levantada por ocasião do primeiro exame da atividade concorrente dos membros em relação ao órgão, referida à dualidade de posições, uma voltada para a operacionalidade e a outra para a responsabilidade. ..., a questão centra-se na análise do alcance de poder de agir do Conselho, vale dizer, se com a recusa dos órgãos ou funcionários de atender às suas petições, pode ele agir diretamente, designando peritos para a elaboração de demonstrações financeiras ou contábeis especiais" (artigo 163, § 2º, *in fine*, para obter esclarecimentos e apurar fatos específicos (artigo 163, §§ 4º e 5º) e tudo o mais que entenda necessário, e, ainda, se esse poder de agir estende-se, nas hipóteses específicas apontadas, aos próprios membros diretamente.

pág. 213: "... A conciliação a ser feita entre a exigência da deliberação coletiva e a admissão (e até imposição) da divergência indica, como primeiro fundamento, a natureza da ação fiscalizatória que, naturalmente, inflete sobre o tipo de declaração produzida pelos membros e sobre a deliberação orgânica, e que vai ainda alcançar, como vimos, a admissão de uma competência concorrente disjuntiva dos membros, tendo como efeito reduzi-lo, no órgão, a meramente homologatória".

pág. 218: "Certamente as declarações dos conselheiros nos casos de pareceres, denúncias ou representações não serão mais ou menos verídicas, mais ou menos judiciosas, por força da vinculação ao princípio majoritário; a *major pars* aqui sem dúvida, não pode ser tida como a *melior pars*; se o princípio majoritário não serve para amortecer ou absorver as manifestações divergentes, até porque não lhes pode mudar a natureza, não haveria porque ser aceito. ...

pág. 219: ...; acreditando-se ainda que os conselheiros devem ter funções próprias, à ilharga do próprio órgão, e que sua atuação interessa não só aos minoritários, mas também a todos, deve-se também admitir a competência concorrente disjuntiva dos membros, ficando relegada a competência do órgão a um papel meramente homologatório.

É bem verdade que posição doutrinária não impõe como a lei, mas, sempre enseja melhor compreensão da mesma.

Logo, não cabe falar-se em *iter* obrigatório para o conselheiro minoritário, quando desatendido pode exigir o cumprimento dos deveres dos demais órgãos.

Inadmissível é a negativa de direito do membro, condicionando-o ao exercício conjunto e admitido majoritariamente.

Parece claro que violação houve ao direito da minoria quanto à informação.

Logo, a demanda merece seguir, porém, reconhecido tão-só o cerceamento de defesa.

Isto não afasta a hipótese, a meu ver, de possível inépcia parcial, posto que o exame subseqüente ensejará a confirmação cabal, ou não, de que atos reputados lesivos à sociedade podem ter sido praticados originalmente pelo próprio autor, ainda que seus efeitos tenham ocorrido sob outra administração. Aí, sim, poder-se-á aferir da inépcia da integridade ou de parte de pretensões.

COMENTÁRIO

Domício dos Santos Neto

A questão não é nova. Na verdade, desde a época do Decreto-lei n. 2.627/40 se discute acerca da característica colegial do órgão "Conselho Fiscal" e da extensão das atividades individuais de seus membros.

Não obstante, verifica-se, ainda, uma certa confusão no que tange à interpretação desses dois aspectos relativos ao Conselho Fiscal, chegando a se entender em determinados casos, inclusive, que eventual característica colegial do órgão implicaria na exclusão da função individual dos membros.

E foi o que ocorreu no caso acima citado, onde o juiz de primeiro grau inadmitiu a atuação individual de um membro do Conselho Fiscal, no tocante à solicitação de informações necessárias ao exercício da competente fiscalização, decisão posteriormente anulada em sede recursal.

Da exegese do sistema adotado pela lei de Sociedades Anônimas depreende-se a sua natureza de órgão colegial. Com efeito, o primeiro ponto a ser ressaltado é o princípio majoritário existente na composição e funcionamento do Conselho Fiscal. Nos termos do § 1º, do artigo 161, da Lei n. 6.404/76, o Conselho Fiscal deve ser composto de *no mínimo* 3 (três) membros, podendo-se extrair daí a necessidade de decisões coletivas do Conselho Fiscal.

A par disso, o § 7º, do artigo 163, estabelece a indelegabilidade das atribuições e poderes conferidos pela Lei ao Conselho Fiscal — e não aos membros individuais — bem como há a expressa menção na Lei à obrigatória existência de atas de reuniões e pareceres e ao registro da dissidência do membro divergente, para exclusão de responsabilidade (§ 2º, do artigo 165).

Todos esses fatores militam a favor da natureza colegial do Conselho Fiscal.

Nelson Eizirik ressalta essa característica, esclarecendo que "a Lei 6.404/76 conferiu ao Conselho Fiscal a natureza de órgão colegial, a deliberar pela maioria de votos de seus membros. O art. 163 da lei das S/A estabeleceu expressamente a competência do Conselho Fiscal (não dos conselheiros, individualmente considerados), tanto no "caput" como no seu § 7º, referindo, ademais, a existência de atas de reuniões e pareceres, somente possíveis em órgãos colegiados. Além disso, a menção ao registro da dissidência (art. 165, § 2º) pressupõe a deliberação colegiada e a decisão pelo voto da maioria".[1]

Em face dos argumentos acima, não há dúvida — ao menos no que tange à melhor doutrina — quanto à natureza colegial

1. In *Reforma das S.A. & Mercado de Capitais*, Renovar, Rio de Janeiro, 1997, p. 185.

do Conselho Fiscal. Resta, por outro lado, saber se tal natureza exclui de alguma forma a atuação individual dos membros do Conselho Fiscal em determinados casos.

O Conselho Fiscal, por dever legal está obrigado a exercer a fiscalização dos atos dos administradores e verificar o cumprimento dos seus deveres legais e estatutários (art. 163, I), devendo, inclusive, denunciar aos órgãos de administração ou à assembléia geral, conforme o caso, os erros, fraudes ou crimes que descobrirem (art. 163, IV).

Constata-se, portanto, a verdadeira natureza fiscalizatória do Conselho Fiscal, a qual de maneira alguma poderá ser manipulada, em prejuízo dos minoritários e preferencialistas, amparando-se no fundamento de ser órgão colegial.

Vale dizer, a se entender o Conselho Fiscal como órgão estritamente colegial, de forma a vincular suas deliberações em razão da maioria de seus membros, estaria, na prática, impedindo a real consecução dos objetivos naturais de tal órgão, e, principalmente, esvaziando a atuação dos representantes dos minoritários e preferencialistas, o que tornaria inócuo o preceito contido na letra "a", do § 4º, do artigo 161, da Lei, que enseja a participação no Conselho de representantes dos minoritários e dos preferencialistas.

Assim, a atuação direta e individual do membro do Conselho Fiscal, sem estar adstrito a eventual deliberação majoritária do mesmo, se justifica exatamente na natureza das funções fiscalizatórias e informativas que lhe são imanentes.

Ademais, a própria Lei dispõe em seu artigo 163, § 2º, que: "o Conselho Fiscal, *a pedido de qualquer dos seus membros*, solicitará aos órgãos de administração esclarecimentos ou informações, assim como a elaboração de demonstrações financeiras ou contábeis especiais" (grifo nosso).

Cabe, portanto, ao membro do Conselho Fiscal, solicitar as devidas informações necessárias ao exercício da fiscalização. Tal solicitação deve, num primeiro momento, ser dirigida ao próprio órgão, que não terá nenhum poder para recusá-la, devendo acatá-la e encaminhá-la devidamente, salvo, é lógico, nos casos de abuso de direito.

Acrescente-se a tal argumento, a recente alteração do § 4º, do artigo 163, possibilitando ao Conselho Fiscal, *a pedido de qualquer de seus membros*, solicitar aos auditores independentes, se a companhia os tiver, esclarecimentos ou informações, e a apuração de fatos específicos.

Portanto, conforme Modesto Carvalhosa, "têm os conselheiros, individualmente, o poder de diligência".[2]

Além de tudo o que foi acima exposto, cabe lembrar que a Lei responsabiliza solidariamente os membros do Conselho Fiscal pela omissão no cumprimento de seus deveres, chegando o Prof. Waldírio Bulgarelli a concluir que, "para que dela possam eximir-se, é indispensável que procurem cumprir o determinado por lei. E se a maioria mancomunada com os diretores, procura impedir, cabe-lhe agir individualmente".[3]

Portanto, mais que um poder decorrente da lei ou da natureza do órgão de fiscalização, a atuação individual dos membros do Conselho Fiscal é até mesmo um ônus decorrente da função, ou, conforme define o Prof. Bulgarelli, um *dever-função*,[4] tendente à liberação de uma eventual responsabilização.

Por esta razão é que Modesto Carvalhosa conclui que, "não obstante tais características que são próprias de todo organismo colegiado, o Conselho Fiscal, tendo por objetivo fiscalizar os atos dos administradores, não pode, por deliberação majoritá-

2. In *Comentários à Lei das Sociedades Anônimas*, 3º v., Saraiva, São Paulo, 1997, p. 395.

3. In O *Conselho fiscal nas companhias brasileiras*, Ed. RT, São Paulo, 1988, p. 185.

4. Ob. cit., p. 185.

ria, cercear, sob qualquer forma, a iniciativa dos seus membros, no sentido de esclarecê-lo e informá-lo sobre as matérias de sua competência. Assim, será ineficaz qualquer regra estatutária ou regimental da administração ou do próprio Conselho Fiscal que retire, cerceie ou dificulte o exercício do poder de diligência. A nulidade desses impedimentos grosseiros de obstrução é inquestionável".[5]

Assim, e calçados ainda no referido mestre, não poderá o Conselho, por decisão majoritária, negar qualquer pedido de informação que façam seus membros individualmente à administração ou aos auditores independentes; deliberar contrariamente ao direito individual de qualquer conselheiro de assistir às reuniões do Conselho de Administração e da diretoria, o de comparecer às assembléias gerais da companhia; cercear o direito individual dos conselheiros de contratar contador ou firma de auditoria, para assessorá-lo no desempenho de suas funções; deixar de atender à solicitação, de qualquer de seus membros, de convocação de assembléia geral; ou, deixar de denunciar aos órgãos sociais os erros ou fraudes que forem descobertos por quaisquer de seus membros individualmente.

Considerando, pois, segundo ainda Modesto Carvalhosa, que o poder de deliberação do Conselho Fiscal é restrito, porquanto não pode cercear, impedir ou negar qualquer providência de fiscalização indicada ou praticada individualmente pelos conselheiros, o regime deliberativo é meramente *homologatório* das medidas solicitadas pelos conselheiros, sendo *decisório* tão somente no que tange aos pareceres do Conselho.[6]

Portanto, a característica de órgão colegiado do Conselho Fiscal não afasta as competências individuais de seus membros, que deverão sempre exercer o poder de diligência, como próprio da natureza de suas atividades, e, mais que isto, como ato de rigor e vinculado às suas responsabilidades, sendo que nesses casos agiria o conselheiro corporificando o próprio órgão fiscalizador.

Neste particular, agiu bem o Tribunal de Justiça de São Paulo, nos termos do Acórdão acima, anulando a Sentença de primeiro grau, para permitir ao membro do Conselho Fiscal, por si só, requisitar as informações necessárias para o desempenho da função de fiscalização e controle da gestão administrativa da sociedade.

5. Ob. cit., p. 388.

6. Ob. cit., p. 389.

Jurisprudência comentada

EXECUÇÃO ESPECÍFICA DE OBRIGAÇÕES CONVENCIONADAS EM ACORDO DE ACIONISTAS*

Comentário de Raphael Nehin Corrêa
ao acórdão do STJ no RE 27.517-2-MG

Ementa: Comercial — Acordo de Acionistas — Execução Específica — Ausência de Título — Recurso Especial — Súmula 05/STJ.

Não cabe, em recurso especial, a reinterpretação de acordo de acionistas, de modo a nele dizer-se existente cláusula que não está escrita, referente à obrigação, não assumida pelos figurantes, de repassarem aos adquirentes ações havidas depois do dito acordo, circunstância que conduziu o acórdão recorrido a dizer inexistente título para execução específica.

Recurso especial n. 27.517-2 — Minas Gerais

(Registro n. 92.0023997-8)

Relator Originário: O Exmo. Sr. Ministro Eduardo Ribeiro

Relator p/ Acórdão: O Exmo. Sr. Ministro Dias Trindade

Recorrentes: Renato Augusto de Araújo e outros

Recorridos: Oswaldo de Araújo e outros

* Trabalho apresentado no curso de Pós-Graduação da Faculdade de Direito da Universidade de São Paulo, em 1997, na disciplina "Administração das Sociedades Mercantis em Direito Comercial Comparado II" (DCO 842), ministrada pelo Prof. Mauro Rodrigues Penteado

Advogados: Drs. Aluísio Xavier de Albuquerque, Carlos Augusto Sobral Rolemberg, Marcos Antônio Mundim e outros, e Luiz Carlos Portella Barbosa

ACÓRDÃO

Vistos e relatados estes autos, acordam os Ministros da Terceira Turma do Superior Tribunal de Justiça, na conformidade dos votos e das notas taquigráficas a seguir, retomando o julgamento, após o voto vista do Sr. Ministro Waldemar Zveiter, por maioria, vencidos os Srs. Ministros Eduardo Ribeiro e Nilson Naves, em não conhecer do recurso especial. Participaram do julgamento os Srs. Ministros Dias Trindade, Waldemar Zveiter, Cláudio Santos e Nilson Naves.

Custas, como de lei.

Brasília, 23 de março de 1993 (data do julgamento). Ministro Eduardo Ribeiro, Presidente. Ministro Dias Trindade, Relator p/ Acórdão.

RELATÓRIO

O Sr. Ministro Eduardo Ribeiro: Renato Augusto de Araújo, Sérgio Vicente de Araújo, Sílvio Lúcio de Araújo e Sociedade Comercial e Agrícola Santa Luzia Ltda. ajuizaram ação contra Oswaldo de Araújo, Milton de Araújo, Maurício de Faria Araújo, Marisa de Faria Araújo e Sociedade Agropecuária Indaiá Ltda.

Afirma a inicial que as partes, detentoras do controle acionário do Banco Mercantil do Brasil S.A., firmaram acordo de acionistas, do qual constava a proporção de participação de cada um no total das ações ordinárias daquela companhia. Admitiu-se a possibilidade de alteração desse quadro, em virtude de sucessão universal. Os signatários não poderiam, entretanto, adquirir ações de terceiros, de modo a modificar aquela proporcionalidade. Prosseguem os autores:

"8. A conseqüência necessária de eventual, mas irregular, aquisição de ações de terceiros, por parte de signatários do acordo — isto é, fora da proporção indicada no mesmo acordo — seria, portanto, a mesma estipulada para o caso de venda de ações por parte dos signatários (cláu. 3ª). Em tal hipótese, os demais teriam preferência para adquirir, proporcionalmente, o que na compra irregular houvesse excedido à proporção acionária do adquirente.

"9. Por este modo, na letra *e* no espírito do acordo, manter-se-ia a proporcionalidade que ele consagrou. Sem falar, por (ver infra, §§ 44 e 45), na hipótese de se poder anular a aquisição de terceiro, desde que a este — através da averbação prevista na LSA, art. 118, § 1º — se pudesse opor acordo de acionistas."

Os réus, contudo, decorridos alguns anos de cumprimento do pactuado, passaram a adquirir, sub-repticiamente, ações ordinárias de terceiros, visando a empolgar o controle da sociedade.

Após mencionarem outros fatos e afirmarem que o acordo teria sido arquivado no Banco, passam a cuidar da obrigatoriedade da avença, para os signatários, resultante do fato mesmo de terem firmado o acordo, expondo-se à execução específica. Isto decorreria de seus próprios termos, por constar cláusula, explicitando que assim haveria de ser executado, bem como dos artigos 639 e 641 do CPC, e 118, § 3º, da Lei das Sociedades por Ações.

Continua a inicial, cuidando da forma pela qual, consoante o acordo, se haveria de manter a proporção estabelecida e conclui que se deveria fazer o repasse, aos autores, das ações adquiridas pelos réus, de maneira a resguardar o avençado. Terminam pedido a procedência da ação para:

"I — condenar qualquer dos réus, que tenha adquirido ações ordinárias do Banco com violação da proporcionalidade estabelecida na cláusula primeira do acordo de acionistas de 08.10.1976, a:

"(i) repassar aos autores, na proporção estabelecida na cláusula primeira do citado acordo de acionistas, com as modificações resultantes de sucessão universal, todas as ações ordinárias, de emissão do Banco, com direito de voto, que excederem da participação acionária daquele que, diretamente ou por interposta pessoa, as tiver adquirido, ou vier a adquirir, tal como definida essa participação na mesma cláusula primeira; receberá o transmitente, pelas ações que assim tiver de repassar, o valor patrimonial do último balanço oficial anterior à compra, ou o preço de mercado, mas sempre o menor deles e nunca superior ao que tiver pago na aquisição delas (supra, § 49); em conseqüência deste pedido, a decisão judicial produzirá todos os efeitos da declaração de vontade não emitida pelo condenado, inclusive para todos os atos necessários ao repasse das ações, bem como para a assinatura dos respectivos termos de transferência de ações nos livros próprios do Banco (art. 641, CPC);

"(ii) abster-se de efetuar aquisições de ações como indicadas na alínea I (i), acima, ainda que por interposta pessoa, sob pena de outras conseqüências que couberem, além de seu repasse aos autores, nos termos referidos na alínea I (i);

"(iii) ter anulados, por fraudulentos, todos os termos relativos a transferência de ações adquiridas pelos réus e por eles transferidas a terceiros, após a assinatura de acordo, procedendo-se em relação a tais ações na forma estabelecida na alínea I (i);

"II — condenar todos os réus que se encontrarem na situação do inciso I, supra, a ter suspenso, pelo juízo, o exercício do direito de voto que corresponda às ações adquiridas com infração do citado acordo de acionistas, até que se execute, efetivamente, o repasse proporcional de tais ações aos autores, para que estes possam votar com elas e exercer, correspondentemente, os demais direitos societários;

"III — condenar todos os réus, signatários do acordo de acionistas de 08.10.1976, a se absterem de qualquer ato que possa retardar ou dificultar a averbação daquele acordo — para ser oponível a terceiros — nos livros próprios do Banco Mercantil do Brasil S.A., bem como a se absterem de outra qualquer infração omissiva ou comissiva do mesmo acordo, sob pena — quando não for caso de execução específica — de responderem por perdas e danos, além da pena pecuniária que o Juiz arbitrar;

"IV — condenar todos os réus, solidariamente, a pagar as despesas judiciais, inclusive os honorários dos advogados dos autores, a serem arbitrados pelo Juízo, na forma da lei."

Contestaram os réus. Salientam que o acordo foi concluído em 08 de outubro de 1976, quando ainda não vigorava a atual lei que rege as sociedades por ações. Vigia o Decreto-lei 2.627/40 e, na sua regência, vacilavam doutrina e jurisprudência quanto à validade dos acordos de acionistas. À falta de norma legal em que se apoiassem, tais convenções criavam vínculo pessoal, dela não tomando conhecimento a sociedade. Com a nova lei, o tema passou a ser regulado. Instituiu-se o arquivamento, a ser feito na companhia, daí advindo sua eficácia. Ocorre, entretanto, afirmam os contestantes, que o instrumento em questão não foi arquivado na sede da empresa mas apenas entregue ao signatário mais idoso — o réu Oswaldo Araújo — que o guardou em seu cofre particular, alugado do Banco. Não se deu o arquivamento, figura inexistente, segundo a legislação da época, como não se verificou posteriormente, mediante notificação dirigida à companhia, em que a providência não foi requerida, mencionando-se ratificação de arquivamento que não ocorrera. Ademais, foi impugnada por Marisa de Faria Araújo, uma de suas signatárias.

Continuam os contestantes, salientando que, ao ser subscrito o contrato, ainda não estava em vigor a Lei 6.404/76, que converteu as vantagens passíveis de serem alcançadas com tais acordos "em pesados encargos, sérios deveres e graves responsabilidades". Com tais modificações, seria necessário fosse ratificado, não podendo o novo regime automaticamente atingir os contratantes, que de tais conseqüências não haviam cogitado.

Assinalam, ainda que o acordo se fez para alcançar também herdeiros e sucessores, só podendo ser rescindido "por deliberação de signatários que sejam proprietários de 4/5 das ações com direito a voto". Estabeleceu-se inadmissível perpetuidade. Tanto mais inaceitável quanto envolvendo o exercício do direito de voto.

Passam a examinar cláusulas constantes do documento, procurando mostrar sua injuridicidade. Assim, a sétima, que interferiria com o regime de bens do casamento dos firmatários. Outras, seriam conflitantes e a quarta se chocaria com o artigo 254 e seu § 1º da Lei das S.A.

A isso se haveria de acrescer que os autores, ao votarem em Assembléia Geral, teriam desatendido cláusula do pacto, não podendo pretender seu adimplemento pelos demais convenentes, invocável a *exceptio non adimpleti contractus*.

Dando prosseguimento à defesa, asseveram que nada descumpriram porque nada havia a cumprir. De qualquer sorte, a pretensão seria inadmissível pois "o repasse pretendido pelos Autores não está previsto nem no discutido acordo de acionistas, nem na lei", não se viabilizando a excogitada aplicação analógica dos §§ 1º e 2º da cláusula 3ª do acordo.

O pacto firmado pelos litigantes estabelecera apenas obrigações de não fazer. Em nenhuma de suas cláusulas poderia ser encontrado fundamento jurídico para o pedido de "repasse das ações". Assumiu-se o dever de não adquirir ações, de não as dar em garantia ou ceder a terceiros. Obrigações de não fazer.

Ainda assim não fosse, haveria óbice no que se contém no artigo 640 do CPC. Não teriam os autores cumprido sua parte, meramente se oferecendo para depositar.

Após considerações de natureza doutrinária, quanto ao cumprimento das obrigações de não fazer, finalizam pleiteando se decida:

a) Serem os Autores considerados carecedores da ação ou esta improcedente pela absoluta ineficácia do acordo de acionistas de 8 de outubro de 1976 — autos fls. 22 a 29 — tudo conforme aqui deixamos alegado e demonstrado.

b) Uma vez declarado ineficaz, de modo absoluto, o dito acordo de acionistas, fiquem superadas as demais argüições, como superada a concessão liminar dada ao processo cautelar "preparatório" (embora vindo "depois" da ação principal) e, por tal conclusão, rechaçando-se, em conseqüência, toda a postulação deduzida no item VI da inicial — autos, fls. 14 e 15 — se imponham aos Autores as cominações legais, inclusive honorários advocatícios, conforme forem arbitrados, custas e demais pronunciações de direito.

c) Quando, porém, assim não fosse, o que se aceita apenas para argumentar, embora seja uma absurda admissibilidade, a procedência do pedido, tal qual foi formulado, é totalmente impossível, como demonstramos. É que inexiste, no caso, qualquer obrigação de fazer. Os arts. 639 e segts. do Cód. de Proc. Civ. não tem aplicação ao caso dos autos. Se se pudesse, por absurdo, considerar eficaz o profligado acordo de acionistas, no que se refere à aquisição de ações, o ato vedado consubstanciaria uma abstenção, então, obrigação de não fazer. Assim, a disposição processual aplicável — art. 642 — não levaria ao acolhimento do pedido. Acolhida, em tese, a pretensão — quando por absurdo se pudesse tê-la —, impor-se-ia apenas o desfazimento do ato ou a composição em perdas e danos, como reconhecem os Autores às fls. 12 dos autos, no item 44. De qualquer forma, pois, improcedente a lide, atendida a sucessividade da argumentação, deverão ser impostas aos Autores as pronunciações de direito, inclusive custas e honorários advocatícios conforme arbitrados."

Após outras manifestações das partes, foi o processo saneado. Realizada audiência, a sentença julgou procedente em parte a demanda:

"para condenar os RR. a repassarem aos AA., na proporção estabelecida na cláusula 1ª do Acordo de Acionistas do Banco Mercantil do Brasil S/A., firmado em 08.10.76, com os acréscimos resultantes de sucessão universal, todas as ações ordinárias, de emissão do BMB, com direito de voto, adquiridas por quaisquer dos RR. em infração ao mencionado Acordo, de forma a que se recomponha a proporcionalidade pactuada nas cláusulas 1ª e 2ª; recebendo os transmitentes, pelas ações assim repassadas, a média do valor pago na aquisição das ações, tendo como limite máximo o valor patrimonial; constituindo a sentença título hábil para o repasse, inclusive assinatura dos termos de transferência nos livros próprios do Banco Mercantil do Brasil S/A; condeno, ainda, os RR. a se absterem do exercício do direito de voto correspondente às ações adquiridas nas condições acima especificadas, até a efetivação do repasse proporcional aqui determinado, bem como a se absterem de qualquer infração omissiva ou comissiva do referido acordo, sob as penas requeridas pelos AA., no item III do seu pedido; condeno, finalmente, os RR. ao pagamento das custas processuais e honorários advocatícios das partes adversas, em 15% sobre o valor das ações, incidindo sobre essas parcelas de juros e correção monetária, na conformidade da Lei n. 6.899/81".

Apelaram os réus e, por maioria de votos, deu-se provimento ao recurso, tendo-se como nulo e ineficaz o acordo.

Manifestados embargos declaratórios, pelos réus, foram acolhidos, para evitar dúvida, embora se afirmasse que não havia omissão. Declarou-se que a pretensão de repasse das ações fora repelida.

Apresentaram-se embargos infringentes, recebidos, nos termos da conclusão do voto vencido, que mantinha a sentença.

As partes interpuseram declaratórios, sendo recebidos os dos réus, com o reconhecimento de que não se decidira especificamente sobre a questão relativa ao repasse das ações. É que os votos vencedores, na apelação, concluíram pela nulidade e ineficácia do acordo, abstendo-se de examinar a alegação de que, ainda assim não fosse, inadmissível o pretendido repasse. Suprindo-se a omissão, conclui-se que aquele não poderia ser deferido, à míngua de título em que se pudessem amparar os autores.

Transcrevo trecho expressivo do voto do ilustre Desembargador Oliveira Leite:

"E julgando a espécie, mesmo considerando firme e definido que o acordo de acionistas é válido e eficaz, também repilo e rejeito a pretensão do *repasse*. O nome (*repasse*) não é, sem dúvida, um *nomem juris*. O que os Autores na ação respectiva quiseram com ele significar é que os Réus deveriam ser condenados a lhes passarem ou lhes alienarem as ações que tivessem adquirido e cuja transferência importasse na quebra da proporcionalidade visada no acordo. Tratar-se-ia de obrigação de fazer cuja execução específica se procurava obter nos limites do artigo 639 do CPC combinado ao artigo 641 da mesma lei adjetiva. O artigo 639, citado, pressupõe uma fase de cognição onde deve aparecer o pré-contrato, título executivo. É uma fase de execução que se retrata na prolação de uma sentença que produza o mesmo efeito do contrato a ser firmado. Já decidiu o Excelso Supremo Tribunal Federal: "O artigo 639 do CPC pressupõe a existência de contrato preliminar que tenha o mesmo conteúdo — elementos essenciais e acidentais encarados objetivamente — que o contrato definitivo que as partes se comprometeram a celebrar" (RE 88.716-RJ), Relator Ministro Moreira Alves, "RTJ" 92/250. E o Egrégio Tribunal de Justiça de São Paulo, na mesma rota, julgou que "os arts. 639 e 641 do CPC não derrogaram o direito material disposto nos arts. 880 e 1.056 do Código Civil. Conseqüentemente, ainda que fungível a obrigação de fazer a substituição da vontade do obrigado pela declaração judicial somente é possível quando expressamente prevista no pré-contrato ou especificamente imposta pela lei. Se o contrato, ou melhor, o pré-contrato não contiver os pressupostos indispensáveis, ou seja, em suma, não preencher as condições de validade do definitivo — art. 1.006, § 2º, do CPC de 1939 — a pretensão não é possível e está excluída pelo título — artigo 639 vigente" (ac. em "RJTJESP" 55/61). A doutrina não foge a igual conclusão: "O credor, para acionar o devedor, deverá fundar-se em um contrato preliminar ou pré-contrato que, posteriormente, seria transformado em definitivo, desde que obedecidas as formalidades e as condições daquele primitivo instrumento" (Mendonça Lima, "Comentários ao CPC", For., vol. VI, tomo II, n. 1.741). Como em qualquer outra execução, a da execução de fazer não pode dispensar o título fundamental. *Nulla executio, sine titulo*.

Os autores na ação correspondente à Apelação 59.702, embasada nos arts. 639 e 641 do CPC, não provaram que dispunham de título executivo da *obligatio faciendi*. Não bastava a alegação de que a suposta obrigação resultava de inelutável conseqüência do acordo de acionistas. Era exigível o título ou pré-contrato, com os requisitos de forma, inclusive. E que contivessem a declaração de vontade. Este título não existiu."

Novo pedido da declaração foi formulado, pelos autores. Assinalaram que a questão relativa ao repasse das ações fora examinada no julgamento dos embargos, na medida em que acolhido o voto vencido. A decisão tomada nos anteriores declaratórios importaria violação flagrante dos artigos 471 e 535 do CPC. Haveria equívoco manifesto e contradição entre os pressupostos e a conclusão do acórdão.

Rejeitados os declaratórios, os autores recorreram, com argüição de relevância. Sustentam que o não recebimento dos embargos que apresentaram e a própria decisão que modificou a anteriormente tomada nos infrigentes importaram violação dos artigos 535, II, e 471 do CPC. Teriam, outrossim, dissentido de acórdãos do Supremo Tribunal Federal.

Alegaram, mais, que, ao negar o repasse, com base na inexistência de título, o aresto descumpriu os artigos 639, 641, 292 e seu § 2º, e 126, do CPC, assim como o artigo 118, § 3º, da LSA.

A ré Marisa Faria Araújo também apresentou recurso extraordinário. Afirma que o acórdão que julgou os infringentes vulnerara o artigo 530 do CPC, ao deles conhecer, pois unânime a decisão, relativamente à questão do repasse, como resultava do julgamento proferido em embargos declaratórios. Alegou, mais, dissídio com a Súmula 354 do Supremo Tribunal Federal.

Os recursos foram impugnados, sustentando os réus que intempestivo o manifestado pelos autores, já que se haveriam de computar os dias decorridos com a interposição dos embargos declaratórios.

Recusada a alegação de intempestividade, foram, entretanto, inadmitidos ambos os recursos, feita a conversão, tendo em vista a nova regulamentação constitucional. Neguei provimento ao agravo da ré e provi, para melhor exame, o dos autores.

É o relatório.

VOTO

O Sr. Ministro Eduardo Ribeiro: Examino, em primeiro lugar, a alegada intempestividade do recurso.

Julgados os embargos infringentes, prevaleceu o voto vencido, proferido na apelação, que confirmava a sentença, acolhendo parcialmente a demanda. Os réus-embargados apresentaram declaratórios. Entre outros temas, sustentaram haver omissão. Os embargos foram recebidos e, do suprimento da falta, resultou notável modificação do julgamento. Entendeu-se que o acórdão não cuidara de matéria relevantíssima, qual seja, a possibilidade de pleitear-se o repasse das ações, com o objetivo de restabelecer a proporção contemplada no acordo de acionistas. Considerou-se que, para isso, não havia título. Assim, embora tendo-se como válido o acordo, não se seguiria a conseqüência pretendida na inicial. Os ora recorrentes, autores da ação, que eram vencedores, consoante o julgado nos infringentes, passaram a vencidos, em parte fundamental. E a esta refere-se o especial.

Está a questão em saber qual o termo *a quo* para a contagem do prazo de recurso, computando-se ou não o lapso de tempo recorrido, do julgamento dos infringentes, até o pedido de declaração.

A regra, como induvidoso, é de que os embargos suspendem — não interrompem — o curso do prazo. A hipótese, entretanto, é peculiar. O acolhimento dos declaratórios, com o reconhecimento da omissão, levou a modificação do julgamento. Até então, os autores não poderiam recorrer, para isso carecendo de interesse. Afigura-se-me inadmissível, por conseguinte, afirmar-se que já fluíra uma parte do prazo.

A matéria foi, a meu ver, bem examinada na decisão, a propósito proferida pelo ilustre Vice-Presidente do Tribunal de origem, Desembargador José Fernandes Filho. Dela transcrevo trecho:

"Sem embargo de todo o respeito e admiração que sempre mereceu o ilustre patrono dos recorridos, o raciocínio desenvolvido na tentativa de demonstrar a extemporaneidade do recurso dos autores parte de um equívoco fundamental. É que se toma como termo inicial do prazo de recurso a data da publicação do acórdão proferido nos infringentes.

Ora, *data venia,* nesse julgamento — dos infringentes — os autores lograram êxito total, quando, por maioria (3x2), a Câmara entendeu de receber os embargos por eles interpostos e manifestar adesão ao voto vencido que, por sua vez, mantinha *in totum,* a sentença recorrida.

Parece-me claro que naquela oportunidade não houve, ainda, sucumbência para os autores que, então, se viram vitoriosos na demanda.

Ausente, naquele momento, a sucumbência em relação aos autores, não poderiam eles cogitar da interposição de recurso extraordinário, mesmo porque faltar-lhe-ia um pressuposto essencial: o interesse de recorrer.

Os autores se viram vencidos somente quando, acolhendo embargos declaratórios opostos pelos réus, a Câmara, à guisa de suprir suposta omissão do acórdão proferido em grau de embargos infringentes, houve por bem adentrar no julgamento da questão do repasse de ações para, então, dar provimento ao recurso e reformar a sentença apelada.

Com este julgamento, aí sim, houve sucumbência para os autores, quanto ao repasse de ações, nascendo-lhes daí o interesse de recorrer.

A meu ver, somente desse momento deve ser contado o prazo recursal.

Apesar de na generalidade dos casos dever-se computar ao prazo do extraordinário o período já recorrido antes da interposição de embargos declaratórios, aqui penso configurar-se especial circunstância a autorizar tratamento diverso. É que, como já dito, a decisão ensejadora do recurso somente surgiu, toda ela, com a decisão proferida nos embargos declaratórios. Isso porque a solução dos declaratórios *in casu* trouxe um pronunciamento "novo e original", em relação ao acórdão deles objeto.

Assim, não se pode dizer que o aresto recorrido seja o lavrado na decisão dos infringentes, posteriormente declarado, mas, sim, o dos declaratórios: nestes, suprindo-se alegada omissão, foi emitido real julgamento de mérito, quanto ao tema do repasse de ações.

Nesse sentido, vem a calhar a lição de Pontes de Miranda, em comentário ao art. 538 do CPC:

"Se a decisão dos embargos de declaração é tal que surja ao embargado interesse de recorrer que não existia, "há decisão nova", de que se pode recorrer "dentro do prazo contado dela", segundo os princípios" — Grifei — (*Comentários ao Código de Processo Civil*", vol. VIII, pág. 427, Editora Forense, Rio, 1975).

Acrescento, por fim, que esta turma tem precedente, no mesmo sentido. Refiro-me ao julgamento proferido no REsp n. 14.773, de que fui Relator — *Revista do STJ*, n. 36, pág. 435 — de cuja ementa transcrevo:

"Embargos declaratórios.

A interposição dos declaratórios, é certo, apenas suspende o prazo para outros recursos. Entretanto, tendo sido recebidos, com modificação do anteriormente decidido, será integral o prazo para recorrer dessa segunda decisão."

Supero, pois, a alegação de intempestividade, sem necessidade de exame da outra razão deduzida para afastá-la.

O primeiro fundamento do recurso prende-se ao tema focalizado, pertinente à modificação, introduzida no julgamento dos infringentes, ao serem apreciados os embargos declaratórios.

Os recorrentes, relativamente ao ponto, desdobram seu ataque. Como também ofereceram declaratórios, alegando que, por erro material, se reconhecera omissão inexistente, e esses embargos foram rejeitados, sustentam ter havido infração do que se contém no artigo 535 do CPC, além de configurar-se o dissídio, posto que se verificara realmente aquele erro. Porém, em conseqüência, a reforma da decisão, quanto aos embargos que interpuseram.

Se isso não se fizer, haveria de ser provido o especial para reformar a decisão que, acolhendo os embargos ofertados pela parte contrária, reconhecer a omissão, modificando o acórdão relativo aos infringentes. O motivo seria o mesmo. Teve-se como presente omissão de que não padecia o julgado. Cumpre, pois, que isso seja examinado.

Valeram-se os recorrentes de parecer do autorizado processualista que é Humberto Theodoro Jr., a propósito do cabimento dos embargos declaratórios. Dele extraio o seguinte trecho:

"Inadmissível é considerar-se omissão do acórdão a falta de menção ao repasse de ações nos fundamentos dos votos proferidos nos embargos infringentes. É que não é nos fundamentos que se pode localizar a omissão de um julgado, mas no seu dispositivo. É na conclusão do decisório que se pode procurar omissão, e, no caso *sub cogitatione,* o que no dispositivo se encontra é a proclamação clara e precisa de recebimento dos embargos infringentes, por expressa adesão à conclusão do voto vencido".

Da transcrição saliento a afirmativa nuclear de que "não é nos fundamentos que se pode localizar a omissão de um julgado, mas no seu dispositivo". Com a devida vênia do mestre, por quem nutro singular admiração, não posso aderir à assertiva. Tenho, em verdade, como certo que, tanto à omissão quanto aos fundamentos, como a que se verifica no que tange ao dispositivo, pode ser suprida pela via dos declaratórios.

Sentenças e acórdãos, como pacífico, haverão de declinar as razões por que chegaram a determinada conclusão. Quanto a isso não é lícito questionar. Se o pedido do autor ou a defesa do réu têm mais de um fundamento e é desacolhida a postulação, ou rejeitada a contestação, sem que todos sejam examinados, patenteia-se a omissão. E o remédio será o uso dos declaratórios.

No caso que ora se aprecia, dois temas, ainda que vinculados, podem ser destacados. Os autores pretendem obter o repasse de determinadas ações, objetivando resguardar a proporcionalidade estabelecida em acordo de acionistas. Cumpria verificar se o acordo era válido, encontrava-se em vigor, e fora violado. Admitido que assim era, outra questão se colocava. Mister pesquisar se adequado o resultado jurídico pretendido, o repasse das ações. Ter-se o acordo como válido, não significava, necessariamente, que a solução a ser dada, em vista de seu inadimplemento, houvesse de ser a perseguida na inicial. Poder-se-ia, em tese, negar a possibilidade de execução específica, ou mesmo entender-se que esta seria possível, mas de modo diverso do postulado.

O julgamento da apelação considerou ineficaz o acordo de acionistas e, em conseqüência, rejeitou o pedido de repasse compulsório. Isso, já não estivesse claro, resultou patenteado da decisão proferida nos embargos declaratórios a esse acórdão, como se verifica do voto do Relator, acompanhado pelos demais. Transcrevo-lhe parte:

"Na conformidade com o voto que proferi nos embargos declaratórios interposto na Apelação n. 59.120, o acordo de acionistas foi considerado ineficaz e sem nenhum efeito, o que acarretou a improcedência do pedido de repasse, com o conseqüente acolhimento das razões, argüidas pelos embargantes".

Vê-se que a negativa da pretensão de que fossem as ações repassadas decorreu do fato mesmo de ter-se como ineficaz o acordo. Não se impunha o exame do outro tema.

Quando se cuidou de julgar os embargos infringentes, os eminentes magistrados que disso se incumbiram procederam a aprofundado exame daquela matéria. Ocorre que, como dito, havia outro possível óbice ao acolhimento do pedido, cuja análise se fazia necessária, na medida em que superado o primeiro obstáculo. E disso se olvidaram os votos prolatados nos embargos infringentes.

Sustentam os recorrentes que não se deu a falha apontada, por ter sido adotado o voto vencido na apelação que, embora sucintamente, cogitara da matéria, afirmando que o repasse era a solução que se recomendava.

Não se nega seja possível, ainda que com algumas restrições, valer-se o acórdão de fundamentação constante da sentença. Admita-se, como consigna o parecer já citado, "que não é incompleto nem defeituoso o acórdão que incorpora fundamentos e argumentos da própria sentença recorrida para confirmá-la em decisão de segunda instância". Não se discutirá a respeito desse tema porque, no caso concreto, não ocorreu a apontada incorporação dos fundamentos anteriormente deduzidos, como se passa a mostrar.

Nos embargos infringentes, três foram os votos vencedores. O primeiro deles, do eminente Desembargador Régulo Peixoto, versou com invulgar brilhantismo a validade e eficácia do acordo de acionistas, relativamente a seus signatários. Nenhuma palavra, entretanto, quanto à viabilidade jurídica da execução específica, na forma postulada. Ao concluir, assinalou:

"Pelos motivos expostos, *data venia* dos votos vencedores, dou minha modesta adesão aos termos da conclusão do voto vencido, recebendo os embargos".

Parece-me claro que se procurou restringir a concordância tão-só às conclusões do voto vencido. Deu-se prevalência à sua parte dispositiva, mantendo a sentença. Apenas isso. Em tais circunstâncias, cumpre reconhecer que não se cuidou do alegado empecilho à execução específica.

No não menos brilhante voto do douto Desembargador Lincoln Rocha, procedeu-se a acurado exame das questões pertinentes à validade e vigência do acordo, e sua eficácia, em relação às partes que nele intervieram. Também aí nenhuma alusão à outra matéria. Conclui aquele magistrado, endossando o voto do Relator e recebendo os embargos sem menção ao voto vencido.

Por fim, o ilustre Desembargador Valle da Fonseca, que também proferiu substancioso voto, igualmente se absteve de referência à questão da execução específica.

Em vista do que ficou dito, considero que ocorreu a omissão. Certo que não quanto à conclusão, na medida em que, relativamente a isso, adotada a do voto vencido na apelação, mas induvidosamente, quanto aos motivos por que se teve como admissível a questionada execução.

Rejeito, pois, o primeiro fundamento, não configurado o dissídio, exatamente por que se reconhece a omissão, suprível pela via eleita. Prossigo no exame do recurso.

Sustentam os recorrentes que o acórdão proferido nos embargos declaratórios, além de haver violado as citadas normas processuais, a outras desatendeu, ao considerar inviável, por falta de título, o pedido de que se houvesse de proceder ao repasse das ações adquiridas pelos réus.

Entenderam os votos vencedores, proferidos nos embargos declaratórios apresentados ao acórdão que julgou os infringentes, que os autores careciam de título capaz de sustentar a pretensão de obter a transferência compulsória das ações.

O eminente Desembargador Oliveira Leite, que a propósito mais se estendeu, salientou tratar-se de obrigação de fazer cuja execução específica procurava amparo nos artigos 639 e 641, do CPC. O primeiro supõe "fase de cognição, onde deve aparecer o pré-contrato, título executivo". A incidência da norma careceria, pois, de um contrato preliminar, com o conteúdo do definitivo. A substituição da vontade das partes pela sentença só se viabilizaria "quando expressamente prevista no pré-contrato ou especificamente imposta pela lei". Inexistia o título "com os requisitos de forma" e "que contivesse a declaração de vontade".

A questão diz com tema que vem assumindo singular relevo na preocupação dos processualistas, por se relacionar com a efetividade do processo. A tendência moderna é de procurar-se, sempre que possível, a exata realização do direito, por meio da Jurisdição. E o direito só se pode considerar realizado quando o credor tiver assegurado aquilo mesmo que lhe é devido. Trata-se de orientação atual que rompe com a superada concepção de que o inadimplemento de obrigações de fazer ou não fazer houvesse de substituir-se em regra, por indenização em dinheiro. Lembra Dinamarco a advertência de Chiovenda, realçando que "o processo precisa ser apto a dar a quem tem um direito, na medida do que for praticamente possível, tudo aquilo a que tem direito e precisamente aquilo a que tem direito" (*A Instrumentalidade do Processo*, Rev. Trib., 2ª ed., p. 426).

Coloca-se em relevo, nos tempos que correm, o equívoco do entendimento expresso no aforismo *nemo precise ad factum cogipotest*. Certo que não é possível, fisicamente, forçar alguém à prática de um ato que envolva manifestação de vontade. Vários mecanismos existem, porém, tendentes a alcançar a realização do direito. Em certas circunstâncias, substitui-se o fazer do devedor por um terceiro; em outras, por meio das *astreintes*, é exercida pressão psicológica sobre o devedor; em outras, ainda, a sentença supre a manifestação de vontade. A propósito dessa última possibilidade merece transcrição texto de Dinamarco, na obra e local citados:

"Para isso" — refere-se à necessidade de assegurar ao credor exatamente aquilo a que tem direito — "em primeiro lugar é indispensável que o sistema esteja preparado para produzir decisões que sejam capazes de propiciar a tutela mais ampla possível aos direitos reconhecidos (e, aqui, é inevitável a superposição do discurso acerca da utilidade das decisões, ao da abertura da via de acesso). Onde for possível produzir precisamente a mesma situação que existiria se a lei não fosse descumprida, que sejam proferidas decisões nesse sentido e não outras meramente paliativas.

"Quanto a isso, as sentenças constitutivas são de muita eficácia: elas conduzem diretamente às situações desejadas, sem dependência da conduta do demandado. Entre as constitutivas, as substitutivas da vontade do devedor dispensam qualquer manifestação da parte deste e constituem conquista do processo moderno: venceram o dogma da intangibilidade da vontade humana, mal colocado no caso para permitir a obtenção do resultado que a declaração omitida teria produzido e, com isso, dar elevado grau de efetividade ao sistema processual. O desenvolvimento das idéias a respeito incluiu também, conseqüentemente, repúdio à facilidade com que tradicionalmente se apontava a conversão em pecúnia como solução para obrigações de fazer não cumpridas. A tutela específica constitui sempre afirmação muito energética da autoridade do próprio ordenamento jurídico-material."

E sobre a importância de assegurar-se a satisfação do direito, tal como decorre da relação jurídico-material, vale citar, ainda, trecho de Barbosa Moreira:

"Não há dúvida de que a tutela específica é superior e deve ser preferida, sempre que possível, a qualquer outra forma. O que o ordenamento quer é que os deveres e obrigações se cumpram tais quais são. Se a alguém é dado pretender, segundo o direito, que outrem se abstenha de algo, há de poder contar com o direito para conseguir a utilidade que espera da abstenção — essa utilidade, e não outra, "equivalente" que seja, ou inculcada como tal. E a necessidade de recorrer às vias judiciais para obter proteção nada altera, em princípio, no quadro: se o processo constitui instrumento para a realização do direito material, só se pode a rigor considerar plenamente eficaz a sua atuação quando ele se mostre capaz de produzir resultado igual ao que se produziria se o direito material fosse espontaneamente observado" (*Temas de Direito Processual,* Segunda Série, Saraiva, 1988 — pp. 31/32).

A matéria foi tratada, aliás, com a costumeira proficiência, no já citado parecer de Humberto Theodoro.

No caso em exame, considerou o acórdão que seria necessário um pré-contrato, contendo os elementos do definitivo, para que houvesse título, a justificar a pretensão de exigir a transferência das ações. Claro que tal contrato preliminar não existe. Não se cuida de execução de promessa de compra e venda. Cumpre deter-se um pouco na natureza da obrigação assumida.

Não se colocou seriamente em dúvida que, dos termos do acordo, advinha a obrigação, para seus signatários, de manter a proporção, nele fixada, de participação no capital. Isso resulta claríssimo do pactuado e os réus forcejaram por negar-lhe validade e eficácia, inviável negar-se a existência da cláusula. As instâncias ordinárias não decidiram de modo diverso. Entenderam inexistir título que ensejasse a execução, nos termos postulados, estabelecendo a obrigação de revender ações. Não se negou que os sócios houvessem acordado em manter a proporção acionária. Não há, pois, questão pertinente a reexame de cláusula contratual, incompatível com o recurso em julgamento.

Do dever jurídico de não alterar a participação proporcional dos convenentes na composição acionária, resultavam obrigações de fazer e não fazer. Se algum dos firmatários do pacto decidisse alienar ações de que fosse titular, haveria de assegurar preferência aos demais. Não poderia qualquer deles, por outro lado, adquirir ações de terceiros, de maneira a alterar a proporcionalidade estabelecida. Aí, uma obrigação de não fazer.

Descumprida essa última, e disso aqui se cogita, o adimplemento específico consistiria no desfazimento do ato, pois, nulo ou ineficaz não era, como salientado no processo, mesmo porque o acordo, não averbado nos livros da Companhia, era inoponível a terceiros. Não havia como tutelar especificamente a obrigação de não fazer, pois o descumprimento já se verificara. Sendo, entretanto, física e juridicamente possível, a obrigação de não fazer converter-se em de fazer, tendente a reparar o ilícito, repondo-se as coisas no estado anterior. Resolver-se-á em perdas e danos apenas quando impraticável desfazer o ato (CPC, art. 643, parágrafo único).

Há que se pesquisar, então se os recorrentes dispunham de título que os fazia credores de uma obrigação de não fazer. A resposta será afirmativa, não havendo lugar para hesitação. O acordo de acionistas, sobre cuja validade, vigência e eficácia aqui não se discute, criou a obrigação de não modificar a proporção, nele prevista, de distribuição das ações do Banco Mercantil. Dando-se o descumprimento dessa, agindo algum deles de maneira a alterá-la, surge para os demais o direito de mandar sejam as coisas repostas no estado anterior. Tornam-se credores de obrigação de fazer. E no próprio contrato têm o título para exigir seu adimplemento, que se haverá de efetuar, preferencialmente, de maneira específica. A substituição por pecúnia só ocorrerá se inviável a própria prestação a que os credores têm direito.

Note-se que esse adimplemento, a que corresponderá a tutela específica da Jurisdição, além de impor-se como decorrência das regras pertinentes, resulta, ainda, de normas que dizem diretamente com a hipótese em julgamento.

Os próprios contratantes, observa-se de passagem, ao firmarem acordo, tiveram em conta que seria insatisfatória qualquer outra modalidade que não a consistente no cumprimento específico. Fizeram consignar, em atenção a isso, cláusula nos seguintes termos:

"As obrigações assumidas neste instrumento terão a execução específica prevista no Capítulo III, Seções I e II, do Código de Processo Civil, reconhecendo expressamente os signatários que o simples pagamento de perdas e danos não constituirá compensação adequada para o inadimplemento das obrigações assumidas no presente acordo".

De outra parte, e isso o que realmente importa, a vigente Lei que regula as sociedades anônimas, ao tratar de acordo de acionistas, dispõe em seu artigo 118, § 3º:

"Nas condições previstas no acordo, os acionistas podem promover a execução específica das obrigações assumidas".

Certo que o acordo foi concluído alguns poucos meses antes da vigência da Lei 6.404/76 e, no sistema anterior, sequer se cogitava de tais avenças. Daí não se segue, entretanto, que o direito novo não fosse invocável. Inexiste qualquer retroatividade, pois não se atinge o ato jurídico, mas apenas se explicita quanto a sua eficácia. Lembre-se precedente em nosso Direito. Quando se introduziu a regra de que os contratos de compromisso de compra e venda, atendidas determinadas condições, dariam direito a adjudicação compulsória, não se colocou em dúvida que seria aplicável também aos firmados antes de sua edição.

No caso, aliás, o dispositivo citado, na Lei das Sociedades por Ações, está em perfeito acordo com o que, anteriormente, já haviam estabelecido os interessados. Houvesse algum óbice legal ao pactuado, teria desaparecido.

Do que ficou dito, forçoso concluir que os recorrentes estavam titulados para exigir se abstivessem os recorridos de alterar a composição acionária. Descumprida a obrigação passaram a ter o direito de reclamar se desfizesse a alteração, tornando-se ao estado anterior. Essa obrigação de fazer, surgida do descumprimento daquela de não fazer, haverá de ser, em princípio, adimplida especificamente como resulta das regras gerais pertinentes da Lei das Sociedades por Ações, e do próprio contrato.

Não posso aderir, por conseguinte, à afirmação do acórdão de que o pedido se apresentava como inadmissível, por falta de título. Certo que não existe um contrato preliminar impondo que outro, de compra e venda, fosse firmado. Não é essa, entretanto, a única hipótese em que se pode pleitear tutela específica. No caso, a obrigação de fazer surgiu em virtude do descumprimento da que fora avençada, de não fazer.

Resta verificar, por fim, se algum empecilho existe a que a execução do contratado se faça na forma indicada.

Mencionou-se que não se poderia inquinar de nulo o ato de aquisição de ações. A fórmula viável, em conseqüência, seria delas se desfazerem os recorridos. Possível transferi-las a terceiros desde que assim diligenciassem. Isso, entretanto, não se pode fazer compulsoriamente, por isso mesmo que envolve estranhos à lide. O procedimento indicado na inicial, entretanto, é perfeitamente viável. Resguardar-se-á o pactuado, procedendo-se à transferência das ações aos recorrentes, de maneira a manter a proporcionalidade.

Considero, pois, que violado o disposto no artigo 118, § 3º, da Lei das Sociedades por Ações. Nada importa, como já salientado, que a norma seja posterior à elaboração do acordo. Trata-se, apenas, de expressamente dar eficácia legal plena ao ajustado pelas partes. Ausente qualquer irretroatividade vedada. Não se atinge o ajustado mas, ao contrário, assegura-se-lhe a inteireza.

Também irrelevante não tenha havido, no acórdão, menção a esse dispositivo legal. O requisito do prequestionamento está atendido com o fato de o tema jurídico — possibilidade de demandar o adimplemento específico do acordo de acionistas — haver sido versado. E na medida em que se negou existência de título, malgrado não se negasse a existência do acordo, deixou-se de aplicar lei que incidia, contrariando-a em conseqüência.

Já me manifestei, em diversas oportunidades, quanto a esse modo de considerar o prequestionamento. Assim, em artigo de doutrina:

"Afasta-se de início o exagero de ter-se como indispensável que o aresto recorrido haja especificamente mencionado determinado dispositivo legal, para que se possa alegar que o desatendeu. Não é o artigo de lei mas a questão de direito que não se dispensa tenha sido cogitada" — Recurso Especial — Algumas Questões de Admissibilidade — *in Recursos no STJ*, p. 186, Saraiva — 1991.

Também em julgados, com o apoio desta 3ª Turma. Menciono, entre outros, o REsp 6.485 de que fui Relator.

Conheço, pois, do recurso e dou-lhe provimento para que os réus repassem aos autores as ações ordinárias adquiridas, com direito de voto, de maneira a se restabelecer a proporção prevista no acordo de acionistas, com as modificações resultantes de sucessão universal. O preço será calculado na forma estabelecida no § 1º da cláusula 3ª do acordo de acionistas (fls. 24/25), recusada a alternativa consignada na inicial, já que existe avença para hipótese análoga. O valor será apurado em liquidação e, depositado o respectivo montante, expedir-se-á provimento judicial que substitua a declaração de vontade dos réus, caso não cumpram voluntariamente o julgado. Os réus ficarão impedidos de exercer o direito de voto, relativamente às ações adquiridas, em descumprimento do acordo, até que se aperfeiçoe o repasse. Custas e honorários pelos réus, arbitrados estes em dez por cento sobre o valor da causa, certo que os autores sucumbiram em parte mínima.

VOTO PRELIMINAR

O Exmo. Sr. Ministro Dias Trindade: Sr. Presidente, entendo também que o prazo para recurso somente se apresentou para os autores após a sua sucumbência com o julgamento dos embargos. Antes eles não tinham interesse para recorrer.

VOTO

O Exmo. Sr. Ministro Dias Trindade: Sr. Presidente, desde a leitura dos memoriais oferecidos pelos eminentes Advogados das partes, ficara-me a impressão de que a omissão no acórdão dos embargos infringentes não se verificara, mas acompanhando o voto proferido por V. Exa., estou em que, efetivamente, essa omissão ocorrera, daí por que passível de ser suprida pelos embargos infringentes.

Quanto à questão de mérito, ousarei discordar do voto do eminente Ministro-Relator, não obstante o brilho com que exposto, porque entendo que, passar-se a examinar as cláusulas contratuais, com a profundidade com que fez o voto que V. Exa. acaba de proferir, é impossível em recurso especial, a teor do que consta da Súmula n. 5.

Por isso, pedindo vênia a V. Exa., voto no sentido de não conhecer do recurso.

Extrato da minuta

REsp n. 27.517-2 — MG — (92.0023997-8) — Relator: Exmo. Sr. Ministro Eduardo Ribeiro. Rectes: Renato Augusto de Araújo e outros. Adv.: Aluísio Xavier de Albuquerque. Recdos.: Oswaldo Araújo e outros. Advogados: Carlos Augusto Sobral Rolemberg e Marcos Antônio Mundim e outros. Recda.: Mariza de Faria Araújo. Adv.: Luiz Carlos Portella Barbosa. Sustentaram, oralmente, o Dr. Xavier de Albuquerque, pelos Recorrentes, e o Dr. Inocêncio Mártires Coelho, pelos Recorridos.

Decisão: A Turma, preliminarmente, por unanimidade, rejeitou a alegação de intempestividade do recurso, e, após o voto do Sr. Ministro Relator, conhecendo do recurso especial e lhe dando provimento, e do Sr. Ministro Dias Trindade dele não conhecendo, pediu vista o Sr. Ministro Waldemar Zveiter. Aguardam os Srs. Ministros Cláudio Santos e Nilson Naves (em 16.02.93 — 3ª Turma).

Participaram do julgamento os Srs. Ministros Dias Trindade, Waldemar Zveiter, Cláudio Santos e Nilson Naves.

Presidiu o julgamento o Sr. Ministro Eduardo Ribeiro.

VOTO — VISTA

O Exmo. Sr. Ministro Waldemar Zveiter: Senhor Presidente, antes de proferir o meu voto, registro que recebi memoriais aditivos dos nobres advogados que sustentam pontos de vista contrários na causa, que contribuíram para a formação de meu convencimento. Agradeço a Suas Excelências.

Meu voto é o seguinte: Escuso-me de rememorar em minúcias a hipótese, por ter presente a proximidade do início do julgamento e a excelência do relatório que nos foi distribuído pelo eminente Relator, Senhor Ministro Eduardo Ribeiro.

Relembro, contudo, no essencial, que o Recurso veio a esta Corte em face de provimento a Agravo interposto pelos autores e ora recorrentes, para melhor exame de alegadas violações a dispositivos da lei processual civil e de Sociedades Anônimas.

Em síntese, sustentam os recorrentes que o não recebimento dos Embargos Declaratórios que apresentaram e a própria decisão que modificou a anteriormente tomada nos Embargos Infringentes teriam violado os arts. 535, II, e 471, do CPC, bem assim dessentido de paradigmas do STF.

Afirmam, também, que ao negar o Acórdão, com base na inexistência de título, o repasse das ações adquiridas pelos recorridos de terceiros, feriu o Acordo de Acionistas que estabeleceu o equilíbrio acionário dos detentores do Controle do Banco Mercantil do Brasil S/A, infringindo, por isso, os arts. 639, 641, 292, § 2º, 126, da Lei Adjetiva Civil, e 118, § 3º, da Lei de Sociedades Anônimas.

Quanto à alegada violação aos arts. 535, II, e 471, do CPC, ponho-me de inteiro acordo com o Senhor Ministro Relator, que assim concluiu seu Voto, secundado pelo Senhor Ministro Dias Trindade:

"Quando se cuidou de julgar os embargos infringentes, os eminentes magistrados que disso se incumbiram procederam a aprofundado exame daquela matéria. Ocorre que, como dito, havia outro possível óbice ao acolhimento do pedido, cuja análise se fazia necessária, na medida em que superado o primeiro obstáculo. E disso se olvidaram os votos prolatados nos embargos infringentes.

Sustentam os recorrentes que não se deu a falha apontada, por ter sido adotado o voto vencido na apelação que, embora sucintamente, cogitara da matéria, afirmando que o repasse era a solução que se recomendava.

Não se nega seja possível, ainda que com algumas restrições, valer-se o acórdão de fundamentação constante da sentença. Admita-se, como consigna o parecer já citado, "que não é incompleto nem defeituoso o acórdão que incorpora fundamentos e argumentos da própria sentença recorrida para confirmá-la em decisão de segunda instância". Não se discutirá a respeito desse tema porque, no caso concreto, não ocorreu a apontada incorporação dos fundamentos anteriormente deduzidos, como se passa a mostrar.

Nos embargos infringentes, três foram os votos vencedores. O primeiro deles, do eminente Desembargador Régulo Peixoto, versou com invulgar brilhantismo a validade e eficácia do acordo de acionistas, relativamente a seus signatários. Nenhuma palavra, entretanto, quanto à viabilidade jurídica de execução específica, na forma postulada. Ao concluir, assinalou:

"Pelos motivos expostos, *data venia* dos votos vencedores, dou minha modesta adesão aos termos da conclusão do voto vencido, recebendo os embargos".

Parece-me claro que se procurou restringir a concordância tão-só às conclusões do voto vencido. Deu-se prevalência a sua parte dispositiva, mantendo a sentença. Apenas isso. Em tais circunstâncias cumpre reconhecer que não se cuidou do alegado empecilho à execução específica.

No não menos brilhante voto do douto Desembargador Lincoln Rocha, procedeu-se a acurado exame das questões pertinentes à validade e vigência do acordo, e sua eficácia, em relação às partes que nele intervieram. Também aí nenhuma alusão à outra matéria. Concluiu aquele magistrado, endossando o voto do Relator e recebendo os embargos sem menção ao voto vencido.

Por fim, o ilustre Desembargador Valle da Fonseca, que também proferiu substancioso voto, igualmente se absteve de referência à questão da execução específica.

Em vista do que ficou dito, considero que ocorreu a omissão. Certo que não quanto à conclusão, na medida em que, relativamente a isso, adotada a do voto vencido na apelação, mas, induvidosamente, quanto aos motivos por que se teve como admissível a questionada execução.

Rejeito, pois, o primeiro fundamento, não configurado o dissídio, exatamente por que se reconhece à omissão, suprível pela via eleita".

Já no que diz com a alegada ofensa aos referidos arts. 639, 641, 292, § 2º, e 126, da norma adjetiva, e 118, § 3º, da Lei das Sociedades Anônimas, peço licença ao eminente e culto Relator para dissentir de seu erudito voto. Tenho como insuscetível de apreciada a matéria em sede do Especial. É que o Acórdão ao cuidar dos primeiros, da lei processual, e do último — este porque mesmo antes da vigência da Lei n. 6.404/76, tão-só ao enfoque do tema: Acordo de Acionistas — se houve no esmiuçar todos os aspectos fáticos da causa, e examinando o Acordo e suas cláusulas, elementos concretos nos quais firmou-se convicção; por isso que vedado seu reexame nesta Instância Especial, a teor do enunciado nas Súmulas ns. 5 e 7, deste Tribunal.

A comprovar tal assertiva, colho dos autos, às fls. 619/620, a seguinte fundamentação do voto do eminente Desembargador Oliveira Leite:

"E julgando a espécie, mesmo considerando firme e definido que o acordo de acionistas é válido e eficaz, também repilo e rejeito a pretensão do *repasse*. O nome (*repasse*) não é, sem dúvida, um *nomem juris*. O que os Autores na ação respectiva quiseram com ele significar é que os Réus deveriam ser condenados a lhes passarem ou lhes alienarem as ações que tivessem adquirido e cuja transferência importasse na quebra da proporcionalidade visada no acordo. Tratar-se-ia de obrigação de fazer cuja execução específica se procurava obter nos limites do artigo 639 do CPC combinado ao artigo 641 da mesma lei adjetiva. O artigo 639, citado, pressupõe uma fase de cognição onde deve aparecer o pré-contrato, título executivo. É uma fase de execução que se retrata na prolação de uma sentença que produza o mesmo efeito do contrato a ser firmado. Já decidiu o Excelso Supremo Tribunal Federal: "O artigo 639 do CPC pressupõe a existência de contrato preliminar que tenha o mesmo conteúdo — elementos essenciais e acidentais encarados objetivamente — que o contrato definitivo que as partes se comprometeram a celebrar" (RE 88.716-RJ, Relator Ministro Moreira Alves, "RTJ" 92/250). E o Egrégio Tribunal de Justiça de São Paulo, na mesma rota, julgou que "os arts. 639 e 641 do CPC não derrogaram o direito material disposto nos arts. 880 e 1.056 do Código Civil. Conseqüentemente, ainda que fungível a obrigação de fazer a substituição da vontade do obrigado pela declaração judicial somente é possível quando expressamente prevista no pré-contrato ou especificamente imposta pela lei. Se o contrato, ou melhor, o pré-contrato não contiver os pressupostos indispensáveis, ou seja, em suma, não preencher as condições de validade do definitivo — art. 1.006, § 2º, do CPC de 1939 — a pretensão não é possível e está excluída pelo título — artigo 639 vigente" (ac. em "RJTJESP", 55/61). A doutrina não foge a igual conclusão: "O credor, para acionar o devedor, deverá fundar-se em um contrato preliminar ou pré-contrato que, posteriormente, seria transformado em definitivo, desde que obedecidas as formalidades e as condições daquele primitivo instrumento" (Mendonça Lima, "*Comentários ao CPC*", For., vol. VI, tomo II, n. 1.741). Como em qualquer outra execução, a da execução de fazer não pode dispensar o título fundamental. *Nulla executivo, sine titulo*".

Os autores na ação correspondente à Apelação 59.702, embasada nos arts. 639 e 641 do CPC, não provaram que dispunham de título executivo da *obligatio faciendi.* Não bastava a alegação de que a suposta obrigação resultava de inelutável conseqüência do acordo de acionistas. Era exigível o título ou pré-contrato, com os requisitos de forma, inclusive. E que contivessem a declaração de vontade. Esse título não existiu."

De sua leitura, penso restar claro que com base nos fatos da causa — inexistência de título — foi que se afirmou inaplicável à espécie dos autos o disposto nos arts. 639 e 641 da lei processual, certo que inaplicáveis estes, via de conseqüência não haveria como colher a pretensão deduzida com suporte nos mencionados arts. 126 e 292, § 2º, do mesmo diploma legal, e 118, § 3º, da Lei de Sociedades Anônimas.

Mas não fora, por amor ao argumento, essa a conseqüência, ainda assim a obstar o conhecimento por infração a estas normas, dois aspectos susbsistiram: um, a falta de seu necessário prequestionamento, fato que não passou despercebido do eminente, então, Vice-Presidente do Tribunal Mineiro, o Desembargador José Fernandes Filho, quando ao repelir o cabimento do recurso, nesta passagem de seu despacho denegatório de fl. 814, assim se manifestou:

"Quanto aos arts. 75 do Código Civil; 126, 292 e seu parágrafo único do CPC e ao art. 118, § 3º, da Lei das S.A., o apelo encontra barreira na falta recorrida, nem suscitados em embargos declaratórios, tais dispositivos não poderiam ter sua discussão inaugurada na via excepcional, a teor do entendimento consagrado nos enunciados 282 e 356 da Súmula do Pretório Excelso".

Outro, a circunstância tantas vezes proclamada nesta Corte em *referendum* à Súmula n. 283 do STF, qual a de que possuindo o Acórdão vários fundamentos bastantes por si para sustentá-lo, se um deles se vincula à interpretação do contrato e ou de suas cláusulas, ou mesmo da inexistência de título, como no caso ocorreu, inadmissível é o Especial, ainda que se pudesse vislumbrar certa ou eventual divergência com o dispositivo legal quanto a outros elementos que informaram o julgado, porque sempre subsistiria o *decisum* pelo fato obstativo de sua revisão nesta Instância.

Estes os fundamentos pelos quais, reiterando *venia* ao eminente Ministro e douto Relator, não conheço do Recurso, acompanhando o Voto do não menos eminente Senhor Ministro Dias Trindade, também nessa parte.

VOTO

O Sr. Ministro Cláudio Santos: Sr. Presidente, a respeito da matéria prejudicial tenho as seguintes considerações a fazer: da decisão na Apelação n. 59.702, proferida pela Terceira Câmara Cível do Tribunal de Justiça do Estado de Minas Gerais, que, por maioria, deu provimento à apelação para julgar ação de repasse de ações, foram manifestados pelos sucumbentes embargos infringentes, como de ciência de todos. Aparentemente, o dissídio entre as correntes vencedora e vencida centrava-se na validade ou não do acordo de acionistas declarado nulo e ineficaz pelo voto dos eminentes Desembargadores Airton Maia e Sálvio de Figueiredo Teixeira, o último, hoje, integrante do maior realce nesta Corte Superior. Porém, nos embargos de declaração, rejeitou-se o pedido de repasse de ações, gerando-se uma discrepância acerca deste último tema, tendo em vista que o Desembargador Rubens Lacerda dera pela obrigatoriedade do repasse de ações, no seu voto vencido. Nesta passagem, creio ser oportuno um comentário: declarado ineficaz o acordo, logicamente, disso decorreria a improcedência do pedido de transferência das ações em proporção. Caso contrário, este constituiria outro ponto essencial da lide a ser examinado e decidido.

Daí entender que de fato houve omissão no acórdão proferido em grau de embargos infringentes, sendo cabíveis os embargos de declaração.

Na verdade, naquele julgamento, o órgão competente deliberou apenas quanto à validade do acordo de acionistas, sem examinar o pedido principal, qual seja, o de serem repassados pelas partes adversárias um tanto das ações adquiridas de terceiros.

Esse aliás foi o entendimento do Sr. Desembargador Airton Maia, que no voto proferido nos embargos de declaração julgados a 28 de maio de 1987, fls. 608/609, disse o seguinte:

"Com efeito, o acórdão que julgou os embargos infringentes deixou de julgar a demanda no que diz respeito ao repasse das ações.

Esclareço que não ocorreu a coisa julgada argüida pelos embargantes, no que tange ao repasse das ações, de vez que em meu voto, quando do julgamento dos embargos declaratórios interpostos no acórdão que julgou a apelação, não houve decisão quanto a este ponto, mas tão-somente referência à pretensão a respeito, em decorrência de meu entendimento de que é ineficaz o acordo de acionistas.

Evidentemente que, vencido na tese da ineficácia do acordo de acionistas no julgamento dos embargos infringentes, necessário era o julgamento da questão referente ao repasse das ações que foi omitida.

Omisso o acórdão proferido nos embargos infringentes, imprescindível que se decida a respeito, mesmo porque:

"Os embargos de declaração devem ser apreciados com largueza aclarando pontos do julgado que poderiam acarretar dúvidas em sua execução" (*Revista Trimestral de Jurisprudência*, vol. n. 65, pág. 170).

Como os autores na Apelação n. 59.702 pretendessem que o repasse das ações teria que lhes ser deferido, com alicerce nos artigos 639 e 641 do Código de Processo Civil, indispensável que provassem ser detentores de título executivo que a tanto lhes proporcionasse a imposição da obrigação a ser prestada pelos réus, e, como não possuem título hábil para tanto, há que se indeferir o pedido de repasse das ações."

Este o trecho do voto do referido Desembargador. Da mesma forma, o Sr. Desembargador Oliveira Leite assim finaliza o seu voto na mesma assentada de julgamento dos embargos:

"Minha conclusão é de que o venerando acórdão que julgou os embargos infringentes precisava julgar a lide, no referente ao *repasse*. Deixando de julgá-lo, incidiu, *data venia,* em omissão, e comporta a admissibilidade dos embargos declaratórios, justamente para que se integre o julgamento e se fundamente o *decisum,* porque, como procurarei demonstrar, o *repasse* não é conclusão *necessária* do que se decidiu sobre a eficácia do acordo de acionistas, embora ligado a ela" (fl. 618).

Tais votos acabaram por prevalecer, ficando decidida a improcedência da ação à míngua de um título a conter um comando sobre a obrigatoriedade das ações adquiridas de terceiro. Efetivamente para o Tribunal *a quo* ficou comprovado não haver no bojo do acordo de acionistas uma declaração de vontade a embasar o pedido de repasse, ou, em outras palavras, inexistir um título executivo a proporcionar uma execução por obrigação de fazer, como declarou o Sr. Desembargador Oliveira Leite no final do trecho lido pelo eminente Ministro Waldemar Zveiter. É esse o quadro fático desenhado pelo Egrégio Tribunal Estadual, colhido dos elementos probatórios encontrados nos autos e, certamente, na leitura atenta do acordo de acionistas, onde não se encontrou cláusula a facultar o pleito dos autores ora recorrentes. Com esse julgamento, *data venia,* não vislumbro as afrontas à lei articulada no recurso especial. Uma modificação daquela moldura dos fatos exigiria um reexame das provas e a reinterpretação do título que, no caso, é um contrato, *data venia.*

Com meu pedido de licença ao eminente Ministro-Relator Eduardo Ribeiro, também entendo que invocáveis são os Verbetes ns. 5 e 7 da Súmula desta Corte a obstar o conhecimento do recurso.

Por tais motivos, reiterando o pedido de vênia, acompanho os votos do Srs. Ministros Dias Trindade e Waldemar Zveiter.

VOTO

O Exmo. Sr. Ministro Nilson Naves: De tudo quanto me foi dado recolher deste caso (dos primeiros memoriais que recebemos, do relatório, das sustentações orais, dos votos já proferidos e dos últimos memoriais), tive a impressão inicial que o recurso era admissível, no que diz com a alegação de ofensa aos arts. 471 e 535, inciso II, do Cód. Proc. Civil. É que considerei não ter ocorrido omissão, a que levou o Tribunal mineiro, a pretexto de saná-la, receber os embargos de declaração dos réus, após ter julgado os embargos infringentes. Pareceu-me, e continua a me parecer, que, recebendo os embargos infringentes, o Tribunal restabelecia a sentença, a qual, na sua parte dispositiva, condenava "os RR a repassarem aos AA, na proporção restabelecida na cláusula 1ª do Acordo de Acionistas 2ª, ...". Porém, não me valho desta razão de decidir, que me levaria, com base nela a conhecer de logo do recurso e a lhe dar provimento, porque pretendo, quanto ao tema de fundo, acompanhar o voto do Sr. Relator.

Data venia dos Srs. Ministros Dias Trindade, Waldemar Zveiter e Cláudio Santos, acho que à espécie não se aplica a Súmula 5 deste Tribunal, de sorte a tornar-se inviável o presente recurso. No ponto em destaque, concordo, inteiramente, com o Sr. Relator, ao afirmar, nesta passagem de seu voto: "Não há, pois, questão pertinente a reexame de cláusula contratual, incompatível com o recurso em julgamento". Com efeito, não se trata aqui de simples interpretação de cláusula contratual, que, por envolver, nesse procedimento, matéria de fato, inviabiliza, nesses casos, o recurso extremo, a exemplo do princípio contido nas Súmulas 279/STF e 7/STJ. Mas, aí sim, de saber se o caso em debate comporta execução específica das obrigações assumidas, que o acórdão recorrido entendeu não comportar, pela inexistência de pré-contrato, que reputou indispensável, à vista do brocardo *nulla executio sine titulo.* Veja-se, por exemplo, o final do voto do Sr. Desembargador Oliveira Leite, que o Sr. Ministro Eduardo Ribeiro transcreveu em seu relatório, fls. 8/9: "Os autores na ação correspondente à Apelação 59.702, embasada nos arts. 639 e 641 do CPC, não provaram que dispunham de título executivo da *obligatio faciendi.* Não bastava a alegação de que a suposta obrigação resultava de inelutável conseqüência do acordo de acionistas. Era exigível o título ou pré-contrato, com os requisitos de forma, inclusive. E que contivesse a declaração de vontade. Este título não existiu". Ora, o que se tem aqui, ao que também penso, é questão federal, puramente, por versar sobre a aplicação do direito positivo, daí ter cabimento o recurso, e não questão de simples definição de cláusula contratual.

Ora, não se controvertendo mais sobre o acordo de acionistas, cuja eficácia (validez e vigência) ficou reconhecida no julgamento do anterior recurso especial, impõe-se tirar desse reconhecimento conseqüências, aquelas recomendadas pelo bom direito e contidas no magistral voto do Sr. Ministro Eduardo Ribeiro. Em boa verdade, e me apanhei algumas vezes pensando sobre o assunto, impõe-se manter o equilíbrio que aquele bloco de acionistas estabeleceu na cláusula 1ª do aludido acordo, em nome da harmonia e do bem-estar da sociedade anônima em questão. Concluo, qual o Sr. Relator, que os recorrentes têm o direito de postular não seja alterada aquela composição acionária.

Conheço, pois, do recurso especial, e lhe dou provimento, na medida do voto do Sr. Ministro Eduardo Ribeiro.

ADITAMENTO AO VOTO

O Sr. Ministro Eduardo Ribeiro: Peço vênia para, nos termos regimentalmente previstos, fazer pequeno aditamento ao meu voto. E o faço, contrariando meu procedimento habitual, uma vez que os votos vencedores firmaram-se em óbices ao conhecimento do recurso que dizem com normas elementares, pertinentes à admissibilidade do especial. Resultaria, do pronunciamento majoritário, que eu as teria atropelado. Como isso não me parece haja ocorrido, permito-me demonstrá-lo.

O primeiro empecilho ao conhecimento estaria em que se cuidaria de interpretação de cláusula contratual, de reexame de fatos. A decisão em contrário envolveria desconsideração ao que se contém nas Súmulas 5 e 7 deste Tribunal. Isso, entretanto, peço licença para afirmar, de nenhum modo se verificou.

Não se põe em dúvida que defeso, no julgamento do especial, dar-se ao contrato exegese diferente da que lhe haja emprestado a decisão recorrida. No caso em exame, o acórdão proferido nos embargos declaratórios afirmou inexistir título que ensejasse postular a execução específica. Ora, a possibilidade de isso se pleitear é questão eminentemente jurídica e não de fato. Tratava-se de saber, simplesmente, se aquilo que ficou estabelecido, em acordo de acionistas, pode ter seu cumprimento exigido, tal como pactuado, não se aceitando sucedâneos. A resposta há de ser buscada no ordenamento jurídico e, ao votar, indiquei o disposto no artigo 118, § 3º, da Lei das Sociedades por Ações.

Haveria questão de fato, de interpretação de contrato, caso se questionasse sobre o conteúdo da obrigação, o que não é o caso dos autos. O acórdão permite perfeitamente que havia um acordo de acionistas. E em momento algum se coloca em dúvida que nele se estabeleceu devesse manter-se determinada proporção, entre seus signatários, quanto ao número de ações com direito a voto. O ponto, aliás, é incontroverso. Os próprios recorridos, salientei no voto que prolatei, procuraram negar validade ou eficácia ao acordo. Não que tenha havido avença quanto ao ponto. Tratava-se, pois, tão-só de saber se, de acordo com o direito aplicável, o pactuado propiciaria execução específica. Não se cuida, por conseguinte, de revolver fatos, mas de aplicar o direito a fatos incontroversos. Não se modifica, em absoluto, o quadro fático a que se ativeram as instâncias ordinárias. Em nenhum momento se afirma que o contrato contenha cláusula cuja existência haja sido negada pelo acórdão ou a que este haja dado outro entendimento.

A aceitar-se a tese dos votos vencedores ter-se-ia situação análoga à de pretender-se não se poder conferir execução a um título extrajudicial porque o acórdão recorrido afirmara que esta não a propiciava. Isso jamais vi sustentado.

Verdade que, em meu voto, mencionei cláusula contratual em que se previa a execução específica. Entretanto, em primeiro lugar, não foi com base nela que provi o recurso mas invocando determinação expressa da lei que regula a matéria. Em segundo, não há controvérsia também sobre o ponto e o direito se aplica sempre em função de fatos. Se o julgamento do especial não tiver esses em conta, não será possível proferir decisão mas se limitará o Tribunal a proclamar teses acadêmicas.

Afirmou-se, também, que não teria havido prequestionamento. Certo que o acórdão não citou o artigo 118, § 3º, por mim apontado como violado. Com todo respeito, entender-se que não se poderia aplicá-lo, significa adesão a entendimento repelido em numerosos procedentes desta Turma. Aqui já se repetiu, muitas vezes, que importa haja sido examinada a questão jurídica e não que se tenha feito menção expressa a determinado dispositivo de lei. No caso, discutia-se sobre os termos em que exeqüível o acordado pelos acionistas. Negou-se a possibilidade de execução específica. Ao assim decidir, o acórdão, obviamente, violou a norma que dispõe exatamente em sentido contrário. Exigir-se o chamado "prequestionamento numérico" não se coaduna com o que tem sido assentado na jurisprudência desta Corte.

Como último fundamento, lembrou-se, ainda, que havia precedentes no sentido de que, havendo dois fundamentos bastantes, no acórdão, e dizendo, um deles, com a interpretação de contrato, inviabilizava-se o especial. O argumento, em verdade, reduz-se ao primeiro. Como já demonstrado, não há questão alguma que se refira a interpretação de contrato.

Com esse adendo, mantenho o voto que proferi.

Extrato de minuta

REsp n. 27.517-2 — MG — (92.0023997-8) — Relator: Exmo. Sr. Ministro Eduardo Ribeiro. Rectes: Renato Augusto de Araújo e outros. Adv.: Aluísio Xavier de Albuquerque. Recdos.: Oswaldo Araújo e outros. Advogados: Carlos Augusto Sobral Rolemberg e Marcos Antônio Mundim e outros. Recda.: Mariza de Faria Araújo. Adv.: Luiz Carlos Portella Barbosa.

Decisão: Retomando o julgamento, após o voto-vista do Sr. Ministro Waldemar Zveiter, a Turma, por maioria, vencidos os Srs. Ministros Eduardo Ribeiro e Nilson Naves, não conheceu do recurso especial. Lavrará o acórdão o Sr. Ministro Dias Trindade (em 23.03.93 — 3ª Turma).

Participaram, do julgamento os Srs. Ministros Dias Trindade, Waldemar Zveiter, Cláudio Santos e Nilson Naves.

Presidiu o julgamento o Sr. Ministro Eduardo Ribeiro. *RSTJ* n. 48, pg. 337.

COMENTÁRIO

Raphael Nehin Corrêa

1. Entendemos que o v. acórdão ora comentado, proferido pela Colenda 3ª Turma do Egrégio Superior Tribunal de Justiça, no Recurso Especial n. 27.517-2 — MG, de relatoria originária do Exmo. Sr. Ministro Eduardo Ribeiro, não deu adequada interpretação à disposição contida no artigo 118, parágrafo 3º, da Lei n. 6.404/76, questão central debatida nos autos, consistente na execução específica de obrigação pactuada pelas partes convenentes de acordo de acionistas, este reputado pelo Judiciário, em todos os graus de jurisdição, como válido e eficaz em relação aos contratantes.

Todavia, a 3ª Turma do STJ, por maioria de votos, não conheceu do Recurso Especial interposto pelos autores-recorrentes, deixando de examinar o mérito do recurso, que cingia-se à existência ou não de título executivo, hábil a dar ensejo ao pleito de execução específica inadimplida por alguns dos pactuantes do acordo.

Entretanto, a matéria de fundo do recurso foi examinada, com singular profundidade e precisão, pelos votos dos eminentes julgadores vencidos, que conheceram do recurso e deram-lhe provimento, por entender cabível a execução da obrigação pactuada no acordo, face à existência de título executivo para tal fim.

A despeito das questões processuais atinentes à admissibilidade do Recurso Especial, para conhecimento e apreciação de seu mérito, que prende-se à configuração ou não de violação ao mencionado artigo 118, parágrafo 3º, da Lei de Sociedades por Ações, entendemos conveniente a análise crítica da questão ventilada no acórdão, relativa à validade e eficácia da estipulação contida no acordo de acionistas, que visa a manutenção da proporcionalidade da titularidade das ações dos convenentes que integram o bloco de controle, bem assim a possibilidade de sua execução específica, notadamente no que se refere à controvérsia acerca da existência de título, que consistiria na existência de pré-contrato no corpo do pacto parassocial, com os requisitos de validade do contrato definitivo.

2. Os fatos narrados nos autos relatam a existência de acordo de acionistas celebrado em 8.10.1976, anteriormente à vigência da Lei n. 6.404/76, entre os autores-recorrentes e os réus-recorridos, detentores do poder de controle do Banco Mercantil do Brasil S.A. — BMB.

Estipulou-se no referido pacto que os convenentes não poderiam adquirir ações de terceiros, de modo a alterar a proporção em suas respectivas participações acionárias no capital votante da companhia.

A aquisição por qualquer dos signatários de ações de terceiros, fora da proporção indicada no acordo, acarretaria a obrigação do acionista-adquirente de transferir, proporcionalmente, aos demais convenentes, as ações que excedessem a participação no controle acionário de cada um deles indicada no pacto.

Assim sendo, pleitearam os autores a condenação de qualquer dos réus que tenha adquirido ações ordinárias do BMB, com violação da proporcionalidade estabelecida na cláusula do acordo de acionistas, a *"repassar aos autores"*, na proporção fixada no acordo, as ações que excederem a participação acionária daquele que as tiver adquirido ou vier a adquirir de terceiros.

Requereram os autores, em conseqüência, que a decisão judicial produza "*todos os efeitos da declaração de vontade não emitida pelo condenado, inclusive para todos os atos necessários ao repasse das ações, bem como para a assinatura dos respectivos termos de transferência de ações nos livros próprios do Banco (art. 641, CPC)*".

A sentença de primeiro grau julgou procedente o pedido formulado pelos autores na petição inicial, para o efeito de condenar os réus a repassarem aos autores, na proporção estabelecida na cláusula primeira do acordo de acionistas do BMB, as ações adquiridas em violação à disposição da mencionada cláusula.

Os réus interpuseram recurso de Apelação, que, por maioria de votos, foi provido, declarando-se como nulo e ineficaz o acordo.

Interpostos Embargos Infringentes pelos autores, com base no voto divergente, os mesmos foram providos, mantendo-se a sentença de primeiro grau.

Todavia, os réus opuseram Embargos de Declaração ao acórdão proferido nos Embargos Infringentes, alegando que não fora decidida especificamente a questão relativa ao repasse das ações, já que os votos vencedores na Apelação concluíram pela nulidade e ineficácia do acordo, deixando de examinar a alegação de inadmissibilidade do pretendido repasse.

Os Embargos Declaratórios foram providos, reconhecendo-se seus efeitos modificativos, concluindo-se que o repasse das ações não poderia se efetivar, em face da ausência de título que pudesse amparar a pretensão dos autores.

De fato, foi reconhecido nos Embargos de Declaração que a substituição da vontade do obrigado pela declaração judicial somente é possível quando prevista em pré-contrato que contenha todos os requisitos de validade do contrato definitivo.

Irresignados, interpuseram os autores Recurso Extraordinário convertido em Especial, em razão da nova sistemática processual introduzida pela Constituição Federal de 1988, alegando violação ao artigo 118, parágrafo 3º, da Lei n. 6.404/76, além de descumprimento a dispositivos do Código de Processo Civil.

Referido recurso não foi admitido pelo Tribunal recorrido, tendo o Ministro Relator provido o Agravo de Instrumento interposto contra esta decisão, para exame aprofundado do Recurso Especial.

Examinaremos, portanto, como retromencionado, a questão da existência de título hábil à execução específica da obrigação contratual assumida no acordo de acionistas, objeto de análise pelos votos vencidos, realizando, contudo, necessária e preliminar abordagem acerca da matéria objeto de estipulação em acordo de acionistas, bem como da natureza jurídica dos acordos de bloqueio.

3. A Lei n. 6.404/76 estabelece em seu artigo 118 que as matérias a serem objeto de estipulação em acordos de acionistas restringem-se à compra e venda de ações, preferência para adquiri-las ou exercício do direito de voto.

Delimitou, desse modo, a vigente lei societária, os negócios jurídicos suscetíveis de arquivamento junto à companhia e de averbação em seus livros de registros e certificados de ações, eficazes, pois, em relação à companhia e terceiros.

No entanto, não veda a lei a regulamentação, em acordos de acionistas, de matérias não previstas no *caput* do artigo 118, tais como as que estejam ligadas à administração da companhia, ao exercício do poder de controle e à estipulação de cláusulas que regulamentem os direitos e obrigações dos acionistas integrantes do pacto.

É admitida, portanto, pela lei a celebração de acordos atípicos, que tenham outros objetos que não a disponibilidade patrimonial de ações ou o exercício do direito de voto nas assembléias gerais da companhia.

Entendemos ser o acordo de acionistas em exame uma modalidade *sui generis* dos acordos de bloqueio, cuja natureza passamos a analisar.

Os acordos de bloqueio versam sobre a disponibilidade das ações a eles vinculadas. Por intermédio deles, comprometem-se os convenentes a não alienar suas ações a terceiros, sem que antes seja dada preferência aos demais para aquisição das mesmas. Por outro lado, poderá ser concedida em tais acordos a opção de compra da totalidade ou de parte das ações a eles vinculadas. Podem, também, os acionistas, nos casos de companhia fechada, comprometer-se a não alienar suas ações a terceiros sem o consentimento dos demais.

Vê-se que prepondera nos pactos de bloqueio a bilateralidade das relações negociais entre os convenentes, que visam restringir a transmissibilidade das ações presentes e futuras de titularidade dos mesmos.

As cláusulas mais usuais desses pactos dizem, portanto, respeito à concessão do direito de preferência recíproco na aquisição das ações em favor dos contratantes, seguindo-se uma ordem de proporcionalidade de ações detidas, ou seja, em primeiro lugar assegura-se a preferência aos convenentes em conjunto e depois a qualquer um deles isoladamente considerado.

Finalmente, deve-se salientar que a acessoriedade dos acordos de bloqueio ao estatuto refere-se à existência de cláusulas compatíveis com a espécie e classe das ações de emissão da companhia.

Em consonância com o assim exposto, entendemos, realmente, tratar-se o pacto examinado da modalidade de acordo de bloqueio, por dele constar obrigação dos convenentes de não adquirirem ações ordinárias de terceiros, que acarretem a alteração da proporção das respectivas participações acionárias estipuladas pelas partes na cláusula primeira do acordo.

Trata-se, pois, de obrigação de não-fazer, destinada a manter-se inalterada a participação de cada um dos acionistas integrantes do bloco de controle da companhia.

Na hipótese de seu descumprimento, estabelece o acordo de acionistas obrigação de fazer, consistente na alienação ou, como denominado no pacto, "*repasse*" das ações adquiridas que excedam ou infrinjam a proporção anteriormente fixada aos demais convenentes, estando os parâmetros de preço da negociação estabelecidos nas disposições contratuais.

Assim sendo, inquestionável a validade e eficácia do acordo de acionistas em relação às partes contratantes, fato este reconhecido pelo v. acórdão em questão.

Com efeito, a despeito de não regular especificamente o direito de preferência na aquisição de ações vinculadas ao acordo, na hipótese de alienação por um de seus signatários, prescreveu-se a obrigação de venda aos demais convenentes, das ações ordinárias adquiridas por outro contratante de terceiros, que violassem a proporcionalidade fixada na cláusula primeira.

Conclui-se, pois, não estar excluída pela lei societária a eficácia do acordo de acionistas ora analisado em relação às partes contratantes, bem assim a obrigação nele estabelecida, atinente ao repasse de ações, que comporta execução específica, caso inadimplida.

Afasta-se, dessa forma, a controvérsia a respeito do objeto das obrigações contidas no acordo de acionistas, sendo as mesmas eficazes em relação às partes, mesmo sob a égide do antigo regime acionário, como é o caso do pacto parassocial objeto do v. acórdão em comento, firmado na vigência do Decreto-Lei n. 2.627/40, o qual apenas previa a possibilidade de convenção acerca da negociação de ações nominativas, cuja circulação poderia ser limitada pelo estatuto social.

Verifica-se que a lei acionária vigente apenas afastou a inoponibilidade à companhia e a terceiros das convenções que versem sobre matérias estranhas às elencadas no *caput* do artigo 118.

4. Passemos ao exame do mérito do Recurso Especial objeto do acórdão comentado, superando-se as questões relativas ao seu juízo de admissibilidade, que, a despeito de sua relevância, tendo em vista haver acarretado o não conhecimento do recurso, foge ao âmbito de apreciação do presente comentário, relativa à execução específica do acordo de acionistas.

A Lei n. 6.404/76 fez menção expressa à possibilidade de execução específica dos acordos de acionistas, no parágrafo 3º do artigo 118. Todavia, não estabeleceu a lei procedimento especial para sua realização, sendo forçoso lançar-se mão das disposições de nosso Código de Processo Civil, referente à execução das obrigações de fazer e de prestar declaração de vontade, estatuídas nos artigos 639 e 641.

Desse modo, conferiu a lei acionária ao credor da obrigação assumida em acordo de acionistas a possibilidade de exigir seu cumprimento, na forma pretendida e estabelecida no contrato, o que na vigência do Decreto-Lei n. 2.627/40 era discutível, tendo em vista que parte da doutrina e jurisprudência apenas admitia a indenização por perdas e danos do credor de obrigação inadimplida, enquanto outra corrente entendia cabível a execução específica da obrigação, nos moldes da legislação processual.

Com efeito, como mencionado no voto do Exmo. Ministro Eduardo Ribeiro, objetiva o direito, modernamente, seja atingido pela parte o fim por ela colimado com a celebração do contrato, socorrendo-se este julgador, para sustentar tal entendimento, da lição de Cândido Rangel Dinamarco, em sua obra "A *Instrumentalidade do Processo*". Nesse mesmo sentido posicionou-se o Profº José Alexandre Tavares Guerreiro, em artigo a respeito do tema, intitulado "Execução Específica do Acordo de Acionista", publicado na *Revista de Direito Mercantil*, Nova Série, volume 41, págs. 40 e seguintes.

São passíveis de execução específica as obrigações contidas nas promessas unilaterais, bilaterais ou plurilaterais, que possam ocorrer nos acordos de bloqueio.

O requisito essencial ao pedido de execução específica da obrigação inadimplida é a existência de pré-contrato válido que configure título hábil a dar ensejo à execução. Necessário, também, demonstrar-se o inadimplemento da obrigação contratual.

No caso em estudo, verificou-se o descumprimento de obrigação de não fazer, consubstanciada na vedação de aquisição de ações ordinárias do BMB de terceiros, por acionista integrante do acordo, de forma a ocasionar alteração na proporção das participações acionárias dos contratantes, detentores do poder de controle da companhia.

Inquestionável, portanto, a nosso ver, o inadimplemento pelos réus-recorridos de obrigação contratual assumida no acordo.

Também, como já abordado, asseverou o v. acórdão a validade do acordo de acionistas e sua eficácia em relação às partes contratantes.

Resta, assim, o exame do ponto central debatido no acórdão, que diz respeito à existência ou não de título executivo capaz de embasar a execução específica da obrigação constante do acordo de acionistas, consistente na alienação proporcional, pelos contratantes faltosos, aos demais acionistas integrantes do pacto, das ações adquiridas de terceiros, de forma a ser restabelecida a participação societária anteriormente fixada na cláusula primeira do acordo.

Entendemos que a obrigação contratual de alienação das referidas ações excedentes à proporção estipulada pelos contratantes constitui título suficiente para pleitear-se a execução pretendida, por tratar-se de pré-contrato que contém os elementos necessários à celebração do contrato definitivo, que deveria ser firmado pelas partes, na hipótese de execução voluntária da obrigação pelos convenentes.

De fato, discute-se na doutrina a necessidade, para reconhecimento de sua validade, do contrato preliminar conter ou não todos os elementos do contrato definitivo.

A nosso ver, deve o contrato preliminar conter os requisitos de validade, essenciais à viabilização do negócio jurídico futuro a ser realizado.

Com efeito, determinadas peculiaridades próprias do instrumento definitivo, na maioria das vezes, não poderiam ser previstas e, portanto, minudentemente estipuladas pelas partes quando da efetivação do pré-contrato.

Concluímos, pois, que este deve conter os elementos essenciais e norteadores à ocorrência do futuro negócio a ser regulamentado pelo contrato definitivo, tratando-se de excesso de rigorismo exigir-se dos contratantes, quando da celebração do pré-contrato, que prevejam todas as cláusulas necessárias à perfeita consecução do contrato definitivo.

Frise-se que o acordo de acionistas objeto do v. acórdão em tela, além de determinar seu objeto do contrato definitivo, estabeleceu parâmetros para a fixação do preço das ações a serem alienadas pelos acionistas inadimplentes aos demais contratantes, quais sejam, "*o valor patrimonial do último balanço oficial anterior à compra, ou o preço do mercado, mas sempre o menor deles e nunca superior ao que tiver pago na aquisição delas*".

A respeito do tema, manifestou-se o Prof.º Modesto Carvalhosa, em sua consagrada monografia "*Acordo de Acionistas*", Editora Saraiva, 1984, página 261, sustentando a desnecessidade de estipular-se no pré-contrato todos os elementos do contrato definitivo:

"Discute-se, na doutrina, se deve ou não o contrato preliminar, para efeito de reconhecimento de sua validade, conter todos os elementos do definitivo.

"O rigorismo parece não prosperar, na espécie, pois não se deve, com efeito, confundir a necessidade de um contrato preliminar preencher condições de validade, com o entendimento de que somente seja passível de execução específica, se aquele ostentasse todas as cláusulas do definitivo.

"A tendência é exatamente a contrária. Admite-se a independência formal do pré-contrato, não se exigindo que o mesmo contenha todos os elementos que a lei prevê para o negócio que é o seu objeto. A propósito, o entendimento de Alcides de Mendonça Lima: 'Para que o adimplemento do contrato preliminar seja pleiteado, de modo a ser conseguida uma sentença que produza o mesmo efeito do contrato a ser formado, não é necessário que aquele compromisso tenha a forma do instrumento definitivo. Basta que ele tenha validade, eficácia e regularidade do que a lei exige para a sua constituição. O contrato definitivo é que será lavrado como determina a lei, apenas contendo a sentença, em substituição à vontade do outro contratante, que se negou a concedê-la espontaneamente'."

5. Posicionamo-nos, portanto, favoravelmente ao entendimento expendido pelos ilustres Ministros Eduardo Ribeiro e Nilson Naves, que conheceram do Recurso Especial e, ao analisarem seu mérito, concluíram pela existência de título executivo, consistente no pré-contrato para alienação das ações adquiridas pelos acionistas inadimplentes da obrigação assumida no pacto aos demais contratantes, a fim de restabelecer-se a proporção da participação acionária no capital do BMB detida por cada um dos signatários do acordo.

Em conseqüência, referidos magistrados deram provimento ao Recurso Especial, para o efeito de julgar procedente a pretensão dos autores-recorrentes, no sentido de ver reconhecido seu direito à execução específica da obrigação assumida no acordo de acionistas.

A nosso ver, a tese desenvolvida nos bem fundamentados votos vencidos dá adequada solução à controvertida e relevante questão referente ao teor das disposições constantes dos acordos de acionistas, para que este preencha os requisitos essenciais de um pré-contrato, configurando-se, pois, título hábil a dar ensejo à sua execução específica, abstendo-me, como retro salientado, de tecer considerações acerca dos requisitos de admissibilidade do Recurso Especial, que fundamentam os votos vencedores dos demais integrantes da turma julgadora, por entender não ser a matéria central do comentário aqui realizado.

Notícias do Instituto

PRÊMIO "TULLIO ASCARELLI" — 1998

EDITAL

Estão abertas as inscrições para o Prêmio "Tullio Ascarelli" em homenagem à memória do eminente mestre, a ser atribuído, em concurso, a três melhores monografias inéditas, versando qualquer tema de Direito Comercial.

O Regulamento do Prêmio poderá ser retirado na sede do *Instituto Brasileiro de Direito Comercial Comparado e Biblioteca "Tullio Ascarelli"*, instalado no Departamento de Direito Comercial da Faculdade de Direito da Universidade de São Paulo (Rua Riachuelo, 185 - 9º andar).

As inscrições poderão ser feitas no período de 1º a 30 de outubro de 1998, na forma prescrita no art. 4º do Regulamento, devendo o candidato, no momento da inscrição, apresentar 4 (quatro) vias da monografia, que pretende inscrever, com no mínimo 100 e o máximo de 150 páginas, datilografadas com espaço duplo e de um só lado, identificado por um pseudônimo.

A Comissão Julgadora, composta pelo Presidente do Instituto Patrocinador e por mais dois Juristas de notável saber, divulgará o resultado do concurso no mês de fevereiro de 1999.

O 1º colocado receberá a importância de R$ 4.000,00 (quatro mil reais); o 2º colocado, a quantia de R$ 2.000,00 (dois mil reais); e o 3º colocado menção honrosa, ofertados pela OAB/SP e IASP, respectivamente.

A entrega do Prêmio "Tullio Ascarelli" será feita em sessão pública, na Faculdade de Direito da Universidade de São Paulo, no dia a ser determinado pelo Instituto.

Waldirio Bulgarelli — Presidente

REGULAMENTO DO PRÊMIO "TULLIO ASCARELLI" — 1998

Art. 1º. O Prêmio "Tullio Ascarelli" — 1998, concedido pelo Instituto Brasileiro de Direito Comercial Comparado e Biblioteca "Tullio Ascarelli", em homenagem à memória do eminente mestre, será atribuído, em concurso, às três melhores monografias inéditas, versando qualquer tema de Direito Comercial.

Parágrafo único. A Comissão Julgadora poderá, a seu exclusivo critério:

a) deixar de conceder o prêmio;

b) conceder ou não menções honrosas.

Art. 2º. Poderá inscrever-se no concurso qualquer interessado, diplomado em ciências jurídicas por Faculdade Oficial ou reconhecida.

Art. 3º. A Diretoria da Entidade Patrocinadora fixou que as inscrições poderão ser feitas no período de 1º a 30 de outubro de 1998, sendo para o:

1º colocado: R$ 4.000,00 (quatro mil reais); 2º colocado: R$ 2.000,00 (dois mil reais) e o 3º colocado: menção honrosa, ofertados pela OAB/SP, IASP, respectivamente:

Art. 4º. Por ocasião da inscrição, o candidato apresentará monografia escrita no idioma português, com no mínimo 100 e o máximo de 150 páginas datilografadas, em espaço duplo e de um só lado, identificado por um pseudônimo; em 4 (quatro) vias; deverá também entregar em sobrecarta fechada, a indicação do pseudônimo do autor, no Departamento de Direito Comercial da Faculdade de Direito da Universidade de São Paulo (R. Riachuelo, 185 - 9º andar).

Parágrafo único. A sobrecarta deverá conter outra menor, igualmente fechada, com o pseudônimo do autor, dentro da qual deverão ser indicados os dados de sua identidade, qualificação, cópia do diploma, endereço e telefone.

Art. 5º. O candidato somente poderá apresentar uma única monografia.

Art. 6º. O julgamento do concurso será feito, em caráter irrecorrível, por uma comissão integrada por membros de notável saber jurídico, composta pelo Presidente da Entidade Patrocinadora e por mais dois juristas nomeados por sua Diretoria.

Parágrafo único. A decisão da Comissão Julgadora será proferida no mês de fevereiro de 1999.

Art. 7º. A Entidade Patrocinadora poderá, com exclusividade, no prazo de 6 (seis) meses, contados da entrega do prêmio, promover a publicação das monografias premiadas, ficando os autores com direito ao recebimento gratuito de 50 (cinqüenta) exemplares, sem prejuízo dos seus direitos autorais, devidos pela empresa editora.

Art. 8º. A entrega do Prêmio "Tullio Ascarelli" — 1988 far-se-á em sessão pública da Entidade Patrocinadora, na Faculdade de Direito da Universidade de São Paulo, em data a ser determinada.

Art. 9º. Os casos omissos no presente regulamento serão resolvidos em única instância pela Comissão Julgadora do Concurso.

Waldirio Bulgarelli — Presidente

Obs: Maiores informações pelo

telefone (011) 238-3077, ramal 2.008

telefax (011) 238-3077, ramal 2.026

ou no Departamento de Direito Comercial da Faculdade de Direito da USP (Rua Riachuelo, 185 - 9º andar)

Impresso nas oficinas da
Gráfica Palas Athena